Stephan Brössel
Filmisches Erzählen

Narratologia

Contributions to Narrative Theory

Edited by
Fotis Jannidis, Matías Martínez, John Pier
Wolf Schmid (executive editor)

Editorial Board
Catherine Emmott, Monika Fludernik
José Ángel García Landa, Peter Hühn, Manfred Jahn
Andreas Kablitz, Uri Margolin, Jan Christoph Meister
Ansgar Nünning, Marie-Laure Ryan
Jean-Marie Schaeffer, Michael Scheffel
Sabine Schlickers, Jörg Schönert

40

De Gruyter

Stephan Brössel

Filmisches Erzählen
Typologie und Geschichte

De Gruyter

ISBN 978-3-11-055362-8
e-ISBN 978-3-11-035100-2
ISSN 1612-8427

Library of Congress Cataloging-in-Publication Data

A CIP catalog record for this book has been applied for at the Library of Congress.

Bibliografische Information der Deutschen Nationalbibliothek

Die Deutsche Nationalbibliothek verzeichnet diese Publikation in der Deutschen Nationalbibliografie; detaillierte bibliografische Daten sind im Internet über http://dnb.dnb.de abrufbar.

© 2017 Walter de Gruyter GmbH, Berlin/Boston
Dieser Band ist text- und seitenidentisch mit der 2014 erschienenen gebundenen Ausgabe.
Druck: Hubert & Co. GmbH & Co. KG, Göttingen

♾ Gedruckt auf säurefreiem Papier
Printed in Germany
www.degruyter.com

Meiner Familie

Vorwort

Dieses Buch ist im Jahr 2011 als Dissertation eingereicht und vom Fachbereich A: Geistes- und Kulturwissenschaften der Bergischen Universität Wuppertal angenommen worden. Es wäre nicht entstanden ohne die Unterstützung vieler Menschen, denen mein aufrichtiger Dank gebührt: An erster Stelle bin ich Michael Scheffel für seine motivierende und fördernde Betreuung verbunden. Seiner fachlichen und persönlichen Kompetenz habe ich zu verdanken, dass ich stets mein Ziel im Blick behalten konnte und bei Problemen nicht ins Straucheln geriet. Andreas Blödorn danke ich vor allem für die intensiven Gespräche über das Medium Film, seine wertvollen Ratschläge, seine unerschütterliche Unterstützung, sein starkes Engagement für meine Arbeit. Das Promotionsstipendium der Studienstiftung des deutschen Volkes ermöglichte mir die konsequente Realisierung meines Projektes sowie die Teilnahme an wissenschaftlichen Veranstaltungen, von denen ich sehr profitierte und in deren Rahmen ich viele interessante Menschen kennenlernen durfte. Dagmar Beck, Frauke Bode, Matei Chihaia, Birte Fritsch, Oliver Kautny und Lydia Schultchen danke ich für die Durchsicht des Manuskripts und die konstruktiven Kommentare zur Arbeit. Ich freue mich, die Institutionalisierung der Erzählforschung an der Bergischen Universität miterlebt zu haben und die weitere Entwicklung aktiv mitverfolgen zu dürfen. Die Auseinandersetzungen mit dem Gegenstand des Erzählens im Rahmen diverser Veranstaltungen des Zentrums für Erzählforschung und der AG Erzählforschung waren für mich sehr bereichernd. Im Zuge dessen muss unbedingt auch das hiesige Zentrum für Graduiertenstudien hervorgehoben werden, das für mich stets Anlaufstelle bei Problemen jedweder Art war. Sehr verbunden bin ich ebenfalls Wolf Schmid für die gleichsam professionelle und freundliche Beratung während der Vorbereitungsphase zur Veröffentlichung, dem de Gruyter Verlag danke ich für die Aufnahme des Buches in die Narratologia-Reihe. Last but not least sind es die Menschen im direkten Umfeld, die Geborgenheit vermitteln, Rückhalt geben und Aufmunterung spenden. Ein Dankeschön an meine Freunde für ihren Beistand. Vor allem aber liegt mir meine Familie am Herzen, der ich dieses Buch widmen möchte – meinen Eltern Dagmar und Axel, meinem Onkel Joachim Beck, meinen Schwestern Caro, Jennifer, Ina-Sophie und Charlotte sowie meiner Tochter Clara-Marie –, für ihr Verständnis, ihre Unterstützung und die vielen fröhlichen Stunden, in denen ich die Arbeit am Buch vergessen durfte. Mein Dank an Birte ist nicht in Worte zu fassen – es bleibt nur zu sagen: Schön, dass es Dich gibt!

Wuppertal, im Januar 2013

Inhaltsverzeichnis

Vorwort VII

1. Zum Phänomen des ‚Filmischen' in der Erzählliteratur:
   Eine Einführung 1

2. Gegenstandsbestimmung und methodische Grundlagen 6
   2.1. Zum Problemfeld des Filmischen in der Literatur:
        Forschung, Problem, Gegenstand 6
   2.2. Kontextuale Narratologie 15
        2.2.1. Das analytische Mikromodell 16
        2.2.2. Das analytische Makromodell 24

3. Erzählen im Film 37
   3.1. Vom Erzähler zum Erzählen 38
   3.2. Genremuster der Narration 42
   3.3. Die Präsentation der Erzählung im Film 46
        3.3.1. Abbildende Funktionen 47
        3.3.2. Vermittelnde Funktionen 51
              3.3.2.1. Kamera 52
              3.3.2.2. Montage 55
              3.3.2.3. Filmmusik 59
              3.3.2.4. Voice-over narrator 65

4. Literarische Formen filmischen Erzählens:
   Eine Typologie 68
   4.1. Zum Problem präfilmischen Erzählens 69
   4.2. Der offene Typus 70
        4.2.1. Typus der expliziten filmischen Welt 70
        4.2.2. Typus der expliziten filmischen Form 75
        4.2.3. Typus der inhaltlichen und formalen Explizitheit 79
   4.3. Der verdeckte Typus 84

        4.3.1. Die Erzählinstanz 85
             4.3.1.1. Präsenz der Erzählinstanz 85
             4.3.1.2. Die diegetische Erzählinstanz 86
             4.3.1.3. Die nichtdiegetische Erzählinstanz 89
        4.3.2. Die Gestaltung der Perspektive 94
             4.3.2.1. Die perzeptive Perspektive 94
             4.3.2.2. Die räumliche Perspektive 98
        4.3.3. Raum 101
             4.3.3.1. Diegetischer Raum 102
             4.3.3.2. Exegetischer Raum 105
             4.3.3.3. Medialer Raum 107
        4.3.4. Zeitverhältnisse 110
             4.3.4.1. Filmische Erzählgeschwindigkeiten 111
             4.3.4.2. Simultaneität und short cuts 114
             4.3.4.3. Formen der Anachronie 118
        4.3.5. Figur 121
             4.3.5.1. Die Figur als Artefakt 121
             4.3.5.2. Die Figur als fiktives Wesen 124

5. Filmisches Erzählen im präfilmischen Zeitalter des
    19. Jahrhunderts 127
    5.1. Das präfilmische Zeitalter: Pré-cinéma, das
        19. Jahrhundert und allgemeine Prämissen des Films 128
    5.2. Wahrnehmungsmodi im 19. Jahrhundert:
        Von einer Wahrnehmungsgeschichte zur Entstehung des
        filmischen Erzählens in der Literatur 133
    5.3. Der Poetische Realismus und das filmische Erzählen:
        Ein Entstehungszusammenhang 145
    5.4. Filmische Formen in der realistischen Erzählliteratur 150
        5.4.1. Visualität I: Konkretheit des Erzählten und
             konkretes Erzählen 151
        5.4.2. Visualität II: Thematisierung und Realisierung
             visueller Wahrnehmung 153
        5.4.3. Visualität III: Die Integration von Dispositiven 156
        5.4.4. Realisierte und thematisierte Bewegung 159
        5.4.5. Die Auditivität von Texten und
             die Funktionalisierung der diegetischen Akustik 162

6. Institutionalisierung des filmischen Erzählens in der
    Frühen Moderne 168
    6.1. Die Narrativisierung des Films 168

6.2. Die Literarisierung des Films 182
6.3. Die Sprachkrise als ideengeschichtlicher Katalysator
    literarischer Formen filmischen Erzählens 188
    6.3.1. Die *Kino-Debatte* als ästhetische Kontroverse 192
    6.3.2. Alfred Döblins *Kinostil* 198
    6.3.3. Kurt Pinthus' *Kinostück* 200
6.4. Visualität und Bewegung 202
6.5. Kontextualisierung der Montage 204
6.6. Kollision von Wirklichkeitskonzepten 210
6.7. Auditivität: Zur Funktionalisierung von Geräuschen,
    Klängen und Musik 215

7. Fallstudien 220
   7.1. Friedo Lampe und der Magische Realismus:
       Filmisches Erzählen des verdeckten Typus als literarische
       Überlebensstrategie in den 1930er und 40er Jahren 221
   7.2. Wolfgang Koeppen und die deutsche Identität:
       Die *short cuts*-Technik als Suche nach einem
       neuen Erzählen in den 1950er Jahren 228
   7.3. Peter Weiss und der neue Realismus: Filmisches Erzählen
       und die perzeptive Perspektive zur Darstellung
       einer neuen Wahrnehmung in den 1950er Jahren 235
   7.4. Alexander Kluge als Autorenfilmer: Filmisches Erzählen
       als stratifikatorisches Erzählen und die Interrelation
       von Film und Literatur in den 1970er Jahren 244

8. Schluss 252

9. Quellenverzeichnis 259
   9.1. Literarische Texte und andere Quellen 259
   9.2. Forschungsliteratur 263
   9.3. Internetquellen 285
   9.4. Filme 285

10. Titelregister 289

1. Zum Phänomen des ‚Filmischen' in der Erzählliteratur: Eine Einführung

„In Harry Potters Zauberwelt gibt es Bücher, in denen sich die Bilder bewegen. Die Porträtierten winken, schneiden Grimassen und schwingen ihre Zauberstäbe – echte Magie möchte man meinen! Bald allerdings wird jeder gewöhnliche Muggel solche Bilder auf seinem E-Book-Reader sehen können. War das E-Book bisher nur ein digitales Abbild der Papierversion, beginnt es sich jetzt zu emanzipieren. Es will mehr bieten als die Printausgabe und multimediale Inhalte einbinden."[1] Das Epub3-Format, das heute – im Jahr 2013 – zwar noch mit einigen Kompatibilitätsproblemen zu kämpfen hat, in absehbarer Zeit aber mit allen elektronischen *book readern* erfahrbar sein wird, erscheint in dieser Hinsicht als revolutionäres Novum der literarischen Ästhetik, das in naher Zukunft etwa „Tiergeräusche" in Kinderbüchern oder Soundtracks zu Romanen ermöglichen wird. Dabei schwingt mehr oder weniger deutlich die Annahme mit, dass es sich dabei um eine Innovation ersten Grades der Hersteller und Programmierer handelt. Ohne jedoch zunächst auf die genauen Ursachen einzugehen, lässt sich an ihr wie etwa auch an der jüngst entdeckten Form des ‚Romantrailers'[2] eine allgemeine, vermeintlich auf eine momentane Krise des Buchmarktes zurückzuführende Tendenz zur Audiovisualisierung schriftsprachlicher Texte beobachten, es bleibt allerdings fraglich, ob es sich dabei tatsächlich um eine neue Entwicklung handelt. Wenn nicht, drängt sich die Frage auf, inwiefern Prozesse der Audiovisualisierung in verbalen Texten bereits früher vorliegen und aufgrund welcher Einwirkungen von außen – Bedürfnisse und Erfahrungsverarbeitungen – sie hervorgerufen worden sind. Dass sie auch heute noch von Relevanz sind, scheint offensichtlich.

Ein anderer aktueller Fall: Der Dokumentarfilmer Florian Opitz geht in seinem Film SPEED – AUF DER SUCHE NACH DER VERLORENEN ZEIT (D 2012) der Beschleunigung des zeitgenössischen Lebens nach, die er als Ursache individueller und gesellschaftlicher Probleme auslegt. Dazu heißt

---

1 „Kino im Buch" (*Die Zeit*, Nr. 41, 4.10.2012).
2 Vgl. den Trailer zu Ransom Riggs' *Miss Peregrine's home for peculiar children*, Philadelphia 2011: http://www.youtube.com/watch?v=wVegDhDxLeU (25.11.2012).

es in einem Artikel auf *Süddeutsche.de*[3], dass die „schönen Zeitverminderungsinstrumente die Zeit nur noch knapper" machen, Opitz stellvertretend für den postmodernen Menschen „unter Effizienz- und Digitalhetze" leide und er sich daher auf „eine Reise in die wirkliche Welt der Beschleunigung" begebe, um schließlich „dieser ganzen Be- und Entschleunigungstour" auf den Grund zu gehen. Die Besonderheit des Artikels besteht in der Feststellung, die Beschleunigung der Zeitempfindung sei „ein altes Problem der veloziferischen Moderne, das sich in Zeiten der mehrkanaligen Echtzeit aber brutal zu verschärfen scheint." Hierin deutet sich der historische Hintergrund des von Opitz erfahrenen Zustands an, dessen Wurzeln offenbar bis in die Goethezeit reichen. Dass Goethe seinerseits als Mensch mit einer Affinität zur Langsamkeit angesehen werden wollte, sei dahingestellt. Die bereits von ihm registrierte und im Neologismus *veloziferisch* zum Ausdruck gebrachte (teuflische) Beschleunigung von ‚Welt' kann jedoch als wichtiges Indiz in Bezug auf einen technologischen und kulturellen Wandel des 19. Jahrhunderts gelten, der dann um die Wende zum 20. Jahrhundert enorm an Radikalität zunimmt. Mit dem Verweis auf den im 19. Jahrhundert einsetzenden ‚Wandel der Welt' ist nun tatsächlich ein reichhaltiges Forschungsfeld freigelegt, die Frage ist aber nicht nur, wie sich dieser Wandel darstellt, sondern wie sich Reaktionen auf diesen augenscheinlich als problematisch empfundenen Wandel konkret manifestieren.

Versteht man ‚Literatur' aus kulturwissenschaftlicher Perspektive als Verhandlungsort kultureller Entwicklungen, Normen und Moralvorstellungen, gesellschaftlicher Zustände und historischer Prozesse, so liegt es nahe, ihr ebenso die ästhetische Verarbeitung problematischer Umwälzungen verschiedenster Art zuzuschreiben. In diesem Sinn können im Verlauf des 19. und beginnenden 20. Jahrhunderts mit Blick auf die mimetische Erfassung der Lebenswirklichkeit und die Revision der eigenen medial-ästhetischen Möglichkeiten entscheidende Weichenstellungen des Literatursystems beobachtet werden: Die mit der Herausbildung der allgemein als ‚Hegemonie des Sehsinns' bezeichneten und der bildtechnologischen Umstrukturierung der Medienlandschaft verbundene *Audiovisualisierung* der erzählenden Literatur sowie die aufgrund von Mobilitätssteigerung und sich verändernder Raum- und Zeiterfahrungen hervorgerufene *Umgestaltung literarischen Erzählens* unter Einbindung des Aspektes der Bewegung. Beide Brennpunkte, so kann angesichts der hier skizzierten journalistischen Beispiele vorerst festgehalten werden, ziehen ihre Ent-

---

3   „Raus aus dem Hamsterrad" (http://www.sueddeutsche.de/kultur/speed-im-kino-raus-aus-dem-hamsterrad-1.1479975 [14.2.2014]).

wicklungskreise bis in die Gegenwart hinein. Mediengeschichtlich korrelieren sie indessen mit einem das 20. Jahrhundert maßgeblich prägenden Medium: dem Film. Man kann dahingehend vom ‚Filmischen in der Literatur' sprechen.

Die technologischen und ästhetischen Wurzeln des Films reichen ins 19. Jahrhundert, heute ist er aus der Medienlandschaft nicht mehr wegzudenken. Der Film ist gleichsam Produkt seiner Zeit und Katalysator der Entwicklung weiterer medialer Zeitphänomene. So bewirkte er eine Reflexion über die mediale (Re-)Produktion von ‚Welt', bereicherte das Nachrichten- und Werbewesen, revolutionierte die Unterhaltungsbranche und bietet in Form des fiktional-narrativen Spielfilms eine aus Sicht von Produzenten und Rezipienten augenscheinlich attraktive mediale Plattform. Der Film ist Teil unseres alltäglichen Lebens, ebenso wie er als kulturelles Produkt Lebenswirklichkeit im Erzählen reflektiert. Doch warum und inwiefern wird hier von literarischen Formen filmischen Erzählens gesprochen? – Die Entwicklung des Films lässt auch das Literatursystem nicht unberührt. Bereits in den 1910er und 20er Jahren umkreist der literarische Diskurs im Rahmen der Kino-Debatte das neue Medium und wägt dessen Gestaltungsmöglichkeiten gegenüber denen der Literatur ab. Im Zusammenhang mit der Vor- und Frühgeschichte des Films, der Auseinandersetzung der literarischen Intelligenz und den allgemeinen kulturgeschichtlichen Umbrüchen der Moderne steht die strukturelle Diversifikation filmischer Formen in der Literatur. Ganz offensichtlich thematisieren viele Texte den Film und greifen die von ihm verwandten Strukturverfahren auf. Die Verzahnung von Literatur und Film weist darüber hinaus auf eine Reihe historischer Wandlungsprozesse hin, die in keiner direkten Verbindung zu beiden Systemen stehen, diese aber nachhaltig beeinflussen, und in Form ästhetischer Strukturwandel zutage treten.

Der Frage nach der Rechtfertigung des Untersuchungsgegenstands folgen zunächst unabhängig von der historischen Problemstellung weitere Fragen, die auf das strukturell-mediale Auftreten jener filmischen Formen in der Literatur abheben: Wie kann die verbalsprachliche Literatur Formen realisieren, die naturgemäß plurimedial in Erscheinung treten? Welche Strategien verwendet sie dabei? Existieren generische Kriterien? – Offensichtlich tritt das ‚Filmische' überwiegend in Erzähltexten auf und ist an literarisch-*narrative* Muster gebunden. Ein solcher Befund lenkt wiederum den Blick auf die Transmedialität des Erzählens und mediale Differenzen zwischen Literatur und Film: Wie unterscheidet sich nämlich das Erzählen im Film vom Erzählen in der Literatur? Und wie überbrückt die Erzählliteratur die mediale Differenz zum Film und generiert ihrerseits ein vielmehr uneigentliches ‚filmisches Erzählen'?

Für eine Auseinandersetzung mit literarischen Formen filmischen Erzählens sind drei wesentliche Untersuchungsbereiche von Bedeutung:
- die strukturelle ‚Gestalt' des Erzählens im Film und des filmischen Erzählens in der Literatur
- die historische Entwicklung filmischen Erzählens
- die komplexen Verstrickungen kontextueller Art, die Literatur und Film gleichsam umschließen und beeinflussen und zu unterschiedlichen Zeitpunkten innerhalb der Geschichte divergieren

Der erste Bereich betrifft die Bestimmung literarischer Muster, die – vor dem Hintergrund filmischer Verfahrensweisen – (literarisch-)filmische Strukturen erzeugen. Diese sind primär über einen narratologischen Beschreibungsapparat zugänglich, da sie sich als *narrative* Strukturen manifestieren. Der zweite Bereich lenkt den Blick auf die Tatsache, dass diese Strukturen bereits vor Erfindung des Films (und zwar in der realistischen Erzählliteratur des 19. Jahrhunderts) vorzufinden sind. Offensichtlich ist die Interrelation zwischen beiden Kunstformen auch aus mediengeschichtlicher Sicht bemerkenswert und wird nicht zuletzt an der Bezugnahme des Films auf die Literatur im Zuge seiner Narrativisierung deutlich. Der dritte Bereich schließlich bringt diejenigen Kontexte in die Untersuchung ein, die für die antizipatorische Herausbildung des filmischen Erzählens in der Literatur ausschlaggebend sind, wie auch für die Entwicklung des Films und die weitere Entfaltung des Filmischen in der Erzählliteratur bis heute.

Die Untersuchung des Filmischen als Strukturmerkmal von und Themenkomplex in literarischen Texten ist keinesfalls neu. Einige der einschlägigen Forschungsansätze werden im Folgenden Beachtung finden. Für die vorliegende Studie erscheint infolgedessen die Verknüpfung von systematischem und historischem Ansatz notwendig für einen adäquaten Zugang zum genealogischen Zusammenhang und ontologischen Status filmischen Erzählens. Im breiteren Kontext einer narratologischen Untersuchung legt der Nexus des Phänomens einen Einschnitt in der Geschichte des ästhetischen Umgangs mit den Aspekten ‚Erzählen' und ‚Erzählung' offen. Die Grundthese lautet dabei, dass medienhistorische Entwicklungen wie auch gesellschaftliche Prozesse nicht nur die Hintergründe für filmisches Erzählen bilden, sondern jenes als Produkt eben dieser Prozesse anzusehen ist – und es innerhalb der Literatur eine Menge spezifischer Formen des Erzählens darstellt. Daher werden zwei Hauptziele der Untersuchung festgelegt:
- eine (narratologische) Systematik und Typologie filmischer Erzählformen in der Literatur zu erstellen

- zwei historische Etappenabschnitte (Poetischer Realismus und Frühe Moderne) zu fokussieren und kontextuelle Interaktionen aufzuzeigen.

Zum Erreichen dieser Ziele erfolgen zunächst eine eingehende Auseinandersetzung mit dem Erzählen im Film und eine narratologische Bestimmung spezifischer Erzählmuster in der Literatur. Im Anschluss daran rücken mit dem präfilmischen Zeitalter und der Institutionalisierung filmischen Erzählens historische Gesichtspunkte in den Fokus der Betrachtungen.

2. Gegenstandsbestimmung und methodische Grundlagen

2.1. Zum Problemfeld des Filmischen in der Literatur: Forschung, Problem, Gegenstand

Die Forschung zur filmischen Literatur reicht bis in die 1920er Jahre und hat sich bis heute zu einem heterogenen Betätigungsfeld entwickelt.[1] Die Ausdifferenzierung dieses Feldes führte zu bemerkenswerten Erkenntnissen, zugleich weisen die meisten Ansätze aber das Defizit eines übergeordneten Beschreibungsmodells auf, ein Desiderat, das bis heute eine zunehmend unklare theoretische Bestimmung des Untersuchungsgegenstands nach sich gezogen hat. Zwei Sachverhalte wird die vorliegende Studie in diesem Zusammenhang fokussieren, die vorerst einmal angedeutet werden sollen: Ein zentrales Problem liegt in der unbefriedigenden Differenzierung zwischen ‚filmischem Schreiben' und ‚filmischem Erzählen', die zwei unterschiedliche Ebenen einzubeziehen hat: Filmisches Schreiben findet auf der textexternen Ebene der Produktion statt, während filmisches Erzählen *im* Text und hier auf der Basis mehrerer Erzähltechniken realisiert zu finden ist. Die Ebenen mögen korrespondieren. In diesem Fall müsste von einer Einwirkung der vom Autor intentional angewandten filmischen Schreibweise auf den Erzählakt und die erzählte Welt ausgegangen werden. Allerdings liegt kein zwangsläufig konsekutiver, und vor allem kein notwendiger Zusammenhang zwischen beidem vor: Filmisches Erzählen kann ebenso *ohne* die Anwendung einer durch den Autor intendierten filmischen Schreibweise realisiert sein. Zu entwickeln

---

[1] Vgl. den ausführlichen Forschungsbericht bei Tschilschke, Christian von: *Roman und Film. Filmisches Schreiben im französischen Roman der Postavantgarde*, Tübingen 2000, S. 16–43; Rajewsky, Irina O.: *Intermedialität*, Tübingen 2002, S. 40–58 und Schmelzer, Dagmar: *Intermediales Schreiben im spanischen Avantgarderoman der 20er Jahre. Azorín, Benjamín Jarnés und der Film*, Tübingen 2007, S. 11–33. Zur Erforschung des Filmischen in der Literatur vor dem Film vgl. Paech, Joachim: *Literatur und Film*, 2. Aufl., Stuttgart/Weimar 1997, S. 66ff. Neuere Ansätze liegen mit Baron, Scarlett: „Flaubert, Joyce. Vision, Photography, Cinema". In: *Modern Fiction Studies* 54, 4 (2008), S. 689–714; Swales, Martin: „Schnitzlers filmisches Erzählen". In: Achim Aurnhammer/Barbara Beßlich/Rudolf Denk (Hg.): *Arthur Schnitzler und der Film*, Würzburg 2010, S. 127–133; Ballhausen, Thomas: „Die filmische Kurzschrift der Literatur. Zu Adaption, Intermedialität und Archiv". In: *Kolik* 54 (2011), S. 66–77 vor.

wäre demnach ein zweiteiliges Modell, das einerseits den Autor und die Bedingungen seines Schreibens erfassen könnte und das andererseits ein narratologisches Instrumentarium an die Hand gibt, um Formen des Erzählens beschreiben zu können. Als ein weiteres Desiderat neben diesem methodischen Problem muss nach wie vor der Komplex des Präfilmischen angesehen werden, dessen Systematisierung an die Frage nach der Möglichkeit filmischer Formen *vor* Erfindung des Films gebunden ist. Offensichtlich geraten etwa intermedialitätstheoretische Versuche in Schwierigkeiten, die bei der Deskription filmischer Formen vom Film als (einzigem) Referenzmedium ausgehen. Die Nicht-Existenz des Films im 19. Jahrhundert rechtfertigt aber nur auf methodischer Ebene, solche Formen bei der Betrachtung des ‚Filmischen in der Literatur' auszugrenzen. Was dagegen eine umfassende Beschreibung filmischen Erzählens anbelangt, ist ihre Berücksichtigung unabdinglich, denn historische Variabilität schlägt sich wiederum nieder im strukturellen Erscheinungsbild.

Angesichts des Gegenstandsbereichs filmischer Literatur[2] können zwei Hauptzweige der Forschung voneinander unterschieden werden: Das Anliegen semiotischer, medienkomparativer und primär intermedialitätstheoretischer Zugriffe besteht in der formalen und inhaltlichen Untersuchung von Techniken und strukturellen Verfahren des Filmischen in der Literatur. Hintergrund bildet hierbei überwiegend die Annahme, dass der Film in medialer und ästhetischer Hinsicht eine Vorbildfunktion für die zu beschreibenden Phänomene einnimmt. Während frühe Forschungsbeiträge[3] von der *Einfluss*nahme des Films auf die Literatur ausgehen und das Filmisch-Literarische als „strukturelle Entlehnungen"[4] oder als „artistic hybrid"[5] ausweisen, warnt Christian von Tschilschke vor der ‚metaphorischen Falle' und postuliert, dass die „filmische Schreibweise [vielmehr]

---

2   Zur Abgrenzung dieses Untersuchungsbereiches zu verwandten Bereichen (literarisierter Film, Drehbuch, filmische Schreibweise als medienunabhängige Kategorie) vgl. Tschilschke: *Roman und Film*, S. 80–88.
3   Vgl. Magny, Claude-Edmonde: *L'age du roman américain*, Paris 1948 [*The age of the American novel. The film aesthetic of fiction between the two wars*, übers. v. E. Hochman, New York 1972]; Moeller, Hans-Bernhard: „Die Rolle des Films in der Gegenwartsdichtung". In: *Basis. Jahrbuch für deutsche Gegenwartsliteratur* 2 (1971), S. 53–70; Spiegel, Alan: „Flaubert to Joyce. Evolution of a cinematographic form". In: *Novel* 6/3 (1973), S. 229–243; Casparis, Christian Paul: *Tense without time. The present tense in narration*, Bern 1974; Kaemmerling, Ekkehard: „Die Filmische Schreibweise". In: Matthias Prangel (Hg.): *Materialien zu Alfred Döblin ‚Berlin Alexanderplatz'*, Frankfurt a. M. 1975, S. 185–198; Spiegel, Alan: *Fiction and the camera eye. Visual consciousness in film and the modern novel*, Charlottesville 1976; Cohen, Keith: *Film and fiction. The dynamics of exchange*, New Haven/London 1979.
4   Moeller: *Die Rolle des Films in der Gegenwartsdichtung*, S. 53.
5   Cohen: *Film and fiction*, S. 1.

eine literarische Schreibweise"[6] darstellt. Damit greift er einen Gedanken auf, der bereits bei Christian Paul Casparis und seinem Konzept der *camera eye*-Technik aufgekommen war: Als Aufnahmegerät ist die Kamera eine technisch-apparative Teilkomponente im filmischen Produktionsprozess, und doch ist sie als ‚Konzept' nicht an den Film gebunden, ihre ästhetischen Eigenschaften mithin in ein sprachliches Medium übertragbar.[7] Tschilschke versteht unter ‚filmische Schreibweise' die „Gesamtheit der filmischen Bezüge [...] auf allen Ebenen eines literarischen Textes"[8]. Er legt eine Globalitätsprämisse zugrunde, mit der er abzusichern versucht, dass nicht ein „einzelner punktueller Bezug"[9], sondern ausschließlich eine Vielzahl über den gesamten Text verteilter Bezüge eine filmische Schreibweise formiert. Die Bezugnahmen der Literatur auf den Film manifestieren sich ihm zufolge in ‚Systemreferenzen', welche insbesondere bei der formalen Realisierung von Film*techniken* zu beobachten seien. Ein essentielles Kriterium stellt laut Tschilschke der Status der Erkennbarkeit solcher Referenzen dar, wobei die Markierung eines Bezugs fakultativ sei.[10] Liege ein filmischer Bezug in expliziter Form vor, so liefere der Text ausdrückliche Hinweise auf den Film. Ein implizites Auftreten zeuge hingegen von inhaltlichen oder formalen Strukturähnlichkeiten und Merkmalswiederholungen. Ausdifferenziert wird die ‚Gesamtheit der filmischen Bezüge' weiterhin nach den Kriterien des Ortes, der Art und des Intensitätsgrades.[11] Letztlich führt Tschilschke diverse textinterne und textexterne Funktionen ins Feld, die filmische Bezüge für die Literatur einnehmen können. Beispielsweise werde eine ‚selbstreferentielle Funktion' in denjenigen Texten erfüllt, die die Anwendung filmischer Techniken „zu einem Mittel der Infragestellung oder Selbstvergewisserung"[12] eigener, literarischer Darstellungsverfahren nutzten. Zwei Problemfelder – ein methodisches und ein konzeptionelles – eröffnen sich mit Blick auf Tschilschkes Modell: Der von ihm vorangestellte Medienvergleich zwischen dem Film und der Literatur führt Tschilschke zu der Erkenntnis, dass sich beide Kunstformen nicht oppositionell gegenüber stehen. Andererseits tritt jedoch hinsichtlich ihrer medialen Differenz die Schwierigkeit auf, sie

---

6   Tschilschke, Christian von: „Wer Filme sieht, schreibt anders. Film und filmisches Schreiben in der französischen Literatur der Gegenwart". In: *Stint. Zeitschrift für Literatur* 31 (2002), S. 121–127; hier S. 123f.
7   Vgl. Casparis: *Tense without time*, S. 60.
8   Tschilschke: *Roman und Film*, S. 89.
9   Ebd., S. 89.
10 Vgl. ebd., S. 104.
11 Ebd., S. 93–100.
12 Ebd., S. 114. Die Explikation der weiteren Funktionen (pragmatische, referentielle Funktion und Symptomfunktion) folgt auf den S. 112–115.

unter einem gemeinsamen Merkmal zu subsumieren. Das methodische Problem ergibt sich mithin aus dem Umgang mit der Frage, wie die Literatur „mit ihren [medialen] Mitteln leisten [kann], was der Film mit seinen Mitteln leistet"[13]. Die vorläufige Antwort, die Literatur sei „auf narrative und stilistische Verfahren angewiesen"[14], liefert einen entscheidenden Hinweis: Erklärbar wird das Filmische in der Literatur ausschließlich mit Hilfe einer *Kombination* von intermedialitätstheoretischem und erzähltheoretischem Zugriff. Obzwar Tschilschke einen narratologischen Zugang explizit von der Hand weist,[15] arbeitet er doch in seinem Modell (hinsichtlich des ‚Ortes' filmischer Bezüge) wie auch im praktisch-analytischen Teil unter Zuhilfenahme eines erzähltheoretischen Vokabulars,[16] welches allerdings ohne eine theoretische Fundierung ergänzungsbedürftig bleibt.

Tschilschke wie auch Irina O. Rajewsky gehen vom Problem der ‚intermedialen Rekurrenzen' als hauptsächlichem Gesichtspunkt aus, verweisen aber ebenfalls auf den nutzbringenden Einbezug rezeptionsästhetischer Aspekte, ohne diese weiter zu verfolgen.[17] Damit richtet sich der Blick auf die andere Seite der Forschung und bringt historisch-kontextualisierende beziehungsweise rezeptions- und produktionsästhetische Ansätze ins Spiel. Fokussiert werden hier die Instanzen des Autors und des Lesers sowie die jeweiligen kontextuellen Bedingungen und werden für eine Betrachtung fruchtbar gemacht. Eine deutliche Signifikanz erfährt die Rezeptions- und Produktionsästhetik in Thomas Bleichers Konzept der ästhetischen Transposition. Auch Bleicher geht hinsichtlich der ‚filmischen Literatur' von einem – wenn nicht durch den Terminus ‚Intermedialität' geprägten, so doch – interdisziplinär und „medienorien-

---

13 Ebd., S. 76. Rajewsky bringt diesen Sachverhalt noch deutlicher auf den Punkt: „Ein Autor bzw. Erzähler kann stets nur die Illusion eines wie auch immer gearteten ‚Filmischen' vermitteln oder sich einer Aktualisierung von Elementen und Strukturen des filmischen Mediums im sprachlichen System nähern, niemals aber die Regeln des Systems ‚Film' mit seinen Mitteln tatsächlich anwenden und einhalten. Er bleibt dem verbalen Medium verhaftet, stets an das eindimensionale Nacheinander der Buchstaben gebunden." (dies.: *Intermedialität*, S. 70).
14 Tschilschke: *Roman und Film*, S. 76.
15 Tschilschke weist die Ansätze der ‚intermedialen Narratologie' wie auch die der ‚Adaptionsforschung' zurück und plädiert für die Erforschung einer ‚intermedialen Intertextualität' (vgl. ebd., S. 75f. und 90).
16 Neben den Kategorien der Figur (Tschilschke: *Roman und Film*, S. 120), des Raums (S. 120 u. 140) und der Zeit (S. 136) bekräftigt ebenso der Analyseteil zur Spezifik des Erzählens von Jean Echenoz' *Cherokee* die Forderung nach einem narratologischen Unterbau (S. 123 u. 140ff.).
17 Vgl. Tschischke: *Roman und Film*, S. 48 und Rajewsky: *Intermediales Erzählen*, S. 372, 373, 375.

tiert"[18] handhabbaren Forschungsgegenstand aus. Er fügt hinzu, dass „die filmische Transposition auf die mediengerechte Umsetzung in eine möglichst adäquate Rezeptionsweise"[19] abziele. Der resultierende Effekt sei der einer „Seh-Literatur"[20], bei deren Lektüre „man einen Film zu sehen" meine. Für Bleicher besitzt das Kunstwerk im Gegensatz zum Verständnis der intermedialitätstheoretischen Ansätze „keine autonome Position"[21], sondern würde allein durch den ‚Künstler' intentional ‚geformt' und durch das ‚Publikum' rezeptiv aktualisiert. Diesem Anspruch nach ist mit filmischer Literatur eine „Literatur gemeint, die ohne filmische Vorlage filmisch erscheint"[22], sie formiert sich ‚ästhetisch transponiert'.

Weniger radikal auf die Instanzen des Autors und Lesers beziehen sich diejenigen Ansätze, die das kulturgeschichtliche Entstehungsumfeld eines Textes beleuchten. So koppelt Heinz-Bernd Heller in seinem historisch-analytischen Instrumentarium Aspekte der „ästhetischen Wahrnehmung [als] eine besondere Form der Erkenntnis von Wirklichkeit"[23] an die „Geschichte der ästhetischen Medien". Analog dazu erkennt Horst Meixner, dass filmische Literatur „die Veränderung der Apperzeption"[24] dokumentiert. Diese und weitere Forschungspositionen[25] gehen also mehr oder minder davon aus, dass einer Veränderung der Wahrnehmung und der Erfindung des Films neue Formen der Perzeption beziehungsweise

---

18 Bleicher, Thomas: „„Filmische Literatur und literarisierter Film – Peter Handkes Erzählung ‚Die linkshändige Frau' und Sembème Ousmanes Film ‚Xala' als Paradigma neuer Kunstformen". In: *Komparatistische Hefte* 5/6, (1982), S. 119–137; hier S. 119.
19 Ebd., S. 122.
20 Dies und das folgende Zitat: ebd., S. 126.
21 Ebd., S. 121.
22 Ebd., S. 123.
23 Heller, Heinz-Bernd: „Historizität als Problem der Analyse intermedialer Beziehungen. Die ‚Technifizierung der literarischen Produktion' und die ‚filmische Literatur'". In: Albrecht Schöne (Hg.): *Akten des VII. Internationalen Germanisten-Kongresses*, Bd. 10, Tübingen 1986, S. 277–28; hier 279.
24 Meixner, Horst: „Filmische Literatur und literarisierter Film. Ein Mannheimer Projekt zur Medienästhetik". In: Helmut Kreuzer (Hg.): *Literaturwissenschaft – Medienwissenschaft*, Heidelberg 1977, S. 32–43; hier S. 35.
25 Vgl. Clerc, Jeanne-Marie: *Le cinéma, témoin de l'imaginaire dans le roman français contemporain. Écriture du visuel et transformations d'une culture*, Bern [u.a.] 1984; Rusterholz, Peter: „Literarisch oder filmisch. Entstehung, Bedeutung und Klärung einer Begriffsverwirrung". In: Albrecht Schöne (Hg.): *Akten des VII. internationalen Germanisten-Kongresses. Kontroversen, alte und neue*, Göttingen 1985; Müller, Eggo: „Filmische Schreibweise. Probleme eines medienwissenschaftlichen Topos". In: Karl-Dietmar Möller-Naß (Hg.): *1. Film- und Fernsehwissenschaftliches Kolloquium*, Münster 1995, S. 82–89; Weber, Markus R.: „Prosa, der schnellste Film. Neue Varianten ‚filmischen' Schreibens". In: Walter Delabar/Erhard Schütz (Hg.): *Deutschsprachige Literatur der 70er und 80er Jahre. Autoren, Tendenzen, Gattungen*, Darmstadt 1997, S. 105–129; Dörr, Marianne: *Medien, Moderne, Schreiben. Untersuchung zur Medienthematik bei Charles Ferdinand Ramuz und Blaise Cendrars*, Heidelberg 1991.

der Apperzeption folgen, welche sich unter anderem in der Literatur manifestieren. Eine besondere Stellung nimmt im Rahmen dessen Joachim Paech ein, der das Phänomen in der Zeit vor Erfindung des Films zu fassen versucht. Paech vertritt die Ansicht, das ‚Filmische' manifestiere sich bereits in Texten des 19. Jahrhunderts als eine Art „Drittes"[26] (und eine ‚medienunabhängige Kategorie') und werde erst später im Medium Film verwirklicht. Zugleich relativiert er die Annahmen der Forschung zum ‚Pré-Cinéma', denen zufolge kinematografische Formen bis ins Paläolithikum zurückzuverfolgen seien.[27] Erklärbar werden die literarischen Vorläufer hingegen anhand von für den Zeitraum spezifischen „Dispositionen der Wahrnehmung"[28] und „Strukturen [...] des Erzählens", die zwei Untersuchungsebenen etablieren. Die erste Ebene verbindet Paech mit ‚äußeren Bedingungen',[29] die – allein oder im Zusammenspiel – Veränderungen der menschlichen Wahrnehmungsverhältnisse und -weisen herbeiführen. Damit unterstützt er Walter Benjamins Annahme, der zufolge eine Veränderung der Daseinsweise eine Veränderung der Sinneswahrnehmung sowie der Wahrnehmungsorganisation nach sich zöge.[30] Mit ‚äußeren Bedingungen' hebt Paech auf die erheblichen gesellschaftlichen, technologischen, medialen und ökonomischen Umwälzungen des 19. Jahrhunderts ab, deren Auswirkungen er in ‚Dispositiven der Simulation'[31] – z. B. in der Literatur – aufzufinden glaubt. Mit der zweiten Ebene benennt Paech die mit der Wahrnehmung korrelierenden Erzählstrukturen. Hier greift sein Ansatz aber insofern zu kurz, als er allein den Autor und dessen intendierten „Stil filmischer Schreibweise"[32] prononciert und auf den Text projiziert. Der Autor kann allerdings – wie andere kontextuelle Parameter auch – nur für eine äußerliche (kontextuelle) Bestimmung des

---

26 Paech: ‚Filmisches Schreiben' im Poetischen Realismus, S. 243.
27 Vgl. den Einblick in die Forschung bei Paech, Joachim: *Literatur und Film*, 2. Aufl., Stuttgart/Weimar 1997, S. 66ff.
28 Paech, Joachim: „‚Filmisches Schreiben' im Poetischen Realismus". In: Harro Segeberg (Hg.): *Mediengeschichte des Films. Die Mobilisierung des Sehens. Zur Vor- und Frühgeschichte des Films in Literatur und Kunst*, München 1996, S. 237–260; hier S. 243.
29 So konstatiert Paech Sergej Eisenstein folgend: „Wenn es Gemeinsamkeiten zwischen Dickens und Griffith gebe, dann deshalb, weil vergleichbare äußere Bedingungen zu ähnlichen Lösungen und Formen des Erzählens in unterschiedlichen Medien geführt hätten!" (Paech: *Film und Literatur*, S. 68).
30 Vgl. Benjamin, Walter: *Das Kunstwerk im Zeitalter seiner technischen Reproduzierbarkeit. Und weitere Dokumente*, Frankfurt a. M. 2007, S. 15ff.
31 Vgl. Paech, Joachim: „Das Sehen von Filmen und filmisches Sehen. Anmerkungen zur Geschichte der filmischen Wahrnehmung im 20. Jahrhundert". In: Christa Blümlinger (Hg.): *Sprung im Spiegel. Filmisches Wahrnehmen zwischen Fiktion und Wirklichkeit*, Wien 1990, S. 33–50.
32 Paech: ‚Filmisches Schreiben' im Poetischen Realismus, S. 244f.

Filmischen herangezogen werden. Für eine textimmanente Analyse der Erzählstrukturen ist er nur bedingt geeignet. Eine Systematisierung des Literarisch-Filmischen ist aber – wie Paechs Ansatz weiterhin demonstriert – nicht zu umgehen. Doch weder die Akkumulation mehrerer Beobachtungen in realistischen Texten,[33] noch die Reduktion der filmischen Schreibweise auf das Verfahren der Montage[34] bieten einen befriedigenden Lösungsansatz. Und trotz alledem bleibt eine entscheidende Wegweisung sichtbar: Der Eindruck der ‚besonderen' Gestaltung und des Einbezugs von Visualität und Auditivität in Erzähltexten nimmt im 19. Jahrhundert auffallend zu. So sind literarische Narrationen häufig durch die Thematisierung oder formale Umsetzung des ‚Sehens' oder des ‚Blicks', genauer durch den Blick auf die Lebenswirklichkeit und das Erfassen von Geschehnissen, Handlungen, gegenständlichen Details usw. geprägt. Darüber hinaus weisen sie teils eine deutliche akustische Dimensionierung, eine erzählte Unmittelbarkeit, Verben der Beschleunigung und der Geschwindigkeit und die Zergliederung verschiedener Handlungen und Handlungsmomente auf.

Insgesamt lässt sich aus den Einblicken in die Forschung der Schluss ziehen, dass ein adäquater Zugang in der Kombination aus beiden Forschungszweigen und einer maßgeblichen Ergänzung durch die Narratologie bedarf. Eine solche methodologische Überlegung folgt aus einer generellen Problemlage: *Erstens* hat der Begriff ‚filmische Schreibweise' über seine unterschiedlichen Verwendungsweisen in diversen methodischen Zusammenhängen an Mehrdeutigkeit eher zu- als abgenommen. Die Unklarheiten entstehen dadurch, dass er einmal im Hinblick auf verschiedene Bereiche wie ‚Drehbuch', ‚Film' und ‚Roman' genutzt wird und zum anderen sogar im engeren Feld der ‚filmischen Literatur' in unterschiedlicher terminologischer Reichweite ausgelegt und angewandt wird. Dies hängt *zweitens* mit dem Problem zusammen, dass die einen Ansätze den Film als Medium voraussetzen und somit zeitlich frühere Auffälligkeiten (in der Literatur) ausblenden, die anderen jedoch auf mehreren methodischen Wegen Indizien filmischer Vorläufer in einem literarischen ‚Schreiben vor dem Film' auffinden und zu beschreiben vermögen. Diskrepanzen solcher Art stellen sich primär durch Entscheidungen hinsichtlich der angewandten Methode ein. Ein Vergleich zweier Medien und die Hybridisierung (oder aber die Synthetisierung des Einen im Anderen im Sinn eines Intermedialitätskonzeptes) setzen beide Medien von Grund auf voraus. Die offensichtliche Stärke der sozialhistorisch-kontextualisierenden Forschungs-

---

33 Vgl. ebd., S. 245–258.
34 Vgl. ders.: *Literatur und Film*, S. 129.

richtung wiederum wirkt sich andererseits negativ auf die systematisch-analytische Fundierung aus. Daraus resultieren wiederum *drittens* Uneindeutigkeiten der im Zuge einer filmischen Schreibweise herausgearbeiteten Techniken und Verfahren. Der Großteil der Forschungsbeiträge tappt in die genannte ‚metaphorische Falle' und überträgt Begriffe wie Kamera, Montage usw. auf literarische Erscheinungsformen, ohne sie entsprechend zu modifizieren.[35] Zudem werden filmwissenschaftliche Termini fehlerhaft appliziert,[36] oder aber es bleibt mit Blick auf das theoretische Konzept ‚filmische Schreibweise' unklar, welche Verfahren sie eigentlich konstituieren.[37] *Viertens* läuft die Behandlung einer ‚filmischen Schreibweise' in den meisten Fällen auf die Auseinandersetzung mit der Erzählliteratur, insbesondere mit Romanen, hinaus. Bereits seit Fritz Martinis frühen Untersuchungen[38] herrscht offensichtlich allgemeiner Konsens darin, dass die idealtypische Form zur Umsetzung filmischer Bezüge die Erzählliteratur ist.[39] Mit Blick darauf mag es verwundern, dass ein fundiert narratologischer Zugang bislang noch aussteht. Dem vielfältigen methodischen Angebot zum Trotz existiert derzeit noch kein allgemein anerkanntes Analysemodell dieses Phänomens, so wie dies bei anderen narrativen Verfahren wie z. B. der Perspektivierung der Fall ist. Die genannten Probleme werden mit dem Konzept und der Untersuchung des filmischen Erzählens in der Literatur angegangen. Entscheidend hierfür sind eine tragfähige Definition des Untersuchungsgegenstands und die Bestimmung einer geeigneten methodischen Herangehensweise.

Das filmische Erzählen wird hier als ein transmediales Phänomen beschrieben, das gleichermaßen im narrativen Film und in der Erzählliteratur

---

35 Neben der ‚metaphorischen Falle' führt Tschilschke ergänzend die ‚metonymische Falle' an. Während er mit der ‚metaphorischen Falle' auf die Gefahr der Übertragung hinweist, warnt er mit Letzterer vor der „Verallgemeinerung des Partikularen", indem etwa die Montage allein als filmspezifische Technik ausgewiesen oder aber mit dem Film ein mediales Mittel der Wirklichkeitsspiegelung angenommen wird. Vgl. Tschilschke, Christian von: „‚Ceci n'est pas un film' – Die filmische Schreibweise im französischen Roman der Gegenwart". In: Jochen Roloff/Volker Mecke (Hg.): *Kino-(Ro)Mania. Intermedialität zwischen Film und Literatur*, Tübingen 1999, S. 203–221; bes. S. 207ff.
36 Vgl. die unzutreffende Verwendung der Spielarten der Montage bei Kaemmerling: *Die Filmische Schreibweise*.
37 Vgl. etwa die zwei von Paech angebotenen divergierenden Verfahrensbestimmungen in Paech: *‚Filmisches Schreiben' im Poetischen Realismus* u. ders.: *Literatur und Film*.
38 Vgl. Martini, Fritz: „Literatur und Film". In: *Reallexikon der deutschen Literaturgeschichte*, Bd. 2, hg. v. Werner Kohlschmidt/Wolfgang Mohr, Berlin 1965, S. 103–111.
39 Nicht zuletzt zeigen die Titel der Dissertationen von Giulia Eggeling (‚Mediengeprägtes Erzählen') und Irina O. Rajewesky (‚Intermediales Erzählen'), wie naheliegend eine Beschäftigung mit dem Erzählen und der Erzähltheorie beziehungsweise der Narratologie ist. Vgl. Rajewsky: *Intermediales Erzählen* u. Eggeling, Giulia: *Mediengeprägtes Erzählen. Aspekte der Medienästhetik in der französischen Prosa der achtziger und neunziger Jahre*, Stuttgart [u.a.] 2003.

realisiert wird. Es kann aber ebenso als eine mehrere Formen umfassende intermediale Referenz ausgelegt werden. Seine Loslösung vom Medium Film und seine Übertragung auf andere Erzählmedien bewirken in jedem Fall einen metaphorischen Begriffsgebrauch: Das ‚Filmische' in der Literatur divergiert medienontologisch gesehen vom ‚Filmischen' im Film. Gerechtfertigt wird der uneigentliche Gebrauch des Terminus durch die Anbindung an das Erzählen: Die Literatur erzählt wie der Film erzählt, sie appliziert dessen Erzähltechniken. Genauer bildet die Literatur medieneigene Verfahren der narrativen Vermittlung und Bedeutungsgenerierung aus, die sich durch eine filmspezifische Charakteristik auszeichnen (z. B. literarische Formen der filmischen Umsetzung einer Analepse). Eine solche Begriffsverwendung hat zur Folge, dass ein Terminus wie ‚Kamerafahrt' – wenn überhaupt verwandt – literaturwissenschaftlich modifiziert werden sollte (z. B. mit Hilfe der perzeptiven oder räumlichen Perspektivierung). Der transmediale Kern des filmischen Erzählens liegt in seiner mediengeschichtlich geprägten Genealogie. Denn das Erzählen im Film zu Beginn des 20. Jahrhunderts entsteht unter Rückgriff auf bereits bestehende narrative Muster und Verfahren der Prosa und des Dramas. Die Literarisierung des Films ist deutlich an der Einbindung von Autoren in den filmischen Produktionsprozess und an der Affinität zur Literaturverfilmung ablesbar; nicht zuletzt liegen aber auch Bestrebungen nach Strukturapplikationen vor, die allein durch einen impliziten Bezug auf die Literatur auszukommen scheinen.

Die Formen unterschiedlicher filmantizipierender Narrationen können mit dem Oberbegriff des präfilmischen Erzählens erfasst werden. Präfilmisches Erzählen weist historisch in zwei Richtungen: Zum einen bereitet es das Erzählen im Film vor, zum anderen bildet es den Grundstein für die weitere Entwicklung ‚audiovisueller' (= filmischer) Erzählformen in der Erzählliteratur. Strukturell gesehen äußert sich präfilmisches Erzählen wie filmisches Erzählen, es handelt sich folglich allein um einen historisch motivierten Begriff. Die medienspezifische Ausformung des ‚Filmischen' in verschiedenen Kunstformen hat zur Folge, dass das filmische Erzählen in der Literatur als ein eigenes Feld ästhetischer Formen angesehen werden kann, das als solches zwar nicht unabhängig vom Film, aber medienontologisch davon losgelöst Bestand hat. Insofern ist zwar ein intermedialer Begriffsgebrauch in dem Sinn gerechtfertigt, dass das Erzählen im Film die Hintergrundfolie für die systematische Erforschung des ‚Filmischen' in der Erzählliteratur liefert. Sie greift aber in historischer wie auch in erzähltheoretischer Hinsicht zu kurz und bedarf einer grundlegenden Ergänzung. Aus methodischer Perspektive ist es daher ratsam, verschiedene oben genannte Zugriffsweisen zusammenzuführen, diese aber vor allem durch ein narratologisches Grundgerüst zu stützen. Die systematische Beschreibung des filmischen Erzählens in der Literatur erfolgt im Folgenden durch einen narratologischen Zugriff. Die geschichtliche Dimensionierung orientiert sich an Paechs historischem Ansatz.

2.2. Kontextuale Narratologie

Die kontextuale Narratologie formiert eine Kombination aus narratologischem und sozial- bzw. kulturgeschichtlichem Ansatz und ist in der vorliegenden Konzeption auf das filmische Erzählen in der Literatur zugeschnitten.[40] Im Interesse ihrer Anwendung liegt die Systematisierung der historischen und strukturellen Dimension des Filmischen in der Erzählliteratur. Nachzuzeichnen ist also die Geschichte des Phänomens, zu erstellen eine Typologie zur systematischen Erfassung und analytischen Beschreibung. Die Verknüpfung beider methodischen Zugriffe findet über den Gegenstand des Erzählens statt. Ausgegangen wird dabei zwar von einer textstrukturellen Erscheinung, die mit Hilfe einer narratologischen Methodik untersucht werden kann. Allerdings übersieht die klassische Narratologie in ihrer Konzentration auf den Text eine Eigenschaft, die insbesondere im Fall des filmischen Erzählens zutage tritt, nämlich, dass das literarische Erzählen (und das Erzählen überhaupt) im Umfeld stets wandelnder Kontexte auftritt, sich verändert und sich ihnen anpasst.[41] Das filmische Erzählen kann also nicht ausschließlich auf der Textebene untersucht werden, sondern muss, will es in seiner Vollständigkeit erfasst und verstanden werden, ebenso einer historisch ausgerichteten Behandlung

---

40 Verwandt ist die kontextuale Narratologie mit Ansätzen einer kulturgeschichtlichen Narratologie. Vgl. Erll, Astrid/Roggendorf, Simone: „Kulturgeschichtliche Narratologie. Die Historisierung und Kontextualisierung kultureller Narrative". In: Ansgar Nünning/ Vera Nünning (Hg.): *Neue Ansätze in der Erzähltheorie*, Trier 2002, S. 73–114 u. Nünning, Ansgar: „Surveying contextualist and cultural narratologies. Towards an outline of approaches, concepts and potentials". In: Sandra Heinen/Roy Sommer (Hg.): *Narratology in the age of cross-disciplinary narrative research*, Berlin/New York 2009, S. 48–70; insb. S. 53f. Sie unterscheidet sich aber grundlegend von einer *contextualist narratology*, wie sie von Seymour Chatman beschrieben worden ist, die über weite Strecken unter Gesichtspunkten der linguistischen Pragmatik verfährt. Vgl. Chatman, Seymour: „What can we learn from a contextualist narratology". In: *Poetics today* 11/2 (1991), S. 309–28.
41 Dies mag auch deshalb verwundern, da von Julia Kristeva mit Bezug auf Michail Bachtin von einflussreicher Warte aus auf den Umstand des „Eindringen[s] der Geschichte (der Gesellschaft) in den Text und des Textes in die Geschichte" hingewiesen und dieser theoretisch aufgearbeitet worden ist. Vgl. Kristeva, Julia: „Bachtin, das Wort, der Dialog und der Roman". In: Jens Ihwe (Hg.): *Literaturwissenschaft und Linguistik. Ergebnisse und Perspektiven*. Bd. 3: *Zur linguistischen Basis der Literaturwissenschaft II*, Frankfurt a. M. 1972, S. 345–375.

unterliegen. Das analytische Gesamtmodell speist sich dementsprechend aus einem Mikromodell (Analyse des Textes) und einem Makromodell (Einbezug des Entstehungskontextes).

Die Untersuchungsperspektive ist deshalb auf den Aspekt des Erzählens ausgerichtet, da es sich in erster Linie um *narrative* Textphänomene handelt, die mittels eines narratologischen Zugriffs erfasst und adäquat beschrieben werden sollen. Am Rande sei erwähnt, dass es sich beim Filmischen in der Literatur durchaus auch um eine transgenerische Erscheinung handelt, die über die Erzählliteratur hinaus ebenfalls in anderen Gattungen zum Tragen kommt.[42] Allerdings scheint nicht nur mit Blick auf die Forschung die Vermutung nahe zu liegen, dass es vornehmlich in Erzähltexten zu beobachten ist und offensichtlich das Erzählen als wesentliches *tertium comparationis* beider Kunstformen zur Geltung kommt. Berücksichtigt werden muss aber davon abgesehen der intermediale Charakter des Phänomens: Beispielsweise stellen Texte der Frühen Moderne (aber nicht nur sie) einen ganz offensichtlichen und bedeutungstragenden Bezug zum Film her. Daher besteht das analytische Mikromodell vom Grundansatz her aus einer Kombination aus intermedialitätstheoretischem und erzähltheoretischem Vokabular.

2.2.1. Das analytische Mikromodell

Um dem intermedialen Charakter des Filmischen in der Erzählliteratur gerecht zu werden, wird auf wesentliche Aspekte der Theorien von Tschilschke und Rajewsky zurückgegriffen. Wesentlich für das filmische Erzählen als Formen intermedialer Bezugnahmen sind die Referenzformen, der Modus der Markierung und die Formen der Umsetzung. Daneben gelten die grundsätzlichen Kriterien der Globalität, der Relevanz und der Textkonstitution. Liegen also filmische Bezüge in der Literatur vor, so sollten sie textglobal auftreten und eine maßgebliche Relevanz für die erzählte Geschichte und/oder ihre erzählerische Vermittlung, folglich einen textkonstitutiven Charakter haben. Das bedeutet, dass etwa eine paratextuelle oder eine innertextuelle Einzelreferenz nur dann an Bedeutung gewinnt, wenn sie weitere Referenzen indiziert.[43] So ist es wahr-

---

42 Zum Filmischen in lyrischen, dramatischen und narrativen Texten vgl. Rusterholz, Peter: „Veränderungen in der Kunst des Erzählens. Wechselwirkungen zwischen Literatur und Film". In: Hermann Ringeling/Maja Svilar (Hg.): *Die Welt der Medien. Probleme der elektronischen Kommunikation. Referate einer Vorlesungsreihe des Collegium generale der Universität Bern*, Bern 1984, S. 85–98.
43 Vgl. Tschilschke: *Roman und Film*, S. 149.

scheinlich, aber nicht zwingend notwendig, dass mehrere über einen Text verteilte Einzelreferenzen auf eine Systemreferenz hindeuten. In jedem Fall ist davon auszugehen, dass bestimmte Typen der Systemreferenz, nicht aber die Einzelreferenz, tendenziell textkonstitutiv sind. Hervorzuheben sind mit Blick auf die Systemreferenz zum einen die ‚simulierende Form' und die ‚(teil-)reproduzierende Form' der Systemerwähnung.[44] Erstere erweckt die Illusion eines fremdmedialen ‚Filmisch-Seins'[45], während die zweite Form inhaltlich-genrespezifische Elemente (des Films) realisiert, bei denen mediale Differenzen keine Rolle spielen. Tragfähig für den vorliegenden Zusammenhang sind zum anderen die Referenzformen der Systemkontamination, die sich im Fall der ‚Systemkontamination *qua* Translation' durch die Verschiebung filmmedial generierter und festgelegter Prinzipien in die Literatur und im Fall der ‚teilaktualisierenden Systemkontamination' durch die (text-)modifizierende Verwendung von medienunspezifischen und/oder medial deckungsgleichen Bestandteilen im bezugnehmenden Medium auszeichnen.[46] Zur Erfassung des Markierungsmodus ist die bloße Differenzierung zwischen explizitem und implizitem Bezug unzureichend.[47] Vielmehr sind unterschiedliche Markierungsmodi auf formaler und inhaltlicher Ebene einerseits sowie starke und schwache Markierungen im Fall expliziter Referenzen andererseits als solche zu kennzeichnen. Auf formaler Ebene wird – wie noch zu erläutern sein wird – zwischen dem Erzählakt und der Medialisierung dieses Erzählaktes unterschieden. Im Erzählakt können verschiedene Grade expliziter Markierungen vorliegen. So setzen Einzel- und Systemreferenzen teilweise ein gewisses Vorwissen des Rezipienten voraus. Beispielsweise wäre ein Vergleich zweier Figuren mit ‚Dick und Doof' nur dann als expliziter Verweis auf die Laurel & Hardy-Reihe zu erkennen, wenn der Leser Kenntnis von dieser Vorlage hat (vgl. Jean Echenoz, *Cherokee*). Vergleiche dieser Art sind grundsätzlich anders einzustufen als jene, in denen die Erzählinstanz möglicherweise einen Exkurs über Figurationen eines Films einfügt (vgl. Anthony McCarten, *Death of a superhero*). Zu nennen sind in diesem Zusammenhang also *stark* explizite und *schwach* explizite Markierungen. Während stark explizite Markierungen eine eindeutige Verbindung zwischen referierendem und referiertem Medium herstellen, öffnen schwach explizite Markierungen trotz ihres Hinweischarakters textuelle Leerstellen, die der Rezipient mit Hilfe seines Wissens zu füllen hat. Diese Einteilung

---

44 Vgl. Rajewsky: *Intermedialität*, S. 67.
45 Ebd., S. 95.
46 Vgl. ebd., S. 128ff., 132f. u. 145.
47 Vgl. dazu Tschilschke, der kritisch an das Merkmal der ‚Erkennbarkeit' filmischer Bezüge herantritt (*Roman und Film*, S. 103).

kann ebenfalls für die Ebene der Präsentation der Erzählung im Medium Text geltend gemacht werden: Der Einsatz von Bildern oder Bilderfolgen oder eine Szeneneinteilung des Erzählten (mit Überschriften) können als stark explizite Markierungen gelten. Ebenso deutlich tritt der Einsatz typografischer Mittel im Text hervor, die etwa (wie in *Death of a superhero*) die akustische Dimension des Erzählten exponieren. Auch die Schriftfarbe kann hier genannt werden (Michael Ende, *Die unendliche Geschichte*). Schwach explizite Markierungen sind andererseits dann anzutreffen, wenn der Fließtext zugunsten eines im Schriftbild ersichtlichen ‚montagehaften' Erzählens durchbrochen wird. Analog dazu können auf der Seite des Inhalts Markierungen unterschiedlichen Grades ausgemacht werden – und dies hinsichtlich aller narratologischen Kategorien. Räume, Figuren und Ereignisse können mit bestimmten ‚filmischen' Pendants in Verbindung gebracht werden, indem sie als solche *bezeichnet* werden (z. B. die Stimme von Bruce Willis am Telefon in Ulrich Hofmanns *The end*), oder ihnen werden jeweilige Charakteristika, Eigenschaften oder, im Fall von Figuren, Handlungsweisen zugeordnet. Die Grenze zwischen schwach expliziten und impliziten Markierungen ist fließend und stets in Abhängigkeit vom Rezipientenwissen zu bewerten. Bei impliziten Markierungen ist die Differenzierung von starkem und schwachem Bezug nicht verwendbar. Des Weiteren können neben der Thematisierung filmischer Bezüge auf inhaltlicher oder formaler Ebene drei Arten der Realisierung aufgestellt werden, die in ihrer Gesamtheit auf die Formen filmischen Erzählens in der Literatur hinweisen und in denen (drei) Transformationsoperationen eines bestimmten Erzähltextes verankert sind. Die filmische Realisierung geht erstens einher mit der Selektion und Konkretisierung der Geschehensmomente, zweitens mit der Permutation und Linearisierung der Geschichte und drittens mit der Medialisierung des Erzählens im Text. Entsprechend können 1. eine filmische Realisierung auf der Ebene des Inhalts, 2. eine filmische Realisierung auf der Ebene des Erzählens und schließlich 3. eine filmische Realisierung auf der Ebene des Mediums ausfindig gemacht werden. Folglich zeigt sich das filmische Erzählen als Form literarischen Erzählens in der Modifikation der Erzähloperationen, indem nämlich auf unterschiedliche Weise mittels „mediale[m] Transformationsprozeß"[48] eine fremdmediale Isomorphie erzeugt wird, die durch unterschiedliche intermediale Bezüge zustande kommt. Zu betonen ist daher, dass es sich beim filmischen Erzählen in der Literatur tatsächlich um *literarische* For-

---

48 Paech, Joachim: „Intermedialität. Mediales Differenzial und transformative Figuration". In: Jörg Helbig (Hg.): *Intermedialität. Theorie und Praxis eines interdisziplinären Forschungsgebiets*, Berlin 1998, S. 14–31; hier S. 15.

men handelt, die ‚Filmisches' aufgreifen und verarbeiten und zwar auf der Basis von Erzählstrukturen.

Zur narratologischen Erfassung dieser Erzählstrukturen dient Wolf Schmids ‚idealgenetisches Transformationsmodell', dem ein formalistisch-strukturalistischer Ansatz zugrunde liegt und das mehrere Vorteile für das Vorhaben verspricht: Zum einen stellt es den bislang differenziertesten Beitrag zur Frage nach einer *narrativen Konstitution* literarischer Erzählungen dar und fokussiert damit grundsätzliche Merkmale des Erzählens wie auch der Erzählung. In der Modellierung eines „idealgenetisch"[49] verstandenen Erzählprozesses werden ebenso die narrativen Komponenten wie die Erzählinstanz, die Perspektivierung, die Zeit, das Ereignis und mit ihm der Raum und die Figur integriert. Die Erzählung wird hier als Produkt eines organisierenden Erzählprozesses mit dem Merkmal ‚narrativ' aufgefasst. D. h. sie stellt als Minimalanforderung zumindest eine Zustandsveränderung dar und kann eine Erzählinstanz indizieren.[50] Zum anderen werden Form- und Inhaltsebene gegenüber älteren Modellen ausdifferenziert und leiten zum medialen Aspekt einer Erzählung über, der bei der offensichtlichen Korrelation von Film und Literatur im Rahmen des filmischen Erzählens in der Literatur eine wesentliche Rolle spielt. Die zu behandelnden Textphänomene entspringen auf den ersten Blick einem intermedialen Wechselverhältnis zwischen den Kunstformen Literatur und Film, wobei die Literatur narrative Verfahren des Films mit den ihr zur Verfügung stehenden Mitteln zu transformieren scheint. Die systematische Methodik läuft dementsprechend auf die Formulierung einer intermedialen oder transmedialen Narratologie hinaus.[51] Es gilt, das übliche narratologische Instrumentarium um eine mediale Dimension (des Erzählens und) der Erzählung zu ergänzen.

Elementar für den Ausbau der Zwei- beziehungsweise Drei-Ebenen-Modelle[52] zu einem Vier-Ebenen-Modell ist für Schmid die Überlegung,

---

49   Schmid, Wolf: „Die narrativen Ebenen Geschehen – Geschichte – Erzählung – Text der Erzählung – Präsentation der Erzählung". In: *Wiener Slawistischer Almanach* 9 (1982), S. 83–110 u. ders.: *Elemente der Narratologie*, 2., verb. Aufl., Berlin/New York 2008.
    In *Elemente der Narratologie* heißt es: „Idealgenetische Modelle bilden [...] nicht den realen Schaffens- oder Rezeptionsakt ab, sondern simulieren mit Hilfe zeitlicher Metaphern die ideale, nicht-zeitliche Genesis des Erzählwerks mit dem Ziel, die das Erzählen leitenden Verfahren zu isolieren und in ihren Beziehungen zu beleuchten." (S. 281).
50   Vgl. Schmid: *Elemente der Narratologie*, S. 3.
51   Zur allgemeinen Hinwendung zu einer transmedialen Narratologie vgl. Rajewsky, Irina O.: „Von Erzählern, die (nichts) vermitteln. Überlegungen zu grundlegenden Annahmen der Dramentheorie im Kontext einer transmedialen Narratologie". In: *Zeitschrift für französische Sprache und Literatur* 117/1 (2007), S. 25–68.
52   Wie sich bei Boris Tomaševskij bereits andeutet, läuft eine eingehende Beschreibung einer Erzählung zunächst auf eine Teilung der ‚Form'-Seite hinaus. Bei ihm wird das Sujet ein-

dass das literarische Erzählen einem – wenngleich ‚idealgenetischen' – Organisationsprozess gleichkommt, dessen Einzelstufen durch (Erzähl-)Operationen zusammenhängen, welche in einem semiotischen Verhältnis zueinander stehen. Der Text der Erzählung, d. h. die literarisch-mediale Präsentation der Erzählung, expliziert zweierlei: die fiktionale Welt des Erzählten (Diegesis/Diegese) einerseits sowie die Exegesis bestehend aus „Wertungen, Kommentare[n], Generalisierungen, Reflexionen und Autothematisierungen des Erzählers"[53] andererseits. Abgesehen von einer expliziten Exegesis unternimmt die Erzählinstanz mehrere Leistungen, um von einem fiktiven Geschehen ausgehend eine Geschichte und aus dieser eine Erzählung zu formen. Die einzelnen Stufen des idealgenetischen Transformationsmodells verteilen sich auf eine Phäno-Ebene und eine Geno-Ebene – Letztere ist dabei eine im Erzählwerk nur implizit vorhandene Ebene, die durch die (manifeste) Phäno-Ebene repräsentiert wird. Die Geschichte ist die auf Basis von Selektion und Konkretisierung operierende Sinngebung des als formlos und kontingent aufzufassenden Geschehens auf der ersten Stufe. Durch Linearisierung und Permutation der Geschehensabläufe der Geschichte formiert sich die Erzählung in Form eines *ordo artificialis*, in dem die chronologischen Abfolgen deformiert oder verzerrt werden können,[54] während die Präsentation der Erzählung als einzige Stufe der Phäno-Ebene das Resultat der in literarischen Texten unter Verwendung des Zeichensystems Sprache auftretenden Verbalisierung darstellt.

Sowohl aus historischer als auch aus systematischer Sicht muss an dieser Stelle der Umstand geltend gemacht werden, dass es sich beim filmischen Erzählen in der Literatur um narrative Formen handelt, die in (mindestens) zwei Kunstformen verankert sind: dem narrativen Film (Spielfilm) und der Erzählliteratur. Da sich Film und Literatur unterschiedlicher Zeichensysteme zur Präsentation von Erzählungen bedienen, wird das

---

mal als „Gesamtheit [der] Motive [...] wie sie im Werk vorliegen" konzipiert und somit an ein an der Fabel orientiertes Verständnis gebunden (Tomaševskij, Boris: *Theorie der Literatur. Poetik*, nach dem Text der 6. Aufl. (Moskau – Leningrad 1931), hg. u. eingeleitet v. K.-D. Seemann, übers. v. U Werner, Wiesbaden 1985, S. 218). Andererseits wird mit der „künstlerische[n] Konstruktion" im Werk bereits auf die ‚Text-Oberfläche' hingedeutet (ebd., S. 218). Bei Mieke Bal wird dieses Verständnis ebenso wie bei Schmid explizit dargestellt. Dennoch ist der Unterschied zwischen beiden in diesem Punkt gravierend. Während Bal die *text*-Ebene ihres dreistufigen Modells als erzählerische Wiedergabe der *story* unter Verwendung eines *beliebigen* Zeichensystems ansieht (vgl. Bal, Mieke: *Narratology. Introduction to the theory of narrative*, übers. v. C. v. Boheemen, Toronto [u.a.] 1985, S. 5f.), beschränkt sich Schmid bei seiner Ebene der ‚Präsentation der Erzählung' auf das Zeichensystem Sprache.
53 Schmid: *Elemente der Narratologie*, S. 281.
54 Vgl. auch Todorov: *Les catégories du récit litteraire*, S. 139 u. Lämmert, Eberhard: *Bauformen des Erzählens*, 9., unveränderte Auflage, Stuttgart/Weimar 2004, S. 32f.

Mikromodell folglich um eine transmediale Komponente zu erweitern sein, um zwischen *Erzählung* und *Medium* unterscheiden[55] und das filmische Erzählen maßgerecht beschreiben zu können. Zwar ist das Erzählen auf das narrative Potential eines Mediums angewiesen, doch trägt es medienunabhängige Merkmale, die es bei der Umsetzung derselben Geschichte in unterschiedlichen Medien beibehalten würde. Beispielsweise bleibt eine figural motivierte Analepse eine Analepse, obwohl die medienbedingte Realisierung in verschiedenen Medien divergieren kann. Schmids Transformationsmodell erfasst jedoch lediglich literarische Erzählungen: Die ‚Phäno-Ebene' der Präsentation offenbart sich mittels operativer ‚Verbalisierung' und stellt „die medial noch nicht manifestierte Erzählung in der spezifischen Sprache einer Kunstgattung"[56] dar.[57] Dabei weist der Ausdruck ‚Sprache' durch die Charakteristika ‚sprachliche Perspektive', ‚lexikalische Einheiten', ‚syntaktische Strukturen' und ‚Stil' auf die natürliche, menschliche Sprache und somit einzig auf das Medium Buch hin. Mit ‚Kunstgattung' kann in diesem Sinn ebenfalls kein anderes Erzählmedium als die Erzählliteratur gemeint sein. Das Vier-Ebenen-Modell ist mithin für die deskriptive Erfassung einer Erzählung ausschließlich „im verbalen [...] und nicht [...] im filmischen, mimischen, tänzerischen, musikalischen oder figuralen [...] Medium"[58] ausgelegt. Für eine transmediale Narratologie zur Untersuchung des filmischen Erzählens ist eine Modifikation der

---

55 Vgl. Herman, David: *Story logic. Problems and possibilities of narrative*, Lincoln [u.a.] 2002, S. 10. Für den vorliegenden Zusammenhang erscheint der Begriff *Erzählmedium* hilfreich: Die Erzählliteratur wie auch der Spielfilm sind Erzählmedien derart, dass sie eine trägerspezifische Verwendung von Zeichensystemen aufweisen, mittels derer sie Erzählungen inhaltlich zu konstituieren und formal zu präsentieren vermögen und dadurch einen bestimmten Rezeptionsmodus festlegen (vgl. Ryan, Marie-Laure: „On the theoretical foundations of transmedial narratology". In: Jan Christoph Meister (Hg.): *Narratology beyond literary criticism*, Berlin/NewYork 2005, S. 1–24.; hier S. 19 u. Wolf, Werner: „Das Problem der Narrativität in Literatur, bildender Kunst und Musik. Ein Beitrag zu einer intermedialen Erzähltheorie". In: Nünning/Nünning (Hg.): *Erzähltheorie*, S. 23–104). Zu unterscheiden sind Erzählmedien von Übermittlungs- oder Trägermedien. Während Erzählmedien in erster Linie als mediale Plattformen für das Erzählen dienen, werden Übertragungsmedien allgemeiner zur Wissensübermittlung genutzt. Für die Literatur dient das Buch sowohl als Träger- als auch als Übermittlungsmedium. Zu stützen ist die Unterscheidung durch Faulstichs Einteilung in Primär-, Sekundär-, Tertiär- und Quartärmedien (Faulstich, Werner: „Medientheorie". In: ders. (Hg.): *Grundwissen Medien*, München 1994, S. 19–25; hier S. 19 u. ders.: *Mediengeschichte. Von 1700 bis ins 3. Jahrtausend*, Göttingen 2006, S. 8).
56 Dies und die folgenden Zitate aus Schmid: *Elemente der Narratologie*, S. 264.
57 Was an diesem Punkt ‚Erzählung' meint, kann hier nicht näher behandelt werden. Es erscheint nicht vollständig schlüssig, warum Schmid von einer ‚noch nicht manifestierten Erzählung' spricht. Geht man indessen davon aus, dass ‚Erzählung' medienübergreifend verstanden wird und in unterschiedlichen Medien realisiert werden kann, wird der Mehrwert eines transmedialen Modells offensichtlich.
58 Ebd., S. 243.

Ebene der ‚Präsentation einer Erzählung' vorzunehmen,[59] da hier angestrebt wird, sowohl das Erzählen im Film als auch das Erzählen in der Literatur zu berücksichtigen. In diesem Sinn ist die ‚Verbalisierung' als *eine* Operation der Medialisierung neben anderen einzuordnen. Das konstitutive Merkmal der ‚Erzählfähigkeit' eines Erzählmediums wird hier narratives Potential genannt, welches sich auf die narrative Charakteristik eines jeweiligen Mediums stützt. Diese wiederum betrifft die Bündelung medialer Eigenschaften, die für die Art und Weise der medialen Einbindung einer Geschichte (Medialisierung) verantwortlich sind.[60] Resultierend aus unterschiedlichen Spielräumen einzelner Erzählmedien sind verschiedene Grade des narrativen Potentials anzunehmen,[61] die sich auf einer Skala von ‚schwach' bis ‚stark' eintragen lassen. Als zwei fundamentale Charakteristika eines Mediums zur Darstellung einer Erzählung sind semantische Einheiten auf der paradigmatischen Ebene und Kohärenz stiftende Einheiten auf der syntagmatischen Ebene zu nennen.[62] Die durch das narrative Potential beeinflusste Operation der Medialisierung determiniert die ‚Präsentation einer Erzählung' im jeweiligen narrativen Medium, welche ihrerseits die semiotische Vergegenständlichung der anderen, von ihr implizierten Ebenen darstellt. Neben der Implikation der Diegese wird die Erzählinstanz durch indiziale Zeichen repräsentiert beziehungsweise aus ‚Symptomen des Erzähltextes' gebildet und ist folglich Teil der ‚Präsentation der Erzählung'.

---

59 Mediale Differenzen spürt Schmid bei der Umsetzung der Figurenrede in unterschiedlichen Medien auf: „Während Literatur und Film die Überarbeitung der im Geschehen gesprochenen und gedachten Reden verdecken, machen Ballett und Pantomime, die die Inhalte der Personentexte in der Sprache der Gebärden und Bewegung ausdrücken müssen, nachdrücklich auf die in ihnen stattfindende mediale Umsetzung aufmerksam." (Schmid: *Der Ort der Erzählperspektive*, S. 527).

60 Marie-Laure Ryan spricht in diesem Zusammenhang neben „storytelling abilities" und „narrative abilities" auch von „representational power" oder „narrative power" eines Mediums (Ryan: *On the theoretical foundations of transmedial narratology*, S. 1; dies.: „Media and Narrative". In: David Herman/Manfred Jahn/Marie-Laure Ryan (Hg.): *Routledge encyclopedia of narrative theory*, London [u.a.] 2005, S. 288–292, S. 291 und dies.: „Will new media produce new narratives?". In: dies: *Narrative across media. The languages of storytelling*, Lincoln [u.a.] 2004, S. 337–360, S. 356).

61 In ähnlicher Weise leitet Werner Wolf vom Begriff der Narrativität verschiedene mediale Grade, ‚genuin narrativ', ‚narrationsindizierend' und ‚quasi narrativ', ab (vgl. Wolf: *Das Problem der Narrativität*, S. 96).

62 Vgl. Wolf: *Das Problem der Narrativität*. In diesem Sinn spricht auch Ryan von Semantik, Syntax und Pragmatik von Medien: „Narrative differences may concern three different semiotic domains: semantic, syntax, and pragmatics. In narrative theory, semantics becomes the study of plot, or story; syntax becomes the study of discourse, or narrative techniques; and pragmatics becomes the study of the uses of narrative." (Ryan: *On the theoretical foundations of transmedial narratology*, S. 18).

2.2. Kontextuale Narratologie

Die ‚Phäno-Ebene' einer in einem Erzählmedium realisierten Erzählung gliedert sich *theoretisch* in eine Darstellungsebene und eine Vermittlungsebene. Beide Ebenen sind intratextuelle Ebenen, welche medial generiert werden und medienspezifisch charakterisiert sind und die jedwedes Erzählmedium mehr oder weniger deutlich ausbildet. Die Darstellungsebene eines Mediums umfasst diejenigen Elemente der Präsentation, die sich auf die Diegese und die sich in ihr vollziehenden Abläufe beziehen: Man kann hierbei von der (medialen) Generierung der dargestellten Welt sprechen. Die Vermittlungsebene eines Mediums betrifft seine am narrativen Potential ausgerichteten Vermittlungseigenschaften. Dieses Verständnis richtet sich nicht nach einem weiten Vermittlungsbegriff, nach dem gemeinhin alle Medien bestimmte Inhalte vermitteln, sondern nach einem engeren, der sich auf den medialen *support* zur Vermittlung einer Erzählung bezieht. Die Ebene der Vermittlung deutet also darauf hin, dass die medialen Elemente, die dort zu finden sind, in einem Zusammenhang mit der Mittelbarkeit des Erzählten (also des Erzählens selbst) stehen: Die narrative Instanz tritt hier medial in Erscheinung. Da die erzählte Welt im Akt des Erzählens hervorgebracht wird,[63] ist anzunehmen, dass sich Vermittlungsebene und Darstellungsebene *praktisch* überlagern. Der Vorteil der vorliegenden Differenzierung zwischen den medialen Ebenen der Vermittlung und der (vermittelten) Darstellung[64] liegt in der Anbindung an das skizzierte erzähltheoretische Modell: Nicht nur die Trennung zwischen ‚Medium' und ‚Narration' ist hierdurch gewährleistet, sondern ebenso eine Beschreibungsoberfläche zur Erfassung von a.) in unterschiedlichen Medien zur Evokation erzählter Welten genutzte Mittel und Verfahren, b.) Mechanismen der Transformation von Geschehensmomenten zu Geschichten und c.) Realisierungen narrativer Instanzen gegeben. Das bedeutet, dass dieses Modell in Kombination mit weiteren narratologischen Kategorien (Perspektivierung, Zeit, Raum, Figur, Ereignis) gleichsam medien*übergreifend* und medien*spezifisch* operabel ist und so auch dem

---

63 Vgl. Hamburger, Käte: *Logik der Dichtung*, 2. stark veränderte Aufl., Stuttgart 1968. Im Ansatz verfährt ebenso Bal: *Narratology*. Im Zuge der Auseinandersetzung mit dem Film vgl. Kozloff, Sarah: *Invisible storytellers. Voice-over narration in American fiction film*, Berkeley [u.a.] 1988.

64 Die terminologische Einführung dieser Differenzierung ist mancherorts bereits vorgenommen worden. In Bezug auf den Film sind Ansätze bereits bei Tynjanov, Jurij: „Grundlagen des Films". In: Franz-Josef Albersmeier (Hg.): *Texte zur Theorie des Films*, Stuttgart 2003, S. 138–171 sowie Chatman: *Story and discourse. Narrative structure in fiction and film*, Ithaca/London 1978 zu finden. Vgl. darüber hinaus in expliziter Ausführung bei Lohmeier, Anke-Marie: *Hermeneutische Theorie des Films*, Tübingen 1996 und dies.: „Filmbedeutung". In: Fotis Jannidis/Gerhard Langer/Matías Martínez/Simone Winko (Hg.): *Regeln der Bedeutung. Zur Theorie der Bedeutung literarischer Texte*, Berlin [u.a.] 2003, S. 512–526 sowie bei Mahne, Nicole: *Transmediale Erzähltheorie. Eine Einführung*, Göttingen 2007.

filmischen Erzählen gerecht wird, d. h. dem Erzählen im Film wie auch dem filmischen Erzählen in der Literatur. Im Folgenden wird von drei narrativen Ebenen die Rede sein, die mit den bei Schmid beschriebenen Erzähloperationen korrelieren (wobei die *discours*-Ebene hier separiert erscheint): 1. die Ebene der Geschichte/des Erzählten/des Inhalts, 2. die Ebene des Erzählens/der narrativen Vermittlung, 3. die Ebene des Mediums.

2.2.2. Das analytische Makromodell

Im Zuge einer Betrachtung literarischer Formen filmischen Erzählens muss neben dem Problem der Strukturbeschreibung ebenso der Grundgedanke berücksichtigt werden, dass ihr Auftreten bereits in eine Zeit fällt, zu der der Film seinerseits noch nicht existierte, nämlich etwa in die Mitte des 19. Jahrhunderts. Zwar sind frühe Formen gegenüber später auftretenden lediglich partiell in literarischen Texten nachweisbar und noch nicht textglobal angelegt, allerdings spricht die Tatsache ihrer Erscheinung dafür, dass für das Vorhaben ihrer Erforschung neben der systematischen Narratologie eine sozial- und kulturgeschichtliche Perspektive eingenommen und das Erzählen in mehreren kontextuellen Zusammenhängen besehen werden muss. Für einen geeigneten methodischen Zuschnitt wird das von der Münchner Forschergruppe für ‚Sozialgeschichte der deutschen Literatur 1770–1900' modellierte Sozialsystem ‚Literatur' aufgegriffen. Ziel ist es weder, eine diachrone und synchrone Gesamterfassung der Literatur und ihrer Umwelteinflüsse vom 19. Jahrhundert bis heute zu erstellen, noch eine systemtheoretisch motivierte Schematisierung des Untersuchungsgegenstandes anzustreben. Vielmehr soll die Eingrenzung auf für die ‚Institutionalisierung' des filmischen Erzählens in der Erzählliteratur relevante Kontexte vorgenommen werden. Den Hintergrund für die Verknüpfung von sozialgeschichtlichem beziehungsweise systemtheoretischem Überbau und narratologischer Systematik bildet der anthropologische Ansatz des *homo narrans*, der Menschen also, der erzählend auf seine Umwelt reagiert.[65] Neben anderen Funktionen des Erzählens erfüllt

---

65 Vgl. Ranke, Kurt: *Die Welt der Einfachen Formen. Studien zur Motiv-, Wort- und Quellenkunde*, Berlin/New York 1978, S. 40f., 53 u. 268. Ranke führt aus: „Huizinga hat das Spielen eine ebenso wichtige Funktion wie das Schaffen des Menschen genannt und der Fiktion des 18. Jahrhunderts vom ‚homo sapiens' oder der des 19. Jahrhunderts vom ‚homo faber' den ‚homo ludens' seiner Intentionen gegenübergestellt. Mit dem gleichen Recht könnte man ebenso vom ‚homo narrans' sprechen. Denn daß neben dem profanen, etwa dem praktisch-ökonomischen Gedankenaustausch auch das Erzählen von Geschichten aller Art einem der elementarsten Bedürfnisse menschlichen Wesens entspringt, diese Einsicht ist seit

2.2. Kontextuale Narratologie

speziell das fiktionale Erzählen die Funktion des „mentalen Probehandeln[s]"⁶⁶. Das filmische Erzählen äußert sich hierbei als die Gesamtheit besonderer narrativer Formen, für deren Spezifik das Zusammenwirken diverser kontextueller Parameter maßgeblich ist. Hervorzuheben ist die Tatsache, dass das Erzählen (und somit auch das literarische Erzählen) auf anthropologische Beweggründe zurückzuführen ist: Im Sinn einer ‚Anthropologie des Erzählens'⁶⁷ kann es als anthropologische Konstante und Universalie bezeichnet werden,⁶⁸ die eine im menschlichen Bewusstsein verwurzelte Operation der Sinnkonstitution oder sogar Sinnkonstruktion darstellt.⁶⁹ Diese Konstante ist indessen einer historischen Varianz unterworfen: Analog zum sich ändernden kontextuellen Umfeld ändert sich ebenfalls der Akt der menschlichen Erfassung von ‚Welt' durch das Erzählen und mit ihm das Produkt des Erzählprozesses, die Erzählung. Diese Prozesse sind u. a. ablesbar an ästhetischen Formen des Erzählens innerhalb der Erzählliteratur. Grundsätzlich sind drei Parameter zu berück-

---

den Betrachtungen Montesquieus, Herders und der Romantiker über die schöpferischen Kräfte des Kollektivgeistes zu einer auch durch die moderne Sozialpsychologie bestätigten Erkenntnis geworden" (ebd., S. 41f.).

66 Neumann, Michael: „Erzählen. Einige anthropologische Überlegungen". In: ders. (Hg.): *Erzählte Identitäten. Ein interdisziplinäres Symposion*, München 2000, S. 280–294; hier S. 286.

67 Mit einer ‚Anthropologie des Erzählens' ist ein sehr heterogenes Forschungsgebiet angesprochen. Mit dem verbindenden Merkmal einer ‚Erforschung des Erzählens' sind hier sowohl kulturanthropologische als auch neurobiologische Ansätze einzubeziehen.

68 Vgl. Barthes, Roland: „Einführung in die strukturale Analyse von Erzählungen". In: ders.: *Das semiologische Abenteuer*, übers. v. D. Hornig, Frankfurt a. M. 1988, S. 102–143; hier S. 102; Antweiler, Christoph: „Menschliche Universalien. Ein kulturvergleichender Zugang zum Humanum". In: Karl Eibl/Katja Mellmann/Rüdiger Zymner (Hg.): *Im Rücken der Kulturen*, Paderborn 2007, S.67–86. Vgl. auch Neumanns Abhandlung zu den fünf Strömen des Erzählens im selben Band (S. 373–394). Aus kulturanthropologischer Sicht vgl. Eibl, Karl: *Animal Poeta. Bausteine der biologischen Kultur- und Literaturtheorie*, Paderborn 2004; Gessinger, Joachim/Rahden, Wolfert V. (Hg.): *Theorien vom Ursprung der Sprache*, Berlin/New York 1989; Heeschen, Volker: „The narration ‚instinct'. Everyday talk and aesthetic forms of communication (in Communities of the New Guinea Mountains)". In: Hubert Knoblauch/Helga Kotthoff (Hg.): *Verbal across cultures. The aesthetics and proto-aesthetics of communication*, Tübingen 2001, S. 137–165; Neumann: *Erzählen. Einige anthropologische Überlegungen*; Scheffel, Michael: „Erzählen als anthropologische Universalie. Funktionen des Erzählens im Alltag und in der Literatur". In: Manfred Engel/Rüdiger Zymner (Hg.): *Anthropologie der Literatur*, Paderborn 2004, S. 121–138.

69 Essentiell für die Sinnbildung ist, dass die aus einem kontingenten Feld entnommenen Geschehensmomente zu sinnhaften Einheiten, einer „nicht-zufälligen Ereignisfolge", verknüpft werden (vgl. Eibl: *Animal Poeta*, S. 255). Vgl. ebenso Danto, Arthur C.: *Analytische Philosophie der Geschichte*, übers. v. J. Behrens, Frankfurt a. M. 1974, S. 376 u. 384f. Vgl. weiterführend Gumbrecht, Hans Ulrich: „Erzählen in der Literatur – Erzählen im Alltag". In: Konrad Ehlich (Hg.): *Erzählen im Alltag*, Frankfurt a. M. 1980, S. 403–419; hier S. 406f., 408ff. u. ders.: „Über den Ort der Narration in narrativen Gattungen". In: Eberhard Lämmert (Hg.): *Erzählforschung. Ein Symposion*, Stuttgart 1982, S. 202–217; hier S. 205.

sichtigen, um einen ‚von außen' beeinflussten Wandel literarischen Erzählens beschreiben und damit Erzählmuster wie u. a. das filmische Erzählen in der Erzählliteratur erfassen zu können:
- der *Autor*, der schreibend auf seine Umwelt reagiert
- die *Erzählliteratur*, die den Ort bestimmter Erzählformen – unter ihnen das filmische Erzählen – darstellt
- die historisch-kulturellen *Kontexte*, die in ihrer Mehrschichtigkeit auf den Autoren und so auch auf die Literatur einwirken

Der Autor wird als Teil einer kollektiven Strömung aufgefasst, die hier literarische Intelligenz genannt wird.[70] Literarische Intelligenz ist diejenige gesellschaftliche Gemeinschaft zu nennen, welche in literarischer Theorie und Praxis auf die außerliterarische Wirklichkeit reagiert, sie reflektiert und künstlerisch verarbeitet. Sie umschließt folglich den einzelnen Autor und Autorengruppen, sie wird durch ihren jeweiligen historischen Kontext determiniert und ist mithin historisch variabel. Zugleich kann sie als Schnittstelle zwischen Text und Kontext angesehen werden, da sie im Gesellschaftssystem agiert und literarische (sowie literaturpoetische und -programmatische) Texte produziert. Die Subsumtion des Autors unter die literarische Intelligenz lässt Generalisierungen zu, die für eine theoretische Beschreibung notwendig erscheinen, und sie erleichtert die Bestimmung des Zusammenhangs von Erzählen und Wahrnehmung, der speziell für die Ausbildung des filmischen Erzählens ausschlaggebend ist. Denn hier ist es sinnvoll, allgemeine Aussagen über bestimmte Wahrnehmungsmuster einer Epoche und nicht (nur) des Einzelnen treffen zu können. Neben Wahrnehmungsmustern sollen ebenso literarästhetische Programme besprochen und in die Text–Kontext-Analyse eingebunden, wie auch individuelle Poetiken ausgelegt werden, und zwar als individuelle Ausführungen über die Ambivalenz/Korrelation von Wahrnehmung und Realität innerhalb einer bestimmten Epoche (als historischer Rahmen) in einem bestimmten Raum (Europa/Deutschland). Im Fall des filmischen Erzählens gilt dies insbesondere für das Verhältnis von Film, Literatur, Erzählen und Wirklichkeit.

Die Erzählliteratur als Ort des Erzählens und als Gegenstand „kultureller Selbstwahrnehmung"[71] kann aus historischer Sicht naturgemäß un-

---

70 Vgl. Heller, Heinz-Bernd: *Literarische Intelligenz und Film*. Die ‚literarische Intelligenz' ist auch deshalb ein hilfreicher Begriff, da Heller sich ebenfalls mit der literarischen Transformation des ‚Filmischen' beschäftigt (vgl. auch ders.: *Historizität als Problem der Analyse intermedialer Beziehungen*).
71 Voßkamp, Wilhelm: „Literaturgeschichte und Gesellschaftsgeschichte. Probleme einer interdisziplinären Literaturwissenschaft". In: Paul Nolte (Hg.): *Perspektiven der Gesellschaftsgeschichte*, München 2000, S. 79–89; hier S. 83. Im Sinn einer Interrelation zwischen visuel-

terschiedlich charakterisiert werden. Ein Sozialsystem ‚Literatur' impliziert die Kontextualität von Literatur, d. h. ihre Genese *durch* Kontexte und ihr Bestehen *in* mehreren Kontexten. Einerseits verarbeitet die Literatur durch kontextuelle Einflüsse bestimmte Erfahrungen der literarischen Intelligenz und bildet andererseits im Zuge dieser Verarbeitung eigene dispositive und narrative Formen aus. Systemtheoretisch lassen sich an dieser Stelle die Bereiche ‚Handlung' und ‚Gesellschaft' in Anschlag bringen.[72] Die Literatur lässt sich als gesellschaftliches Subsystem des Sozialsystems ‚Gesellschaft' auslegen, das mit anderen Subsystemen interpenetriert. Im Bereich der ‚Handlung' wird die interne Struktur des Literatursystems in weitere Subsysteme untergliedert. Mit ‚Handlung' und ‚Gesellschaft' richtet sich der Blick also auf die die Literatur umgebende (gesellschaftliche) Umwelt[73] und auf literarische Institutionalisierungen (Ausbildung, Erhalt und Modifizierung literarischer Muster wie Gattungen und Untergattungen, Genres, Themen, Stile, Erzählmuster usw.). Folgt man der ‚Münchner Forschergruppe Sozialgeschichte 1770–1900', so manifestiert sich die Literatur innerhalb des Gesellschaftssystems als Subsystem, das zugleich als Teilsystem neben anderen kulturellen Systemen wie Religion, Wissenschaft und weiteren Künsten besteht und mittels Wertbindungen strukturbildende und strukturerhaltende Funktionen ausübt. Dabei interpenetriert das Literatursystem mit anderen Systemen des

---

ler Wahrnehmung und Literatur vgl. Mergenthaler, Volker: *Sehen schreiben – Schreiben sehen. Literatur und visuelle Wahrnehmung im Zusammenspiel*, Tübingen 2002.

72 Heydebrand, Renate/Pfau, Dieter/Schönert, Jörg (Hg.): *Zur theoretischen Grundlegung einer Sozialgeschichte der Literatur. Ein struktural-funktionaler Entwurf*, hg. im Auftrag der Münchner Forschergruppe ‚Sozialgeschichte der deutschen Literatur 1770–1900', Tübingen 1988. Darin bes.: Meyer, Friederike/Ort, Claus-Michael: „Konzept eines struktural-funktionalen Theoriemodells für eine Sozialgeschichte der Literatur" (S. 85–171). Vgl. ebenso: Schönert, Jörg: „Neuere theoretische Konzepte in der Literaturgeschichtsschreibung. Positionen, Verfahren und Probleme in der Bundesrepublik und DDR". In: Thomas Cramer (Hg.): *Literatur und Sprache im historischen Prozeß. Vorträge des Deutschen Germanistentages Aachen 1982*, Bd. 1: *Literatur*, Tübingen 1983, S. 91–120 sowie die weiterführenden Gedanken (in Bezug auf Luhmanns Kommunikationsbegriff und Bourdieus ‚Feld- und Habitus-Theorie') in Ort, Michael-Claus: „‚Sozialgeschichte' als Herausforderung der Literaturwissenschaft. Zur Aktualität eines Projekts". In: Martin Huber/Gerhard Lauer (Hg.): *Nach der Sozialgeschichte. Konzepte für eine Literaturwissenschaft zwischen Historischer Anthropologie, Kulturgeschichte und Medientheorie*, Tübingen 2000, S. 113–128.

73 Diese umfassen wirtschaftlich-technische, politische, soziale und kulturelle Kontexte und ‚handelnde' Instanzen des Literatursystems, d. h. literaturbezogene Institutionen wie Autoren, Leser, Verlage, Schriftstellerverbände, Schulen und Universitäten, literarische Strömungen usw.

Gesellschaftssystems[74] und wird durch ökonomisch-technische Rahmenbedingungen (im gesellschaftlichen Subsystem A_1) sowie durch politische Entscheidungen (in G_1), durch Normen und Werte der gesellschaftlichen Gemeinschaft (I_1) und durch andere kulturelle Systeme (in L_1) beeinflusst. Der interne Aufbau des Literatursystems umschließt die „Gesamtheit der Strukturen und Prozesse literaturbezogenen und literarischen Handelns"[75]. Er befindet sich auf der Systemebene S_2 und teilt sich wiederum in vier Subsysteme auf. A_2, G_2 und I_2 sind als *literaturbezogene* Institutionen aufzufassen, wobei A_2 literaturbezogene ökonomisch-technische Ressourcen mobilisiert, G_2 den Austausch rivalisierender literaturbezogener Kollektivinteressen betrifft und I_2 die literaturbezogene Sozialisation und Normvermittlung herstellt. L_2 ist der Bereich *literarischer* Institutionalisierungen und enthält die

> Produktion und die Rezeption literarischer Texte, [die] Bildung und Erhaltung von gattungs- und genrespezifischen Konventionen [sowie die] Bildung und Reproduktion ästhetischer Wertestandards und motivational verankerter Einstellungsmuster gegenüber Literatur.[76]

Die Betrachtung der Subsysteme von L_2 (auf der Systemebene S_3) läuft auf eine „Theorie des literarischen Handelns"[77] hinaus. Eine solche Theorie befasst sich – wie eine Theorie des sozialen Handelns im Allgemeinen – mit „grundlegenden Bezugseinheiten"[78], die Talcott Parsons Aktoren nennt, welche an dieser Stelle aufgrund der Konzentration auf die Produktionsseite mit der literarischen Intelligenz gleichgesetzt werden. Literarisches Handeln umfasst die „materiellen, ideellen und psychischen"[79] Verhaltensressourcen (A_3), Schreiben und Lesen als Aktorsituationen (G_3), die soziale Verbundenheit der Aktoren (I_3) und die Herausbildung, Erhaltung und Modifikation literarischer Wertmuster (L_3) in Inhalt und Form wie u. a. das filmische Erzählen.

---

74 Grundlage für den Ansatz der Münchner Forschergruppe stellen Talcott Parsons' systemtheoretische Schriften zur Soziologie dar: Parsons, Talcott: *The social system*, Glencoe 1951; ders.: *The system of modern societies*, Englewood Cliffs 1971; ders.: *Aktor, Situation und normative Muster. Ein Essay zur Theorie sozialen Handelns*, übers. v. H. Wenzel, Frankfurt a. M. 1986. Hierin entwickelt Parsons sein *AGIL*-Schema als Grundlage einer systemtheoretischen Soziologie, das interne Normen und externe Bedingungen einer systemischen Gesellschaftsstruktur mit Zielen und Mitteln gesellschaftlicher Handlungen verbindet und vier Dimensionen auffächert, die er ‚Mittelmobilisierung' (A), ‚Zielorientierung' (G), ‚Verbundenheit der Elemente eines Handlungssystems' (I), ‚Bewahrung latenter Strukturen' (L) nennt (vgl. weiterführend Meyer/Ort: *Sozialgeschichte der Literatur*, S. 107).
75 Meyer/Ort: *Sozialgeschichte der Literatur*, S. 142.
76 Ebd., S. 142.
77 Vgl. ebd., S. 136.
78 Parsons: *Aktor, Situation und normative Muster*, S. 61.
79 Vgl. Schönert: *Neuere theoretische Konzepte in der Literaturgeschichtsschreibung*, S. 107.

2.2. Kontextuale Narratologie

Für den vorliegenden Fall gilt es, die vorgestellte Schablone anhand gezielter Fragestellungen zu „historischen Phänomenen der strukturierenden Prozesse im Literatursystem"[80] auf die Untersuchung des filmischen Erzählens zuzuschneiden. Dabei ist die Wechselwirkung einiger kontextueller Faktoren auf handlungsrelevanter und gesellschaftlicher Ebene zu berücksichtigen, die für die Ausbildung, Erhaltung und Gestaltung des literarischen Musters ‚filmisches Erzählen' verantwortlich sind.

- Aufgrund welcher Wechselbeziehungen innerhalb des Literatursystems oder aber zwischen dem Literatursystem und anderen Subsystemen des Gesellschaftssystems kommt das literarische Wertmuster ‚filmisches Erzählen' zustande?
- Welchen Platz nimmt das filmische Erzählen als spezifische Menge literarisch-narrativer Formen innerhalb der Gattung ‚Erzählliteratur' ein?
- Welche Formen der historischen Variabilität weist das filmische Erzählen auf?

Wenn ein systemtheoretischer Ansatz von interpenetrierenden Systemen oder allgemeiner von miteinander in Beziehung stehenden Kontexten ausgeht, so ist schließlich der Kontext-Begriff zu klären. Mit Hilfe des vorgestellten Konzeptes eines Systems der Literatur kann ein Überblick über *mögliche* Kontexte geschaffen, als auch ein Zuschnitt auf (wenige für eine Geschichte des filmischen Erzählens) *relevante* Kontexte vorgenommen werden. Kontexte sind zunächst als theoretische Konstrukte zu begreifen, die Zusammenhänge herstellen. Parsons zufolge entstehen gesellschaftliche Systeme und alle in ihnen ablaufenden Prozesse aufgrund von Relationen.[81] Rekonstruktion dieser Relationen formieren Kontexte im hier verwendeten Sinn. Kontexte können aber ebenso ausgehend vom handelnden Aktor generiert werden, da dieser wie oben angedeutet systemische Relationen zustande bringt. Auf dieser Basis lassen sich beliebig viele Kontexte entwerfen, beispielsweise zwischen der Literatur und anderen Teilsystemen des sozial-kulturellen Systems L$_1$ wie etwa das der Religion. Das Modell der Kontextualisierung ist allerdings durch das Kriterium der Relevanz zu ergänzen, das wiederum den heuristischen Nutzen bestimmter Kontextkonstellationen konturiert. Sicherlich lassen sich zu (beinahe) jeder Zeit Kontexte des Literatursystems schaffen, sofern literarische Texte vorliegen und kontextuelle Parameter anhand von anderen Dokumenten und Quellen ersichtlich sind. Relevant werden sie aber dann, wenn sie plausibel zur Anwendung gelangen und einen literarischen Ge-

---

80 Ebd., S. 108.
81 Vgl. Parsons: *The social system*, S. 25.

genstand erhellen. Im vorliegenden Fall ist dies u. a. die Wahrnehmungsgeschichte des 19. Jahrhunderts und ihr Einfluss auf die Erzählliteratur. Für eine historische Untersuchung des filmischen Erzählens wird der zeitliche Rahmen auf zwei wesentliche Etappen festgelegt: die Zeit des Realismus in Europa (1830–1890) und die Frühe Moderne (1890–1930). Zur diachronen und synchronen Untersuchung des ästhetischen Wertmusters literarischer Formen filmischen Erzählens[82] können mit Hilfe des Makromodells fünf relevante Kontexte generiert werden.

Kontext ,Technologie': Das 19. Jahrhundert zeichnet sich durch eine Vielzahl technologischer Innovationen aus, deren Einflusshorizont bis in die Literaturprogrammatik reicht. Zu beobachten sind im weiteren Verlauf zum 20. Jahrhundert tiefgreifende Veränderungen, die als ,Modernisierungsschübe' bezeichnet werden können und in drei Entwicklungstendenzen der ,Beschleunigung', des ,raum-zeitlichen Distanzschwunds' und der ,Dualität von Zergliedern und Zusammensetzen' kulminieren.[83] Hervorgerufen werden sie durch drei Teilbereiche des Kontextes ,Technologie': Errungenschaften im Bereich des Transportwesens verschaffen dem Menschen in der ersten Hälfte des 19. Jahrhunderts die Möglichkeit, wesentlich komfortabler und vor allem schneller zu reisen. So hat zuerst die Eisenbahn eine maßgebliche Beschleunigung der Reisegeschwindigkeit herbeigeführt, in ihrer Folge das Automobil und das Flugzeug. Beachtenswert ist dabei, dass sich dieser Prozess innerhalb einer relativ kurzen Zeitspanne, von der Mitte des 19. Jahrhunderts bis zur Mitte des 20. Jahrhunderts, vollzieht. Eine signifikante Umstellung findet zur selben Zeit ebenfalls in der Kommunikationstechnologie statt, die sich insbesondere im gesellschaftlichen und wirtschaftlichen Sektor bemerkbar macht.[84] Der technologische Fortschritt lässt sich ferner an der Entwicklung der Bildtechnologien ablesen: In mehreren Bereichen des gesellschaftlichen Lebens werden vermehrt optische Geräte verwendet, die gleichsam ,Techniken des Betrachters'[85] neu justieren und neue visuelle Reproduktionsverfahren nach sich ziehen. Vor allem betrifft dies mimetische Apparate, die das Auge des Menschen täuschen und so eine Wirklichkeits*illusion* erzeugen. Aufgrund ihres enormen Einflusses auf die Entstehung und den pluralistischen Wachstum von Übertragungs- und Erzählmedien nehmen Bildtechnolo-

---

[82] Anzusiedeln ist dieses Wertemuster mit Meyer/Orth im Subsystem L₃ des Sozialsystems ,Literatur' (Meyer/Orth: *Konzept eines struktural-funktionalen Theoriemodells*, S. 137).
[83] Großklaus, Götz/Lämmert, Eberhard: „Vorbemerkungen". In: dies. (Hg.): *Literatur in einer industriellen Kultur*, Stuttgart 1989, S. 7–19; hier S. 15.
[84] Vgl. Kleinschmidt, Christian: *Technik und Wirtschaft im 19. und 20. Jahrhundert*, München 2007.
[85] Vgl. Crary, Jonathan: *Techniken des Betrachters. Sehen und Moderne im 19. Jahrhundert*, übers. v. A. Vonderstein, Dresden/Basel 1996.

2.2. Kontextuale Narratologie

gien eine besondere Position in der Auseinandersetzung mit dem filmischen Erzählen ein: Durch sie wird ein Literaturverständnis initiiert, welches sich im filmischen Erzählen des präfilmischen Zeitalters niederschlägt, und sie antizipieren die Entwicklung des Mediums Film als idealtypisches Vorbild filmischen Erzählens in der Literatur.[86] Die durch Umwälzungen in den technologischen Bereichen eingeleiteten Moderni-Modernisierungsschübe beeinflussen nachhaltig Mensch und Gesellschaft (Kontext ‚Gesellschaft'). Das gesellschaftliche Leben erfährt eine Beschleunigung und wird aufgrund von Industrialisierung und fortschreitender ‚Technisierung'[87] einer völligen Neustrukturierung unterzogen. Für den Menschen ergeben sich durch diese Umstellungen in erster Linie gravierende Wahrnehmungsveränderungen (Kontext ‚Wahrnehmung'), die auf die Erfassung von Welt und die künstlerische Darstellung von Welt im literarischen Erzählen einwirken. Infolgedessen führt die „dynamische Abhängigkeit"[88] von Technologie und Kunst zur Ausbildung des filmischen Erzählens in der Literatur als Reaktion der literarischen Intelligenz auf die skizzierten Veränderungen „der technisch-industriellen Strukturierung der Wirklichkeitsaneignung"[89] beziehungsweise als „Reflex [...] in der literarischen Formsprache"[90].

Kontext ‚Gesellschaft': Der gesellschaftliche Kontext wird hier auf den deutschsprachigen Raum zugeschnitten – ohne jedoch internationale Entwicklungen aus den Augen zu verlieren – und weiterhin auf den Zeitraum von der Mitte des 19. Jahrhunderts bis 1930 eingegrenzt. Gesellschaftliche Umstrukturierungen dieser Zeit[91] werden mit den Schlagwörtern ‚Industrialisierung', ‚Urbanisierung', ‚Vermassung' und ‚Informations-

---

[86] Crary schränkt diese Ansicht insofern ein, als er die teleologische Genealogie der Filmtechnik tendenziell verneint und die ‚Einzigartigkeit' jedes einzelnen Apparates betont. Vgl. Crary: *Techniken des Betrachters*, S. 113ff. Vgl. hingegen die Darstellung der Entwicklungsetappen bei C. W. Ceram, der den Film als die „Summe von Entdeckungen und Erfindungen, die vor allem im 19. Jahrhundert gemacht wurden" ansieht. Vgl. Ceram, C. W.: *Eine Archäologie des Kinos*, Reinbek bei Hamburg 1965, S. 13.
[87] Vgl. Kleinschmidt: *Technik und Wirtschaft*, S. 60: „Der Begriff der Technisierung überwindet die traditionelle Vorstellung einer Trennung zwischen Technik und Gesellschaft und macht deutlich, dass es eine enge Verflechtung von Technik, Alltag und konsumgesellschaftlicher Entwicklung gibt, so dass man von einer ‚Technisierung des Alltags' und zugleich von einer ‚Veralltäglichung von Technik' sprechen kann, die vor allem in der Durchsetzung der ‚kleinen Verbrauchertechnik' ihren Ausdruck findet."
[88] Großklaus/Lämmert: *Vorbemerkungen*, S. 15.
[89] Ebd., S. 14.
[90] Ebd., S. 9 u. S. 10 sowie Lämmert, Eberhard: „Die Herausforderungen der Künste durch die Technik". In: Großklaus/Lämmert: *Literatur in einer industriellen Kultur*, S. 23–45; hier S. 36.
[91] Vgl. Brosch, Renate: *Krisen des Sehens. Henry James und die Veränderung der Wahrnehmung im 19. Jahrhundert*, Tübingen 2000, S. 2.

überflutung' verbunden. Einhergehende Veränderungen des Alltags und des gesellschaftlichen Lebens rufen (im Zusammenhang mit der technologischen Entwicklung) zunehmend den Eindruck des ‚Unbehagens'[92], der allgemeinen ‚Hektik', ‚Nervosität'[93] oder ‚Schnelllebigkeit'[94] hervor. Die diesen Eindrücken zugrundeliegenden neuen gesellschaftlichen Bedingungen fließen unter anderem in die Literatur der Zeit ein: Die Vermassung der Gesellschaft, die empfundene Beschleunigung des Alltags, die Gegenüberstellung von Individuum und Gesellschaft wie auch innovative Medien- und Kommunikationstechnologien führen beim Einzelnen zur „schockartigen"[95] Reiz- und Informationsüberflutung. Wie sich wiederum die Eindrücke und die Verarbeitung der empfundenen Überforderung in der Literatur äußern, kann einerseits anhand von programmatischen Ansätzen innerhalb des Literatursystems untersucht werden (Kontext ‚Literarische Programmatik'), andererseits sind anthropologische Erklärungsansätze für das Verständnis der Transformation real-weltlicher Wahrnehmungen in den fiktionalen Text fundamental (Kontext ‚Wahrnehmung'). Urbanisierungsprozesse machen sich etwa insofern bemerkbar, als die ‚filmische' Erzählliteratur durch die Verbindung von Informationsfülle und Detailreichtum in Kombination mit der (inszenierten) Beschleunigung der Informationsvergabe durch die Erzählinstanz sowie durch einhergehende Montage-Effekte im Zergliedern und Zusammensetzen von Einzelelementen den äußeren kontextuellen Bedingungen gerecht zu werden versucht. Im Vergleich zum realistischen Roman spitzt sich das Verhältnis von ‚Erfassen' und ‚Darstellen' demzufolge zu. Das ‚Erzählen *von* einer Stadt' schlägt um zu einer ‚Transformation'[96] großstädtischer Charakteristika *in* den literarischen Text[97] und manifestiert sich in einer Reihe

---

92   Anz, Thomas: *Literatur des Expressionismus*, Stuttgart/Weimar 2002.
93   Vgl. u. a. Simmel, Georg: „Die Großstädte und das Geistesleben". In: ders.: *Aufsätze und Abhandlungen 1901–1908*, Bd. 1, hg. v. R. Kramme, A. Rammstedt u. O. Rammstedt, Frankfurt a. M. 1995, S. 116–131. Neben Georg Simmel sind ebenso Willy Hellpach, Stanley Milgram und Walter Benjamin für eine Untersuchung der Wahrnehmung in der Moderne beachtenswert (vgl. Hauser, Susanne: *Der Blick auf die Stadt. Semiotische Untersuchungen zur literarischen Wahrnehmung bis 1910*, Berlin 1990).
94   Großklaus/Lämmert: *Vorbemerkungen*, S. 11.
95   Benjamin, Walter: „Das Kunstwerk im Zeitalter seiner technischen Reproduzierbarkeit". In: ders.: *Das Kunstwerk im Zeitalter seiner technischen Reproduzierbarkeit und weitere Dokumente*, komment. v. D. Schöttker, Frankfurt a. M. 2007, S. 9–50.
96   Scherpe, Klaus R.: „Ausdruck, Funktion, Medium. Transformationen der Großstadterzählung in der deutschen Literatur der Moderne". In: Großklaus/Lämmert: *Literatur in einer industriellen Kultur*, S. 139–161, insb. S. 146.
97   Vgl. Klotz, Volker: *Die erzählte Stadt. Ein Sujet als Herausforderung des Romans von Lesage bis Döblin*, München 1969, S. 435.

literarischer ‚Filmtechniken' wie die „Simultantechnik"[98], die „Veränderung der Landschaftsbeschreibung durch schnelle Bewegung" und der Trend von der „verbalen zur audiovisuellen Wahrnehmungsgewohnheit".

Kontext ‚Literarische Programmatik': An der Schnittstelle zwischen außerliterarischen Systemen und dem Literatursystem steht die literarische Intelligenz, über die zwei Textfelder zugänglich werden. Das erste betrifft literarische Texte selbst, das zweite die literarische Programmatik, d. h. die Gesamtheit derjenigen Texte, in denen literaturästhetisches Schaffen deskriptiv und/oder präskriptiv reflektiert wird. Die Betrachtung einschlägiger Programme und Manifeste kann als hilfreiche Hintergrundfolie fungieren, mit Hilfe derer eine Verknüpfung zwischen Literatur und filmischem Erzählen einerseits und relevanten Kontexten andererseits hergestellt werden kann. Für das Phänomen des Präfilmischen wird im Folgenden die Programmatik des deutschen Poetischen Realismus eingesehen und ausgewertet. In ihrem Zentrum steht der sogenannte Realidealismus, d. h. die unter Anwendung bestimmter künstlerischer Mittel konstruierte und dem selbstauferlegten Anspruch einer wahrheitsgetreuen Wiedergabe von Welt folgende Darstellung im literarischen Text. Die Frühe Moderne steht unter dem Zeichen des Films. Zwei individuelle Ansätze – von Kurt Pinthus und Alfred Döblin – stehen im Mittelpunkt einer modernen Programmatik, die auf je unterschiedliche Weise auf das ‚Filmische' eingehen: Während sich Pinthus explizit auf den Film bezieht und für eine Poetik des *Filmstückes* plädiert, übernimmt Döblin den medial-ästhetischen Duktus des Films und appliziert diesen auf einen literarischen *Filmstil*.

Kontext ‚Wahrnehmung': Für ein Modell zur Bestimmung der den filmischen Erzählmodi zugrunde liegenden Wahrnehmungsstruktur ist bei zwei Aspekten anzusetzen. In der Mitte des 19. Jahrhunderts verändert sich das Verständnis von Literatur hinsichtlich ihrer gesellschaftlichen und ästhetischen Funktion[99], das sich u. a. an programmatischen Schriften der Realisten ablesen lässt (Kontext ‚Literarische Programmatik'). Ein diesem Verständnis entsprechendes Merkmal, das zugleich eine neue literaturästhetische Funktion erfüllt, ist das filmische Erzählen. In einem weiten Blickfeld ist das Erzählen als Tätigkeit des Menschen an die Wahrneh-

---

98 Alle Zitate aus Großklaus/Lämmert: *Vorbemerkungen*, S. 10.
99 Im Folgenden wird auf Jonathan Crarys Betrachter-Modell eingegangen und dieses auf die Auseinandersetzung mit der Literatur übertragen. Crary nimmt eine fundamentale „Neu- und Umstrukturierung des Sehens in der ersten Hälfte des 19. Jahrhunderts" (Crary: *Techniken des Betrachters*, S. 13) an, welche einen veränderten ‚Betrachter' (als „ein Resultat der Formung eines neuen Subjekts oder Individuums" (ebd., S. 26) nach sich zöge.

mung gekoppelt[100] – eine Korrelation, die die Realisten aufgreifen und problematisieren. Falls das filmische Erzählen aus der Transformation des realistischen Konzeptes in die Literatur hervorgegangen ist, dann können im übertragenen Sinn ebenso Aspekte der Wahrnehmung auf die literarischen Ausformungen des Filmischen bezogen werden. Wahrnehmungsveränderungen tangieren ebenso die Kontexte ‚Technologie' und ‚Gesellschaft'. Um diesbezügliche Beobachtungen theoretisch zu verfestigen, werden die bisherigen Kontextualisierungen in einem Dispositiv-Modell zusammengeführt,[101] das dem „Modell einer spezifischen Anordnung des Sehens und der Gegenstände visueller (und unter deren Dominanz auch auditiver) Wahrnehmung"[102] entspricht. Die Gestaltung der Sinneswahrnehmung, wie sie in den künstlerischen Formen vorliegt, fasst Paech mit dem Begriff des ‚Dispositivs der Simulation'.[103] Die ‚dispositive Wahrnehmungsstruktur' ist demnach an bestimmte durch das jeweilige Dispositiv geschaffene Bedingungen geknüpft. Die Bedingungen, welche die Dispositive der Simulationen herstellen, sind als Bindeglieder zwischen den Sphären ‚Wirklichkeit' und ‚Kunst' zu verstehen.[104] Dispositive der Simu-

---

100 Vgl. Gumbrecht, Hans Ulrich.: „Über den Ort der Narration in narrativen Gattungen". In: Eberhard Lämmert (Hg.): *Erzählforschung. Ein Symposion*, Stuttgart 1982, S. 202–217; hier S. 206f. u. 211 sowie ders.: „Erzählen in der Literatur – Erzählen im Alltag". In: Konrad Ehlich (Hg.): *Erzählen im Alltag*, Frankfurt a. M. 1980, S. 403–441; hier S. 407.
101 Ein solches Modell hat laut Knut Hickethier den Vorteil, dass „es bislang getrennt betrachtete Aspekte wie Kinotechnik, kulturelle Traditionen der Wahrnehmung und psychische Verarbeitungsprozesse, fotografische Abbildungsverfahren und gesellschaftliche Konventionen in einem Zusammenhang sieht." (Hickethier, Knut: *Film- und Fernsehanalyse*, 2., überarb. Aufl., Stuttgart/Weimar 1996, S. 19).
102 Paech: *Das Sehen von Filmen und filmisches Sehen*, S. 33.
103 *De facto* kann mit Blick auf die verschiedenen Forschungsansätze nicht von *einem* Dispositiv-Modell gesprochen werden. Nach Michel Foucaults weitem Dispositiv-Begriff als „heterogenes Ensemble" und eine Art „Netz" zwischen verschiedenen Elementen wurde das Dispositiv insbesondere durch Jean-Louis Baudry für die Auseinandersetzung mit dem Film bereitgestellt (Foucault, Michel: *Dispositive der Macht. Über Sexualität, Wissen und Wahrheit*, Berlin 1978, S. 119f.; Baudry, Jean-Louis: „Ideologische Effekte erzeugt vom Basisapparat". In: *Eikon. Internationale Zeitschrift für Photographie und Medienkunst* 5 (1993), S. 36–43 u. ders.: „Das Dispositiv. Metapsychologische Betrachtungen des Realitätseindrucks". In: *Psyche* 48 (1994), S. 1047–1074). Im Zusammenhang mit der Entstehung filmischer Strukturen *vor* Erfindung des Films eignet sich für die weitere Beschäftigung mit gewissen Modifikationen Paechs Modell. Entscheidend für sein Konzept ist ein Themenbereich aus Walter Benjamins *Das Kunstwerk im Zeitalter seiner technischen Reproduzierbarkeit*. Mit der Äußerung, dass sich mit der „Daseinsweise der menschlichen Kollektiva auch die Art und Weise ihrer Sinneswahrnehmung" verändere, vertritt Benjamin die These einer natürlich-physiologisch *und* geschichtlich-kontextuell dimensionierten Organisation von Wahrnehmung (Benjamin: *Das Kunstwerk im Zeitalter seiner technischen Reproduzierbarkeit*, S. 15).
104 „Es handelt sich bei diesen Bedingungen um eine Anordnung des Sehens, die, damit sie im Sinne der Produktion von Wirklichkeitseffekten funktionieren kann, in irgendeiner Weise an der Wirklichkeit partizipiert, die sie simuliert. Der Zuschauer muß gewissermaßen Er-

lation schaffen so eine „räumliche Anordnung"[105], in die der Mensch Bekanntes einbringt und in der es im Akt der Rezeption zu ‚Effekten' kommen kann, die wiederum bewirken, dass der Wahrnehmende die im Dispositiv wahrgenommenen Inhalte als ‚wirklich' akzeptiert.[106] Noch vor dem Film-Dispositiv greift die Literatur auf verschiedene andere Dispositive des 19. Jahrhunderts zurück. Demnach ist also zu erörtern, durch welche Wahrnehmungsumstände bestimmte Wahrnehmungsdarstellungen im Literatursystem zustande kommen.

Kontext ‚Film und Literatur': Im Zuge einer kontextualisierenden Erfassung stellt sich schließlich die Frage, welche anthropologischen und kulturgeschichtlichen Faktoren mit Blick auf das ästhetische Wechselverhältnis zwischen Erzählliteratur und Film auf synchroner und diachroner Achse wirken und welche Folgen die gegenseitige Relation für beide Erzählmedien hat. Die dispositiven Ursprünge des ‚Filmischen vor dem Film' reichen bis in das 19. Jahrhundert und wurzeln in einem breiten Spektrum mediengeschichtlicher Einschnitte. Die Konstellation bestimmter Wendepunkte innerhalb der Mediengeschichte bringt wiederum das filmische Erzählen hervor und forciert seine Weiterentwicklung. Infolgedessen sind die Erfindung, die gesellschaftliche Etablierung wie auch die Narrativisierung des Films ausschlaggebend dafür, dass sich die literarische Intelligenz auf eine ‚neue' künstlerische Darstellung von Welt besinnt und dadurch das ‚Filmische' Eingang in die Erzählliteratur findet. Der Kontext ‚Literatur und Film' teilt sich in zwei Bereiche auf und gliedert sich in zwei historische Phasen. Erstens wird zu klären sein, inwieweit und in welcher Form von einem ‚Filmischen vor dem Film' im Literatursystem ausgegangen werden kann und warum die Literatur an der Wende zum 20. Jahrhundert in eine Krise gerät, sie eine Affinität zum Film aufbaut und ‚filmische' Ansätze des Realismus aufgreift und weiterverfolgt. Wenn der Film im Rahmen der Sprachkrise eine Vorbildfunktion für die Literatur einzunehmen beginnt, so ist der Einbezug seiner medientechnischen und dramaturgischen Entwicklungsgänge unumgänglich. Die zweite Aufgabe

---

fahrungen mit dieser Art des Sehens in seiner Alltagswelt haben, um ihre modellhafte Wiederholung akzeptieren zu können. Das bedeutet auch, daß die dispositive Struktur des Sehens nicht dieselbe bleiben kann, sondern daß sich die Ordnung des Sehens mit der Ordnung der Dinge (Foucault) verändert. Die Dispositive der Simulation des Realen müssen sich mit der Wahrnehmungsstruktur der Realität selbst verändern." (Ebd., S. 34).

105 Gronemeyer, Nicole: „Dispositiv, Apparat. Zu Theorien visueller Medien". In: *Medienwissenschaft* 1 (1998), S. 9−21; hier S. 11.

106 Vgl. auch Paech, Joachim: „Überlegungen zum Dispositiv als Theorie medialer Topik". In: *Medienwissenschaft* 4, 1997, S. 400−420; hier S. 410 u. ders.: „Unbewegt bewegt − Das Kino, die Eisenbahn und die Geschichte des filmischen Sehens". In: Ulfilas Meyer (Hg.): *Kino-Express. Die Eisenbahn in der Welt des Films*, München/Luzern 1985, S. 40−49; hier S. 41.

besteht darin, das wechselseitige Verhältnis von Literatur und Film aus filmhistorischer Sicht aufzuarbeiten. Dabei wird das Kernereignis der Narrativisierung des Films den Knotenpunkt der Auseinandersetzung bilden und der Fokus auf die Ausbildung narrativer Verfahren unter Rückgriff auf die medial-ästhetischen Komponenten Kamera, Schnitt, Musik und *voice-over narrator* ausgerichtet. Als erste Phase kann das präfilmische Zeitalter des 19. Jahrhunderts gelten, in dem in technologischer und ästhetischer Hinsicht entscheidende Weichenstellungen für den Film gelegt werden. In der zweiten Phase koexistieren (narrativer) Spielfilm und Erzählliteratur in einem intermedialen Wechselverhältnis, das bis heute anhält.

3. Erzählen im Film

Filmisch-narrative Mechanismen zu erkennen und zu beschreiben und daraus eine Theorie filmischen Erzählens abzuleiten, stellte die Forschung lange Zeit vor keine leichte Aufgabe, zeichnete sich doch die genuin strukturalistisch geprägte Erzähltheorie allen transmedialen Gegenstandsbestimmungen zum Trotz[1] als dezidiert literaturwissenschaftliche Disziplin aus. Und auch heute tun sich filmnarratologische Bestimmungsversuche schwer und sind stellenweise noch immer lückenhaft. Dennoch kann inzwischen davon ausgegangen werden, dass die einst literaturwissenschaftliche Nomenklatur auf den Gegenstand Film zugeschnitten worden ist.[2] Doch warum lagen und liegen überhaupt Probleme vor? Es ist ja offensichtlich, dass der Film ebenso wie der Roman Geschichten erzählt. Den problematischen Kern bildet die Frage nach der Mittelbarkeit des Erzählens oder aber die Frage nach der Lokalisierung der Erzähloperationen: Existiert ein Filmerzähler, der vergleichbar mit literarischen Erzählinstanzen die erzählte Welt im Akt des Erzählens generiert? Oder ist das Filmmedium als mimetisches Erzählmedium zu charakterisieren und keine filmische narrative Instanz anzunehmen? Aber wie funktioniert das Erzählen im Film in diesem Fall überhaupt? Die elementare Erfassung filmischer Erzählverfahren sind im vorliegenden Zusammenhang deshalb von Bedeutung, da sie Aufschluss über die Funktionsweisen des filmischen Erzählens in literarischen Texten geben. Neben der Frage nach der filmischen Erzählinstanz sollten ebenso Aspekte der Genremuster behandelt werden, bevor Elemente der Darstellungs- und der Vermittlungsebene des Films aufgestellt werden können. Als Grundlage dient der Einbezug verschiedenster, überwiegend europäischer und US-amerikanischer Filme.

---

1   Barthes, Roland: „Einführung in die strukturale Analyse von Erzählungen". In: ders.: *Das semiologische Abenteuer*, übers. v. D. Hornig, Frankfurt a. M. 1988, S. 102–143.
2   Der überzeugendste Beleg im deutschsprachigen Bereich ist dafür Markus Kuhns *Filmnarratologie. Ein erzähltheoretisches Analysemodell*, Berlin/New York 2011.

3.1. Vom Erzähler zum Erzählen

Blickt man auf die Forschung zum Film, so können drei Positionen in Bezug auf den Filmerzähler gegeneinandergestellt werden:[3] die Position, die an einem Erzähler in Form einer narrativen Instanz festhält; diejenige, die den Begriff des Filmerzählers grundsätzlich ablehnt und konzeptionell umgeht;[4] und schließlich die letzte, die die Frage nach einer Erzählinstanz offenlässt und stattdessen das ‚Erzählen' im Film zu untersuchen beansprucht. Alle drei sind angesichts des Untersuchungsgegenstands problematisch; an dieser Stelle soll ein Mittelweg zwischen der ersten und der dritten Stoßrichtung eingeschlagen werden.

Zieht man zunächst Käte Hamburgers Überlegungen zum Film heran, so wird zweierlei deutlich. Indem sie den Film zwischen der Literatur und dem Theater und, enger noch, zwischen Roman und Drama positioniert, ist in erster Linie ihr literaturwissenschaftlich geprägter Blick zu erkennen. Wenn sie aber darüber hinaus konstatiert, dass der Film dem Roman näher als dem Drama stehe,[5] so ist dies für sie in erster Linie ein Zeichen dafür, eine erzähltheoretische Auseinandersetzung zu plausibilisieren.[6] Auch bei Christian Metz tritt der literaturwissenschaftliche beziehungsweise linguistische *background* in seinem Verständnis einer „erzählenden Instanz"[7] offen zutage, und ebenfalls darin, dass ihm zufolge (wie bei Sarah Kozloff) „jede Narration eine Rede"[8] sei, „die zwangsläufig von jeman-

---

[3] Außer Acht gelassen werden an dieser Stelle nicht-narrative Ordnungsstrukturen des Films wie sie David Bordwell und Kristin Thompson auflisten: *categorial* (Ordnung der filmischen Inhalte nach motivischen Gesichtspunkten), *rhetorical* (Ordnung nach Argumentation), *abstract* (formal-ästhetische Betonung der Anordnung), *assocional* (Kombination von heterogenem Material). (Vgl. dies.: *Film art. An introduction*, 5. Aufl., New York 1997).

[4] Der Vollständigkeit halber sei auf die prominentesten Vertreter dieser Position hingewiesen: David Bordwell wie auch sein Schüler Edward Branigan negieren den Filmerzähler zugunsten eines *viewer-activity*-Konzeptes. Beiden geht es darum, anstelle einer Mittelbarkeit des Films eine mentale Konstruktion der Geschichte durch den Rezipienten anzunehmen. Filmische Mittel und Verfahren stoßen Bordwell zufolge lediglich die Konstruktionsleistung des Rezipienten an: „In fiction film, narration is the process whereby the film's syuzhet and style interact in the course of cueing and channeling the spectator's construction of the fabula." (Bordwell, David: *Narration in the fiction film*, London 1985, S. 53. Vgl. ebenso Branigan, Edward: *Narrative comprehension and film*, London [u. a.] 1992).

[5] Vgl. Hamburger, Käte: *Logik der Dichtung*, 2. stark veränderte Aufl., Stuttgart 1968, S. 182.

[6] Zu diesem Komplex vgl. auch Dane, Gesa: „Filmisches und episches Erzählen. Käte Hamburgers gattungstheoretische Überlegungen zum Film". In: Johanna Bossinade/ Angelika Schaser (Hg.): *Käte Hamburger. Zur Aktualität einer Klassikerin*, Göttingen 2003, S. 169–179.

[7] Metz, Christian: „Bemerkungen zu einer Phänomenologie des Narrativen". In: ders.: *Semiologie des Films*, übers. v. R. Koch, München 1972, S. 35–50; hier S. 41.

[8] Dies und das folgende Zitat: ebd., S. 40.

dem gehalten wird". ‚Versteckt' hinter dem Organisierten und Repräsentierten der Filmerzählung – so heißt es nicht nur bei Metz und Kozloff[9] – müsse eine nicht sprechend agierende, sondern vielmehr selegierende und strukturierende Instanz angenommen werden, die in den meisten Fällen so weit hinter der Darstellung verschwinde, dass ihre Existenz angezweifelt werden könne. Es stellt sich mithin die Frage, wie eine solche narrative Instanz konkret operiert.

Ein Erzähler, bei dem es sich noch sehr viel deutlicher als im Fall der literarischen nichtdiegetischen Erzählinstanz um einen Erzähler ohne psychologische Eigenschaften handelt, agiert im Spannungsfeld einer *vermittelten Unmittelbarkeit*: die Kamera insinuiert mit André Gaudreault gesprochen eine Unmittelbarkeit des gezeigten Geschehens (*monstration*), der Schnitt wird hingegen als Mittel zur Zeitgestaltung genutzt (*narration*).[10] Doch auch Robert Burgoynes spätere Ergänzung hinsichtlich des Einbezugs aller anderen bildinhaltlicher und -gestaltender Mittel lässt in diesem Kontext ein unvollständiges Gesamtbild des Erzählerkonzepts zurück. Umfassender offenbart sich dahingegen der Entwurf von Robert Stam, Robert Burgoyne und Sandy Flitterman-Lewis, in dem sie den Erzähler an die Formfelder zweier narrativer Prinzipien docken: an die Anwendung des *point of view* (nach Browne[11] und Branigan[12]) und an den filmischen Umgang mit Zeit[13]. Daneben kann das erzählerische Erschaffen einer

---

9   Vgl. Kiener, Wilma: *Die Kunst des Erzählens. Narrativität in dokumentarischen und ethnographischen Filmen*, Konstanz 1999, S. 163.
10 Vgl. Gaudreault, André: „Narration and monstration in the cinema". In: *The journal of film and video* 32/2 (1987), S. 29–36. Ein ähnliches Konzept der Erzählinstanz vertreten Benjamin Beil, Jürgen Kühnel und Christian Neuhaus in ihrem *Studienhandbuch Filmanalyse* (dies.: *Studienhandbuch Filmanalyse. Ästhetik und Dramaturgie des Spielfilms*, München 2012, S. 313).
11 Browne, Nick: „The spectator-in-the-text. The rhetoric of ‚Stagecoach'". In: Leo Braudy/ Marshall Cohen (Hg.): *Film theory and criticism. Introductory readings*, New York 1999, S. 148–163.
12 An erster Stelle zu nennen ist Branigans Dissertation aus dem Jahr 1984: Branigan, Edward: *Point of view in the cinema. A theory of narration and subjectivity in classical film*, Berlin [u. a.] 1984. Daneben sind die folgenden Arbeiten erwähnenswert: ders.: „Formal permutations of the Point-of-view shot". In: *Screen* 16/3 (1975), S. 54–64; ders.: „Point of view in the fiction film". In: *Wide angle. A film quarterly of theory, criticism, and practice* 8, 3/4 (1986), S. 4–52. Zuletzt auch in deutscher Sprache: ders.: „Die Point-of-view-Struktur". In: *Montage/AV. Zeitschrift für Theorie und Geschichte audiovisueller Kommunikation* 16/1 (2007), S. 45–70.
13 Bei der Erfassung zeitlicher Relationen im Film wenden sie vornehmlich Genettes Begriffsrepertoire an. Vier weitere Erzähler-Konzepte finden Eingang in die Ausführungen von Stam/Burgoyne/Flitterman-Lewis: Francesco Cassetti schreibt seinem *Enunciator* die Eigenschaften *Kompetenz*, *Performanz*, *Verantwortung* und ‚*Obergewalt*' hinsichtlich der erzählten Inhalte zu (Cassetti, Francesco: „Antonioni and Hitchcock. Two strategies of narrative investment". In: *Substance* 51/3 (1986), S. 69–86). Tom Gunning versteht den Filmerzähler als *narrator-system*. Gleichwohl seine Differenzierung zwischen ‚Pro-Filmischem' (Schauspieler, Kulissen etc.) und der filmmedialen Verarbeitung sinnvoll erscheint – und

fiktiven Welt als Konstituens des von ihnen genannten *impersonal narrator* gelten, wobei eine Referenz auf diese Welt vorherrscht, als habe sie den Anspruch auf eine autonome Existenz außerhalb ihres Entstehens im Akt der Narration.[14]

Der Ansatz einer sich mit dieser narrativen Doppelfunktion deckenden Verbindung von ‚monstration' und ‚narration' ist durchaus gewinnbringend. Nichtsdestotrotz fehlen Aussagen darüber, welche medialen Eigenschaften es *de facto* sind, die ‚zeigen' oder aber ‚erzählen'. Hinzu tritt ein terminologisches Problem: Die seitens der von David Bordwell bezeichneten ‚Neo-Strukturalisten'[15] ausgelöste Begriffsinflation führt tatsächlich zur wissenschaftlichen Kapitulation vor dem Erzählerbegriff im Film.[16] Eine Ausnahme bildet Markus Kuhns Typologie filmischen Erzäh-

---

insbesondere der Begriff der profilmischen Ebene findet im Folgenden eine weitere Verwendung –, greift das *narrator-system* auf Seite der Verarbeitung mit der Erfassung der Kamera und dem Schnitt eindeutig zu kurz (Gunning, Tom: *D.W. Griffith and the origins of American narrative film*, Urbana 1991, S.17f. u. 24f.). Andererseits ist die Fortführung des *cinematic narrators* durch Seymour Chatman zu weit gefasst, denn hier werden schlicht alle kinematografischen Codes als Erzählverfahren ausgelegt (Chatman, Seymour: *Coming to terms. The rhetoric of narrative in fiction and film*, Ithaca, NY [u. a.] 1990, S. 134). In Anlehnung an Marie-Laure Ryans, ihrerseits mit Blick auf die literarische Narration entwickelte Theorie eines *impersonal narrators* vermag man es zwar, die generelle Frage nach einer medienübergreifenden Aktivität eines wie auch immer gearteten Erzählers zu beantworten, seine Spezifik hinsichtlich des Films bleibt dabei allerdings offen. Stam/Flitterman/Lewis behalten in ihren Ausführungen Ryans Begriff bei und modifizieren ihn leicht.

14   „The paradoxical situation of impersonal narration – narrative discourse as world-creating as well as world-reflecting – allows us to conceive the narrator as both the illocutionary source of the fictional world and as the agent who comments on, evaluates, qualifies and embellishes the facts of the fictional world." (Burgoyne, Robert/Stam, Robert/Flitterman-Lewis, Sandy: *New vocabularies in film semiotics. Structuralism, post-structuralism, and beyond*, London [u. a.] 1992, S. 117).

15   Bordwell, David: „Neo-structuralist narratology and the functions of filmic storytelling". In: Marie-Laure Ryan (Hg.): *Narrative across media. The languages of storytelling*, Lincoln [u. a.] 2004, S. 203–219.

16   Julika Griem und Eckart Voigts-Virchow führen eine Reihe unterschiedlicher Begriffe an, die als Anzeichen dieser Inflation gedeutet werden können, so *image-maker* (Kozloff), *grande imagier* (Metz), *intrinsic narrator* (Black), *fundamental narrator* (Gaudreault), *external or cinematic narrator* (Burgoyne), *perceptual enabler/perceptual pilot* (Levinson). Hinzu zu zählen ist inzwischen Markus Kuhns visuelle/auditive Erzählinstanz. Michaela Bach umgeht das Erzähler-Problem lediglich oberflächlich, indem sie den Erzähler durch den impliziten Autor ersetzt. Griem und Voigts-Virchow vermerken mit Blick auf die Generierung von Subjektivität im Film: „Da im grammatiklosen Film Subjektivität flexibel und apparativ entsteht, ist insgesamt das Konzept eines Filmerzählers entbehrlich, mithin die Frage, wie weit die Anthropomorphisierung gehen darf, von nur geringem Wert. Immerhin schärft die Diskussion zum Erzählen im Film das metakritische Bewußtsein für die eigenen metaphorischen Wendungen." (Griem, Julika/Voigts-Virchow, Eckart: „Filmnarratologie. Grundlagen, Tendenzen und Beispielanalysen". In: Ansgar Nünning/Vera Nünning (Hg.): *Erzähltheorie transgenerisch, intermedial, interdisziplinär*. Trier 2002, S. 155–183; hier S. 162 u. 163).

lens, die er an eine „audiovisual narrative instance"[17] anbindet. Seine Auffassung von ‚visuellen' und ‚sprachlichen' Erzählinstanzen erlaubt zwar eine genaue Verankerung in Gérard Genettes Begriffsinventar bezüglich Fokalisierung, Zeit und Ebenenstrukturen,[18] sie vernachlässigt hingegen weitestgehend die Einbindung von Musik und anderer auditiver Elemente in den narrativen Gestaltungsakt. Knut Hickethier bietet indessen einen vorläufigen Lösungsansatz, indem er den *einen* Erzähler negiert und an dessen Stelle die Mehrschichtigkeit audiovisuellen Erzählens betont sowie die Ambivalenz zwischen Unmittelbarkeit und Mittelbarkeit prononciert. Es kann hierbei von einer Distanzierung vom Begriff des Erzählers zugunsten des allgemeineren Begriffes *Erzählen* ausgegangen werden.

> Man kann sich auf die Positionen eines mehrfachen Erzählers im Sinne einer Kommunikation mehrerer Urheber mit einer Vielheit von Adressaten zurückziehen, wie sie oben mit dem Hinweis auf den kommunikativen Charakter des Erzählens geschehen ist. Doch dieser Schritt hilft wenig weiter. Die Erzählposition im audiovisuellen Erzählen ist von vornherein mehrdimensional; der Betrachter erzeugt ähnlich dem Leser ein homogenes Bild in seinem Kopf, indem er die verschiedenen Dimensionen als Formen versteht und sie zu einer homogenen Welt zusammenfügt. Es ist eben nicht *ein* Erzähler, der dem Betrachter die dargestellte Welt vermittelt, selbst wenn eine Erzählstimme als Voice over die Erzählung lenkt [...].[19]

Auch Hickethier geht in seiner Argumentation von elementarnarratologischen Untersuchungsebenen aus – der erzählten Welt, dem ‚Was', dem ‚Wie' und den Figuren –, er leitet dann zur „Vielfalt von visuellen und audiofonen Zeichen"[20] im Film und zum „narrativen Charakter" des Bewegungsbildes über und stellt die Zwischenthese auf, dass das „Erzählen mit Bildern [...] beides [enthalte]: Narration und Präsentation"[21]. Diese Mischung biete dem Film die Möglichkeit, den Akt des Erzählens vergessen zu machen, so dass wiederum der Eindruck entstehe, „die dargestellte Welt werde gerade nicht absichtsvoll von einem Erzähler erzählt"[22]. Vielmehr erzeugen Bilder „ganz ohne narrative Strategie etwas ‚Reales', an dem man medial teilhaben und die einzelnen Ereignisse auch

---

17 Kuhn, Markus: „Film narratology. Who tells? Who shows? Who focalizes?". In: Peter Hühn/Wolf Schmid/Jörg Schönert (Hg.): *Point of view, perspective, and focalization. Modeling mediation in narrative*, Berlin/New York 2009, S. 259–278; hier S. 261.
18 Vgl. Kuhns Dissertationsschrift *Filmnarratologie*.
19 Hickethier, Knut: „Erzählen mit Bildern. Für eine Narratologie der Audiovision". In: Corinna Müller [u. a.] (Hg.): *Mediale Ordnungen. Erzählen, archivieren, beschreiben*, Marburg 2007, S. 91–106; hier S. 96.
20 Ebd., S. 97.
21 Ebd., S. 98. Vgl. dahingehend auch das Beispiel der „gezeigten Menschen" im Bild, die einerseits Darsteller, andererseits Figur verkörpern.
22 Dieses und das folgende Zitat ebd., S. 103.

emotional und empathisch erleben kann". Ebendieser Umstand mache die Spezifik filmischen Erzählens aus: „Der Film erzählt, indem er zeigt, und je exzessiver er dieses Zeigen betreibt, umso mehr erzählt er auf filmische Weise von der Welt, lässt den Betrachter eintauchen in diese andere, in die erzählte und gezeigte Welt."[23]

Im narrativen Film existieren – so der theoretische Ansatz der vorliegenden Studie – eine mediale Darstellungsebene und eine mediale Vermittlungsebene. Im Gegensatz zur Erzählliteratur, in der sich die Darstellung des Erzählaktes als auch die der erzählten fiktiven Welt in der Schriftsprache offenbaren, spaltet sich im Film der Akt der Vermittlung von denjenigen Mitteln ab, die ausschließlich zur Darstellung der Diegese genutzt werden. Allerdings ist auch der Akt des Erzählens (oder der Vermittlung) ein dargestellter Akt vonseiten des Produktionsteams. Der Modus ist jedoch in beiden Fällen jeweils ein anderer: Im einen Fall handelt es sich um den Anspruch einer wie auch immer gearteten *Abbildung* von Welt, im anderen um eine bestimmte Art des Zugriffs und der *Gestaltung* und *Vermittlung* von Welt. Das Erzählen im Film basiert auf den vermittelnden Funktionen. Diese sind die Kamera, der Schnitt und die Montage, die Musik und der *voice-over narrator*. Zusammengenommen zeichnen vermittelnde und abbildende Funktionen den Film als ein narratives Medium der vermittelten Unmittelbarkeit aus. Diese Grundbedingungen filmischen Erzählens, so wird sich zeigen, finden in modifiziertem Formenreichtum ebenfalls Platz in der Erzählliteratur und seien daher näher erläutert.

3.2. Genremuster der Narration

Die Präsentation von Erzählungen im Film ist oftmals abhängig von einer genrespezifischen Ausformung. Jedoch darf die Problematik um den Genre-Begriff nicht vom Umstand ablenken, dass eine Betrachtung durchaus hilfreich sein kann, und dies nicht nur für die Auseinandersetzung mit dem Erzählen im Film, sondern ebenso für die Typologie filmischen Erzählens in der Literatur. Entscheidend für eine theoretische Auseinandersetzung mit Filmgenres ist die Trennung von filmmedialen Techniken im Allgemeinen (wie Einstellungsgrößen und -perspektiven, dem Einsatz von Licht oder Spezialeffekten, bestimmte Schnitttechniken etc.) auf der einen und dem genrebedingten Gebrauch dieser Filmtechniken auf der anderen Seite. Darüber hinaus sind in den verschiedenen Genres unterschiedliche

---

23 Ebd., S. 105.

Präferenzen der narrativen Ausgestaltung von Themen, Motiven und Figuren zu beobachten.[24]

Genres lassen sich schwer isolieren und nicht allein aufgrund innertextueller Merkmale bestimmen, denn sie sind im Verlauf der Filmgeschichte ständigen konzeptionellen Veränderungen unterworfen. Idealtypische Formen sind sehr selten, wenn überhaupt bestimmbar. In der Praxis häufiger anzutreffen sind hingegen ‚Hybride'[25], die bewusst Genregrenzen umspielen und Merkmale unterschiedlicher Genres kombinieren. In weit gefassten Definitionen wird daher versucht, den ‚multi-dimensionalen Aspekten'[26] von Genres gerecht zu werden.[27] Der vorliegenden Untersuchung liegt ein textbasierter Analyseanspruch zugrunde, der auf folgender Ausgangsdefinition basiert: „Stated simply genre movies are those commercial feature films which, through repetition and variation, tell familiar stories with familiar characters in familiar situations."[28] Verschiedene, einem übergeordneten Genre zuzurechnende Filme evozieren deshalb eine Wiedererkennbarkeit von Elementen und lassen sich infolgedessen bestimmten (Genre-)Gruppierungen zuordnen, da sie in ihrer Verwendung filmischer Mittel und in Bezug auf Elemente der Inhaltsebene stereotype Charakteristika ausbilden. Diese wiederum konstituieren – losgelöst vom singulären Film – in ihrer Gesamtheit bestimmte Genre-Formationen. Mit Rick Altman können syntaktische und semantische Genremuster angenommen werden, die zwei Untersuchungsperspektiven hinsichtlich der Syntax und der Semantik eines Films eröffnen. In der Kombination dieser Perspektiven sei Altman zufolge zwar das grundle-

---

24   Eine ausführliche Beschäftigung mit Genres umfasst nicht ausschließlich die Betrachtung der filminternen Inhaltsorganisation, sondern darüber hinaus die Einbettung von Filmen in den historischen Kontext sowie das auf Konventionen und Erwartungen basierende ‚Vertrags'-Verhältnis zwischen Produzenten und Rezipienten. Vgl. Schatz, Thomas: *Hollywood genres. Formulas making and the studio system*, New York 1981, S. 16 u. Lacey, Nick: *Narrative and genre. Key concepts in media studies*, New York 2000, S. 133f.
25   Vgl. Chopra-Gant, Mike: „‚So what kind of film is it?'. Genre, publicity and critical practice". In: Garin Dowd/Lesly Stevenson/Jeremy Strong (Hg.): *Genre matters. Essays in theory and criticism*, Bristol/Portland 2006, S. 123–133; insb. S. 126.
26   Neale, Steve: *Genre and Hollywood*, London/New York 2001, S. 17.
27   Demnach muss die Blickrichtung, aus der der Genre-Begriff formuliert wird, überdacht werden: „However, and conversely, there is a difference between academic or programmatic aesthetic formulae and formulae which arise as a result of commercial conditions. And there is a difference between films which are designed to conform, however broadly, to pre-existing categories, expectations and models, and those, like ‚Un chien Andalou', which are not." (ebd., S. 27). Angesichts dieser Prämisse lautet ein Eingeständnis: „Genres do not consist solely of films. They consist also of specific systems of expectations and hypothesis which spectators bring with them to the cinema and which interact with films themselves during the course of the viewing process." (ebd., S. 31).
28   Grant, Barry Keith (Hg.): *Film genre reader*, Austin 1986, S. ix.

gende Problem der Historizität nicht gelöst, dafür aber ein immanenter Zugang gewährleistet.[29] Eine solche Herangehensweise lässt sich mit narratologischen Kategorien verknüpfen und anhand von vier Elementen formieren, die ebenfalls für die folgende Auseinandersetzung mit dem Filmischen in literarischen Texten von Relevanz sind.[30]

Erstes Element auf inhaltlicher Ebene stellt die *Diegese* dar. Idealtypischen Filmen bestimmter Genres[31] liegt stets ein statisches Konzept von Welt zugrunde, welches sich durch bestimmte Eigenschaften in Bezug auf Raum, Zeit, (physikalische und logische) Gesetzmäßigkeiten auszeichnet und eine Menge explizit genannter oder implizit vorausgesetzter Objekte und Subjekte entfaltet. So sind im Western und Science fiction ebenso wie im Film noir und Horror Ort und Zeit des Geschehens weitestgehend prädeterminiert, ebenso wie spezifische Wertesysteme vorherrschen und das Dasein der Figuren von den gegebenen physikalischen Gesetzmäßigkeiten geprägt ist. Die Ausgestaltung der Welt und ihrer Bewohner ist an die abbildenden Funktionen des Films gekoppelt und betrifft gleichermaßen den Bild- und den Tonkanal. Der Film noir zeichnet sich beispielsweise dadurch aus, dass er den Handlungsort der Großstadt vorführt. Dieser Handlungsort ist zumeist nicht flächig, sondern punktuell ausgeleuchtet und besteht aus krassen Licht-Schatten-Kontrasten. Solche ‚Lichtspiele' können bereits früher, im Film des deutschen Expressionismus beobachtet werden.[32] Friedrich Wilhelm Murnaus NOSFERATU. EINE SYMPHONIE DES GRAUENS (D 1922) und Fritz Langs M – EINE STADT SUCHT EINEN MÖRDER (D 1931) können in diesem Zusammenhang als wegweisende Filme nicht nur für den Film noir, sondern ebenso für den Horrorfilm angesehen werden.

Das zweite Element betrifft die *erzählte Handlung* beziehungsweise die *erzählte Geschichte*. Zum einen sind Figuren als Handlungs- und Motivträger mit besonderen Fähigkeiten ausgestattet, die sie zu bestimmten Aktionen befähigen, wobei die Ausführung dieser Aktionen – vgl. Element 1 – an den jeweiligen diegetischen Gesetzmäßigkeiten ausgerichtet ist. Zum an-

---

29 „As a working hypothesis, I suggest that genres arise in one of two fundamental ways: either a relatively stable set of semantic givens is developed through syntactic experimentation into a coherent and durable syntax, or an already existing syntax adopts a new set of semantic elements." (Altman, Rick: „A semantic/syntactic approach to film genre". In: Grant: *Film genre reader*, S. 26–40; hier S. 34. Vgl. auch ders.: *Film/genre*, London 1999).
30 Zu den folgenden Elementen vgl. auch Tudor, Andrew: „Genre". In: Grant: *Film genre reader*, S. 3–10; bes. S. 4 u. Lacey: *Narrative and genre*, S. 136–143.
31 Betont werden muss dennoch, dass jeder Film eine wie auch immer geartete Abweichung vom ‚idealistischen' Genrebegriff aufweist. Vgl. Altman: *A semantic/syntactic approach*, S. 33.
32 Vgl. Kurtz, Rudolf: *Expressionismus und Film* u. über den Expressionismus hinaus: Blank, Richard: *Film und Licht. Die Geschichte des Filmlichts ist die Geschichte des Films*, Berlin 2009.

3.2. Genremuster der Narration

deren determinieren die von den Figuren vollzogenen Handlungen die *Art* einer Geschichte. Im Action-Film wie auch im Western dreht sich die Handlung um einen einsamen Helden, der – zumeist gegen eine Überzahl an Gegnern – dafür kämpft, seinen Glauben an eine ‚wahre' Gerechtigkeit durchzusetzen. Beide Genres setzen dabei handlungsergänzende Einheiten ein, die stark an Tom Gunnings Begriff der ‚Attraktion' erinnern.[33] Einen anderen Handlungsablauf findet man in Romanzen vor. Hier geht es nicht um einen Helden, sondern um ein Liebespaar, das durch verschiedene Hindernisse voneinander getrennt ist und (wieder) zueinander finden muss. Wie im ersten Fall – des Action- und Westernfilms – die *last minute rescue* zum festen Repertoire der Filmhandlung gehört, ist es im Fall der Romanze das *happy ending* mit abschließender Umarmung und Kuss der Liebenden.

Problematisch ist die Typologisierung von *Themen und Motiven* vor allem deshalb, da sie transgenerisch auftreten. Allerdings zeichnen Themenverkettungen und Motivballungen ein Genre als Sammelpool mehrerer zugehöriger Filme aus. Den postklassischen („transitional"[34]) Western-Film und manche Action-Filme verbindet also das wesentliche Motiv des einsamen Helden: So ließe sich ROBOCOP (Paul Verhoeven, USA 1987) mit HIGH NOON (ZWÖLF UHR MITTAGS, Fred Zinnemann, USA 1952) vergleichen. In Kombination mit anderen Themen (Zeitbild, Gesellschaft und Staatsgewalt, Medien usw.) unterscheiden sich beide Filme jedoch in signifikanter Weise. Auch bleiben die behandelten Grundthemen eines Genres nicht statisch, sondern sind ständigen diachronen Verschiebungen ausgesetzt.[35] Diesen Problemen zum Trotz ist der Einbezug von Themen und Motiven in die Analyse durchaus nutzbringend, da sie ebenso transmedial – und so folglich in filmischen und literarischen Texten – zum Tragen kommen können.

Auf einer der Narration übergeordneten medial-technischen Ebene formieren sich schließlich Konstituenten des *Filmstils* mit besonderer Ausprägung ihrer genretypischen Verwendung: „‚[S]tyle' simply names the film's systematic use of cinematic devices. Style is thus wholly ingredient to the medium. Style interacts with syuzhet in various ways [...]"[36]. Genres bilden typische Merkmalscluster der stilistischen Vermittlung des Dar-

---

33 Tatsächlich greifen diese Arten von Attraktionen auf Sensationsdarstellungen des frühen Films zurück. Die Verfolgungsjagd kann als prägnantestes Beispiel dafür angesehen werden. Action- und Western-Filme unterscheiden sich wiederum primär durch die diegetischen Gesetzmäßigkeiten und die behandelten Themen und verwendeten Motive.
34 Lacey: *Narrative and genre*, S. 140.
35 Vgl. ebd., S. 140f.
36 Bordwell: *Narration in the fiction film*, S. 51.

gestellten aus, und dies in beiden filmmedialen Informationskanälen, dem visuellen und dem auditiven Kanal, und können an abbildenden und vermittelnden Funktionen abgelesen werden. Auch hier liegen generische Überschneidungen vor, insbesondere was die Vermittlung bestimmter Stimmungslagen wie z. B. Trauer anbelangt. Jedoch erfüllen Techniken oftmals unterschiedliche funktionale Aufgaben. Die Nahaufnahme eines Kopfes kann Intimität oder aber erdrückende Enge insinuieren, es kommt dabei darauf an, in welcher filmtextuellen Umgebung ein entsprechendes stilistisches Merkmal auftritt.

3.3. Die Präsentation der Erzählung im Film

Gegenüber dem literarischen Erzählen stellt der narrative Spielfilm eine ‚andere Art des Erzählens'[37] dar. Die Spezifik filmischen Erzählens manifestiert sich auf der filmmedialen Darstellungs- und Vermittlungsebene. Die filmische Präsentation der Erzählung kann dementsprechend in diejenigen Anteile unterteilt werden, welche primär zur Etablierung einer ‚Welt' dienen, und in jene, die den Erzählmodus konstituieren und das erzählte Geschehen vermitteln. Im Spielfilm existieren folglich zwei separate Funktionsmengen der filmmedialen Darstellung, wobei die eine die Diegese darstellt (= *abbildende Funktionen*) und die andere die Ausprägung der Exegesis (= *vermittelnde Funktionen*) formiert. Gleichwohl Darstellungsebene und Vermittlungsebene zwar theoretisch zu trennen sind, realiter jedoch stets komplementär auftreten, ist zunächst mit Blick auf die Ebene der Darstellung zu konstatieren, dass die fiktive Welt im Film mittels mehrerer ikonischer (und indexikalischer) Zeichen visuell und akustisch repräsentiert wird. Die einhergehenden abbildenden Funktionen (auditiver und visueller Zeichensysteme) konstituieren das dargestellte fiktive Universum in seiner visuellen und auditiven Gesamtheit und dies zunächst ohne Modi

---

37 Wenn man wie John Berger davon ausgeht, dass auch Fotografien Geschichten erzählen – oder besser: hinter Fotos Geschichten vermutet werden können – wird der Charakter der Filmerzählung gegenüber jenen Foto-Geschichten wieder stark in Richtung ‚literarisches' Erzählen gerückt: „Wenn es eine spezifische photographische Erzählform gibt, kommt sie dann nicht der des Films nahe? Überraschenderweise sind Photographien das Gegenteil von Filmen. Photographien sind retrospektiv und werden auch so angenommen: Filme sind antizipatorisch. Vor einer Photographie fragt man sich danach, was da war. Im Kino wartet man darauf, was als nächstes folgt. Alle Filmerzählungen sind, in diesem Sinne, Abenteuer: sie gehen voran, sie kommen an. Die Bezeichnung flashback ist ein Eingeständnis dieser unerbittlichen Ungeduld des Films, der vorankommen will." (Berger, John/Mohr, Jean: *Eine andere Art zu erzählen*, übers. v. K. Stromberg, München 1984, S. 279).

3.3.1. Abbildende Funktionen

Bei einer Differenzierung zwischen der Funktion der Darstellung und der Vermittlung steht man vor einem semiotischen Problem, welches in seiner Tragweite ebenfalls die Narration betrifft. Mit Hilfe von Ferdinand de Saussures[38] strukturalistischer Systematik lässt sich die Menge aller filmischen Signifikanten und die Menge der filmischen Signifikate bestimmen. Letzteres meint die Menge derjenigen (mentalen) Konzepte, die in ihrer Gesamtheit eine fiktive Welt formieren. Diese Konzepte stehen ihrerseits in einer bestimmten Relation zu Referenten der ‚realen' Welt und gehen mancherlei Variationen ein, indem sie sich an Letztere annähern oder von ihnen abweichen. Die Menge der Signifikanten teilt sich in visuelle und auditive Zeichenkonstrukte unterschiedlicher medialer Trägereinheiten auf. Das filmische Bild ist seinem Inhalt und seinem semiotischen Grundzug nach als ikonisches Zeichen zu werten.[39] Damit bildet es das Signifikat mit dem Anspruch eines Ähnlichkeitsbezuges ab. Ebenso können alle Klänge, Töne und Geräusche sowie alles sprachlich Geäußerte, deren Quellen im On verortet sind, als akustisch-ikonische Zeichen bezeichnet werden.[40] Gleiches gilt für akustische Zeichen im Off, wobei zwischen syntopen (diegetisch-repräsentierenden) und asyntopen (nichtdiegetisch-präsentierenden) *sounds* zu unterscheiden ist. Beispielsweise ist ein Geräusch wie Radiomusik aus dem Off zunächst als indexikalischer Signifikant zu identifizieren. Gesetzt den Fall, die Geräuschquelle hat einen tatsächlichen Referenten in der erzählten Welt, und das Geräusch kann von Figuren wahrgenommen werden, so wird das syntope Geräusch als ikonisches Zeichen markiert. Andernfalls kann es sich auch um ein nichtdiege-

---

38   Saussure, Ferdinand de: *Grundfragen der allgemeinen Sprachwissenschaft*, übers. v. P. v. Polenz, Berlin 1986.
39   Dass filmische Bewegungsbilder in der Terminologie von Charles Sanders Pierce ebenso indexikalischen und symbolischen Zeichencharakter haben können, sei an dieser Stelle ausgeblendet. Vgl. Wollen, Peter: *Signs and meaning in the cinema*, London 1969, S. 122f.
40   Unbeachtet bleibt dabei die Differenzierung in O-Ton und Nachsynchronisierung. Beide Ursprünge des Tons belegen vielmehr die Zeichenhaftigkeit des Films – von daher sind sie in dieser Erfassung zu vernachlässigen.

tisches — und asyntopes — Geräusch handeln, nämlich genau dann, wenn es keinen diegetischen Referenten gibt.

Abbildende Funktionen der Bildebene sind Bestandteile der Mise-en-scène und (in Teilen) der Spezialeffekte. Die Mise-en-scène umfasst als filmische Inszenierung all diejenigen Elemente, die auf der profilmischen Ebene vorzufinden sind: Setting, Beleuchtung, Bauten, Schauspieler, ihr Spiel und ihre Kostüme sowie Requisiten wie auch die Anordnung und Interaktion dieser Elemente im vorfilmischen Raum.[41] Mit Blick auf Zeichentrick- und Animationsfilme kann der Begriff der Mise-en-scène insofern erweitert werden, als er letztlich alle Elemente umfasst, die auf die profilmische Ebene zurückweisen oder aber diese evozieren — so wird Farbe als Element des profilmischen Raums *und* als Merkmal des Bildes charakterisiert. Diese profilmischen ‚Basis'-Elemente formieren sich mittels Kadrierung durch die Kamera zu einem zweidimensionalen Bild (Mise-en-cadre) und nehmen infolgedessen den Status filmischer Zeichen ein. Wesentlich sind mithin Eigenschaften der Kamera wie Tiefenschärfe, Einstellungsgröße und -perspektive sowie die Einstellungslänge.[42]

Spezialeffekte[43] unterteilen sich in Effekte der *ersten, zweiten* und *dritten Stufe*.[44] (Mechanische) Effekte der ersten Stufe treten im profilmischen Raum auf oder modifizieren ihn. (Photographische) Effekte der zweiten Stufe finden während des Filmdrehs statt, (kinematographische und digitale) Effekte der dritten Stufe sind hingegen Teil der *postproduction*. Einzelne Beispiele: Während die Modellanimation als Bestandteil der Mise-en-scène angesehen werden darf, nimmt das *computer generated imagery*-Verfahren

---

41 Vgl. ausführlich zur Mise-en-scène Gibbs, John: *Mise-en-scène. Film style and interpretation*, London/New York 2002.

42 Die Tiefenschärfe bezeichnet den Grad der Darstellung von Dreidimensionalität im zweidimensionalen Bild. Einstellungsgröße wie auch die Einstellungsperspektive geben nicht nur Aufschluss darüber, *wie* die Kamera selektiert, sondern vor allem auch *was* sie auswählt und in welchen Relationen die ausgewählten Elemente zueinander erscheinen.

43 Dem Begriff nach ist es äußerst unklar, was im Einzelnen mit Spezialeffekten gemeint ist. In Rolf Giesens *Lexikon der Special Effects* findet sich folgender Eintrag: „Gelegentlich herrscht hier eine Begriffsverwirrung mit den Visuellen Spezialeffekten. Daher definiert man Spezialeffekte, sofern nicht als Oberbegriff für Effekte allgemein verwendet, auch als mechanische Effekte. Die Arbeit der Spezialeffektgestalter besteht in der Regel im Nachahmen von Naturerscheinungen [...], gefährlichen Aufnahmen, die oft mit Stunts verbunden sind [...], aber auch in der Realisierung fiktiver Objekte, von an Pianodraht unterschiedlicher Stärke fliegenden Gegenständen bis hin zu Creatures." (*Lexikon der Special Effects. Von den ersten Filmtricks bis hin zur Computeranimation der Gegenwart*, hg. v. Rolf Giesen, Berlin 2001, S. 297).

44 Raymond Fielding unterscheidet lediglich zwischen „photographic" und „mechanical effects" (vgl. ders.: *The technique of special effects cinematography*, 4. Aufl., London/Boston 1985, S. 1). Inzwischen ist jedoch der Bereich der digitalen Nachbearbeitung stark in den filmischen Produktionsprozess eingebunden, sodass eine Dreiteilung unumgänglich erscheint.

(CGI) einen ebenso wesentlichen Anteil am Aufbau der repräsentierten Welt ein, obwohl es in der *postproduction* realisiert wird. Das Einspiegelungsverfahren wie in 2001: A SPACE ODYSSEY (2001 – ODYSSEE IM WELTRAUM, Stanley Kubrick, UK/USA/F 1968) wird während des Filmdrehs angewandt und gilt deshalb als Spezialeffekt, weil es die Illusion eines profilmischen Raums erzeugt. Gleiches gilt für *blue box* und *green screen*. *Stop motion-* und *go motion*-Figuren – Modelle, maschinenbetriebene Puppen, *makeup*-Effekte u.v.m. – sind Elemente der profilmischen Ebene, die dazu dienen, Objekte, Gegenstände und Räume zu repräsentieren.[45] Im fertigen Film soll durch sie die Illusion fiktionsintern real-existenter Subjekte hervorgerufen werden: ein Hund namens Gromit (WALLACE & GROMIT: THE CURSE OF THE WERE-RABBIT [WALLACE & GROMIT: AUF DER JAGD NACH DEM RIESENKANINCHEN, Nick Park/Steve Box, GB 2004]), ein Jedi-Meister namens Yoda (STAR WARS: EPISODE V: THE EMPIRE STRIKES BACK [STAR WARS: EPISODE V – DAS IMPERIUM SCHLÄGT ZURÜCK, Irvin Kershner, USA 1980]) oder Mordor-Orks (THE LORD OF THE RINGS [DER HERR DER RINGE, Peter Jackson, NZ 2001-2003]).

In-Kamera-Effekte wiederum bezeichnen ihrerseits

> [o]ptische Tricks, die direkt in der Kamera und nicht in der *Postproduction* erzeugt werden, besonders Veränderungen der Bildfrequenz [...], Doppel- und Mehrfachbelichtungen sowie Aufnahmen unter Verwendung von Masken [Mattes][46].

Verteilt werden diese Techniken auf zwei Unterbereiche: „*Basic effects*"[47] umfassen Veränderungen von Objektgeschwindigkeiten, Bildverzerrungen, optische Übergänge und Mehrfachbelichtungen.[48] Dem „*[i]mage replacement*"[49] gehören demgegenüber das *split screen*-Verfahren und *in-camera mattes* an. Sie alle sind ebenfalls darstellend. Jedoch wird mit ihnen nicht die erzählte Welt ‚gebaut', sondern der Modus der Vermittlung formiert. Sie sind folglich den vermittelnden Funktionen des Films zuzurechnen. Die Modifikation der Bildfrequenz wird in drei Begrifflichkeiten ausgedrückt, die von ihrer Verwendung in der Erzähltheorie unterschieden werden müssen: Zeitraffer und Zeitlupe sowie Standbild sind hinsichtlich der Verhältnisse zwischen Erzählzeit, erzählter Zeit und medialer Zeit

---

45 Vgl. Hutchison: *Film magic*, S. 1–21. Über weite Strecken ihres Buches behandeln Harold Schechter und David Everitt Effekte der profilmischen Ebene (vgl. dies.: *Film tricks. Special effects in the movies*, New York 1980).
46 Giesen: *Lexikon der Special Effects*, S. 145. Vgl. im Detail ausführlicher Perisic, Zoran: *Special optical effects*, London/New York 1980, S. 9–45.
47 Fielding: *The technique of special effects*, S. 2 (Hervorhebung S. B.).
48 Vgl. Hutchison: *Film magic*, S. 51f.
49 Fielding: *The technique of special effects*, S. 2 (Hervorhebung S. B.).

erwähnenswert.⁵⁰ Sie stellen filmmediale Realisierungsverfahren dar, die in Erzählungen mit Erzähltechniken korrelieren können (z. B. der Zeitraffer zur Realisierung summarischen oder zeitraffenden Erzählens). *Mattes* und spezielle *vignette mask shots* sorgen für eine besondere Wiedergabe der visuellen Wahrnehmung, indem sie eine visuell-perzeptive Perspektive als solche markieren. Hierbei lassen sich Markierungen von Figurenwahrnehmungen ausmachen, ebenso aber solche, die auf keine Figur, sondern auf eine narratoriale Perspektivierung zulaufen.

Spezialeffekte der dritten Stufe können demgegenüber vermittelnd oder darstellend sein. Als großer Bereich der heutigen Filmproduktion gilt die Computeranimation, mittels derer das CGI zustande kommt.⁵¹ Bilderwelten sind „mehr oder weniger naturgetreu aufgebaut"⁵². Sie sind

> in modellhafter Weise nach Vorgaben konstruiert, die von der Umsetzung einfacher Grundformen physikalischer Wirklichkeit bis zur detailgenauen Simulation von Naturbedingungen reichen.

Ihre Funktion besteht in der

> ‚Sichtbarmachung einer Wirklichkeit' [oder Teile dieser], einer Wirklichkeit, die in ihrer äußeren Erscheinungsform dem entspricht, was der Mensch mit seinen Sinnen an Welt und Natur um sich erfährt.⁵³

Irrelevant ist dabei, ob es sich dabei um realistische oder phantastische Welten handelt; wichtiger erscheint die Maßnahme der *Erfahrbarkeit* von Welt. Darüber hinaus kommt das CGI jedoch ebenfalls bei der Gestaltung ‚unmöglicher' Bewegungen der Kamera zum Einsatz und ist folglich im Zuge dessen als vermittelnde Funktion zu benennen.

Auf auditiver Ebene zählen alle syntopen Töne zu den abbildenden Funktionen. Tonsorten reichen von diegetischer Musik bis hin zur Figurenrede und unterscheiden sich in Textur und Fokussierung.⁵⁴ Abbildende Funktionen sind aber auch unabhängig von ihrem Produktionszusammenhang zu bestimmen. So existieren Formen des Tons, deren Auftreten im Film ohne aufwendige Nachsynchronisation denkbar wäre, wie z. B. Figurendialoge. Andererseits werden ebenfalls synthetische Klänge abbildend eingesetzt. Besonders deutlich wird dies u. a. in Science fiction-

---

50 Für einen systematischen Überblick zu Zeit Film vgl. Brössel, Stephan: „Zeit und Film. Zeitkreise in Christopher Nolans ‚Memento'". In: Antonius Weixler/Lukas Werner (Hg.): *Zeit(en) erzählen. Ansätze – Aspekte – Analysen*, Berlin/New York (im Druck).
51 Unter Computeranimation versteht man gemeinhin ein „computererzeugtes Bildprodukt, das eine künstliche Bilderwelt in (ausdruckbehafteter) Bewegung zeigt" (Pieper, Matthias: *Computer-Animation. Inhalt, Ästhetik und Potential einer neuen Abbildungs-Technik*, Regensburg 1994, S. 45).
52 Beide Zitate ebd., S. 46.
53 Ebd., S. 19.
54 Vgl. Griem/Voigts-Virchow: *Filmnarratologie*, S. 165.

Filmen, in denen Raumschiffe im luftleeren Weltraum Geräusche erzeugen. Schließlich sind mit Blick auf *Stille* im Film zwei Typen voneinander zu unterscheiden: Auf der einen Seite ‚Stille', in der keine Musik erklingt und keiner der Akteure spricht, aber dennoch der Atmo-Ton die akustische Umgebung abbildet einerseits; und diejenige Form der Stille, welche alle Tonkanäle betrifft andererseits. Letztere deutet auf eine narrative Strategie des Mediums Film hin, bei dem gänzlich auf den Ton verzichtet wird, und zählt nicht zu den abbildenden Funktionen.

3.3.2. Vermittelnde Funktionen

Obwohl filmische Zeichen in der Regel eine Ähnlichkeit zu ihren Referenten herstellen und sie die fiktive Welt buchstäblich abbilden, bleiben sie doch Mittel eines sekundären modellbildenden Systems[55]. Der polyseme Film nutzt Zeichen unterschiedlicher Art und ihre Organisation dazu, Modelle von Welten zu generieren. Dazu gehört nicht nur die Regelhaftigkeit in der Verwendung dieser Zeichen wie auch ihre syntagmatische und paradigmatische Ordnung, sondern auch der Gebrauch dieser differenten Zeichen für das Erzählen.

Die filmische Einstellung wird auf zwei Wegen strukturiert: Das Filmbild stellt zumeist einen rechteckig kadrierten Ausschnitt dar, der lediglich einen Einblick in die dargestellte Welt gewährt. Zum anderen ist die Einstellung als eine Aneinanderreihung von Einzelbildern durch Anfang und Ende begrenzt und steht in einer Beziehung zu anderen Einstellungen. Diese Strukturierung wird mittels Kamera und Schnitt vorgenommen. Ebenso wie beim visuellen Kanal sind beim auditiven Kanal diejenigen Techniken als vermittelnde Funktionen zu bezeichnen, die nicht nur die Welt in ihrer akustischen Dimension erzeugen, sondern den Modus ihrer Vermittlung festlegen. Entgegen bildstrukturierender Verfahren durch Kamera und Schnitt sind der Einsatz von nichtdiegetischer Musik und des *voice-over narrator* lediglich fakultative Bestandteile filmischen Erzählens, obwohl ihr Vorkommen entscheidend zur Vermittlung filmischer Inhalte beiträgt.

---

55 Vgl. Lotman, Jurij M.: *Die Struktur literarischer Texte*, übers. v. R.-D. Keil, 2. Aufl., München 1981, 22f. In Bezug auf den Film vgl. Gräf, Dennis [u. a.]: *Filmsemiotik. Eine Einführung in die Analyse audiovisueller Formate*. Marburg 2011, S. 26f.

3.3.2.1. Kamera

Für die Kamera als vermittelnde Funktion sind drei Aspekte von Bedeutung: die Kameratechnik (und andere produktionsrelevante Hilfsmittel), die Medialität des Filmbildes und seine spezifische Charakteristik (in Bezug auf Einstellungsgröße, -perspektive, Kamerabewegung etc.) sowie die Anbindung an beziehungsweise der Einfluss auf die Filmnarration und das Zusammenspiel der Kamera mit anderen vermittelnden Funktionen.

Der Apparat der Kamera ist stets in Abhängigkeit der jeweiligen technischen Ausstattung zu sehen. Grundsätzlich lassen sich – im Hinblick auf den modernen Spielfilm – drei Typen voneinander unterscheiden: Der mittlere, unmarkierte Typus stellt die einfache Filmkamera dar, die ohne größeren technischen *support* zum Einsatz kommt (abgesehen von der *steady cam*-Ausstattung). Sie bewegt sich relativ beschränkt durch den profilmischen Raum[56] und ‚agiert' neutral-objektiv. Die Handkamera (oder der Effekt ihrer Verwendung) ist hingegen ein markierter Typ des Kameraeinsatzes, der Authentizität und Subjektivität signalisiert. Sie ist durch ein ‚unruhiges Durchschreiten' des profilmischen Raums charakterisiert. Sogar ihr Einsatz von einem unbewegten Standpunkt aus ist niemals vollkommen ruhig, sondern stets verwackelt[57]. Ihre räumliche Reichweite ist auf vertikaler und auf horizontaler Achse äußerst beschränkt. Dagegen ist sie in ihrem Erfassungsvermögen spontan und flexibel einsetzbar. Der dritte Typus zeichnet sich schließlich durch eine aufwendige Gestaltung der Kamerahandlung aus, die über die Leistung eines ‚menschlichen' Kameramanns hinaus auf vielfältige technische Hilfsmittel (angefangen beim Kran und des *dollys* bis hin zum Computer) zurückgreift. Die komplex-mobile Filmkamera ist auf horizontaler und vertikaler Raumachse ‚übermenschlich' mobil, sie vermag Bewegungen zu vollziehen und Perspektiven einzunehmen, die ‚unmöglich' erscheinen. Ebenso verhält es sich mit Raumgrenzen, die in der erzählten Welt als unüberwindbar gelten und mit Grenzen zwischen diegetischen Ebenen, die die Kamera (scheinbar) überschreitet.

Das Fassungsvermögen der drei genannten Typen weicht mithin stark voneinander ab. Einfluss übt dies auf die Aufnahmemöglichkeiten der Kamera, insbesondere auf die Kadrierung des Raums, seiner Gegenstände und des Geschehens im Bild aus. Der Einblick in den profilmischen Raum

---

56 Vgl. Gunning, Tom: *D.W. Griffith and the origins of American narrative film*, Urbana, Ill. 1991.
57 Vgl. Kuhn, Markus: „Gibt es einen Ich-Kamera-Film? Überlegungen zum filmischen Erzählen mit der subjektiven Kamera und eine exemplarische Analyse von Julian Schnabels ‚Le scaphandre et le papillon'". In: Hannah Birr [u. a.]: *Probleme filmischen Erzählens*, Berlin 2009, S. 59–83; hier S. 61.

ist bei der Handkamera wie auch bei der Filmkamera grundlegend begrenzter als im Fall der komplex-mobilen Filmkamera, die Spielarten der Übertragung ins Bild somit gänzlich verschieden. Die divergierenden Aufnahmetechniken erzeugen je eigene mediale Präsentationen und nehmen dadurch unterschiedliche narrative Funktionen ein.

Zunächst begegnet man in der narratologischen Auseinandersetzung mit der Kamera dem weitverbreiteten Verständnis eines Kamera-Erzählers. Sogar im Rahmen einer Erzähler-Konzeption, die sich von anthropomorphen Vorstellungen und der Prämisse eines verbalen Erzählens lospricht, werden narrativen Instanzen Eigenschaften zugesprochen, die als Grundvoraussetzungen für das Erzählen gelten. Anders gewendet müssen dem Erzählprozess also Operationen zugrundeliegen, die ihn als solchen kennzeichnen und von denen aus auf eine Erzählinstanz geschlossen werden kann. Ein erster Kritikpunkt ergibt sich aus der Tatsache, dass die Informationsvergabe durch die Kamera ‚aktuell', nicht aber ‚nicht-aktuell'[58] ist. Sie nimmt stets unmittelbar am Geschehen teil und vermittelt es präsentisch durch das filmische Bild. Legt man das Kriterium der Aktualisierung eines nicht-aktuellen Geschehens als Geltungskriterium für das Erzählen fest, so kann ein allein durch die Kamera präsentiertes Geschehen nicht als Erzählung gelten können. Blendet man indessen dieses Kriterium aus und blickt auf andere Erzähloperationen, so wird ihr funktionaler Gehalt für die Filmnarration durchaus deutlich. Denn die Kamera selektiert, organisiert und konkretisiert. Mittelbar erfolgt die Präsentation einer filmischen Erzählung aber nur in Teilen: Denn die Kamera ‚zeigt' lediglich das Geschehen. Jedoch ist angesichts des fragmentarischen Bildkaders ersichtlich, dass die Kamera die profilmischen Elemente im Verlauf der Aufnahme organisiert. Das scheinbar kontingente Geschehen auf der profilmischen Ebene wird durch Selektion und Konkretisierung in einen nicht-beliebigen Zusammenhang gebracht. Im Zuge dieser Organisation nimmt die Kamera einen bestimmten Standpunkt ein und variiert die räumliche Distanz zum Geschehen und ihre Stellung zu den Figuren. Ihr räumlicher Standpunkt kann auch als *narratoriale* räumliche Perspektive aufgefasst werden und sich je nach Anlage aus einem direkten Einbezug in das Geschehen (Blicke in die Kamera[59] oder Schlammspritzer auf der

---

58 Weber, Dietrich: *Erzählliteratur. Schriftwerk, Kunstwerk, Erzählwerk*, Göttingen 1998, S. 24–32.
59 In der Kriegssatire STARSHIP TROOPERS kommt es zu mehreren Konfrontationen zwischen ‚Bugs' (i. e. außerirdische Lebensformen) und Menschen. In einer dieser Szenen müssen sich die Menschen aus der Schlacht zurückziehen. Der Ausruf ‚Rückzug!' wird dabei ebenfalls an die (diegetische) Kamera gerichtet (STARSHIP TROOPERS [Paul Verhoeven, USA 1997]: 00:02:09). Ähnliches ist – allerdings in Form einer subjektiven Kameraeinstellung – in einer Szene im Film AVATAR zu beobachten (AVATAR [James Cameron,

Linse⁶⁰) oder aus einer olympischen Übersicht ergeben (Vogelperspektive, Totale, Panorama). Ihr Standpunkt korreliert darüber hinaus oftmals eine implizite ideologische Perspektive, indem nämlich die räumliche Beziehung zwischen der Kamera und Objekten Rückschlüsse auf indirekte Wertungen zulässt.⁶¹ Außerdem vollzieht die Kamera eine mehr oder weniger autonome ‚Handlung' und kann dabei objektiv registrieren oder subjektiv ‚agieren'. Dabei wird entweder ihre eigene ‚Subjektivität' geltend gemacht – und ihr damit ‚Wissen'⁶² zugesprochen –, oder aber sie nimmt in Form der subjektiven Kamera⁶³ die Sicht einer der Figuren ein. ⁶⁴ Als komplex-mobile Kamera vermag sie es schließlich gegebenenfalls, distinktive ontologische Ebenen zu überschreiten, die für die Figuren unüberschreitbar sind,⁶⁵ und Übergänge zwischen diegetischen Ebenen zu schaf-

---

USA 2010]: 02:15:20). Während es sich in diesen beiden Beispielen um eine verschieden gelagerte diegetisch-interne Kommunikation handelt (indem die Kamera einmal eine diegetische Filmaufnahme vollführt und ein anderes Mal die Sichtweise einer der Figuren wiedergibt), ist der Blick in die Kamera in Jean-Pierre Jeunets LE FABULEUX DESTIN D'AMÉLIE POULAIN und in THE LION KING als direkte Kommunikation mit dem Zuschauer konzipiert (LE FABULEUX DESTIN D'AMÉLIE POULAIN [DIE FABELHAFTE WELT DER AMÉLIE, Jean-Pierre Jeunet, F/D 2001]: 1:13:53; 1:52:22; 1:52:29 und THE LION KING [DER KÖNIG DER LÖWEN, Roger Ellers/Rob Minkoff, USA 1994]: 00:44:20). Ausführlicher verhandelt Kuhn den Blick in die und das Gespräch mit der Kamera (Kuhn: *Filmnarratologie*, S. 112ff.).

60   Vgl. FEAR AND LOATHING IN LAS VEGAS (ANGST UND SCHRECKEN IN LAS VEGAS, Terry Gilliam, USA 1998).

61   Vgl. beispielsweise DAS WEISSE BAND. EINE DEUTSCHE KINDERGESCHICHTE (Michael Haneke, D/A/F/I 2009): 00:27:33ff. In einer Szene, in der es zur Sanktionierung der Pfarrerskinder kommt, dringt die Kamera nicht in die Privatsphäre der Familie ein. Infolgedessen wird die Wertung vermittelt, dass die Entscheidung und Durchführung eben dieser Sanktionen (innerhalb der erzählten Welt) eine private Angelegenheit ist. Dadurch aber, dass auf auditiver Ebene die Schreie des Kindes zu vernehmen sind, wird diese Wertung wiederum ironisch gebrochen.

62   Vgl. die Auflösung des Rosebud-Rätsels am Ende von CITIZEN KANE (Orson Welles, USA 1941). In Alfred Hitchcocks REAR WINDOW vollführt die Kamera zu Anfang des Films eine längere Fahrt, durch die der Handlungsort und die Hauptfiguren eingeführt werden. Im Raum des Protagonisten angelangt, vermittelt allein die Kamera – kaschiert durch eine einfache Erfassung des Raums – eine Art Vorgeschichte (REAR WINDOW [DAS FENSTER ZUM HOF, Alfred Hitchcock, USA 1954]: 00:03:13–00:03:51). Bereits eine aufwändige Fahrt durch den profilmischen Raum kann als Indiz für die ‚Pseudo'-Subjektivität der Kamera angesehen werden (vgl. die einleitende Fahrt in PANIC ROOM [David Fincher, USA 2002]).

63   Einen Merkmalskatalog zur subjektiven Kamera entwirft Kuhn (ders.: *Gibt es einen Ich-Kamera-Film?*, S. 67).

64   Zur Problematik um die Subjektivität im Film vgl. Griem/Voigts-Virchow: *Filmnarratologie* und mit besonderem Interesse an der Kamera: Kuhn: *Gibt es einen Ich-Kamera-Film?*.

65   In STAY (Mark Forster, USA 2005) markieren die sequenziellen Übergänge bestehend aus Überblende und Kamerafahrt die unzuverlässige Perspektive eines Sterbenden. Bewegungen der Kamera können nicht nur als Bewegungen im dargestellten Raum, sondern

fen.⁶⁶ Somit transformiert die Kamera das Profilmische nicht nur in das Zeichensystem Filmbild, sondern vermittelt das Geschehen in bestimmten kinematografischen Modi. Dennoch bleibt festzuhalten, dass die „Analogie von Kamera und Erzähler [...] problematisch"⁶⁷ erscheint, solange sie als alleinige vermittelnde Funktion zur Medialisierung einer Geschichte angesehen wird. Aus diesem Grund wird die Kamera als *Teil* eines filmischen Erzählkomplexes aufgefasst, dem sie neben den noch folgenden Komponenten angehört.

3.3.2.2. Montage

Die Montage ist als filmtechnisches Verfahren zu begreifen, das Filmemachern die Möglichkeit einräumt, Inhalte im Film zu gliedern und ästhetisch aufzubereiten. Wie im Fall der Kamera sind drei korrelierende Untersuchungsfelder einzubeziehen: die praktische Tätigkeit des *cuttings* oder *editings*, die Montageästhetik und der Nutzen mehrerer Montagetechniken für die Erzählung. Während Ersteres den Akt des Darstellens durch den Cutter, den Regisseur oder andere Produktionsinstanzen offenlegt – vergleichbar mit dem Schreibakt des Autors –, stellen Letztere textästhetische Verfahren dar. Die Montage als ästhetisches Mittel kann durchaus auf einen bestimmten Regisseur oder Cutter zurückweisen. Diese Feststellung nimmt ihr allerdings nicht die Bedeutung, die sie für den Film als autonomer Text hat. Möglichkeiten und Probleme der kinematografischen Gestaltung von Inhalten durch die Montage sowie ihre Interaktion mit anderen filmischen Mitteln können demnach also unabhängig vom Bereich der Produktion untersucht werden.

---

ebenso als Bewegungen zwischen ontologisch-diegetischen Ebenen aufgefasst werden. Grenzüberschreitungen dieser Art finden sich in Beispielen, in denen aufgrund einer (unmarkierten) Figurenperspektivierung (über die gesamte Spielfilmlänge) oder andere Formen der Unzuverlässigkeit vorherrschen. Zu nennen sind hier weiterhin SOLYARIS (SORALIS, Andrei Tarkowski, UdSSR 1972), FIGHT CLUB (David Fincher, USA/D 1999), ABRE LOS OJOS (VIRTUAL NIGHTMARE – OPEN YOUR EYES, Alejandro Amenábar, E/F/I 1997), LOST HIGHWAY (David Lynch, USA 1997) oder EL MAQUINISTA (THE MACHINIST, Brad Anderson, E 2004).

66 In CITIZEN KANE werden Erzählebenen zwischen der Geschichte auf der primären Ebene und eingebetteten (sekundären) Figurenerzählungen mittels Reißschwenk-Imitationen realisiert. Eine anfänglich verbale Erzählung wird dabei folglich in den filmischen (audiovisuellen) Modus übertragen.

67 Scheffel, Michael: „Was heißt (Film-)Erzählen? Exemplarische Überlegungen mit einem Blick auf Schnitzlers ‚Traumnovelle' und Stanley Kubricks ‚Eyes Wide Shut'". In: Susanne Kaul [u. a.] (Hg.): *Erzählen im Film. Unzuverlässigkeit, Audiovisualität, Musik*, Bielefeld 2009, S. 15–31; hier S. 21.

Eine ästhetische Dimension der Montage liegt unter anderen in ihrer Verwendung als filmisches Mittel zur Gestaltung von Geschichten. Angelehnt an Metz' große Syntagmatik bedeutet dies die Eingrenzung auf Syntagmen und ihre achronologischen oder chronologischen Unterarten.[68] Angesichts dessen gilt zu beachten, dass ebenfalls mittels einer – in Metz' Terminologie gesprochen – ‚autonomen Einstellung' erzählt werden kann – allerdings ohne die Anwendung der Montage. Im Gegensatz dazu sollen hier auch ‚nicht-narrative Syntagmen' (wie achronologische und deskriptive Syntagmen) als Indizien für die narrative Funktion der Montage aufgefasst werden. Denn sie verweisen in Teilen ebenso wie narrative Syntagmen auf die Montage als vermittelnde Funktion, sei es durch die Markierung des Diskurses *als* Diskurs (achronologische S.) oder aber durch filmische Beschreibungen (deskriptive S.). Sinnvoll für den vorliegenden Zusammenhang erscheint die Unterscheidung zwischen handlungsrelevanten und handlungsergänzenden Montageformen. Handlungsergänzende Formen können darin bestehen, dass beispielsweise die Exposition einer Szene eine Reihe von Einstellungen beinhaltet, die den Handlungsraum abbilden. Daneben referieren solche Montageformen ebenfalls auf die Darstellung der Exegesis, wobei diese nicht als ‚Erläuterung' einer Erzählinstanz im wörtlichen Sinn aufzufassen ist, sondern als ‚Zusätze' etwa in Gestalt von gerafften Analepsen (als Zusatzinformationen bei Nebenfiguren[69]) oder Vergleichen zwischen zwei ungleichen Sachverhalten[70]. Als generelle Faustregel kann gelten: Je höher die Anzahl der Schnitte in einer jeweiligen Sequenz ist und je deutlicher die Inhalte der dargestellten Inhalte innerhalb einzelner Einstellungen voneinander abweichen, desto höher ist der Grad der ästhetischen Gestaltung und desto näher steht diese Gestaltung dem Vermittlungsmodus durch die Montage.

Auch die Gleichsetzung von Montage und Erzählinstanz ist problematisch. Das schwerwiegendste Problem stellt dabei die ‚Substanzlosigkeit' der Montage dar. Montagetechniken führen keinen Sprechakt vor Augen und erzeugen eine Nullreferenz. Dass sie allerdings bei einer textimmanenten Betrachtungsweise auf keine immanente (narrative) Instanz zulaufen, bedeutet nicht, dass mit ihnen nicht bestimmte Erzählverfahren einhergehen. Auch die Montage kann – wie die Kamera – nicht als ‚Erzählinstanz' klassifiziert werden. Dennoch dient sie als filmtechnisches Mittel zum Erzählen, d. h. auch sie offenbart Erzähloperationen und zielt letztlich auf die filmische Präsentation von Erzählungen ab. Allgemeine

---

68 Vgl. Metz, Christian: „Probleme der Denotation im Spielfilm". In: ders.: *Semiologie des Films*, S. 151–198; hier S. 165–182.
69 Vgl. die Fotomontagen in LOLA RENNT (Tom Tykwer, D 1998).
70 Vgl. die unten stehenden Erläuterungen zur symbolischen Montage.

Hinweise in Bezug auf den Akt des Erzählens durch die Montage finden sich z. B. in den theoretischen Schriften des russischen Regisseurs Wsewolod Pudowkin, der den Bau der Erzählung und den besonderen Umgang mit ‚Handlung' prononciert. Eine Filmszene bestehe seiner Meinung nach aus „einzelnen Fragmenten [...]"[71], die die wesentlichen Elemente der Handlung repräsentierten. Der Bau einer Szene dürfe „nicht willkürlich" sein und unterliege einer „spezifischen Logik", die den kausallogischen Zusammenhang der einzelnen Einstellungen garantiere. Ein solcher Duktus korreliert mit grundlegenden Kriterien des Erzählens: der *tellability* und des kausal-temporalen Zusammenhangs des Inhalts. In der Montage findet die Selektion der Inhalte bezüglich Handlung und Ereignis, Raum und Zeit statt. Ebenfalls ist an ihr die Linearisierung der Geschichte in Form der temporalen Folge einer präsentierten Erzählung abzulesen. Diese findet notwendigerweise in jedem Film statt, in besonderer Weise markiert ist ihre Anwendung unter anderem in Christopher Nolans MEMENTO (USA 2000), in dem ‚Zeit' und damit auch die Dekonstruktion linear-chronometrischer Zeitlichkeit zum dominierenden Thema erhoben werden.[72] Zu erwähnen ist schließlich auch ihr Auftreten im Rahmen der Figurenintrospektion: der *POV shot* ist in erster Linie als Montagesequenz zu begreifen, die – wie Edward Branigan ausführt – in unterschiedlichsten Formen realisiert werden kann.[73] Die Problematisierung von Wahrnehmung lässt sich nicht zuletzt an Konventionsbrüchen der *POV*-Struktur ablesen.[74] Prinzipiell kann die Montage neben der Kamera als Mittel zur Visualisierung (i. e. die filmische Medialisierung) einer verbal initiierten Erzählung gelten.

Wenn mittels Montage strukturiert wird, so ist hinsichtlich des narrativen Spielfilms die Annahme einer Realisierung von Erzähloperationen durch die Montage und weiterhin das Verständnis der Montage als Gestaltungs- oder Vermittlungsakt naheliegend. Ein solcher Akt kann an mehreren konventionalisierten Montagetechniken nachvollzogen werden. Bei Pudowkin ist eine einfache Montagesequenz (auch: Syntagma) beschrieben, die ein Geschehen in eine Reihe von Einstellungen fragmentiert und etwa eine Bewegung in eine Vielzahl von aneinandergereihter Einzelbewe-

---

71 Dies und die folgenden Zitate aus *Über die Film-Technik. Film-Manuskript und Film-Regie*, hrsg. v. Pierre Kandorfer, Köln 1979, S. 70f.
72 Eine eingehende Auseinandersetzung mit der Linearisierung der Geschichte in MEMENTO findet sich in Brössel: *Zeit und Film. Zeitkreise in Christopher Nolans ‚Memento'* (im Druck).
73 Vgl. Branigan: *Point of view in the cinema*, S. 111 u. 113f.
74 So etwa in dem Film CACHÉ (Michael Haneke, F u. a. 2005). Vgl. dazu Kaul, Susanne: „Bilder aus dem Off. Zu Hanekes Caché". In: dies. [u. a.]: *Erzählen im Film*, S. 57–68. Weitere Beispiele führt Sandra Poppe in ihrem Beitrag zu „Wahrnehmungskrisen" in demselben Band an (S. 69–83).

gungen aufspaltet und entweder den Effekt der Kontinuität durch den *match cut* oder aber den Effekt des Bruchs durch den *jump cut* zur Folge haben kann. Darüber hinaus hat der *match cut* einen Kontinuitätseffekt auf makrosequenzieller Ebene, wenn er wie unter anderem in Stanley Kubricks 2001: A SPACE ODYSSEY die Formengleichheit zweier Objekte oder Räume hervorhebt. Das *continuity system* umfasst wiederum neben der Handlungsstrukturierung ebenso die Ordnung des Raums. Im Spielfilm ist es das 180-Grad-Prinzip, welches ein räumliches Kontinuitätsgefüge garantiert. In Kombination mit der Kamerabewegung, die in der Regel an nur einer Seite der Handlungsachse entlang stattfindet, sind *establishing shot* und *master shot*, *cut in* und *cut back* sowie *shot/reverse shot* und *POV shots* inzwischen fest etablierte Muster der filmisch-narrativen Vermittlung einer Handlung auf der Mikroebene.[75] Die Raumkonstitution wird demnach nicht allein durch die Mise-en-scène und die Kadrierung durch die Kamera geschaffen, sondern zudem mittels bestimmter Schnittkonventionen.

Die Simultan- oder Parallelmontage (*cross cutting*) kann als Indiz für eine filmtypische Strukturierung von Handlungen angesehen werden und definiert sich über die Kriterien Figurenkonstellation und Simultaneität. Ausschlaggebend ist die Ausgangssituation, dass (mindestens) zwei Handlungen alternierend in einem Syntagma zusammengeführt werden und ein Ereignis beide zu einer gemeinsamen Handlung verbindet. Dies kann etwa in Form der *last minute rescue* geschehen: Eine das Geschehen ordnende Instanz erscheint allenfalls implizit hinter dem Erzählten, jedoch ist eine Narrationsstruktur unleugbar auf der Präsentationsebene vorhanden. Ebenso ‚welt‘- und handlungsorientiert ist die Kontrastmontage als Subform der alternierenden Montage auf mikrostrukturellem und makrostrukturellem Level vorzufinden. In Fritz Langs METROPOLIS (D 1927) manifestiert sich der Kontrast in der topologischen Anordnung von ‚oben‘ und ‚unten‘, der Film führt damit vor Augen, dass die Kontrastierung zweier Momente oder Zustände ebenso mit dem Aufbau der fiktiven Welt korrelieren kann. Das Mittel der Kontrastmontage kann als Strukturierungsverfahren verstanden werden, mit welchem die inhaltliche Kodifizierung auf die diskursive Ebene appliziert wird. Mit Blick auf die symbolische Montage sind zwei Modi zu unterscheiden: STACHKA (STREIK, Scrgej M. Eisenstein, UdSSR 1923/24) operiert mit handlungsfremdem Material, indem die Schlachtung eines Bullen gegen das Niederschießen einer Arbeiterschaft geschnitten wird. In OCTOPUSSY (John Glen, UK/USA 1983)

---

75 Vgl. Beller, Hans: „Aspekte der Filmmontage. Eine Art Einführung". In: ders.: *Handbuch der Filmmontage*, 3. durchgesehene Aufl., München 1993, S. 9–32; hier S. 20ff. Für einen einführenden Überblick vgl. auch Ast, Michaela: *Geschichte der narrativen Filmmontage. Theoretische Grundlagen und ausgewählte Beispiele*, Marburg 2002, S. 24ff.

findet sich eine Parallelmontage, die auf eine *last minute rescue* hinausläuft. Darin wird eine Zirkusparade mittels einfacher summarischer Schnittfolge charakterisiert: Menschenmenge, einzelne Protagonisten, Detailaufnahme der tickenden Zeitbombe usw. Bezeichnend ist der Schnittwechsel zwischen der Einstellung der Bombe zu der eines tanzenden Skeletts, welches seinerseits als Todes-Symbol aufgefasst werden kann (01:41:05–01:50:37). Der symbolische Charakter der Einstellungsschnittfolge erscheint demnach unter Berücksichtigung der gezielten Kombination einzelner Einstellungen. Neben diesen Haupttypen des montagebasierten Erzählens findet sich eine Reihe weiterer Formen der narrativen Komposition. Viele Aufgaben übernimmt der Zwischenschnitt, u. a. die Figurenintrospektion, die (indizierte) Analepse und die Markierung von Leitmotiven. Die rhythmische Montage hebt die Schnittfrequenz an und erhöht die Formalspannung. Der summarische oder thematische Schnitt gleicht einer Aufzählung im Film: Sachverhalte, Figuren oder Objekte mit thematischer Schnittmenge werden hintereinander geschnitten und so ebenfalls auf der syntagmatischen Ebene des Erzählens in einen engen Zusammenhang gebracht.

3.3.2.3. Filmmusik

Während das Bild den Ton im Rahmen der Inhaltsvermittlung entbehren kann, vermag es die Musik lediglich, Narrationen mit Hilfe bildrelationaler Strategien zu evozieren.[76] Diese Abhängigkeit vom Bild ist es aber, die die Musik zu einer Teilkomponente filmischen Erzählens ausgebildet hat. Als „paratextuelle Rahmung"[77] des musikalischen Teildiskurses fungiert hier die filmmediale Umgebung. Musik generiert Bedeutung folglich im interaktiven Zusammenspiel mit anderen Mitteln filmischen Erzählens und

---

76 Vgl. Tarasati, Eero: „Music as a narrative art". In: Ryan: *Narrative across media*, S. 283–304 u. Wolf, Werner: „Das Problem der Narrativität in Literatur, bildender Kunst und Musik. Ein Beitrag zu einer intermedialen Erzähltheorie". In: Nünning/Nünning: *Erzähltheorie*, S. 23–104.
77 Wolf führt zur Bestimmung der Kriterien zur Evokation narrativer Strukturen durch die Musik neben der „paratextuellen Rahmung" eines Musikstückes wie Titel o.Ä. „innermusikalische Stimuli" an und zählt zu diesen a.) einen „nicht zu kleine[n] Umfang der Komposition", b.) eine „geringe Offensichtlichkeit musikalisch-selbstreferentieller Formorientiertheit", c.) „ein[en] relativ hohe[n] Grad an ‚Dramatik'", d.) die „werkseitige Bereitstellung von Strukturen [...], welche die Projektionen von Figuren gestatten" sowie weitere Mittel wie e.) den Aufbau von Spannung durch Kontraste, f.) intertextuelle Verweise (auf Erzählungen) und g.) die „Suggestion einer ‚narrative voice'". (Wolf: *Das Problem der Narrativität*, S. 85f.).

erfüllt dramaturgische, narrative, strukturelle und persuasive Funktionen.[78] Sie ist bedeutungskonstitutiv, obwohl die Semiose in ihrem Fall als problematisch gelten kann.[79]

Die Ordnung der filmischen Erzählung richtet sich prinzipiell nach kinematografischen Codes.[80] Im Fall der Filmmusik werden kinematografische mit musikalischen Codes verbunden (*cinematic musical codes*[81]) und auf diese Weise die fakultative vermittelnde Funktion Musik in einen Bezie-

---

78 Claudia Bullerjahn unterscheidet zwischen *Metafunktionen* (hinsichtlich des „zeitspezifischen Rezeptionsumfeld[es]") und (textimmanenten) *Funktionen im engeren Sinn*, eine Einteilung, die auch für den gegebenen Kontext sinnvoll erscheint (Bullerjahn, Claudia: *Grundlagen der Wirkung von Filmmusik*, Augsburg 2001, S. 65–74).

79 Aus musikwissenschaftlicher Sicht sind musiksemiotische Versuche nicht zu leugnen (zuerst bei Eduard Hanslick [*Vom Musikalisch-Schönen. Ein Beitrag zur Revision der Ästhetik der Tonkunst*, Leipzig 1854]. Verschiedene Etappen zusammenfassend verfährt Karbusicky, Vladimir: *Sinn und Bedeutung in der Musik*, Darmstadt 1990. In kritischer Auseinandersetzung vgl. Jiránek, Jaroslav: „Über die Spezifik der Sprach- und Musiksemantik". In: Albrecht Riethmüller (Hg.): *Sprache und Musik. Perspektiven einer Beziehung*, Laaber 1999, S. 49–65). Diese werden in der Auseinandersetzung mit der Narratologie allerdings ausgeklammert. Offensichtlich scheinen textorientierte Narratologie und rezeptionsästhetisch orientierte ‚musikalische Bedeutungslehre' (Diltey) und die historische Wandelbarkeit von ‚Sinn und Bedeutung' (Karbusicky) nicht vereinbar zu sein. Einen aktuellen Überblick über Probleme und Möglichkeiten einer Filmmusiksemiotik bieten Gräf [u. a.]: *Filmsemiotik*, S. 250–284.

80 Daneben sind für Claudia Gorbman ebenfalls kulturelle Codes für das geregelte Zusammenwirken der verschiedenen Zeichensysteme ausschlaggebend. Kulturelle Codes basieren auf Konventionen eines kulturellen Denksystems. Alle Teilnehmer einer kulturellen Gesellschaft sind mehr oder minder von überlieferten Traditionen und Denkweisen geprägt, von Vorstellungen, Glaubensrichtungen, Rollenbildern usw. Kulturelle Prägungen schlagen sich im gesamten Kunstwerk nieder, somit auch in der Musik. Wie bei Genres und den bildgestaltenden Funktionen, liegen auch im Umgang mit der Musik ‚Übereinkommen' zwischen Filmemachern und Zuschauern vor. Kulturelle Codes legen demnach fest, was Werte und Moral, aber auch, was Indikatoren für bestimmte Gefühlsregungen u.v.m. in einem bestimmten Kulturkreis sind. Das bedeutet etwa, dass der Zuschauer, der einen entsprechenden Film seines Kulturkreises schaut, ‚instinktiv' weiß, wann Musik Trauer, Unruhe, Dramatik oder Angst zum Ausdruck bringen oder auslösen soll. (Vgl. Gorbman, Claudia: „Filmmusik. Text und Kontexte", übers. v. W. Bayer. In: Regina Schlagnitweit/Gottfried Schlemmer (Hg.): *Film und Musik*, Wien 2001, S. 13–27).

81 Zur Interaktion zwischen kulturellen, kinematografischen und musikalischen Codes im Film vgl. die Ausführungen von Gorbman: „First of all, music has its own purely *musical* signification, creating tension and resolution through highly coded structure and syntax. Pure musical codes are operative in films, but only in a limited fashion, for in order to signify, they oblige the listener to *listen* [...]. Music is subordinated to the narrative's demands. Music signifies in films not only according to pure musical codes, but also according to *cultural* musical codes and *cinematic* musical codes. Any music bears cultural associations and most if these associations have been further codified and explored by music industry. [...] As for cinematic codes: music is codified by the filmic context itself, and assumes meaning by virtue of its placement in the film. Beginning and end-title music, and musical themes, are major examples of this music-film interaction." (Gorbman, Claudia: *Unheard melodies. Narrative film music*, London 1987, S. 2f.).

hungszusammenhang mit anderen Funktionen gesetzt. Als musikalische Codes gelten gemeinhin das Metrum (das Tempo einer Tonkette), der Rhythmus, die Taktart, die Tonart, der Ambitus (Tonumfang eines Intervalls), das Tongeschlecht, die Tonhöhe, die Instrumentierung (und der Klang eines Instrumentes) und die Dynamik (Lautstärke). Das Verhältnis zwischen Bild(inhalt) und Musik gliedert sich in drei regelhafte Zusammenhänge: Erstens greift das Kriterium der Syntopie/Asyntopie. In diesem Zusammenhang sind diegetische und nichtdiegetische Musik zu differenzieren, wobei beide häufig auch ambidiegetisch ineinander übergehen.[82] Die zweite Korrelation von Bild und Musik betrifft ihr geordnetes Zusammenwirken auf syntagmatischer Ebene. In Bezug auf das erzählte Geschehen kann Musik mikrostrukturell gesehen prospektiv, simultan oder retrospektiv eingesetzt werden und dadurch sequenzielle Übergänge schaffen, ‚wichtige' (ereignishafte) Bildinhalte als solche markieren, Erinnerungsmotive oder proleptische Vorwegnahmen eingliedern sowie Spannung erzeugen. Konzentriert man sich auf die Funktionalität von Filmmusik und lässt die Möglichkeit ihres autonomen Einsatzes außer Acht,[83] so können mit der vorgeschlagenen Einteilung Aussagen darüber getroffen werden, in welcher zeitlichen Relation die Musik zum gezeigten Geschehen steht. Verbunden ist damit schließlich drittens ihr semantisches Verhältnis zum Bild, das in Kombination mit den beiden ersten Relationen auf die narratologische Verortung in vier filmmusikalischen Techniken zuläuft.

Bei der *mood*-Technik handelt es sich um eine ‚konstruktiv-affirmative' Interpretation des Bildgehaltes, die die ‚Stimmung' (nicht die ‚Atmosphäre'[84]) einer Szene auf tonaler Ebene vergegenwärtigt. Unterschieden werden müssen die Generierung (einer Stimmung allein durch die Musik) sowie die Untermalung (einer bereits durch das Bild indizierten Stimmung).[85] Letztere legt die Annahme einer Überschneidung mit der Bildillustration nahe. Während aber die Bildillustration auf eine Duplikation ‚äußerer' Bewegungen abzielt, liegt im zweiten Fall die Wiedergabe der ‚inneren' Stimmung oder Charakteristik einer Szene oder einer Figur vor. Die *mood*-Technik ist in zwei Hinsichten beachtenswert. Bezogen auf Untermalung oder Generierung einer Stimmung, bilden sich zwei Verbin-

---

82 Vgl. Gräf [u. a.]: *Filmsemiotik*, S. 260.
83 Mit Hilfe der Bezeichnungen Film-Musik und Filmmusik versucht Helga de la Motte-Haber den Unterschied zwischen autonomer (Film-Musik) und rein funktionaler Filmmusik terminologisch deutlich zu machen (La Motte-Haber, Helga de/Emons, Hans: *Filmmusik. Eine systematische Beschreibung*, München [u. a.] 1980). Vgl. Thiel, Wolfgang: *Filmmusik in Geschichte und Gegenwart*, Berlin 1981.
84 Die Atmosphäre oder der Atmo-Ton bezeichnet die auditive Umgebungsgestaltung.
85 Vgl. Bullerjahn: *Grundlagen der Wirkung von Filmmusik*, S. 83.

dungslinien zur Charakteristik einer literarischen nichtdiegetischen Erzählinstanz heraus. Üblicherweise zeichnet sich Letztere dadurch aus, im Zuge ihres welterzeugenden Erzählakts Wertemuster, Vorstellungen von Moral und Gerechtigkeit und ihr spezifisches Zeitempfinden in die Erzählung zu überführen. Das betrifft ihre Bewertungen, Kommentare und Urteile wie auch die Fähigkeit, das Geschehen zeitlich und räumlich zu situieren, und läuft folglich auf ihr Wissen hinaus. Das andere Charakteristikum bildet die Introspektion. Eine nichtdiegetische Erzählinstanz ist in den meisten Fällen dazu fähig, das Innenleben der Figuren wiederzugeben. Im Film kann ein übergeordnetes Wissen durch die *mood*-Technik zum Vorschein kommen und auditive ‚Einblicke' in die Gefühlswelt der Figuren stattfinden. Die Untermalung einer Stimmung, die bereits im Bild vorhanden ist, oder aber die Generierung einer Stimmung können in verschiedenen Varianten zutage treten. Einerseits ist ausschlaggebend, ob die eingesetzte Musik subjekt- oder objektbezogen erklingt. Bei einem Subjektbezug werden konventionelle Musikmuster eingesetzt, um Trauer, Angst oder Freude zu signalisieren.[86] Auch die Wiedergabe von Erinnerungen ist durch die *mood*-Technik möglich, indem etwa ein früheres musikalisches Thema aufgriffen wird. Ausschlaggebend ist die Kopplung von Musik an die visuelle Darstellung einer Figur. Objektbezogene Musik erklingt zumeist im Zuge einer filmischen Beschreibung (Kamerafahrten oder Schnittfolgen). Denkbar ist hier zweierlei: Ein neutraler Raum (wie in realistischen Filmen) kann mittels Musik semantisch aufgeladen und auf diese Weise zum Beispiel bedrohlich wirken (Generierung), oder aber bereits im visuellen Raum angelegte Stimmungssignale werden musikalisch unterstützt (Untermalung).

Die deskriptive Technik oder Bildillustration (*underscoring*) formiert eine auditive Duplikation des Bildinhalts. Prominent ist das *mickey mousing*, bei dem der Tonkanal visuelle Bewegungsabläufe widerspiegelt. Darüber hinaus zielt die Bildillustration auf ein deskriptives Moment ab, das die Illustration des allgemeinen Handlungskontexts und seiner Charakteristika beinhaltet (z. B. der Handlungsraum Schottland in Mel Gibsons BRAVEHEART [USA 1995]). Die Bildillustration erfüllt eine wichtige Aufgabe hinsichtlich der auditiven Darstellung von Figuren, Räumen, Situationen und Ereignissen. Oberflächlich besehen, stellt eine solche Musik die Verdopplung des gegenständlichen Bildinhaltes dar. Tatsächlich wird durch diese Verdopplung das Dargestellte über die visuelle Rezeption hinaus auch auditiv erfahrbar gemacht. Von anderen Möglichkeiten der akusti-

---

86 Diese kommen insbesondere dann deutlich zum Vorschein, wenn sie konterkariert werden (vgl. DER WIXXER [Tobi Baumann, D 2004]: 01:15:51–01:16:13).

schen Dimensionierung – die reine akustische Illusion und nichtdiegetische Geräuschzusätze[87] – unterscheidet sich das *underscoring* insofern, als hierbei die Musik als vermittelnde Funktion ein ‚Mehr' an Bedeutung generiert. In HIGH NOON untermalt die Musik auf den ersten Blick lediglich die Bewegung des Uhrenpendels. Darüber hinaus zeigt jedoch genau dies die aufkommende Spannung an, die die Situation des Wartens bis zwölf Uhr mittags freisetzt. Zusätzlich zur Bewegung wird – wie in JAWS (DER WEIßE HAI, Steven Spielberg, USA 1975) – der Agens des Geschehensmoments hervorgehoben und seine Bewegung charakterisiert.

Entscheidend für die Leitmotiv-Technik sind das makrostrukturelle Auftreten musikalischer Themen und Motive und die mittels Leitmotivik erfolgende Figurencharakterisierung sowie die Kennzeichnung von Figurenkonstellationen.[88] Mit Blick auf mehrere in einem Film erscheinende Leitmotive ist ein ‚Verweben' einzelner ‚Erkennungsmelodien'[89] im Diskurs denkbar. Die Leitmotiv-Technik vereinnahmt Merkmale der *mood*-Technik und des *underscoring*, ist filmglobal anzutreffen und repräsentiert diejenige Technik, mittels derer über Repetition und Variation von Themen und Motiven Entwicklungen innerhalb der Geschichte ebenfalls auf musikalischer Ebene verdeutlicht werden. Damit unterstreicht sie ihre Signifikanz für das Erzählen: Die musikalische Figuren-Motivik ist deshalb aufschlussreich, da durch sie Figuren und ihre Rollen in der Geschichte situiert und (innere) Figurenkonflikte erhellt wie auch Beziehungen zwischen Figuren bekräftigt werden.[90] Sie ist folglich vor allem als Mittel der

---

87 Im Kontext der Differenzierung zwischen abbildenden und vermittelnden Funktionen des Films ist der Einsatz nichtdiegetischer Geräusche durchaus beachtenswert. Gemeint sind diejenigen akustischen Zusätze, die nicht zwangsläufig die akustische Dimension der Diegese abbilden, sondern Figurenhandlungen an markanten Stellen hervorheben. Vgl. dazu neuvertonte Stummfilme wie etwa CITY LIGHTS (LICHTER DER GROSSSTADT, Charles Chaplin, USA 1931) oder die Tonfilm-Satire MODERN TIMES (MODERNE ZEITEN, Charles Chaplin, USA 1936).
88 Prominente Beispiele sind STAR WARS oder JAWS mit der Musik von John Williams. In JAWS verhält sich die simple Abfolge von kleinen Sekunden, die mit wechselnder Instrumentierung gespielt wird und aus dynamischen Steigerungen besteht, analog zum Herannahen des Hais. In der relativ tiefen Lage spiegelt die Tonfolge ebenfalls die Düsternis und die Unerbittlichkeit der unbändigen Natur wieder. In STAR WARS ist vor allem die musikalische Entwicklung der Figur Anakin Skywalker hin zu Darth Vader sowie die weitere (in den Episoden IV bis VI erzählte) Verstrickung des Liebespaares Han Solo und Leia bemerkenswert.
89 Vgl. Beil/Kühnel/Neuhaus: *Studienhandbuch Filmanalyse*, S. 161.
90 In JOHN CARPENTER'S HALLOWEEN (HALLOWEEN. DIE NACHT DES GRAUENS, John Carpenter, USA 1978) tauchen zwei wesentliche Themen auf. Dies ist zum einen das Micheal Myers-Motiv, welches aufgrund seiner Taktart (5/4-Takt), seines Tempos und seiner einfachen Sekundsequenzierung sowie mittels Synthesizer-Einsatzes (und kombiniertem Piano) als verlässliches Mittel zur Ankündigung der Figur Myers dient. Darüber hinaus

Figurendarstellung aufzufassen und kann davon ausgehend ebenfalls figural-motivierte Vorwegnahmen oder auch Erinnerungen („Erinnerungsmotiv'[91]) markieren, je nachdem welche musikalischen Codes zur Geltung kommen und in welcher semantischen und formalen Relation Musik zum Bild auftritt.

Im narratologischen Sinn deutet schließlich die Kontrapunktion am ehesten auf die Musik als *narrative voice* hin. Im Gegensatz zur *mood*-Technik handelt es bei der Kontrapunktion um eine ‚destruktive' Interpretation des Bildinhaltes. Deutlich wird bei ihr die Autonomie der Musik als vermittelte Funktion filmischen Erzählens, denn ob nun ein ironischer Effekt oder aber ein Moment der kritischen Distanzierung hergestellt wird, die Musik agiert hier als eine Art ‚narrative Stimme'. Das bedeutet, dass in entsprechenden Sequenzen semantische ‚Reibungen' zwischen Bild und Ton etabliert werden, die die audiovisuelle Botschaft in zwei opponierende, synchron geäußerte Aussagegehalte unterteilt. Strukturell tritt kontrapunktische Musik punktuell und vor allem in abgeschlossenen Formen auf. Häufig ist ihr Einsatz in Kriegsfilmen zu beobachten: Hierbei werden exponierte Stellen hervorgehoben, indem etwa ein Kriegsgeschehen mit Walzermusik unterlegt wird. Die semantische Diskrepanz zwischen Bild und Ton kennzeichnet nicht nur die Autonomie der Musik, sondern veranschaulicht zudem die Fähigkeit des Films, Inhalte kritisch zu vermitteln: Durch den direkten filmischen Kontext, in dem eine entsprechende Einstellungsfolge steht, insinuiert die Musik dem Zuschauer, die vermittelten Inhalte aus einer Distanz heraus zu betrachten. Somit erfüllt sie auf einem non-verbalen Weg die Leistung, die in der Literatur der narrativen Instanz zugeschrieben wird: die Kommentierung von Sachverhalten der fiktiven Welt entweder durch kritische Distanzierung, als sarkastischer Kommentar (BOWLING FOR COLUMBINE [Michael Moore, CDN/USA/D 2002]) oder ironisch gestalteten Erinnerungsvorgang (지구를 지켜라! [SAVE THE GREEN PLANET!, Jang Jun-Hwan, KR 2003]).

---

vermittelt es Spannung: Es bleibt strukturell einfach und unabgeschlossen. Die ständigen Wiederholungen erzeugen Unruhe. Das andere Thema ist noch interessanter, da es auf die semantische Opposition Mann—Frau hindeutet. Ganz offensichtlich resultiert die Geisteskrankheit des mordenden Myers aus einem sexuellen Trauma, welches er in seiner Kindheit erlitt. Das zweite Thema signalisiert somit die Behandlung des Grundthemas des Films, die Konfrontation nämlich von Sexualität und Mord, von Leben und Tod, von Liebe und Hass.

91 Vgl. Gräf [u. a.]: *Filmsemiotik*, S. 263. Man kann das Erinnerungsmotiv innerhalb eines narratologischen Bezugsrahmens in zwei Weisen auffassen: Zum einen indiziert es eine figurale Erinnerung, die ergänzend zum Bildinhalt anzeigt, dass das mit diesem Motiv Verbundene memoriert wird. Zum anderen ist unabhängig von einer figuralen Perspektivierung ebenso die Markierung einer Präsenz des jeweiligen außermusikalischen Verknüpften im Diskurs denkbar.

3.3.2.4. Voice-over narrator

Der *voice-over narrator* ist eine nicht zu vernachlässigende Größe im Zusammenspiel der vermittelnden Funktionen im narrativen Film. Er ist ebenso wie die Musik ein fakultatives Element filmischen Erzählens und tritt im Zuge der narrativen Vermittlung in ein enges Beziehungsverhältnis zum Bild. Der Begriff setzt sich aus zwei terminologischen Zusätzen unterschiedlicher Kategorien zusammen: Zum einen meint *voice-over* den filmmedialen Gebrauch von natürlicher Sprache in einer bestimmten formalen Relation zum Bildinhalt. Zum anderen referiert der Begriff *narrator* auf die Verwendung dieses Tons als tatsächliche ‚Stimme‘ eines Erzählers im Film.[92] Aus dieser ersten Bestimmung des Phänomens folgert Sarah Kozloff:

> ‚[V]oice-over narration‘ can be formally defined as ‚oral statements‘, conveying any portion of a narrative, spoken by an unseen speaker situated in a space and time other than that simultaneously being presented by images on the screen.[93]

Die Stimme im *over* ist ein syntoper Ton, wenn es sich um einen Figurenerzähler handelt, der also eindeutig der Diegese angehört und im Bild auftreten kann oder körperlich abwesend bleibt. Ein asyntoper Ton kann der nichtdiegetischen Erzählinstanz zugeordnet werden, die aufgrund ihres (verbalen) Auftretens eine weitere Erzählebene integriert. Chatman klassifiziert den *sound-over* als grundsätzlich asynchronen Ton.[94] Allerdings können auch hier Fälle eines asychronen Tons von solchen eines synchronen Tons unterschieden werden. Nimmt die Erzählinstanz eine Stellung zum sich aktuell vollziehenden Geschehen im Bild ein, kommentiert oder verurteilt sie es, so lässt sich im übertragenen Sinn von einem synchronen Ton sprechen. Legt sie hingegen keinen besonderen Wert auf das Geschehen, sondern erläutert Zukünftiges, Vergangenes oder äußert bild-

---

92 Drei Wesensmerkmale der in den Film übertragenen menschlichen Stimme sind entscheidend: *Loudness*, *pitch* und *timbre*. Weiterhin sind Intonation, Sprachgestus, Akzentuierung, Pausen, Tempo und das Geschlecht des Sprechers wichtig zur Bestimmung der Medialität der Stimme. Zur Formenvielfalt der ‚Erzähler-Stimme‘ vgl. Grimm, Petra: *Filmnarratologie. Eine Einführung in die Praxis der Interpretation am Beispiel des Werbespots*, München 1996, S. 63–108; Altman, Rick (Hg.): *Sound theory and soundpractice*, New York 1992, S. 15; Sonnenschein, David: *Sound design. The expressive power of music, voice, and sound effects in cinema*, Saline, Michigan 2001, S. 6. In Anlehnung an Genettes Terminologie verfährt Châteauvert, Jean: *Des mots à l'image. La voix over au cinéma*, Québec/Paris 1996.
93 Kozloff, Sarah: *Invisible storytellers. Voice-over narration in American fiction film*, Berkeley [u. a.] 1988, S. 5.
94 Vgl. Chatman, Seymour: „New directions in voice-narrated cinema". In: Herman: *Narratologies*, S. 315–339; hier S. 319.

unabhängige Überlegungen, ist der Ton vielmehr als asynchroner aufzufassen.

Für eine Systematik des Erzählens im Film ist der Begriff des *voice-over narrators* aus zwei Gründen hilfreich: Zum einen kann mit ihm auf anschauliche Weise die These belegt werden, dass der Film narrative Inhalte tatsächlich vermittelt. Des Weiteren liefert er wichtige Hinweise in Bezug auf die Art und Weise, *wie* der Film erzählt, nämlich in Form einer Komponentenvielfalt, wie sie hier, als vermittelnde Funktionen bezeichnet, aufgelistet und abgehandelt worden sind. Er erfüllt Gestaltungsfunktionen und übernimmt narrative Aufgaben, die dem sonstigen medialen Apparat des Films versagt bleiben oder aber schwer darstellbar sind. Ein Beleg dafür ist die diegetische Erzählinstanz, die rückblickend ihre Erlebnisse in der Vergangenheit schildert. Die Subjektivität und die möglichen Spannungen zwischen erlebendem und erzählendem Ich sind narrative Besonderheiten, die mittels syntopem *voice-over narrator* realisiert werden können. Hinzu treten Möglichkeiten der Sprache, die es der narrativen Instanz erlauben, das Erzählte zu reflektieren und zu bewerten, es argumentativ zu unterfüttern und über einen anderen Ausgang der Ereignisse zu spekulieren.[95] Besonderheiten, die auch Chatman anführt, bestehen darin, einen Ich-Erzähler vorzustellen, der nicht an den geschilderten Ereignissen teilgenommen hat, sondern sie lediglich wiedergibt oder in sie einführt. In THE ROCKY HORROR PICTURE SHOW (Jim Sharman, USA 1975) leitet ein offensichtlich auf einer ersten Erzählebene befindlicher Figurenerzähler über zur eigentlichen Erzählung um Frank N. Furster auf einer zweiten Ebene.[96] Dagegen meint man in CHARLIE AND THE CHOCOLATE FACTORY (CHARLIE UND DIE SCHOKOLADENFABRIK, Tim Burton USA/UK 2005) die längste Zeit über, die Stimme einer nichtdiegetischen Erzählinstanz zu hören, bis sich am Ende herausstellt, dass es eine Figur war, die den Glücksfall der Figur Charlie wiedergegeben hat. Einen ähnlichen humoristischen Effekt hat es in SHREK II, als zu Beginn eine Figur ihre eigene (maßlos übertriebene) Selbstcharakterisierung vornimmt.[97] Seltener erscheint hingegen der nicht-diegetische *voice-over narrator*. Gleichwohl er sich kategorial von der literarisch-fiktiven Erzählinstanz unterscheidet, besteht sein funktionaler Gehalt ebenso wie der des Figurenerzählers darin, eine sprachliche Kommunikationssituation zum Rezipienten herzu-

---

95 Beispiele hierfür sind DER NAME DER ROSE (Jean-Jacques Annaud, D/F/I 1986), AMADEUS (Milos Forman, USA 1984), DIE BLECHTROMMEL (Volker Schlöndorff, D/PL/F/YU 1979), FIGHT CLUB u.v.m.
96 Ähnliches beobachtet man zu Beginn von ED WOOD (Tim Burton, USA 1994).
97 Vgl. SHREK II (SHREK II – DER TOLLKÜHNE HELD KEHRT ZURÜCK, Andrew Adamson u. a., USA 2004): 00:01:20–00:02:10.

stellen und Sachverhalte des Figureninneren zu erläutern, so etwa die psychische Verfassung und emotionale Lage der Figuren (vgl. LE FABULEUX DESTIN D'AMÉLIE POULAIN). Ein *voice-over narrator* vermag Dinge wiederzugeben, die über den Bildgehalt hinausgehen, ohne dass diese Informationen im Bild (und durch andere Toneinheiten) vermittelt werden müssten. Entsprechend reichert er gleichermaßen Darstellungsebene und Vermittlungsebene an. Mit Blick auf die Darstellungsebene ist der Fall offensichtlich: Neben Bild, Geräuschen und Musik stellt die Stimme Inhalte der Erzählung medial dar. Auf der Vermittlungsebene operiert er mit Verfahren, die den Erzählakt medial ergänzen und den Gehalt der Narration sättigen.[98]

Auch das Mittel des *voice-over narrator* kann folglich nicht als alleinige Erzählinstanz gelten, sondern verkörpert eine fakultative vermittelnde Funktion. Im Gegensatz zu Kamera und Montage ist er im Rahmen der narrativen Vermittlung nicht zwangsläufig präsent, gleichwohl seine Verwendung durchaus Einfluss auf die Bildstrukturierung ausübt. Ihm kommt jedoch nicht dieselbe Stellung zu wie der literarischen Erzählinstanz, die die die Diegese in ihrer gesamten Dimension erzeugt. Die Stimme des *voice-over narrator* liefert vielmehr nur einen Teil der diegetischen Informationen. An Filmen wie AMADEUS lässt sich dementsprechend zeigen, dass überzeugende Argumente hinsichtlich des Erzählerwissens und bestimmter Verfahrensweisen der Perspektivierung vorliegen, die gegen die Hypothese des *voice-over narrator* als singulären Filmerzähler sprechen und bestenfalls auf das Prädikat eines sekundären Erzählers schließen lassen.[99]

---

[98] In diesem Zusammenhang muss der Begriff des *invoking narrator* genannt werden, wie ihn David Allen Black geprägt hat. Es handelt sich dabei um einen *voice-over narrator*, der das Bild narrativ dominiert beziehungsweise das Bild seine Äußerungen begleitet (vgl. ders.: „Genette and film. Narrative level in fiction cinema". In: *Wide angle* 8 (1986), S. 19–26). Kritisch zum Konzept des *invoking narrators* und in Bezug auf die Unzuverlässigkeit im Film vgl. Helbig, Jörg: „Erzählerische Unzuverlässigkeit und Ambivalenz in filmischen Rückblenden. Baustein für eine Systematik unzuverlässiger Erzählweisen im Film". In: *Anglistik* 16/1 (2005), S. 67–80.

[99] Vgl. Brössel, Stephan: „Der komponierte Erzähler im Film. Möglichkeiten und Grenzen eines transmedialen Erzähler-Konzeptes am Beispiel von Formans ‚Amadeus'". In: Matthias Lorenz (Hg.): *Film im Literaturunterricht. Von der Frühgeschichte des Kinos bis zum Symmedium Computer*, Freiburg 2010, S. 53–77.

4. Literarische Formen filmischen Erzählens: Eine Typologie

Aufgrund historischer Entwicklungen, die noch zu behandeln sein werden, sind literarisches und filmisches Erzählen in einem engen Beziehungsverhältnis zu sehen. Dieses Verhältnis initiierte die Ausbildung narrativer Formen durch die Literatur, die als Modi filmischen Erzählens gedeutet werden können und der Applikation filmischer Medialisierungsverfahren sowie der literarischen Realisierung filmspezifischer Erzähloperationen entsprechen. Die systematische Erfassung solcher Formen erfolgt in einer Typologie des filmischen Erzählens in der Literatur, welche sich grob in zwei Großbereiche unterteilen lässt:

Der *offene Typus*: Literarisches Erzählen erscheint mit stark-explizitem Filmbezug in thematisierter und realisierter Form und mit textkonstitutiver Referenz. Die Ausformung des Filmischen lässt sich an der Erzählinstanz, der Perspektivierung, dem Ereignis, dem Raum, der Figur und der Zeit ablesen und wird in die Unterbereiche *Typus der expliziten filmischen Welt*, *Typus der expliziten filmischen Form* und *Typus der inhaltlichen und formalen Explizitheit* aufgefächert.

Der *verdeckte Typus*: Literarische Erzählformen erscheinen mit schwach explizitem oder implizitem Filmbezug in realisierter Umsetzungsform und mit textkonstitutiver Referenz oder aber an exponierten Stellen im Text. Diese recht breite Bestimmung erfordert es, diejenigen Pole zu benennen, zwischen denen sich eine Musterskala anordnet. Der erste Pol des verdeckten Typus umfasst schwach explizite oder implizite Textbezüge, welche thematisiert und realisiert sowie notwendigerweise textkonstitutiv hervortreten. Hierbei ist die offensichtliche Gestaltung einer einzelnen narrativen Komponente ausreichend, denkbar ist jedoch auch der Nexus mehrerer Komponenten in filmischer Ausprägung. Der zweite Pol formiert sich aus textkonstitutiven Elementen oder – im Fall von filmischen Texten aus präfilmischer Zeit – aus singulären Realisierungseinheiten an exponierten Stellen im Text. Allerdings sind diese schwerlich dem Medium Film zuzuordnen, da sie vielmehr die Grundkonstituenten der Visualität, der Bewegung und der Auditivität im Text darstellen und somit bestenfalls ‚implizite' Bezüge genannt werden können. Auf inhaltlicher und formaler Ebene kommen in diesen Fällen auffallend häufig sensorische Aspekte zum Tragen.

Einen Sonderfall – der sicherlich den größten Anteil der auf den ersten Blick in Frage kommenden literarischen Texte umschließt – stellt diejenige Erzählliteratur dar, in der der Film durch die Erzählinstanz oder die Figuren thematisiert wird, worin er aber keine handlungsrelevante Dimension einnimmt oder gar auf den Akt des Erzählens einwirkt. Diese Erscheinungsform ist im engeren Sinn nicht als filmisches Erzählen zu bezeichnen: Es sind all diejenigen expliziten oder impliziten Bezüge auf das Medium Film aus der Systematik filmischen Erzählens auszuklammern, die nicht textkonstitutiv sind. Folglich sind alle Einzelfälle hinsichtlich einer Indikation auf weitere, tragfähigere Bezüge zu überprüfen.

4.1. Zum Problem präfilmischen Erzählens

Wenn jedoch das Auftreten textkonstitutiver Bezüge als elementares Kriterium gesetzt ist, müssten diejenigen ‚filmischen' Textformen als problematisch gelten, die *vor* Erfindung des Films auftreten, da sie nicht textkonstitutiv sind und nicht textglobal auftreten. Wie ließe sich die Behandlung dieser Texte im Umfeld einer Systematik filmischen Erzählens aber dennoch rechtfertigen? In einigen Texten des 19. Jahrhunderts fallen Passagen ins Auge, die mehr oder minder deutlich Visualität, Bewegung oder Auditivität geltend machen. In diesem Zusammenhang ist eine Reihe von Beispielen, angefangen bei Scotts *Ivanhoe*, über Dickens' *Oliver Twist* und Flauberts *Madame Bovary*, bis hin zu Texten der deutschen Realisten zu nennen. Das Gros der realistischen Erzählliteratur zeichnet sich allerdings durch ein nur partiell ausgebildetes filmisches Erzählen aus. Der Einbezug dieser Texte ist hauptsächlich von historischer Seite aus zu begründen, gleichwohl ebenfalls ein systematisches Kriterium ausschlaggebend ist. Letzteres fußt auf der wichtigen Feststellung, dass die heutige Erzählliteratur, die filmisch genannt werden kann, Verfahren aufweist, die im (europäischen) Realismus ausgebildet worden sind. Maßgeblich ist etwa die nichtdiegetische Erzählinstanz, die offensichtlich wie eine diegetische agiert oder aber der Roman des sogenannten *short cuts*. Stärker noch fällt indessen der historische Grund ins Gewicht, der auch hier nicht unterschlagen werden darf. Das literarische Erzählen setzt diejenige Entwicklung in Gang, welche die heutige Filmgeschichtsschreibung als Narrativisierung des Films bezeichnet (Kap. 6.1.). Es bereitet nicht nur den Nährboden für später auftretende literarische Formen filmischen Erzählens, sondern zunächst auch für die Ausformung des Erzählens im Medium Film. Auch ist dem Umstand Rechnung zu tragen, dass die realistische Literatur zwar nicht auf den Film, dafür aber auf andere Bildmedien, Dispositive und Techniken verweisen kann. Beispielsweise Raabes *Die Chronik der Sperlingsgasse* oder Stifters *Der Kondor* enthalten explizite Verweise auf die Laterna Magica. Zwar wird eine wissenschaftlich forcierte Linearität von Entwicklungen in der historiografischen Erfassung berechtigterweise kritisch beäugt,[1] es ist aber im Einzelfall nicht zu bestreiten, dass den im realistischen Erzählen aufgegriffenen Techniken durchaus ein antizipatorischer Charakter zugesprochen werden kann. Aus diesen Gründen soll ebenfalls das Filmische Erzählen des 19. Jahrhunderts – sofern es im einzelnen Text exponiert in Erscheinung tritt – Eingang in die Systematik filmischen Erzählens in der Literatur finden.

4.2. Der offene Typus

Der offene Typus filmischen Erzählens vereinigt drei verschiedene Varianten. Zum ersten sind literarische Erzähltexte zu nennen, in denen die Auseinandersetzung mit dem Film die Dimension der erzählten Welt beeinflusst, somit also Schauplätze und Handlungen genretypisch präsentiert werden, Figuren sich mit dem Medium Film beschäftigen oder aber diese Auseinandersetzung handlungsmotivierend ist. Zum zweiten können Texte angeführt werden, die formal filmisch erzählt sind, ohne dass der Film auf der Inhaltsebene eine bemerkenswerte Rolle spielt. Diese formale Gestaltung betrifft die Ebene des Erzählakts und die Ebene des Mediums. Drittens schließlich stechen solche Erzähltexte hervor, in denen sowohl Inhaltsebene und Formebene filmisch gestaltet sind.

4.2.1. Typus der expliziten filmischen Welt

In der großen Menge literarischer Texte, die ihrem realistischen Impetus folgend die zeitgenössische Welt darstellen und den Film als einen Teil dieser Welt präsentieren, sind diejenigen Erzähltexte besonders bemerkenswert, in denen dem Film eine katalysatorische Rolle zukommt, sein Einfluss jedoch auf die Figurenhandlung und das diegetische Universum der Geschichte beschränkt bleibt. Das bedeutet in letzter Konsequenz, dass der Akzentuierung des Filmischen auf inhaltlicher Ebene eine dezidiert *literarische Formebene* gegenübergestellt wird.

---

1 Vgl. Elsaesser, Thomas: *Filmgeschichte und frühes Kino. Archäologie eines Medienwandels*, München 2002, S. 20f.

4.2. Der offene Typus

Zwei Ausprägungen lassen sich in diesem Feld bestimmen, gleichwohl sie ebenso in Kombination auftreten können. Zum einen existieren Texte wie Arnolt Bronnens *Film und Leben Barbara La Marr* und Arnold Höllriegels *Du sollst dir kein Bildnis machen*. In ihnen symbolisiert der Film eine wirtschaftliche Macht, die die Handlung der Figuren beeinflusst und katalysatorisch auf den Fortgang der Geschichte einwirkt.[2] Ähnliches lässt sich in Irmgard Keuns *Das kunstseidene Mädchen* beobachten, mit dem wesentlichen Unterschied jedoch, dass sich das Filmische in diesem Fall ebenfalls im Erzählakt niederschlägt. Höllriegels und Bronnens Romane verbindet die Schilderung des Werdegangs weiblicher Figuren zu Filmstars mit Ruhm und Reichtum in Hollywood wie auch die Interrelation zwischen Person und filmischem ‚Abbild'. Die Wege beider sind unterschiedlich gezeichnet, was vor allem durch die vorgegebene Figurenkonstellation zu begründen ist. Bei Bronnen erkämpft sich ein Mädchen namens Reatha Watson eine Karriere im Filmgeschäft der 1910er Jahre und nimmt dabei den Künstlernamen Barbara La Marr an. In *Du sollst dir kein Bildnis machen* ist es die Frau des Literaten Paul Pauer, Claire – späterhin Claire Power genannt –, die in Hollywood zu Ruhm gelangt, während sich ihr Mann nach Erfolglosigkeit wieder zurück nach Europa begibt. Beide Frauen gehen im Verlauf der Handlung ‚in Bilder ein'.

Die Erkenntnis, dass ihre einstigen Fürsprecher verschiedene Fotografien bei sich tragen – keine jedoch von ihr –, leitet Barbara La Marrs Sterben ein:

> Noch hatte Barbara nicht ganz gefaßt, was ihr widerfuhr; „ihr habt doch alle mein Bild", sagte sie, etwas stockend, und griff in die Tasche des nächsten. Sie standen alle schweigend, schlechten Gewissens, aber langsam wurden sie finsterer. Suchend, suchend, griff sie an ihre Herzen, an ihre Brüste. Wo war ihr Bild, Dutzende Bilder fand sie, Bilder der Swanson, der Gish, der Vidor, der Pickford, der Compson, Dean, Dana, Daniels, Corinne Griffith, viele, alle, nur ihr Bild nicht. [...]
>
> Ihr Leben aber ging nicht weiter. Bewußtlos schritt sie an Al Greens Arm dahin. Er meinte, sie wollte ins Studio, und sprach beruhigende, scherzhafte Worte, die sie nicht mehr hörte. Ihre Füße strebten blind, taumelnd, um ihn herum zum Auto zurück. Noch ging er mit ihr, es waren mehr als vierzig Schritte, dann hob er sie, dann trug er sie. Als er sie keuchend zum Wagen geschleppt hatte, war sie bereits gänzlich verfallen.[3]

Claire Powers ‚filmische Assimilation' wird noch ausführlich mit Blick auf ‚Wirklichkeitskollisionen' in literarischen Texten erläutert (Kap. 6.5.3.).

---

2 Ähnlich verfahren Edmund Edels *Das Glashaus* (1917), Walter Frensdorffs *Kinostern* (1917), Ludwig Hamburgers *Durch den Film. Sozialer Künstlerroman* (1914) und Balder Oldens *Schatten* (1914).

3 Bronnen, Arnolt: *Film und Leben Barbara La Marr*, Berlin 1957, S. 309f.

Die Entwicklung seiner Figur löst Höllriegel in zwei Richtungen auf. Eine erste Auswirkung betrifft Claire selbst: Als Mensch verschwindet sie (aus der Sicht ihres Mannes) zunehmend ‚im Bild'[4], bis von ihr nur noch ein „Schattenriß"[5] auszumachen ist. Zweitens folgt als Konsequenz für Paul und seinen Künstler-Freund Christian Kreshna die Dämonie Hollywoods, welches entsprechend an einer Stelle als das „Jerusalem des Antichristen"[6] bezeichnet wird. Die Trennung von seiner Frau nimmt Paul konsterniert hin, indem er den Verlust einem anderen Freund (Matelian) gegenüber anerkennt:

> Matelian ist ganz umdüstert. „Pauer", sagt er auf einmal heftig, „alsdann, du willst das wirklich tun? Du fährst fort? Du läßt die kleine Frau allein?"
>
> Paul Pauers Augen suchen die Stelle, an der jetzt die großen Flammenzeichen den Namen Claires verkünden. „Ich lasse sie nicht zurück", sagt er betrübt. „Sie ist nicht mehr da. Nicht die Claire, die ich – –."
>
> Er verstummt.
>
> Er streckt die Arme aus, ein neuer Orpheus nach einer neuen Eurydike. Ach, er weiß, daß Eurydike nicht mehr da ist, nur noch ein Schatten. Den Schatten läßt er, todtraurig, im Reiche der Schatten.[7]

Neben dieser filmischen Einflussnahme auf die Figuren besteht eine weitere Ausprägung in der (film-)genrespezifischen Konstruktion der erzählten Welt. Intermedialitätstheoretisch kann hier von einer teilaktualisierenden Systemkontamination gesprochen werden. Allerdings weist die Realisierung von Genrespezifika auch auf die Problematik des Genre-Begriffs hin. Denn einerseits wird davon ausgegangen, dass der Film eigene semantische und syntaktische Genremuster generiert, andererseits werden diese jedoch gemeinhin in einem transmedialen Sinn aufgefasst. Hilfreich kann dabei der Begriff des *Klischees* sein:[8] Indem die Erzählliteratur (semantische und syntaktische) Klischees bestimmter Filmgenres reproduziert, Stereotypen eines Genres also, werden die jeweiligen Bestandteile der Diegese explizit markiert. Diese Bestandteile werden aber – und hierin unterschei-

---

4   Vgl. Höllriegel, Arnold: *Du sollst dir kein Bildnis machen. Ein Roman aus Hollywood*, München 1929, S. 179, 183, 223f.
5   Ebd., S. 351.
6   Ebd., S. 360.
7   Ebd., S. 362.
8   Das Klischee oder besser „klischeehafte Reproduktionsvorgänge [können als] Erfüllung von grundsätzlich in sprachlichen, sozialen oder kulturellen Strukturzusammenhängen angelegten Möglichkeiten gelten", die unter „einer bestimmten Perspektive betrachtet" werden, „aus der sich dann [eine] negative Einschätzung des Klischees ergibt". Das Klischee ist folglich als ein „Rekurrenzphänomen" und zudem aufgrund seines tradierten Auftretens als ein „Beharrungsphänomen" zu begreifen (Kunow, Rüdiger: *Das Klischee. Reproduzierte Wirklichkeiten in der englischen und amerikanischen Literatur*, München 1994, S. 81–88).

det sich der offene vom verdeckten Typus – in einen Rahmen eingebettet, der bereits auf das Medium Film hindeutet. In dieser Hinsicht sind sie leicht als solche erkennbar. Höllriegels *Die Films der Prinzessin Fantoche* stellt ein entsprechendes Beispiel dar und kombiniert Mittel des Attraktionskinos mit narrativen Verfahren eines ‚Quasi'-Kriminalromans. Etabliert werden zwei Wirklichkeitskonzepte – ‚Realität' und ‚Film' – und, damit korreliert, zwei Wirklichkeitssphären.[9] Die Grenze zwischen beiden ‚Räumen' wird über das Figurenwissen installiert; folglich existiert eine Figurengruppe, die ein Wissensdefizit bezüglich des Konzepts ‚Film' aufweist (vor allem die Figuren, die der Polizeibehörde angehören), und eine, die beide Konzepte wissentlich zu durchdringen vermag (Prinzessin Fantoche). Konflikte des Figurenensembles resultieren aus dieser Grenzziehung und führen zum Scheitern oder Triumph, je nachdem, ob beide Konzepte akzeptiert und durchdrungen werden oder nicht. Genrebezüge zum zeitgenössischen Sensationsfilm, aber ebenso zum Detektiv- und Liebesfilm, liegen demnach bereits aufgrund der Konzeption des Textes nahe. Realisiert sind aber vor allem Referenzen zum Attraktionskino in Form von spektakulären und komischen Szenen, wie etwa die Verfolgungsjagd im sechsten Kapitel belegt.

„Testaccia, Testaccia, [...] lieber Freund, mir schwant etwas! Sehen Sie das Motorboot, das sich die ganze Zeit so nahe an der Küste hält? Ich vermute, in dem Boot sitzt jemand und nimmt uns kinematographisch auf, uns mitsamt dem Aeroplan. Das alles ist kein Zufall, sondern der raffinierteste Film der Prinzessin Fantoche. Ich weiß auch, wie es heißen wird: ‚Moritz fährt Auto'. Jetzt fehlt nur noch, daß wir dieses Baugerüst umrennen – –"

Ein scharfer Knall, ein Knall von explodierenden Gummireifen, ein unsägliches Chaos folgten diesen Worten des Ministers. Das Baugerüst, von dem er gesprochen hatte, gehörte zum Neubau eines bescheidenen Bauernhauses und stand links am Bergrande der Straße. [...] Der Chauffeur des Autos hatte ausgezeichnet gesteuert und sich wohl gehütet, in das Gerüst hineinzufahren. Und doch war das Unglaubliche geschehen: das oberste Brett des Gerüsts war umgekippt und ein großer Bottich voll Mörtel hatte sich auf die Insassen ergossen. Zu gleicher Zeit aber waren die Gummiräder aller vier Räder geplatzt. Der Minister, Testaccia, der Chauffeur troffen von Mörtel. Sie sahen kaum mehr aus wie Menschen. [...]

Unterdessen hatte sich [...] der Polizeipräfekt gesammelt. Er riß das Gewehr an sich und sprang in die Mitte der Straße. Kaum zehn Meter über ihm schwebte der Aeroplan. Man erkannte mit vollster Genauigkeit das hübsche, markante Gesicht der Prinzessin Fantoche, das eine lederne Fliegermütze kokett umrahmte. Neben ihr saß der Operateur und kurbelte an seinem Apparat.

---

9   Auf diese Problematik gehe ich an anderer Stelle ausführlicher ein. Vgl. Brössel, Stephan: „Wirklichkeitsbrüche. Theorie und Analyse mit Blick auf Texte der Frühe Moderne und Postmoderne". In: *Studia Germanica Posnaniensia* 34 (2013) (im Druck).

Der Commendatore legte an und gab zwei Schüsse ab. Dann wandte er sich um und schoß nochmals auf das verdächtige Motorboot, das sich dem Ufer stark genähert hatte. Auch in diesem Boot erkannte man einem [sic!] Mann. Er trug die entstellende Brille der Motorführer und kurbelte fleißig an einem kleinen Kinematographen.

Von den Schüssen des Präfekten hatte einer den Aeroplan getroffen und eine Flugfläche zerfetzt. Der Apparat schwankte ein wenig, konnte sich aber halten und über den Küstenrand hinausschweben. Sobald der Aeroplan das Meer erreicht hatte, traf ihn ein weiterer Schuß des Präfekten und nun stürzte der Aeroplan wie ein Vogel, den der Jäger verwundet hat, in die Fluten.[10]

In anderen Texten tritt der Genrebezug auch unspezifisch zutage, oder aber es werden gänzlich verschiedene Genres eingearbeitet. Zu beobachten ist dies in Jean Echenoz' *Les grandes blondes* und *Cherokee* oder in Anthony McCartens *Death of a superhero*. Allerdings wird in diesen Texten ebenfalls die Ebene des Erzählens einbezogen. Daher lassen sie sich besser dem Typus der inhaltlichen und formalen Explizitheit zuordnen.

Offen bleibt indessen die Frage nach der ausgeprägten Literarizität der Formebene, die ausschlaggebend für die Benennung dieses ersten Typus ist: Warum lassen sich filmische Stilmittel nicht auch im Erzählakt wiederfinden? Prägnant ist zunächst die Präsenz der nichtdiegetischen Erzählinstanz. *Die Films der Prinzessin Fantoche* beginnt mit einem seitenlangen Zeitungsartikel, den die narrative Instanz folgendermaßen kommentiert: „Der aufmerksame Leser hat ohne Zweifel bemerkt, daß vor und nach dem ersten Kapitel dieser Geschichte je ein Paar geheimnisvoller Anführungszeichen Wache stand."[11] Sie belegt die Quelle des Textzitats, indem sie das „Morgenblatt des ‚Caffaro' vom 2. April" nennt. Vor allem die Leseranrede gleich zu Beginn verweist auf die Mimesis einer Kommunikationssituation, die den dezidiert literarischen Charakter des Textes unterstreicht. Zudem fährt die Erzählinstanz fort, indem sie einen Gedankenbericht des Polizeipräfekten Testaccia wiedergibt und damit ein Spezifikum literarischen Erzählens vor Augen führt: die Interferenz von Figuren- und Erzählerrede. Hinzu tritt, wie *Du sollst dir kein Bildnis machen* demonstriert, die klare Abgrenzung vom Film, sei es durch Äußerungen der Figuren oder durch Kommentare der Erzählinstanz. Auf der einen Seite ist ein solches Vorgehen zwar Indiz für eine explizite Markierung, andererseits wird der Film aber negativ besetzt und somit die Dichotomie Film–Literatur aufgestellt. Als Beleg dient die Äußerung eines Filmschauspielers (!): „Wenn die ersten hundert Meter von einem Film vorbei sind, weiß doch jeder, wie das Ende ist: glücklich natürlich. Zum Kotzen, Dok-

---

10 Höllriegel, Arnold: *Die Films der Prinzessin Fantoche*, Berlin 2003, S. 98ff.
11 Ebd., S. 23.

tor!"[12] Sichtbar wird die Gegenüberstellung der beiden Medien ebenso in der Geschichte selbst: Es ist nicht zufällig ein *Literat*, der in Hollywood scheitert. Er möchte den Film reformieren, indem er selbstreflexive Filmskripts anfertigt; er trifft dabei jedoch wiederholt auf den Widerwillen der Produzenten und zieht sich schließlich resigniert zurück.

Verständlich wird dieser erste explizite Texttypus insbesondere im Kontext der Frühen Moderne. Vor allem der Autor Höllriegel kann als Filmbegeisterter angesehen werden: er zielt mit seinen Romanen in das Zentrum der Kino-Debatte und beschäftigt sich mit der Frage nach der ästhetischen Relevanz des Films. So groß die Begeisterung für das neue Medium dann aber auch gewesen sein mag, die Romane der Moderne thematisieren offensichtlich einen medienästhetischen Konkurrenzkampf und tendieren entgegen allen modernistischen Bezugnahmen letztlich zu einer ästhetisch reaktionären Position.

4.2.2. Typus der expliziten filmischen Form

In diversen Texten spielt der Film inhaltlich keine oder aber keine wesentliche Rolle. Dagegen werden von der Erzählinstanz im Akt des Erzählens wiederholt explizite Filmreferenzen hergestellt. Ein illustratives Beispiel liefert Walter Hasenclever mit *Die Hochzeitsnacht*, worin der filmische Charakter des Erzählvorgangs und der medialen Gestaltung explizit in Erscheinung tritt. Ein ebenfalls anschaulicher Fall liegt mit Wilhelm Raabes Roman *Die Chronik der Sperlingsgasse* vor, der nicht den Film, sondern film-*antizipierende* Dispositive und Verfahren einbindet. Für die Beschäftigung mit dem Typus der expliziten filmischen Form kommen vor allem den narratologischen Kategorien der Erzählinstanz, der Perspektive und der Zeit Bedeutung zu.

Raabes Text realisiert die Gegenüberstellung von Textualität und Visualität, der ‚schweifende Blick' (Kap. 5.2.) wird vom ‚Raum' in die ‚Zeit' verlegt und dadurch ein Diskurs eröffnet, der die schriftliche Verarbeitung von visuell memorierten Ereignissen behandelt. Es liegt filmisches Erzählen vor, obgleich ein Bezug zum Film aufgrund der Entstehungszeit von Raabes Erstlingswerk im Jahr 1856 undenkbar ist. Zur Geltung kommt hingegen die Referenz zur filmantizipierenden Laterna Magica. Diese wird von der Erzählinstanz genannt, um den Effekt der flüchtigen (Erinnerungs-)Bilder zu veranschaulichen. Die Nennung dient jedoch auch als

---

12   Höllriegel: *Du sollst dir kein Bildnis machen*, S. 201f.

Indikator für die Realisierung narrativer ‚Übergänge' zwischen Erzählgegenwart und erinnerter Vergangenheit.

> Das verschlingt sich, um sich zu lösen; das verdichtet sich, um zu verwehen; das leuchtet auf, um zu verfliegen, und jeder nächste Augenblick bringt etwas anderes. [...]
>
> Nur das Konkreteste vermag ich dann und wann festzuhalten, und diesmal sind es Bilder aus meinem eigenen Leben, welche ich hier dem Papier anvertraue.
>
> Was ist das für eine kleine Stadt zwischen den grünen, buchenbewachsenen Bergen? Die roten Dächer schimmern in der Abendsonne; da und dort lauben die Kornfelder an den Berghalden hinauf; aus einem Tal kommt rauschend und plätschernd ein klarer Bach, der mitten durch die Stadt hüpft, einen kleinen Teich bildet, andern Tal verschwindet. [...]
>
> Das ist Ulfelden, die Stadt meiner Kindheit [...]!
>
> Und nun schau, dort oben in dem Garten, der sich von jenem zerbröckelnden, noch stehenden Teil der Stadtmauer aus den Berg hinanzieht, gelagert unter einem blühenden Holunderstrauch, die drei Kinder. [...]
>
> Und nun sieh da, im Grase ausgestreckt, da bin auch ich, der kleine Hans Wachholder, der Sohn aus dem Pfarrhause, blinzelnd zu dem blauen Himmel schauend und den kleinen weißen ‚Schäfchen' in der reinen Luft nachträumend. [...]
>
> Plötzlich verändert sich das sonnige, sommerliche Bild.
>
> Da schon ist die große Stadt! Diesmal ist es nicht Frühling, nicht blühender Sommer, sondern eine stürmische, dunkle Herbstnacht.[13]

Diese an die filmmediale Realisierung der Überblende erinnernde Art des Übergangs zwischen Gegenwart und Vergangenheit findet sich wiederholt im Text.[14] Wichtig für den vorliegenden Zusammenhang ist die Beobachtung einer rein sprachlichen Thematisierung und Realisierung des Filmischen durch die Erzählinstanz sowie weiterhin die Tatsache, dass die Laterna Magica keine inhaltliche Relevanz hat.

Die Explizitheit von Hasenclevers *Die Hochzeitsnacht* ist wiederum an zweierlei, der paratextuellen Rahmung („Ein Film in drei Akten") und den Reflexionen der Erzählinstanz, ablesbar. In der ausgewählten Passage agiert die Erzählinstanz im objektiven Modus: das Erzählte erscheint visuell greifbar, betont werden Mimik und Gestik der Figuren. Zudem erweitern Inserate die Darstellungsebene des Textes, indem bestimmte Gegen-

---

13 Raabe: *Chronik der Sperlingsgasse*, S. 12f.
14 An einer Stelle schreibt der Erzähler selbstreflektierend: „Laß sie sprechen, was sie wollen: ich segne doch die Stunde, wo ich den Entschluß faßte, diese Blätter zu bekritzeln, mit einem Fuß in der Gegenwart und Wirklichkeit, mit dem anderen im Traum und in der Vergangenheit! Wieviel trübe, einsame Stunden sind mir dadurch nicht vorübergeschlüpft, sonnig und hell, ein Bild das andere nachziehend, dieses festgehalten, jenes entgleitend: ein buntes Wechselspiel! So schreibe ich weiter." (Ebd., S. 53; vgl. auch S. 13f., 26, 109, 121).

stände der erzählten Welt visualisiert und auf diese Weise hervorgehoben werden.

Clarissa sitzt neben Karl. Sie streichelt ihn. Sie tröstet ihn. Sie holt ein kleines Buch heraus.
Man liest:

> Gardone am Gardasee
> Hotel Stella d'Oro
> *Aufenthalt für Lungenkranke. Vorzügliche Verpflegung*
> *Angenehme Lage. Bäder im Hause*

Karl sieht sie an und macht die Geste des Geldzählens. Clarissa überlegt und faßt einen Entschluß. Dann gibt sie ihm schnell ihre Hand und geht.
Clarissa wandert durch mehrere Straßen und schellt an einem Tor, darauf steht:

> Prof. Mazzini
> *Maître des Danse*

Sie kommt in einen großen Saal, wo viele Elevinnen tanzen. Prof. Mazzini, ein Herr mit Vollbart, erteilt den Unterricht. Clarissa lernt auf den Zehen stehen und die Beine in die Luft werfen. Dann muß sie ein Kostüm anziehen und Ballett tanzen. Sie macht ihre Sache gut und wird vor den anderen Damen von Prof. Mazzini gelobt. Nachdem alle fort sind, bleibt sie mit dem Professor allein. Sie erzählt ihm ihre Not und bittet ihn, ihr eine Stellung zu verschaffen. Der Professor verspricht, ihr zu helfen.

Karl Heiden sitzt in seiner Dachstube vor einem Bild und malt; aber er ist sehr krank und wird ohnmächtig. Clarissa kommt herein und findet ihn so. Als er zu sich kommt, zeigt sie ihm eine Zeitung, darin steht:[15]

> Kabarett Plejaden
> *heute abend 10 Uhr erstes Auftreten*
> *der Tänzerin Clarissa d'Aubrey*
> *in ihrem sensationellen Tanz*
> Die Hochzeitsnacht

---

15 Hasenclever, Walter: „Die Hochzeitsnacht. Ein Film in drei Akten". In: Pinthus, Kurt (Hg.): *Das Kinobuch*, Zürich 1963, S. 35−44; hier S. 35f.

Im Gegensatz zum ersten Typus der expliziten literarischen Formen filmischen Erzählens wird in beiden Beispielen auf eine inhaltliche Thematisierung des Films verzichtet. Ausschließlich der Erzählakt sowie die den Erzählakt anreichernde mediale Ebene des Textes werden filmisch realisiert.

Ebenfalls liefern David Lodges *Changing places* und Dos Passos' *U.S.A.* Belege für die Wirkungskraft des Film auf die Formebene literarischer Texte. In *Changing places* deutet sich am Schluss eine mediale Differenz zwischen der Literatur und dem Film an, die von Philip, einem der Protagonisten, ausgesprochen wird:

> I mean, mentally you brace yourself for the ending of a novel. As you're reading, you're aware of the fact that there's only a page or two left in the book, and you get ready to close it. But with a film there's no way of telling, especially nowadays, when films are much more loosely structured, much more ambivalent, than they used to be. There's no way of telling which frame is going to be the last. The film is going along, just as life goes along, people are behaving, doing things, drinking, talking, and we're watching them, and at any point the director chooses, without warning, without anything being resolved, or explained or wound up, it can just ... end.[16]

Diesen Ausführungen folgend überträgt die Erzählinstanz die beschriebene Eigenschaft des Films auf ihre Erzählung: „Philip shrugs. The camera stops, freezing him in midgesture."[17] Damit endet der Roman und bricht spielerisch mit der eigenen Medialität.[18] Entgegen *Manhattan transfer* ist John Dos Passos' *The 42nd parallel* durchweg explizit markiert. Beide Romane verbindet die ausschließlich formale Realisierung des Filmischen. In *The 42nd parallel* verwendet Dos Passos Kapitelüberschriften wie *The camera eye* (angelehnt an den russischen Regisseur und Filmtheoretiker Dziga Vertov) und *Newsreel* für handlungsergänzende Texteinheiten. Zwar funktionieren diese Einheiten ausnahmslos mittels Sprache, es stellt sich aber ähnlich wie in Alfred Döblins *Berlin Alexanderplatz* der Effekt der Montage heterogener Textbausteine ein. Die „Weltwochenschau" (*Newsreel*) wird insgesamt in 19 Kapiteln präsentiert. Formal ergibt sich ein Sammelsurium aus Lied- und Pressetexten, Schlagzeilen und einer Kombination aus Zei-

---

16   Lodge, David: *Changing places. A tale of two campuses*, London 1975, S. 251.
17   Ebd., S. 251.
18   Eine interessante Differenz ergibt sich zwischen englischer Originalausgabe und der deutschen Übertragung (*Ortswechsel*, übers. v. R. Orth-Guttmann, München 1986). Während im Original die Schlussformel „The End" auftaucht, fehlt diese in der deutschen Ausgabe. In letzterem Fall kommt der beschriebene Effekt eines überraschenden Endes dadurch bedingt sicher deutlicher zur Geltung, da der Leser an dieser Stelle tatsächlich nicht mit einem Ende rechnet. Andererseits markiert „The End" den Filmbezug auf der narrativen Formebene.

tungsausschnitten, die in einer Art syntaktischen Kontamination verschmolzen werden. Die vorliegende Text-Montage ist nicht zwangsläufig mit dem Film in Verbindung zu bringen, bedenkt man jedoch den kontextuellen Rahmen des Textes – und die Zeit um 1930 –, so eröffnet sich die Möglichkeit naheliegender Bezüge auf Großstadtfilme wie Walter Ruttmanns BERLIN. DIE SINFONIE EINER GROSSSTADT (D 1927) oder etwa auf Eisensteins Konzept der Attraktionsmontage. Allgemein gesprochen liegt aber offenbar eine alle diese Bereiche umfassende transmediale Realisierungsform – das filmische Erzählen – vor.

4.2.3. Typus der inhaltlichen und formalen Explizitheit

Die explizite Realisierung des Filmischen auf inhaltlicher und formaler literarischer Ebene ist nicht weit verbreitet. Dennoch belegen die wenigen Texte die Vitalität und Ergiebigkeit dieses Typus. Alle hier herangezogenen Beispiele behandeln den Film auf inhaltlicher und formal-narrativer Ebene und beziehen teilweise zudem die mediale Ebene des Textes ein. Wie auch die zuvor genannten Typen beschränkt sich der Typus der inhaltlichen und formalen Explizitheit nicht ausschließlich auf explizite Formen filmischen Erzählens. Vielmehr lässt sich in entsprechenden Texten beobachten, dass die explizite Markierung ebenfalls als Auslöser für implizite systemreferentielle Realisierungen dienen kann. Ganz offensichtlich geschieht dies in F. Scott Fitzgeralds *The love of the last tycoon. A western*, in dem die Tochter eines Filmproduzenten die Geschichte eines anderen Produzenten erzählt und dabei ihren Erzählakt filmisch gestaltet. Peter Handkes *Die Angst des Tormanns beim Elfmeter* thematisiert den Verlust des Wirklichkeitsbezugs seines Protagonisten Josef Bloch. Dieser Verlust geht mit einer Sprachkrise einher, die auf einem Spannungsverhältnis zwischen der Figurenperzeption und der Wiedergabe des Wahrgenommenen durch die narrative Instanz gegründet ist. Der Wahrnehmungsumbruch der Figur führt zum Bruch des Wirklichkeitsverhältnisses in Form begrifflicher Missverständnisse und apperzeptiver Probleme. Dies kommt einem sukzessiven Unvermögen gleich, Sachverhalte der Wirklichkeit zu verbalisieren und resultiert schließlich im Sprachverlust, der auf der Ebene der Präsentation der Erzählung mittels Substitution lexikalischer durch piktografische Einheiten ersichtlich wird.[19] Durch mehrmalige Nennung des Filmischen im Erzählertext finden sich außerdem explizite Bezüge zum Film

---

19 Handke, Peter: *Die Angst des Tormanns beim Elfmeter*, Frankfurt a. M. 1970, S. 105.

(Film, Bild, Ausschnitt).[20] Daraus geht die Expansion des medialen Raums hervor, dessen Organisation nach wie vor bei der an der Figur orientierten Erzählinstanz liegt. Der Einsatz piktografischen Materials führt hier zur Erweiterung der Vermittlungsebene und zur Visualisierung des Erzählten.

Gleiches führen weitere, ebenso nicht-kanonisierte Texte vor, die diesem Typus angehören. Ulrich Hofmanns *The end* behandelt das Schicksal eines Mannes namens Alexander Gast, der anfangs als exzessiver Filmfan vorgestellt wird. Er lebt, isoliert von der Gesellschaft, in einem Hotelzimmer und rezipiert Filme. Mehr aufgrund seiner Affinität zum Film als aus existentiellen Gründen arbeitet er in einer Videothek – Geld benötigt er nicht: Er verfügt über eine Reisetasche gefüllt mit einem hohen Geldbetrag. Durch ein bemerkenswertes Erlebnis in dieser Videothek – einem Treffen mit Julia Roberts (mit ihrer deutschen Synchronstimme) – ausgelöst, gerät der Protagonist mehr und mehr in die Lage, sich mit seiner eigenen Vergangenheit auseinanderzusetzen und der Frage nachzugehen, warum sein Leben und seine Wirklichkeit filmisch zu wirken scheinen. Im Zuge dessen gelangt er zu der Erkenntnis, dass seine ‚alte' Identität durch ein traumatisierendes Erlebnis ‚ausgelöscht' worden ist und er eine ‚neue' angenommen hat. Formal gesehen besteht der Roman aus einer alternierend angeordneten Abfolge zweier Handlungsstränge, die jeweils mit „Der Gute" und „Der Böse" überschrieben sind. Mikrostrukturell lässt sich das filmische Erzählen beispielsweise an der Einführung der Videothek beobachten:

> Stellen Sie sich eine Totale von Berlin vor, über der Stadt ein strahlend blauer Himmel. Ein langsamer Zoom auf ein Viertel in der Mitte, blitzende Dächer im Sonnenlicht, Straßen mit Autos, so klein wie Stecknadelköpfe. Der Zoom geht weiter, jetzt sind nur noch ein paar Blocks im Bild, die Kamera versteift sich auf eine Häuserzeile am Rande eines kleinen Platzes, und noch mehr Zoom, man kann jetzt Dinge erkennen wie Pflastersteine, Gullideckel und streunende Hunde, die Häuserzeile ist nun voll im Blickfeld, die Kamera sinkt weiter nieder auf die Ebene des Platzes, pirscht sich von vorne an die Häuserzeile heran, überspringt geparkte Autos, hastende Menschen und bleibt schließlich an einem vollkommen mit Filmpostern verhangenen Schaufenster kleben und fokussiert auf einen schwarzen, schnörkellosen Schriftzug über einer Glastür direkt neben diesem Schaufenster: *Zero-Zone. Off-Videothek.*[21]

Diese Raumbeschreibung ist in zweierlei Hinsicht bemerkenswert: Zum einen nutzt der Erzähler im Rahmen seiner Beschreibung Verfahren der Filmkamera, welche er zudem explizit benennt; impliziert wird damit die Festlegung einer bestimmten narratorialen (perzeptiven) Perspektive. Zum

---

20 Handke: *Die Angst des Tormanns beim Elfmeter*, S. 7, 28, 49, 62, 87, 96.
21 Hofmann, Ulrich: *The end*, Berlin 2008, S. 12 (Hervorhebung im Text, S.B.).

anderen überschreitet der diegetische Erzähler offenbar die eigene ontologische Begrenztheit: Als Figur ist er an die physikalischen Gesetzmäßigkeiten der erzählten Welt gebunden, wie also soll er sich zeitweise in eine Kamera verwandeln, die hoch über Berlin einen Zoom vornimmt? Allein der Appell an die Imaginationsfähigkeit des Lesers löst das vermeintliche Paradoxon. Bereits diese kleine Passage deutet auf das Grundthema des Romans hin, nämlich das ‚Verloren-Sein' der Figur im Medium Film: Durch die Auseinandersetzung mit der Vergangenheit legt der Figurenerzähler ein verdrängtes, beim Filmdreh zu „The end" erlittenes Trauma offen. In der fiktionsinternen Vergangenheit hatte das Experiment mit der Subjektiven Kamera für ihn zur Folge, die Welt ausschließlich in einem filmischen Modus wahrzunehmen. Innerhalb der Makrostruktur sind aus diesem Grund wiederholt explizit markierte, systemreferentielle Realisierungen des Filmischen angelegt. Des Weiteren sind es genaugenommen *drei* Erzählereinheiten, die der Text vereint: Erzählinstanz (a), der Videothekar, von dem bislang als Erzählinstanz ausgegangen wurde, und Erzählinstanz (b), das, wie sich später herausstellt, frühere Ich des Erzählers. Beide sind in Genettescher Terminologie ‚autodiegetische' Erzähler. Eine dramaturgische Funktion besteht im Wechsel zu einer nichtdiegetischen Erzählinstanz (c) zu Beginn des letzten Kapitels. Nachdem das vorige Kapitel mit dem Schlagwort „Showtime" geendet hatte, ist der Ausgang dieses Handlungsabschnitts in Bezug auf den Protagonisten unsicher. Die Auflösung wird durch den Einsatz der nichtdiegetischen Erzählinstanz hinausgezögert und die Spannung dadurch erhöht. Instanz (c) bedient sich der Herstellung von Visualität und verweilt im objektiven Modus.

> Eine Zeitung fliegt rotierend aus der Tiefe des Bildes heran, immer größer werdend, und kommt im Vordergrund zum Stillstand. Der Fokus geht auf die erste Meldung der Titelseite:
>
> FEUERHÖLLE IN WESTEND
> *Ganzer Gebäudekomplex ausgebrannt – Mindestens 24 Tote – Sachschäden in Millionenhöhe*
>
> Darunter ein großes Foto, das eine Luftaufnahme von einer riesigen, in sich zusammengefallenen rauchenden Ruine zeigt.[22]

Der objektive Modus bewirkt eine Mediensimulation angezeigt durch die typografische Markierung: Es wird nicht nur der Wortlaut der Zeitung zitiert, sondern die visuelle Präsenz der Titelseite simulativ angedeutet. Allerdings ist diese Simulation insgesamt schwach ausgebildet. Dies belegt nicht zuletzt die *Beschreibung* des darunter abgebildeten Fotos (anstelle

---

[22] Ebd., S. 363 (Hervorhebungen im Text, S.B.).

einer Abbildung ebendieses Fotos). Bemerkenswert ist schließlich aus narratologischer Sicht, dass der Showdown wider Erwarten ein nichtselektiertes Geschehensmoment darstellt. Die Darstellung der Zeitung steht stellvertretend für eine narratoriale analeptische Wendung: Das Schicksal im Falle der diegetischen Erzählinstanz (a) liegt im Unklaren, sie ist möglicherweise nicht dazu imstande, zu erzählen. Die nichtdiegetische Erzählinstanz (c) hat ihrerseits offensichtlich aufgrund ihres erstmaligen Einsatzes keine Berechtigung dazu.

Eine ähnliche Spielart bezüglich des Zusammenhangs von Figur und filmischer Wahrnehmung repräsentiert Anthony McCartens *Death of a superhero*. Allerdings liegt hier durchgängig eine nichtdiegetische Erzählinstanz vor, und die Ebene des Mediums wird stärker einbezogen als im vorherigen Fall. Protagonist (und über weite Strecken Perspektivierungsinstanz) ist der vierzehnjährige Donald Delpe. Die Besonderheit der Erzählung macht die Tatsache aus, die Welt durch die Augen eines Jungen zu sehen, der an Krebs leidet und weiß, dass er bald sterben wird. Donald wird gleich zu Beginn als ein von der ‚realen' Welt Entkoppelter präsentiert. Als Ausgleich erschafft er eine Scheinwelt, die er auf Prinzipien des Comics und des Films errichtet:

> It's high summer, 2004: the summer when nearly everyone feels they have tentative links with Hollywood, that land of fantasies so far away across the roiling sea [...].[23]

Die auf diese Exposition folgende narratoriale Schilderung einer gefährlichen, aber glimpflich verlaufenden Verkehrssituation ist ebenfalls figuralperspektivisch aufgeladen:

> Sadly for everyone, Donald, our hero, even though he is running now, is surely too far away to be of help and yet, with a reaction time that will score you a perfect 1000 points of stage one of *Grand Theft Auto*, he flips a skateboard from under the arm of a bystanding kid, kick-launches himself towards the emergency with extraordinary thrust, boardjumps the legs of a homeless man splayed crosswise in the footpath, even adds a competition-winning board-flip combination of vertical and horizontal spins just *because he can* than banks into the road lifting her above the height of oncoming bumper just as the death-delivering chrome careens to halt (Screeeeeeeee ...!) five and a half centimeters from his nylon sweatpants with adidas trim.
>
> *Freeze frame. Hold for five seconds.* Awesome. MEGA-CLOSE!
>
> By the time the mega-clouds of blue tyre smoke dissipate, Donald has nifitily back-flicked the board to its owner and reunited the nipper with her dickwit father and begun to stroll in as if nothing of consequence has been transacted. The

---

23 McCarten, Anthony: *Death of a superhero*, Glenfield/Auckland 2005, S. 9 (Hervorhebungen im Text, S. B.).

fact that four more vehicles then career into the back of the stopped Corolla (in slo-mo: KRUNCH, DOOSH, KRANSH, KA-BOOM!!) [...].[24]

Tatsächlich findet sich diese präformierte filmische Wahrnehmungseinstellung allein bei der Hauptfigur. Jedoch ist es ihre Einstellung, die den Erzählakt beeinflusst und eine bestimmte Variante des filmischen Erzählens der inhaltlichen und formalen Explizitheit ausbildet. Zum einen setzt sich die Figur mit dem Comic und dem Film auseinander – indem sie eine Art Drehbuch verfasst –, zum anderen ist die medial-narrative Gestaltung des Romans ihrerseits als Spiegel dieser Beschäftigung auf der Formebene zu begreifen. Bedingt durch die Flucht des Protagonisten in die Welt seines Alter Egos „Miracle Man" – der Hauptfigur seines „Comic-Romans"[25] –, kommt es zunehmend zu einer Vermengung von primärer Erzählung und sekundärer Binnenerzählung. Inwiefern das eigene Leben als ein Film gesehen und dies auf die Ebene der Narration gehoben wird, illustriert eine Szene zwischen Donald und einer Prostituierten:

> *Shot 21*: Close up on her Vee, the fineball, artist's-quality cross-hatchings of pubic hair, the clefted and bisected separations and deeper inner challenges of her opening genitalia: reality.
>
> *Shot 22*: Extreme Close-up. Lips opening: but DONALD's mouth, where a word is being breach-born: „Tiaw". He has to invert it on the tip of his tongue to make it live.
>
> DONALD: Wait.
>
> *Wait?* Wait? Stop the camera. „Cut!" wails the director. What's going on? Did the lead male porn-star just say „Wait?"[26]

Nach Donalds Ableben wird das Ineinandergreifen beider Welten – der imaginierten und der realen – aufrechterhalten und als filmisches Erzählen realisiert:

> Single roses are the flowers of choice. Rose after rose is laid on the casket of the superhero until they topple in the floor and rise around it in a tide of crimson. The mourners file past, paying their last respects, a queue that runs out the front doors of the church, down the steps and across four blocks of Megalopolis in a single thread of grief and gratitude.
>
> This is how DONALD imagines his hero's end. [...]
>
> *Ext. Cemetery. Day.*
>
> And so ... even his arch-enemies bow their heads in respect as miracleman's coffin is lowered into the ground. The cemetery has never seen such a crowd. Two friendly cops, JIM and RENATA, whisper –
>
> JIM: Hey – how many y'think are here today?

---

24 Ebd., S. 10 (Hervorhebungen im Text, S. B.).
25 Ebd., S. 51.
26 Ebd., S. 160 (Hervorhebungen im Text, S. B.).

RENATA: Ten, fifteen thousand.
JIM: That many?
RENATA: Sure. (Noticing something.) Say – who's that guy?
They look at a man standing under the trees, a silhouetted figure.
JIM: I've been watching him. He's not the man we're looking for.
RENATA: Sure?
JIM: Yeah. Let him go.
ANGLE ON – The dark figure, as he turns and walks away from the service, heading back toward a waiting taxi, and gets in.
TAXI DRIVER: Is anyone else coming, Doctor?
DOCTOR: No. (Beat.) I'm alone. We can go.[27]

4.3. Der verdeckte Typus

Im Gegensatz zum offenen Typus filmischen Erzählens gestaltet sich der verdeckte Typus komplexer. Dies betrifft sowohl die Divergenz der unter diesem Typus subsumierten Texte als auch dessen theoretische Erfassung. Die Abgrenzung der Texte gegenüber denjenigen des offenen Typus basiert auf dem Modus der Markierung. Der verdeckte Typus tritt nicht stark-explizit zutage, sondern schwach explizit oder implizit. Im Fall des häufiger auftretenden impliziten Modus sind zwei Varianten erkennbar: erstens der Bezug auf Erzählweisen des Films und zweitens der Umgang mit Audiovisualität und Bewegung im Text. Die Formen des verdeckten Typus sind mithin nicht zwangsläufig auf das Medium Film zu beziehen. Daher ist an ihnen abzulesen, welchen Vorteil die erzähltheoretische Herangehensweise gegenüber anderen Modellen hat: Neben der Möglichkeit eines Filmbezuges ist es insbesondere die *narrative* Gestaltung eines Textes, die ihn von anderen Formen literarischen Erzählens abhebt. Da die ausschließliche Behandlung der beiden angesprochenen Pole des Typus verdeckten Erzählens den Facettenreichtum unnötig dezimieren würde, wird an dieser Stelle auf narratologische Kategorien als Gliederungseinheiten zugegriffen. Vorauszuschicken ist, dass die nun folgende Abhandlung schematisch erfolgt und die einzelnen Phänomene nicht in Reinform auftreten müssen. Dabei kann im Einzelfall auch gezeigt werden, wie die Verwendung mehrerer Kategorien zusammenwirken können. Die genannten Textbeispiele sind im Rahmen dessen als exemplarische Fälle aufzu-

---

[27] Ebd., S. 199 u. 201 (Hervorhebungen im Text, S. B.).

fassen, die eine jeweilige Form repräsentieren. Die Typologie gilt grundsätzlich als offen.

4.3.1. Die Erzählinstanz

Wenn das filmische Erzählen in der Literatur als literarische Realisierung des medienspezifischen Erzählens im Film verstanden wird, so nimmt die fiktive Erzählinstanz im Rahmen einer Typologie eine zentrale Stellung ein. Als Erfindung des Autors steuert sie die erzählte Geschichte, indem sie das Geschehen – mit Schmid gesprochen – selegiert, konkretisiert, linearisiert und präsentiert. Ausschlaggebend für die Art und Weise ihres Agierens sind mehrere Parameter, anhand derer ein erster Grundstein der Typologie der verdeckten Spielart gelegt werden kann. Allgemeine Aussagen über die Erzählinstanz lassen sich zunächst von ihrer *Präsenz* ableiten. Von dort aus können mit Blick auf den Parameter des *diegetischen Status* vier Varianten herausgestellt werden: der präsente diegetische Figurenerzähler, der nicht-präsente diegetische Figurenerzähler, die präsente nichtdiegetische Erzählinstanz sowie die nicht-präsente nichtdiegetische Erzählinstanz.

4.3.1.1. Präsenz der Erzählinstanz

Das filmische Erzählen resultiert primär aus dem Verhalten der narrativen Instanz. Es bestehen grundsätzlich zwei Möglichkeiten, ein Geschehen wiederzugeben. Die erste beruht auf der Kopplung der narrativen Wiedergabe an eine oder mehrere Figuren und deren Perspektiven. Die Übernahme einer figuralen Perspektive im narratorialen Wiedergabeprozess findet entweder im Fall eines Figurenerzählers oder einer Perspektivierungsinstanz beziehungsweise einer Reflektorfigur statt. Da die Realisierung einer Perspektive in der Regel an die figurale Perzeption gebunden ist, liegt der Schluss nahe, von einer ‚filmischen Figurenwahrnehmung' zu sprechen. Die andere Möglichkeit betrifft die Erzeugung einer filmischen Wiedergabe des Erzählten basierend auf filmischen (synthetisch-audiovisuellen) Prinzipien, hervorgerufen durch eine nicht-figurale Erzählinstanz. Neben ihrem diegetischen Status kommt der Präsenz/Absenz der Erzählinstanz eine zentrale Position innerhalb einer Systematik des filmischen Erzählens zu, wie auch der Dichotomie von subjektivem und objektivem Darstellungsmodus. Eine präsente Erzählinstanz neigt dazu, das Geschehen subjektiv zu erzählen – dann sind vor allem ihre (räumliche wie auch ideologische) Stellung zum Erzählten und ihr ‚Handeln' bedeutsam. Eine nicht-präsente oder absente Erzählinstanz verfährt hingegen tendenziell objektiv. In diesem Fall wird der Effekt des ‚Sich-selbst-Erzählens' hervorgerufen, der Roland Barthes' *effet de réel*[28] nahesteht. Der objektive Darstellungsmodus ist derjenige, der die Erzählinstanz lediglich anhand von indizialen Zeichen erkennen lässt. Diese Indizes sind ihrerseits von filmischen Erzählverfahren ableitbar.

4.3.1.2. Die diegetische Erzählinstanz

Der Einfluss der figuralen Perspektive auf das Erzählen kann von einem Figurenerzähler oder von anderen Figuren ausgehen. Letzterer Fall unterliegt nicht dem Bereich der diegetischen Erzählinstanz, sondern wird im Rahmen der Perspektive untersucht. Mit Blick auf die diegetische Erzählinstanz und ihre Darstellung der Geschehnisse ist bemerkenswert, inwiefern ein filmischer Darstellungsmodus ohne explizite Filmreferenz zur Geltung kommen kann.

Einen offensichtlichen Fall verkörpert zunächst die präsente narrative Instanz. Liegt innerhalb eines filmischen Textes ein Figurenerzähler vor, so ist es seine Perspektive, die den Erzählakt auflädt. Dabei wird diese ‚besondere' Wahrnehmung auch von der Erzählinstanz thematisiert: Dies geschieht in Peter Weiss' *Der Schatten des Körpers des Kutschers*, Christian Krachts *Ich werde hier sein im Sonnenschein und im Schatten*, Peter Handkes *Die Hornissen* und in Alain Robbe-Grillets *Dans le labyrinthe* und *La maison de rendez-vous*. Freilich kann die Übernahme einer perzeptiven Perspektive lediglich als *eine* erzähltheoretische Begründung für die Ausbildung des Filmischen in der Erzählliteratur dienen, denn eine bestimmte Perspektive liegt schließlich jedem narrativen Text zugrunde.

In allen vorliegenden filmischen Texten, die eine diegetische Erzählinstanz aufweisen, findet sich die Ausprägung einer visuellen oder audiovisuellen Darstellung des Geschehens. In *Der Schatten des Körpers des Kutschers* agiert ein präsenter Figurenerzähler, der seinen Anspruch einer sensorischen Erfassung der Welt bereits zu Beginn der Erzählung verdeutlicht, indem er Sehen und Hören explizit benennt. Die Erzeugung einer audiovisuellen Darstellung erfolgt dann auf der Basis von transponierten filmischen Techniken, die an die narrative Instanz als diegetisches Subjekt gekoppelt sind. Für ihre Präsenz sprechen vor allem der Umgang mit der Perspektive und ihr Einwirken auf den Erzählvorgang, denn die räumliche

---

28 Barthes, Roland: „L'effet de réel". In: ders.: *Œvres complètes*, Bd. 2, hg. v. E. Marty, Paris 1994, S. 1211–1217.

Perspektive wird expliziert und festgelegt und tritt zudem häufig mobilisiert auf. Der perzeptive Standpunkt wird durch die Bewegung des Figurenerzählers im Raum aktiv variiert:

> *Vorübergehend* an dem offenen Fenster [...] erhielt ich einen kurzen Einblick in das Zimmer der Familie, ich nahm den Vater, die Mutter, den Säugling und den Sohn wahr [...]. Dann *erreichte* ich die Treppe [...].[29]

Die Kursivierungen deuten auf die Bewegung der Erzählinstanz hin, das Personalpronomen ‚ich' verweist auf ein handelndes Subjekt, seine physische Bedingtheit und manipulierte Wahrnehmung zeichnen den Figurenerzähler als eine tendenziell unzuverlässige Erzählinstanz aus. Ähnliche Wahrnehmungstäuschungen führen zu einem ganz und gar paradoxen Realitätsgefüge in *La maison de rendez-vous*. Die Präsenz der Erzählinstanz und die – teils akribische – Wiedergabe von Welt korreliert einen materialistisch-oberflächlichen Gestus des Erzählens, welches sich bei Robbe-Grillet, Handke und Weiss insgesamt weniger *story*- als *discourse*-basiert manifestiert und beinahe ausschließlich der Wahrnehmungsthematik dient.

Im Gegensatz zur merklichen Körperlichkeit der Erzählinstanz in *Der Schatten des Körpers des Kutschers* erscheint sie in *La jalousie* vollkommen substanzlos. Sicherlich ist die Realisierung einer nicht-präsenten diegetischen Erzählinstanz unüblich und daher selten anzutreffen. Nichtsdestotrotz wird der heuristische Nutzen dieser Kategorie für die Erfassung filmischen Erzählens anhand von Robbe-Grillets Roman mehr als deutlich. Ebenso wie im vorherigen Beispiel basiert die Erzählung vornehmlich auf der audiovisuellen Wahrnehmung der narrativen Instanz. Aus der Sicht eines unbekannten Figurenerzählers werden mehrere Zusammenkünfte einer Frau namens „A..." und einem Mann (Franck) wiedergegeben. Der Figurenerzähler selbst ist in mehrerer Hinsicht bemerkenswert: (Selbst-)reflexive Äußerungen, die auf ihn als Entität mit Persönlichkeit verweisen würden, liegen an keiner Stelle im Text vor. Wie schon in Weiss' Erzählung nimmt er das Geschehen zwar detailreich, dafür aber gänzlich emotionslos wahr. Darüber hinaus wird er trotz seines Status als diegetische Erzählinstanz von seinen Mitmenschen zu keinem Zeitpunkt wahrgenommen, so dass er als solche durchaus angezweifelt werden kann. Ebenso ist die zeitliche Ordnung durchweg achronisch angelegt, wobei die verschiedenen Zeitsprünge unmarkiert bleiben. Dem Leser wird es auf diese Weise zu erkennen erschwert, in welcher zeitlichen Reihenfolge die Geschehnisse zueinander stehen: der *ordo naturalis* bleibt verborgen. Vor diesem Hintergrund gewinnt die Titelgebung des Romans einen besonde-

---

[29] Weiss, Peter: *Der Schatten des Körpers des Kutschers*, Frankfurt a. M. 1964, S. 14 (Hervorhebungen S.B.)

ren Reiz, der zum Nachfragen auffordert: Inwiefern und bei wem macht sich Eifersucht bemerkbar? Und wodurch zeichnet sich die Substanzlosigkeit des Erzählers aus? In welchem Zusammenhang steht das filmische Erzählen mit der Funktion dieser Konzeption? Die erste Frage ist hier weniger von Belang. Das Lexem „Eifersucht" fällt an keiner Stelle im Text. Einige wenige Äußerungen könnten so gedeutet werden, dass sie auf eine ‚eifersüchtige' Wahrnehmung zurückzuführen sind. Ausgelöst wird diese Interpretation durch den paratextuellen Katalysator, des Titels *La jalousie*. Der Erzähler gibt jedoch zu keinem Zeitpunkt kritische Kommentare oder Urteile zum Verhältnis zwischen A... und Franck ab. Die Erzählung beschränkt sich hingegen vollständig auf die Wiedergabe einer perzeptiven Erfassung der Welt. All dies verweist ebenso wie die fehlende Registrierung des Figurenerzählers seitens der anderen Figuren auf seine Substanzlosigkeit, seine fehlende Präsenz. Der Figurenerzähler selbst formiert also eine Leerstelle, die der Leser auffüllt und möglicherweise Eifersucht ‚hineinprojiziert' und nachempfindet. Das Filmische stellt dabei den funktionalen Schlüssel der Erzählung dar. Die durch filmische Techniken präsentierte, akribische Aufnahme der Außenwelt steht der Unfähigkeit gegenüber, Gefühle zu äußern und persönliche Verhältnisse zu klären. Wie schon in *Der Schatten des Körpers des Kutschers* liegt ein auffälliger Umgang mit der perzeptiven Perspektive vor. Beides, die mobile perzeptive Perspektive wie auch die detailreichen Beschreibungen des Raums, liefern die Grundlage für die inszenierte Visualität der Erzählung. Allerdings fehlt hier das deiktische Personalpronomen „ich" und führt zur Objektivierung der Perzeption. Es existiert eine feste räumliche Bindung und eine Bewegung im Raum, jedoch bleiben diese frei von subjektiven Zuschreibungen. Falls es sich also tatsächlich um einen Figurenerzähler handelt, so agiert er lediglich als ‚Registrator'. Makrostrukturell fällt zudem die inservative Textmontage auf, mittels derer einzelne Motive wie der Tausendfüßler oder das Kämmen des Haars wiederholt auftreten. Aus der die zeitliche Ordnung destruierende Montage geht die textuelle Darstellung der möglichen Verwirrung des Erzählers hervor, der in seiner verdeckten Persönlichkeit eindeutige Störungen aufweist, als Marker der zeitlichen Achse fungiert hingegen der diegetische Ton, der wie auch die visuelle diegetische Dimension genauestens erfasst wird. Entsprechende Geräusche sind das Zirpen von Grillen[30], das Singen des Kochs[31], Stimmen[32], der Schrei

---

30 Vgl. Robbe-Grillet, Alain: *Die Jalousie oder die Eifersucht*, übers. v. E. Tophoven, Stuttgart 2002, S. 13, 31, 54, 77, 80, 81, 117.
31 Vgl. ebd., S. 6f.
32 Vgl. ebd, S. 6, 8, 9, 12, 27, 31.

eines Raubtieres[33], das Geräusch des Haarkämmens[34] und der Einsatz diegetischer Musik[35]. Alle diese Geräusche korrelieren wiederholt mit dem Einsatz von plötzlicher Stille. Filmische Techniken dienen folglich zur Charakterisierung des Figurenerzählers und zeichnen ihn als eine emotionslose Figur aus, und sie liefern (zumindest angedeutete) Indizien zur Rekonstruktion der Ereignisabfolge. Zugleich unterwandert das Sujet eines Dreiecksverhältnisses die Konzeption der erzählenden Person und unterstreicht damit den besonderen Charakter dieses Romans.

4.3.1.3. Die nichtdiegetische Erzählinstanz

Die textuelle Gestalt der nichtdiegetischen Erzählinstanz kann unter Umständen eine theoretische Erfassung erschweren. Während die präsente nichtdiegetische Instanz deutlich hervortritt und als sprechende und handelnde erkennbar ist, erscheint die nicht-präsente narrative Instanz stellenweise lediglich in abstrakter Form. Lässt sich ein ‚körperloser' Erzählakt, der möglicherweise zusätzlich mit Bildmaterial unterfüttert ist, überhaupt noch einer alleinigen Erzählinstanz zusprechen? In extremen Fällen wie Alexander Kluges *Lernprozesse mit tödlichem Ausgang* ist es durchaus sinnvoll, von einem Erzählen auf mehreren Ebenen, einem mehrschichtigen Erzählen zu sprechen. Teilt sich ein solches Erzählen deutlich auf mehrere mediale Ebenen (Text und Bild) oder mehrere Erzählinstanzen auf, wird von *stratifikatorischem Erzählen* gesprochen.[36] Stratifikatorisches Erzählen ist allerdings nicht durchgängig zu konstatieren. So existieren ebenso Texte mit nur einer einzigen, monomedialen Erzählerstimme, welche ausschließlich über den vollzogenen Erzählakt zu erschließen ist. Bei beiden Varianten soll von einer *nicht-präsenten/absenten nichtdiegetischen Erzählinstanz* ausgegangen werden, während der Begriff *präsente nichtdiegeti-*

---

33 Vgl. ebd., S. 13, 15, 81, 83, 117.
34 Vgl. ebd., S. 34, 93.
35 Vgl. ebd., S. 14, 109, bes. S. 54ff.
36 Der Begriff der Stratifikation findet sich in diversen Fachgebieten. In der Botanik bedeutet er das „schichtweise[...] Einlagern von Samen und Früchten in Kisten mit feuchtem Sand [...] bei niedrigen Temperaturen" (*Brockhaus. Enzyklopädie*, Bd. 26, 21., völlig neu bearbeitete Aufl., Leipzig/Mannheim, 2006, S. 448). Ebenso ist er etwa in der Linguistik („Stratifikationsgrammatik", vgl. Lamb, Seydney M.: *Outline of stratificational grammar*, Washington D.C. 1966) und der Soziologie anzutreffen (‚Gesellschaftsschichten', vgl. Breen, Richard/Rottman, David B.: *Class stratification. A comparative perspective*, New York [u. a.] 1995). Das Verständnis einer ‚Schichtung' wird hier metaphorisch auf das Erzählen übertragen.

sche Erzählinstanz der Bezeichnung der erkennbaren Erzählerentität vorbehalten bleibt.

Die ‚Präsenz' der präsenten nichtdiegetischen Erzählinstanz lässt sich am Darstellungsmodus, der Introspektion, dem Grad ihrer Markiertheit und an ihrer Wertungshaltung ablesen. Mit dem Darstellungsmodus ist zunächst der wichtigste Blickpunkt auf die Erzählinstanz im filmischen Erzählen der Literatur angesprochen. Unterschieden wurde bislang zwischen dem objektiven und dem subjektiven Darstellungsmodus. Eine Form filmischen Erzählens besteht in der objektiven Wiedergabe der Geschehnisse durch die Erzählinstanz – der Darstellungsmodus des szenischen Erzählens –, eine andere wiederum im gegenteiligen *subjektiven* Handeln einer *nichtdiegetischen* narrativen Instanz: Der nichtdiegetische Erzähler agiert so, als ob er eine figural-materielle Körperschaft innerhalb der erzählten Welt inne hätte. Verwiesen sei auf den Beginn von *Effi Briest*, worin sich die narrative Instanz ihre eigene visuelle Wahrnehmung schildernd auf das Briest'sche Hohen-Cremmener Haus zubewegt. Signalisiert ist die Bewegung anhand mehrerer Kennzeichen, die im Umgang mit der Perspektive verankert sind. In *Effi Briest* ist es die narratoriale Perspektive, die sich räumlich lokalisiert und mobilisiert manifestiert.

Introspektion wird in *Am Rande der Nacht* als ‚literarische Überblende' u. a. zwischen zwei Handlungssträngen genutzt, deren Funktion in der Erzeugung von Simultaneität besteht: „Wie es Anni wohl gefiel, wie sie wohl damit fertig wurde? Sie sprach so wenig davon./ Ach, Anni war in diesem Augenblick nicht glücklich, sie war beklommen und ängstlich, denn sie war allein […]."[37] Daneben kann die Erzählinstanz durch die Sicht in das Figureninnere literarische Audiovisualität thematisieren, sei es durch die Figurenwahrnehmung oder aber, wie in *Die unendliche Geschichte*, durch die Hervorhebung einer besonderen Fähigkeit einer Figur: „Denn das konnte er – vielleicht war es das einzige, das er wirklich konnte: Sich etwas vorstellen, dass er es fast sah und hörte."[38] Ohne im weiteren Verlauf der Erzählung auf die Medienspezifik des Films zu referieren, wird in *Die unendliche Geschichte* unter Zuhilfenahme der Figurenintrospektion insofern filmisch erzählt, als Bastians Grenzüberschreitung sukzessive über visuelle und auditive Signale erfolgt.[39] Zu Beginn von *Le voyeur* unternimmt die narrative Instanz durch die Introspektion ein Wechselspiel der

---

37 Ebd., S. 139f.
38 Ende, Michael: *Die unendliche Geschichte*, 2. Aufl., München 2009, S. 26.
39 Vgl. ebd., S. 70, 99, 161, 187. Die narrative Instanz tritt in diesem aber auch durch Hinweise hervor, die das Wissen der Figuren hinausgehen und zugleich die Spannung der (sekundären) alternierend angelegten Handlungsstränge (Atréju und Werwolf Gmork) tragen. Vgl. ebd., S. 67f.

Wiedergabe aus gegenwärtigen und vergangenen Impressionen der Figur.[40] Auch diese sind sensorisch markiert und unterfüttern das Erzählen audiovisuell. Visuelle, ebenfalls über die Figurenintrospektion verlaufende literarische Abblenden (die einen Textabschnitt abschließen, ohne eine Verbindung zu einem möglicherweise folgenden Abschnitt herzustellen) finden sich beispielsweise in Theodor Storms *Immensee* („Allmählich zog sich vor seinen Augen die schwarze Dämmerung um ihn her zu einem breiten, dunklen See"[41]) und in Lampes *Septembergewitter* („In Tränenschleiern und Mondendunst verschwamm für Dora der Friedhof, die Welt."[42]).

Abgesehen von entsprechenden Personalpronomina kann sogar bei einer tendenziell nicht-präsenten Erzählinstanz ein besonderer Einsatz von Sprache als Indiz der Markierung gewertet werden: „The jinglejangling bell dwindles fainter, fainter into the night."[43] Bei der Lautmalerei verweist die Sprache selbstreflexiv auf ihre eigene Medialität und somit auf den (mimetischen) Akt des Sprechens. Mit ihm liegt letztlich auch eine sprechende Instanz, die Erzählinstanz, vor, die im genannten Beispiel ihrerseits die diegetische Akustik zur Geltung bringt. Darüber hinaus zeigt sich auch hierbei, inwiefern die verbale Realisierung der Akustik zur Darstellung einer literarischen Abblende genutzt werden kann.

Die nicht-präsente nichtdiegetische Erzählinstanz ist als agierende Instanz nicht erkennbar und kann laut Schmid ausschließlich anhand von indizialen Zeichen abgeleitet werden. Deutlicher noch als im Fall ihres präsenten nichtdiegetischen Pendants wird hierbei der Konstruktcharakter der Kategorie Erzählinstanz bemerkbar. Doch dient diese synthetische Kategorie der theoretischen Differenzierung unterschiedlich erzählter Geschichten. Es divergieren mindestens zwei Darstellungen von nicht-präsenten narrativen Instanzen: Die erste manifestiert sich ausschließlich verbal und zeichnet sich dadurch aus, dass sie im objektiven Darstellungsmodus agiert, die zweite resultiert aus der Auffächerung der medialen Ebene des Textes. Obwohl sie nicht notwendigerweise in Reinform auftreten müssen, vereinen beide mehrere ‚filmische' Erzählverfahren, die über die Behandlung der Erzählinstanz hinausgehen und die Kategorien Raum, Figur und Zeit einbeziehen.

---

40 Robbe-Grillet, Alain: *Der Augenzeuge*, übers. v. E. Tophoven, München 1957, S. 14, 17, 20f. Auf die Perspektivierung in diesem Roman wird im weiteren Verlauf der Studie näher eingegangen.
41 Storm, Theodor: „Immensee". In: ders.: *Ein Blatt aus sommerlichen Tagen. Novellen*, Gütersloh 1948, S. 14–48; hier S. 48.
42 Lampe: *Septembergewitter*, S. 92.
43 Dos Passos, John: *Manhattan transfer*, Boston 1953, S. 171.

Die erste Variante einer (filmisch-)objektiven Darstellungsweise stellt die Instrumentierung der Figurenperspektive dar. Auf eine besondere Realisierung sei hingewiesen, die sich in Friedo Lampes *Septembergewitter* finden lässt.

> Und der Mond hob sein Antlitz immer höher über die Stadt hinaus, und die Stadt wurde kleiner und ferner, eng zusammengedrängt lag sie nun am Fluß in dem weiten Wiesengrund, und der Mond drehte sein Antlitz weg von der schlafenden Stadt, sah hin über die Wiesen, Werften und Bauernhäuser, die hinter den Deichen lagen, sah hinunter den Fluß, […], und da, an seiner Mündung, in der Nähe der Küste, da fuhr ein Dampfer hin auf silbernen Bahnen, das war die ‚Tosca', und Alberto stand vorne am Bug, und die frische erste Seebrise fuhr ihm in die Locken und ins Hemd, und er streckte den Kopf vor, gierig schnuppernd: das Meer, das Meer.[44]

Die Perspektive des Mondes dient hier dazu, eine visualisierte Distanzierung vom Handlungsort vorzunehmen, um anschließend zu einer Figur überzuwechseln. Entscheidend ist hierbei, dass die *camera eye*-Technik in ihrer objektiven Spielart zum Tragen kommt: Im Gegensatz zu Formen der Introspektion, die für die Bestimmung der präsenten narrativen Instanz angeführt worden sind, handelt es sich also um eine neutrale, allein auf die (Audio-)Visualität des Dargestellten ausgelegte Form, während im ersteren Fall Subjektivität – entweder der Figuren oder der Erzählinstanz – geltend gemacht wird.

Neben der objektiv-neutralen Perspektivierung zeichnet sich die nichtpräsente nichtdiegetische Erzählinstanz durch einen besonderen Umgang mit Zeit und Raum aus. Beide Kategorien sind einer transmedialen Technik zuzurechnen, die mit dem Begriff *short cuts* gefasst wird und besondere Modi der Selektion und Konkretisierung darstellt, die wiederum als Varianten der literarischen Montage ausgelegt werden können. Da diese Technik im Einzelfall unterschiedlich zur Geltung kommt, seien Zeit und Raum separat behandelt. Die einhergehenden Montageformen können derweil ebenfalls als Indizien auf nicht-präsente nichtdiegetische Erzählinstanzen angenommen werden und sind in (unmarkierte) handlungsrelevante und (markierte) handlungsergänzende Montageformen zu unterteilen. Inwiefern beide auf die nicht-präsente narrative Instanz zurücklaufen, lässt sich anhand diverser Romane zeigen, die in der Tradition von Dos Passos' *Manhattan transfer* stehen. In allen Beispielen werden simultan stattfindende Geschehnisse präsentiert, die scheinbar lediglich durch ihre raum-zeitliche Verhältnismäßigkeit miteinander verbunden werden. Allerdings ist der Diskurs oftmals mit Montagemustern untersetzt, die an die symbolische Montage, den Zwischenschnitt oder die Kontrastmontage

---

44 Lampe: *Septembergewitter*, S. 123.

erinnern. Ebenso lassen sich Formen des *match cut* beobachten, die in Analogiebildungen zwischen zwei aufeinanderfolgenden Szenen vorliegen.[45] Erinnert sei in diesem Zusammenhang neben Dos Passos vor allem auch an Alfred Döblin, Friedo Lampe und Wolfgang Koeppen.

Eine über die natürliche Sprache hinausreichende Realisierung filmischen Erzählens besteht in der medialen Auffächerung des Erzählaktes. Sie reicht von partiell auftretenden piktografischen Darstellungen der perzeptiven Figurenperspektive bis hin zum komplexen medialen Zusammenspiel von Textualität und Visualität. Die perspektivisch getreue Darstellung der Figurenwahrnehmung findet sich beispielsweise in *Manhattan transfer* und in *Die unendliche Geschichte*.[46] In beiden Texten erfährt die Figurenperspektive keine rein verbale Darstellung durch die Erzählinstanz, sondern wird piktografisch imitiert: Der Blick fällt jeweils auf eine Glastür, auf deren Rückseite Lettern angebracht sind. Mit Kluges *Lernprozesse mit tödlichem Ausgang* und Weiss' *Der Schatten des Körpers des Kutschers* liegen zwei unterschiedliche Beispiele für das Zusammenspiel von Text und Bild vor. Weiss' Text wurde bereits mit Blick auf die diegetische Erzählinstanz erläutert. *Lernprozesse mit tödlichem Ausgang* setzt sich aus einer Vielzahl von (diegetischen) Erzählern im Haupttext und in begleitenden Fußnoten zusammen. Bilder liegen u. a. in Form von Fotografien, Zeichnungen, Kopien von Karten oder Plänen vor. Der Vermittlungsprozess gestaltet sich durch einen übergeordneten Ordnungsprozess, der die narrative Polyphonie organisiert sowie Text- und Bildeinheiten koordiniert. Dabei können drei Kombinationsmöglichkeiten beobachtet werden: der direkte Bezug zwischen Bild und Text, der indirekte oder assoziative Bezug sowie der fehlende Bezug zwischen beiden. Auf diese Weise konstruiert Kluge ein diffuses, sich multiperspektivisch in Wort und Bild konstituierendes fiktives Universum. Die Summe aus den verschiedenen Erzählern und dem eingearbeiteten Bildmaterial kann als nicht-präsente nichtdiegeti-

---

45 Solche literarische Analogiebildungen (die der filmischen Analogiebildung des *match cut* zweier Einstellungen entspricht) können semantischer oder formaler Natur sein. Eine semantische Analogie ergibt sich im folgenden Beispiel: „‚Stop, stop', sagte Leutnant Charisius, ‚wär' schon viel, wenn's da 'ne Gelegenheit gibt, anständig zu *sterben*.'/Nichts schöneres gab es für Christian Runge, als auf einem *Friedhof* spazierenzugehen und die Gräber zu betrachten [...]." (Lampe: *Septembergewitter*, S. 41; Hervorhebungen S. B.). Eine formale Analogie ergibt sich aufgrund von Epanalepsen oder Anadiplosen (von singulären Wörtern oder Phrasen), wie sie häufig in Koeppens Romanen auftreten: „Es verwirrte Dietrich, Adolf in der Loge zu sehen. Wie kam er zu diesem Platz? [...] Und wo war Siegfried? Hätte er Auskunft geben können? Lauter verwirrende Fragen./Verwirrende Fragen. Ilse Kusenberg hatte, als sie sich setzte, dem Priester in ihrer Loge freundlich zugenickt, und danach beunruhigte sie sein Gesicht, es war ein Alptraumgesicht, sie wußte nicht warum, aber es war ein Gesicht aus schrecklichen Träumen." (Koeppen: *Der Tod in Rom*, S. 144).
46 Vgl. Ende: *Die unendliche Geschichte*, S. 5 u. Dos Passos: *Manhattan transfer*, S. 49.

sche Erzählinstanz gedeutet werden. Es scheint aber darüber hinaus sinnvoll zu sein, von einer konsequenten Überführung der filmmedialen Ebene in literarische Texte zu sprechen. Das Erzählen verteilt sich auf eine Vielzahl verschiedener Informationseinheiten und ist nicht mehr einem einzigen olympischen Erzähler zuzuschreiben, sondern etabliert eine narrative Form der Mehrschichtigkeit.

4.3.2. Die Gestaltung der Perspektive

In den Aspekten des ‚Erfassens' und ‚Darstellens' äußert sich nicht nur das Verhältnis zwischen Erzählinstanz und Figuren, sondern es ergeben sich zudem Konsequenzen für die Visualisierung des Fiktiven und die Konstitution des Raums. Mit Schmids *perzeptiver* und *räumlicher* Perspektive können zwei Parameter der Perspektivierung für eine Typologie filmischen Erzählens geltend gemacht werden, die jeweils in unterschiedlicher Weise ausgebildet sind. Besondere Aufmerksamkeit kommt dabei den Ausprägungsmöglichkeiten der Perspektive, der Relation zwischen narrativer Instanz und Figuren, dem Einfluss der Perspektive auf den Raum und ihrer Semantisierung zu.

4.3.2.1. Die perzeptive Perspektive

Als perzeptive Perspektive beschreibt Schmid eine besondere Art des narratorialen Darstellens unter Zuhilfenahme eines wahrnehmungsbeeinflussenden „Prisma[s]"[47]. Zugleich kennzeichnet dieses Prisma die Perzeption des Wahrnehmenden *als* einen Akt der Wahrnehmung. Im diesem Rahmen ist die Übernahme einer Figurenperspektive nicht zwingend notwendig, denn auch die Erzählinstanz kann sich zur Darstellung des Wahrgenommen ihres eigenen perzeptorischen Apparates bedienen und diesen im Vorgang des Erzählens benennen oder prismatisch determinierte Dispositive geltend machen. Beim filmischen Erzählen wird vor allem zwei Unteraspekten eine besondere Bedeutung zugemessen: der Darstellung

---

47 Schmid: *Elemente der Narratologie*, S. 136. Vgl. auch Nünning, Ansgar/Nünning, Vera: „Von ‚der' Erzählperspektive zur Perspektivenstruktur narrativer Texte. Überlegungen zu Definition, Konzeptualisierung und Untersuchbarkeit von Multiperspektivität". In: dies. (Hg.): *Multiperspektivisches Erzählen. Zur Theorie und Geschichte der Perspektivenstruktur im Englischen Roman des 18. bis 20. Jahrhunderts*, Trier 2001, S. 3–38; hier S. 12.

des Sehens und der Darstellung des Hörens.[48] Beides läuft auf die ‚audiovisuelle' Gestaltung eines literarischen Textes hinaus.

Zur Behandlung der Erzählinstanz wurde auf verschiedene Texte zurückgegriffen, die ebenfalls für die perzeptive Perspektive von Bedeutung sind. In *La Jalousie* zeugt die detailgetreue visuelle und auditive Wahrnehmung von der psychischen Störung des Figurenerzählers. Sensorisch wird die gesamte Umgebung minutiös abgetastet und beschrieben. Die Beobachtungsgabe des diegetischen Erzählers in *Der Schatten des Körpers des Kutschers* prononciert hingegen die Brüchigkeit und Morbidität der Welt und das wachsende Unverständnis des Individuums sowie seine Ohnmacht im Umgang mit Anderen. Beide Erzähler verbindet ihr diegetischer Status: sie sind – präsent oder nicht – an die physikalischen Gesetzmäßigkeiten der erzählten Welt gebunden und können diese nur bedingt umspielen. Im Gegensatz dazu agiert eine nichtdiegetische Erzählinstanz zumeist multiperspektiv: Erstens vermag sie es, durch den Einsatz verschiedener Zeichensysteme unterschiedliche Rezeptionsmuster abzurufen. Zweitens verfährt sie unter Umständen polylokal und ‚blickt' zur gleichen Zeit auf mehrere Orte. Drittens nutzt sie neben der eigenen Perspektive die der Figuren (oder diejenige anderer Entitäten der Diegese), um die Welt perzeptiv zu erfassen. Diese drei Gesichtspunkte können dazu dienen, den Zusammenhang zwischen Multiperspektivität und dem filmischen Erzählen zu demonstrieren, allerdings sind sie kategorial zu unterscheiden und erzeugen je unterschiedliche Varianten des Filmischen. Elementar ist dabei die Generierung von Audiovisualität. Für die erste und die dritte Realisierung gilt, dass sie die Visualität (oder Audiovisualität) des literarischen Textes mimetisch erzeugen. Auf der medialen Ebene geschieht dies durch die Einbindung von piktografischem Material jeglicher Art, das das von der Erzählinstanz verbal Dargelegte visuell dupliziert. Beispiele hierfür sind Weiss' *Das Duell* oder Kluges *Lernprozesse mit tödlichem Ausgang*. Im Akt der Perspektivierung oder der Explikation der eigenen Perspektive wird der perzeptive Aspekt hervorgekehrt und Audiovisualität durch die konkret-plastische Wiedergabe des Erfassten formiert. Die zweite Realisierung läuft auf den sogenannten Montage-Roman hinaus. Nicht die Perspektive der Erzählinstanz wird zersplittert, sondern vielmehr der Gegenstand ihrer Betrachtung: der diegetische Raum. Auf

---

48 Für die aktuelle narratologische Theoriebildung sind vor allem François Jost und William Nelles wegweisend gewesen, die für die beiden Unterbereiche der perzeptiven Perspektivierung die Begriffe *ocularization* und *auricularization* geprägt haben. (Jost: *Narration(s). En deçá et au-delá*, S. 192–212 u. Nelles, William: *Frameworks. Narrative levels and embedded narrative*, New York 1997, S. 95–96). Zur Weiterführung und Anwendung dieser Begriffe im Rahmen einer Filmnarratologie vgl. Kuhn: *Filmnarratologie*.

diese Weise funktionieren Erzählungen in der Tradition von Dos Passos, die im Abschnitt zu Zeitverhältnissen und im Kapitel zur Institutionalisierung des filmischen Erzählens in der Frühen Moderne zur Sprache kommen sollen.

Einer näheren Betrachtung hinsichtlich ihrer Formen und Funktionen soll hingegen die figurale perzeptive Perspektive unterzogen werden. Döblin nutzt zu Beginn von *Berlin Alexanderplatz* eine Straßenbahn, um die Figur und auch den Leser durch die erzählte Welt – das Berlin der 1920er Jahre – zu führen.

> Dann nahm er einen Anlauf und saß in der Elektrischen. Mitten unter den Leuten. Los. Das war zuerst, als wenn man beim Zahnarzt sitzt, der eine Wurzel mit der Zange gepackt hat und zieht, der Schmerz wächst, der Kopf will platzen. Er drehte den Kopf zurück nach der roten Mauer, aber die Elektrische sauste mit ihm auf den Schienen weg, dann stand nur noch sein Kopf in der Richtung des Gefängnisses. Der Wagen machte eine Biegung, Bäume, Häuser traten dazwischen. Lebhafte Straßen tauchten auf, Seestraße, Leute stiegen ein und aus. In ihm schrie es entsetzt: Achtung, Achtung, es geht los. Seine Nasenspitze vereiste, über seine Backe schwirrte es. „Zwölf Uhr Mittagszeitung", „B.Z.", „Die neue Illustrierte", „Funkstunde neu", „Noch niemand zugestiegen?" Die Schupos haben jetzt blaue Uniformen.[49]

In Vicki Baums *Menschen im Hotel* ist zu beobachten, wie die perzeptive Perspektivierung zwischenmenschliche Wahrnehmung akzentuiert.

> „Und haben Sie denn niemanden, der – ich meine –? Sind Sie denn allein für sich?" fragte er unbeholfen, und zum erstenmal fiel Otternschlag seine hohe und angenehme Stimme auf, eine Menschenstimme, eine klingende, suchende, tastende Stimme. Er streckte seine kalten Finger vor sich hin auf die Tischplatte und nahm sie gleich wieder zurück. Kringelein schaute nachdenklich die vielen weißlich vernähten Narben in Otternschlags Gesicht an, und plötzlich schloß er sich auf und begann zu sprechen.[50]

Die mobile perzeptive Perspektive (*Berlin Alexanderplatz*) und das an das Schuss-Gegenschuss-Verfahren erinnernde Prinzip der dualen Perspektivierung (*Menschen im Hotel*) können als Formen der *camera eye*-Technik aufgefasst werden wie sie Franz K. Stanzel mit Rückgriff auf Christian Paul Casparis und Norman Friedman beschrieben hat.[51] Gleichwohl die „Illusion einer dehumanisierten Wahrnehmung"[52] wie sie *La jalousie* und *Der Schatten des Körpers des Kutschers* vorführen als eine Form filmischen Erzäh-

---

49 Döblin: *Berlin Alexanderplatz*, S. 15.
50 Baum: *Menschen im Hotel*, S. 49. Vgl. auch Lampe: *Am Rande der Nacht*, S. 48.
51 Vgl. Stanzel: *Theorie des Erzählens*, S. 294–299. Keinen Bezug nimmt Stanzel auf die ebenfalls wichtige Studie von Alan Spiegel (ders.: *Fiction and the camera eye. Visual consciousness in film and the modern novel*, Charlottesville 1975).
52 Stanzel: *Theorie des Erzählens*, S. 296.

lens in der Literatur gelten kann, ist mit Blick auf die Textbeispiele jedoch zu ergänzen, dass die perzeptive Perspektive durchaus an die Subjektivität (Kognition, Emotion und Ideologie) der Figur gebunden sein kann. Der gegenteilige Fall einer nicht an die figurale Subjektivität gekoppelten Perspektive und die daraus hervorgehende Gestaltung pathologischer Verhaltensmuster ist bereits anhand von Robbe-Grillets und Weiss' Texten angesprochen worden. An dieser Stelle ist letzlich ein mediendivergentes Merkmal zwischen dem Erzählen im Film und dem filmischen Erzählen in der Literatur offengelegt: bei der Filmkamera stellt die Verknüpfung von perzeptiver Perspektive und Subjektivität den markierten Fall dar, während ebendies in der Literatur die unmarkierte Variante anzeigt. Eine weitere markierte Spielart in der Erzählliteratur betrifft die Verwendung einer nichtanthropomorphen Perspektivierungsinstanz wie beispielsweise der Mond in Lampes *Septembergewitter*.[53] Über die visuelle Komponente der *camera eye*-Technik hinaus sollte auch die auditive Komponente als Option der perzeptiven Perspektivierung nicht unbeachtet bleiben. Am deutlichsten nimmt etwa die Musik eine bedeutungstragende narrative Funktion in *Septembergewitter*, *Am Rande der Nacht*, *Manhattan transfer* und *Menschen im Hotel* ein, indem sie – einer Art Introspektion gleich – die innere Stimmung der Figuren widerspiegelt beziehungsweise einen Zugang zu ihr offenlegt und als Bindeglied zwischen separaten Handlungssträngen fungiert. Auch am Textausschnitt aus *Berlin Alexanderplatz* wird ansatzweise deutlich, dass der Akzent auf einer *audio*visuellen Wahrnehmung liegt.

In der Erzählliteratur äußern sich markierte und unmarkierte Formen dieser modifizierten *camera eye*-Technik folglich durch den in kurzen Intervallen gehaltenen Wechsel der perzeptiven Perspektivierung und in der Bewegung eines Wahrnehmenden im diegetischen Raum. Ihre Funktionen bestehen in der Erfassung und Darstellung des Raums (in visueller und auditiver Hinsicht) und insgesamt in der Erzeugung einer raumzeitlichen Kontinuität, aber ebenso in der Strukturierung der Erzählung, indem Multiperspektivität zum Erzählprinzip *par excellence* erhoben wird. Die *camera eye*-Technik kann beidem dienen: einer angestrebten objektiven Darstellung der erzählten Welt und der Amplifikation des Zusammenhangs von Subjektivität und Weltkonstruktion.

---

53 Vgl. Lampe: *Septembergewitter*, S. 123.

4.3.2.2. Die räumliche Perspektive

Die Kategorie des Raums spielt für die Wahrnehmung und die Handlung der Figuren eine elementare Rolle, denn in ihm orientieren sie sich und vollführen ihre Aktionen. Andererseits formiert sich der diegetische Raum überhaupt erst über Informationen, die durch die perzeptive Perspektive vermittelt und, grundlegender noch, über solche, die durch die räumliche Perspektive indiziert werden. Ausschlaggebend für den Parameter der räumlichen Perspektive sind der „räumliche Standpunkt"[54] eines Wahrnehmenden, sein Blickwinkel und die „Restriktion des Gesichtsfelds". Einen Standpunkt und einen bestimmten Blickwinkel können Figuren oder präsente nichtdiegetische Erzählinstanzen einnehmen. Erstere sind naturgemäß bestimmten Restriktionen ausgesetzt, Letztere können sich diesen Restriktionen bewusst unterwerfen. Es gilt zu ergründen, welche Formen die filmische Literatur aufweist, vor allem aber, inwiefern sie semantisiert und im Rahmen der *camera eye*-Technik instrumentalisiert werden.

Wie die perzeptive Perspektive ist die räumliche Perspektive an den Redemodus der Beschreibung gebunden und somit (in einem engeren Verständnis des Begriffs ‚Beschreibung') auf den ersten Blick kein obligatorischer Bestandteil einer Erzählung. Sandra Poppe zufolge kommt jedoch eine Beschreibung ohne Handlung aus, während eine Handlung ihrerseits aber auf ein Minimum an Beschreibung angewiesen ist.[55] Daher ist sie für das Erzählen unentbehrlich. Weiterhin ist die wie auch immer geartete Handlung nicht nur auf eine zeitliche Dauer, sondern zusätzlich auf eine räumliche Extension hin ausgelegt und folglich stets an ein räumliches Universum gebunden, dessen Existenz mehr oder weniger deutlich wahrgenommen wird und Einfluss auf die Handlung nimmt. Die räumliche Perspektive kann darüber hinaus handlungsunabhängig funktionalisiert werden, wie der Beginn von *Effi Briest* nahelegt. In Fontanes Text liegt eine präsente nichtdiegetische Erzählinstanz vor, die sich den physikalischen Voraussetzungen der diegetischen Welt unterwirft und während ihrer Beschreibungen bestimmten Restriktionen aussetzt. Sie nähert sich dem Haus der Briests. Dabei geraten manche Dinge aus dem Blickfeld, wohingegen andere erst sichtbar werden. Eine weitere narrative Funktion neben Exposition und Illustration der familiären Situierung nimmt die kompositorische Motivation und die Vorwegnahme von Effis Geschichte

---

54 Alle Zitate aus Schmid: *Elemente der Narratologie*, S. 131.
55 Vgl. Poppe, Sandra: *Visualität in Literatur und Film. Eine medienkomparatistische Untersuchung moderner Erzähltexte und ihrer Verfilmungen*, Göttingen 2007, S. 38.

4.3. Der verdeckte Typus

im Motiv der Schaukel ein.[56] Filmisch ist die Technik der Perspektivierung an dieser Stelle deshalb zu nennen, da durch die Kombination von perzeptiver und räumlich-mobiler Perspektive der Effekt eines visuell-greifbaren und konkreten diegetischen Raums hervorgerufen wird. Mobilität bedeutet dabei die sukzessive Veränderung des räumlichen Standpunkts, wobei der Raum nicht nur abgeschritten wird, sondern seinerseits an Tiefe und Plastizität gewinnt. Diese Beobachtungen führen zu der Annahme, eine literarische Form des Kameraeinsatzes vorgefunden zu haben, die auf dem elementaren Zusammenhang von Wahrnehmung und Raum basiert.

Wie *La jalousie* ist Robbe-Grillets *Le voyeur* durch einen hohen Grad an perzeptiver Aktivität gekennzeichnet, die sich in der Regel als deskriptives Moment offenbart. Aufschlussreich für die vorliegende Systematik sind zunächst die Explikation des Wahrnehmungsaktes und die Lokalisierung des Wahrnehmenden im Raum. Gleich zu Beginn des Romans erfolgt eine längere und detaillierte Beschreibung eines Hafens, die mit mehreren Hinweisen auf räumliche Positionen und mit perspektivischen Einschränkungen unterfüttert ist: „Der durch die Wirkung der Perspektive ferner weggerückte Kai strahlt [...]."[57] Und: „Bei aufmerksamerem Hinschauen bemerkte man jedoch, daß der Randstein sich unauffällig näherte." Gebunden sind diese Hinweise an die Figur eines Reisenden namens Matthias: „Matthias wendete seinen Blick um neunzig Grad der Menge der Fahrgäste zu und ließ ihn dann aufs Deck hinabgleiten."[58] Im Anschluss an die Schilderung der Außenwelt findet ein über die Figurenperspektive motivierter Raumwechsel statt, der mit einer temporalen Rückwendung einhergeht. Hier liegt eine Art visualisierte Rückblende vor, in der Details zur Figur geliefert und ein Teil ihrer Vergangenheit aufgedeckt werden. Die visuelle Perzeption korreliert außerdem mit der auditiven Wahrnehmung („Er schloß die Augen. Hinter der Glastür [...] rollte das Meer weiter regelmäßig gegen die Steilküste."[59]). So entsteht insgesamt ein audiovisueller Eindruck des diegetischen Raums, zugleich überträgt die Erzählinstanz die Unzuverlässigkeit der Figurenperspektive auf den Diskurs: Auf der Ebene des exegetischen Raums sind der auf die Gegenwart bezogene wie auch der retrospektive Erzählvorgang eng miteinander ver-

---

56   Vgl. Martínez/Scheffel: *Einführung in die Erzähltheorie*, S. 115. Die zu Beginn genannte und in Verbindung zu Effi stehende Schaukel taucht als freies Motiv in metaphorischer Verwendung auf und wird am Schluss des Romans erneut aufgegriffen.
57   Beide Zitate: Robbe-Grillet: *Der Augenzeuge*, S. 8 u. 9; vgl. auch S. 19, 24, 36, 65, 101, 132, 172f., 180, 181.
58   Ebd., S. 11.
59   Ebd., S. 95.

woben, so dass ein Wechsel zwischen beiden oftmals nicht ersichtlich ist. Als besondere Spielart Robbe-Grillets kann die figurale Unzuverlässigkeit als Ausgangspunkt für die Unschlüssigkeit über Wahrheiten der Diegese und somit auch über Raumangaben angesehen werden.

Ein anderes Beispiel, in dem die räumliche Konstitution nicht nur über die Visualität, sondern auch verstärkt über die Akustik und die auditive Figurenwahrnehmung durchgeführt wird, stellt Peter Handkes Debüt *Die Hornissen* dar. Dabei scheint zunächst nicht klar zu sein, dass der Figurenerzähler aufgrund seiner Blindheit gar nicht imstande ist, visuell-sensorisch zu agieren:

> Ich drehe langsam den Kopf zu der Scheibe und schaute scheinbar dorthin, während mein Bruder mit der Faust den Dunst seines stoßweisen Atems abwischte. Er verharrte in seiner Bewegung. Ich schaute, wie ihm schien, auf das Fenster, und er schaute zu mir; als ich nun Atem holte, verengte sich mein Gesicht, aber nicht, weil mein Auge auf ihn fiel, sondern weil ich immer noch horchte, daß der Schrank ertönte; dazu waren die Augen, deren Pupillen geradewegs auf ihn gestellt waren, einwärts zu dem Rauschen des Gehörgangs gerichtet.[60]

Insbesondere die fortlaufende Markierung der visuellen Perspektive unterstützt dabei den Eindruck eines Sehenden.[61] Doch nicht nur seine scheinbare Sehfähigkeit zeichnet den Figurenerzähler aus, sondern die für diegetische Erzählinstanzen eher atypische Eigenschaft der (fingierten) Omnipräsenz.[62] Insgesamt beruht die hier vorliegende Audiovisualität des Erzählens auf einer festen Zuordnung von Bild und Ton und auf der Omnipotenz des Erzählers in der narrativen Gestaltung seiner Geschichte:

> Ich teilte den Geräuschen, die ich hörte, die Bilder zu. Ich teilte den Bildern die Geräusche zu, die ich nicht hörte. Ich teilte den Geräuschen, die ich nicht hörte, die Bilder zu. Dem Geräusch der Kupplung und der Gelenke teilte ich den hinteren Wagen der Straßenbahn zu. Der Leuchtspur der Straßenbahnwagen teilte ich den hinteren Fenstern die vereinzelten Bilder der Fahrgäste zu, den Knien der Gäste die Taschen, den Händen die gefaltete, sauer riechende Zeitung, den Ausweis, den Hut, die weißen Handschuhe mit den Spuren des Lippenstiftes an der Spitze des mittleren Fingers. Ich teilte dem Bild des Mundes die Geräusche zu, und ich teilte dem wechselseitigen Mund wechselseitige Geräusche zu. Ich ließ das Bild des einen Mundes und das Bild des anderen Mundes die Geräusche wechseln und die Bilder der wechselseitigen Körper sich zueinander neigen. Ich teilte den Lippen die Bilder der Mundbewegungen zu und den Bewegungen die Geräusche.[63]

---

60 Handke, Peter: *Die Hornissen*, Frankfurt a. M. 1977, S. 10.
61 Ebd., S. 12, 13, 15, 17f.
62 Vgl. ebd., S. 24f.
63 Ebd., S. 82. Vgl. auch die weiteren Ausführung auf den S. 82–89.

Von diesem Ausgangspunkt aus baut sich der gesamte diegetische Raum auf, sowohl im näheren als auch im weiteren Umfeld des Erzählers. Zugleich findet sich eine offene Problematisierung hinsichtlich der Erzeugung von Audiovisualität, freilich ohne die Referenz auf den Film:

> Wenn ich aber mit den Bildern zu der Grenze der Erfahrung gekommen war, half mir nichts mehr weiter. Ich lag in dem finsteren Raum unter den schlafenden, wachenden Blinden und konnte mir von nichts mehr ein Bild machen.[64]

Auch diese Feststellung unterstreicht den reziproken Zusammenhang von Perspektive und Raum: Ohne eine eingenommene Perspektive existiert der Raum nur unkonkret, in keiner erfahrbaren Gestalt. Andererseits basiert die Möglichkeit einer Perspektive neben anderen Parametern vor allem auf einer räumlichen Situierung des Wahrnehmenden. Perspektive und Raum sind also zwei sich gegenseitig bedingende Größen, die ebenfalls mit Blick auf filmische Verfahrensweisen in der Literatur nur theoretisch voneinander zu trennen sind.

4.3.3. Raum

Die drei ‚Räume' des Erzählwerks können als diegetischer Raum, exegetischer Raum und medialer Raum bezeichnet werden und sind durch semiotische Relationsbeziehungen miteinander verschränkt: Der mediale Raum stellt im Fall der Literatur eine Textoberfläche dar und wird als *konstruierender Raum* verstanden, in dem (vom Produzenten) mediale Verfahren angewandt werden.[65] Der exegetische Raum ist der mittels Anwendung dieser medialen Verfahren *konstruierte Raum* des Erzählens. Schließlich ist der diegetische Raum ein durch das Erzählen indizierter, allein durch den Rezipienten *rekonstruierbarer Raum*, der in der Narration lediglich bruchstückhaft und unkonkret vorliegt.

---

64 Ebd., S. 92.
65 Der mediale Raum ist seinerseits ‚gerahmt': Der Buchdeckel, die Seitenränder, die Ränder Leinwand oder des Bildschirms trennen im Fall der fiktionalen Erzählung Kunst von Nicht-Kunst. Vgl. Lotman, Jurij M.: „Der Rahmen". In: ders.: *Die Struktur literarischer Texte*, S. 300–311.

4.3.3.1. Diegetischer Raum

Ohne auf verschiedene Modelle einzugehen, die die Komplexität des diegetischen Raums veranschaulichen,[66] soll hier in Anlehnung an Seymour Chatman und Jurij Lotman von einer durch den Text realisierten Größe gesprochen werden, die alle durch Figuren oder Erzählinstanzen explizit oder implizit angesprochenen Topografien und Topologien formiert. Mittels Semantisierung gelangt im Raum Nicht-Räumliches zum Ausdruck. Die Konstitution des diegetischen Raums divergiert grundlegend in verschiedenen Medien. Während der diegetische Raum in der Literatur streng genommen ein Konstrukt des Lesers ist, der im Zuge seiner Lektüre Schlüsse auf die Räumlichkeit der Welt zieht, ist er aufgrund seiner ikonischen Abbildung dem Medium Film inhärent. Wenn von filmischem Raum in der Erzählliteratur gesprochen wird, so meint dies mindestens zweierlei: erstens den (scheinbar) konkreten, d. h. den visuell und auditiv erfahrbaren Raum, und zweitens die Darstellung filmspezifischer oder genretypischer Räume. Eine dritte Möglichkeit, die implizite Einzelreferenz, ist allenfalls randständig und wird hier ausgeklammert.[67]

Konkrete Räume im Rahmen filmischen Erzählens finden sich vor allem in Texten, die in der Tradition des europäischen Realismus stehen. Alle behandelten Beispiele von Flaubert über Dickens bis hin zu Stifter, Fontane und Raabe belegen die Annahme einer derartigen historischen Verankerung. Gegenüber älteren Texten der Literaturgeschichte kristallisiert sich bei ihnen eine Raumtiefe heraus, die – mit den Worten Gerhard Hoffmanns – vom reinen Aktionsraum oder dem allegorischen Raum hin zum Panorama, zum Tableau und zur räumlich-bestimmten Szene führt. Systematisch besehen gewinnt der Raum so an einer „symbolischen Ausweitung seiner Bedeutung"[68] als auch an einer „starken Konkretisierung des gegenständlichen Bereichs". Die Bedeutung des Raums wandelt sich demnach, sei es mit Blick auf die Großflächigkeit seiner Beschreibung oder hinsichtlich entsprechender Semantisierungsprozesse. Im Zuge einer solchen Raumkonzeption in Texten des Realismus kann eine Konkretisie-

---

[66] Vgl. etwa Nünning, Ansgar: „Formen und Funktionen literarischer Raumdarstellung: Grundlagen, Ansätze, narratologische Kategorien und neue Perspektiven". In: Wolfgang Hallet/Birgit Neumann (Hg.): *Raum und Bewegung in der Literatur. Die Literaturwissenschaften und der Spatial Turn*, Bielefeld 2009, S. 33–52 sowie den Beitrag von Michael C. Frank („Die Literaturwissenschaften und der spatial turn. Ansätze bei Jurij Lotman und Michail Bachtin", S. 53–80). Zur aktuellen narratologischen Auseinandersetzung vgl. die Dissertationsschrift von Katrin Dennerlein (*Narratologie des Raums*, Berlin/New York 2009).

[67] Bei dieser Realisierung wäre an einen Raum zu denken, der auf einen spezifischen Raum eines singulären Films anspielt.

[68] Beide Zitate aus Hoffmann: *Raum, Situation, erzählte Wirklichkeit*, S. 19.

rung des Raums beobachtet werden, deren Auftreten nicht ausschließlich filmische Texte betrifft. Wichtig für den vorliegenden Zusammenhang ist also, dass der konkrete diegetische Raum kein hinreichendes Merkmal für die Eigenschaft des Filmischen sein kann.

Als verlässliches Merkmal fungiert allerdings der Genrebezug. In Kap. 4 konnten vier Elemente des Genrebegriffs herausgestellt werden – die Diegese, die Handlung, Themen und Motive sowie der (Film-)Stil –, die mit Blick auf den Raum in verschiedenen Verbindungen zutage treten. Bei Dickens lässt sich etwa beobachten, wie diegetische Räume genretypisch semantisiert werden und auf die Verwendung filmischer Gestaltungsmittel hindeuten. In Kapitel 38 von *Oliver Twist* treffen der zwielichtige Mr. Monks und Mr. und Mrs. Bumble aufeinander, um das entscheidende Geheimnis um Olivers Herkunft zu besprechen. Die Dramatik der Szene speist sich unter anderem aus den Lichtverhältnissen: Ein aufkommendes Gewitter mit ersten Blitzen lässt das Gesicht des Schurken Mr. Monks wiederholt aufleuchten und noch schrecklicher wirken. Der Raum erscheint in einem Zusammenspiel aus Licht und Dunkelheit – ebenso wie dies im Genre des Film noir üblich ist – und ist deutlich auf die Handlung und das für Dickens typische Motiv der verdeckten Identität abgestimmt.[69] Für ein anderes Beispiel ist das Genre des psychologisch motivierten Thrillers maßgebend. In Baums *Menschen im Hotel* versucht der verarmte Baron Gaigern, wertvolle Perlen der alternden Ballerina Grusinskaja zu stehlen. Beide bewohnen das Grand Hôtel in Berlin und sind Zimmernachbarn. Als sichere Möglichkeit für einen Raub wähnt Gaigern die Abwesenheit der Grusinskaja während einer ihrer Aufführungen. Allerdings erscheint sie früher als erwartet und ertappt ihn beinahe auf frischer Tat. Er schafft es, sich rechtzeitig zu verbergen, beobachtet sie und brütet dabei über einem Fluchtplan. Letztlich hindert er sie an einem Selbstmordversuch, und die beiden werden ein Liebespaar. Der diegetische Raum ist neben anderen Indizien ausschlaggebend dafür, von dieser Szene als einer filmischen zu sprechen. Einen ersten Beweggrund für diese Annahme liefert der Zusammenhang von diegetischem Raum und Handlungsspezifik:

> Gaigern hatte den Weg zum Fenster der Grusinskaja aus seinem eigenen Fenster gestartet, er mußte nicht ganz sieben Meter zurücklegen und befand sich schon in

---

[69] Vgl. Dickens: *The adventures of Oliver Twist*, S. 277–286; bes. S. 279, 282 u. 285. Auf die ‚Schwarze Serie' als einen „medienübergreifenden Merkmalskomplex in Film und Litertur" weist auch Tschilschke hin. Seiner Meinung nach stellt dieser Komplex, der den Film noir und den Roman noir beziehungsweise den Gothic novel umschließt, ein „hervorragendes Beispiel für die enge künstlerische und kommerzielle Verschränkung" beider Medien dar (vgl. Tschilschke: *Roman und Film*, S. 119).

> der Mitte seiner Strecke. Die falschen Sandsteine des Grand Hôtel waren den roh behauenen Grundquadern vom Palazzo Pitti nachgeahmt, es sah pompös aus, und wenn es nicht abbröckelte, war alles gut. Gaigern bettete seine Zehen mit Vorsicht in die Vertiefungen des Bewurfs. An den Händen trug er Handschuhe, die ihm unterwegs überaus hinderlich wurden. Ausziehen konnte er sie nicht, während er wie ein Käfer an der Außenwand der zweiten Etage hinkroch. „Verdammt", sagte er, als Mörtel und Bewurf unter seinen Händen abbrach und ein Stockwerk tiefer auf einem zinnbelegten Fenstervorbau aufklatschte. Er spürte seine Kehle trocken werden und regulierte seinen Atem wie ein Läufer [...]. Er bekam wieder Halt, balancierte einen lebensgefährlichen Augenblick auf einer Zehenspitze und landete dann das zweite Bein um einen halben Meter weiter vorwärts.[70]

Durch das Versetzen der Figur Gaigern in den ungesicherten Außenraum und seine gefährliche Lage wird Spannung erzeugt, die ebenfalls die narrative Vermittlung der Szene trägt: Gaigern selbst wird mit einem „Käfer" verglichen, während seines Abenteuers schaut er auf „die wimmelnde Ameisenstraße der Großstadt"[71]. In beiden Fällen wird über die Erzähler- und die Figurenperspektive die vertikale und horizontale Tiefe des Raums indiziert. Der Reiz dieses Spannungsmoments liegt ebenfalls darin begründet, dass sich der Leser auf die Seite der Figur schlägt – er gewissermaßen mit Gaigern fiebert –, obwohl es sich bei ihr um einen Dieb handelt. Die folgende Szene im Zimmer der Grusinskaja ist nicht weniger spannend: Während sie sich entkleidet und mit dem Gedanken spielt, sich umzubringen, befindet er sich hinter einem Vorhang verborgen. Hiermit liegt eine klassische *suspense situation* vor: Der Leser verfügt über einen Wissensvorsprung gegenüber den Figuren, möchte einschreiten und warnen. Entgegen bekannter Thriller-Genremuster wird diese Figurenkonstellation aber ins Positive aufgelöst. Der Raum ist in ein realistisches Gesamtkonzept gebettet und wird nicht explizit als filmischer Raum markiert. Es ist das Zusammenwirken aus Figurenkonstellation (krimineller Mann – unschuldige Frau), Perspektivenwechsel (im Sinn der *camera eye*-Technik), erzählter Handlung und Inszenierung im Raum, das es erlaubt, in diesem Fall von filmischem Erzählen sprechen.

---

70 Baum: *Menschen im Hotel*, S. 97.
71 Ebd., S. 99.

4.3.3.2. Exegetischer Raum

Jedes Erzählen beansprucht eine Räumlichkeit, die sich vom diegetischen Raum unterscheidet.[72] Der exegetische Raum stellt diesen ‚Raum' des Erzählens dar, d. h. der im narrativen Text tatsächlich geschilderte, durch Wort- und Satzbedeutung erzählte Raum, der eine Essenz des diegetischen Raums darstellt. Die Materialität der raum-zeitlichen Ausdehnung des narrativen Diskurses wird durch das narrative Medium determiniert. Aus diesem Grund lässt sich zwar eine Geschichte transmedial verstehen, die Gestaltung der Geschichte aber ist den jeweiligen medialen Bedingungen unterworfen und nur in Ansätzen von einem Medium in ein anderes überführbar. Auch im Film wirkt sich der Einsatz der vermittelnden Funktionen auf die Darstellung des Erzählens aus. Ein anschauliches Beispiel besteht in einem berühmt gewordenen Experiment des russischen Regisseurs Lew Kuleschow.[73] Er setzte innerhalb einer Montage-Sequenz einzelne *close ups* verschiedener Partien eines Gesichts zusammen und schuf so die Einheit einer Figur. Der exegetische Raum formiert sich dabei aus Selektions- und Linearisierungsprozessen (*close up* und Montage). Beides verschleiert die Tatsache, dass es die Figur in der fiktionsinternen Realität nicht gibt. In der Literatur verlaufen Selektion, Konkretisierung und Linearisierung vornehmlich durch die natürliche Sprache. Chatman zufolge wird der *discourse space* über ein wesentliches Merkmal definiert, das er *focus on spatial attention* nennt.[74] Neben dem Raum der erzählten Geschichte im Diskurs ist demzufolge auch der Einfluss der perzeptiven und räumlichen Perspektive zu berücksichtigen. Der Grundannahme folgend, dass die filmische Darstellungs- und Vermittlungsebene auf der literarischen Ebene der Erzählung transformiert wird, ist im Weiteren der Frage nachzugehen, welche narrativen Formen und Muster die Erzählliteratur anwendet, um filmisch zu erzählen beziehungsweise inwiefern diese sich räumlich manifestieren.

Einige Texte konstituieren die Bedeutung des exegetischen Raums auf dem Anspruch einer direkten Überführung des diegetischen Raums in den exegetischen. Einer ausgiebigen audiovisuellen Raumbeschreibung zu Beginn von *Der Schatten des Körpers des Kutschers* folgt die Fokussierung des

---

72 „The borders between story-space and discourse-space are not so easy to establish as these between story-time and discourse-time. [P]lacement or physical disposition has no natural logic in the real world." (Chatman: *Story and discourse*, S. 98).
73 Vgl. Beller, Hans: „Aspekte der Filmmontage. Eine Art Einführung". In: ders.: *Handbuch der Filmmontage. Praxis und Prinzipien des Filmschnitts*, 3. durchgesehene Aufl., München 1993, S. 9–32; insb. 20ff.
74 Chatman: *Story and discourse*, S. 102.

Erzählers auf die Figur des Hausknechts. Eine implizite Markierung des filmischen Erzählens findet durch die Rahmung der Perspektive statt: „Durch die halboffene Tür sehe ich den lehmigen, aufgestampften Weg und die morschen Bretter um den Schweinekofen."[75] Die Konkretheit der Raumbeschreibung liefert der Detailreichtum in visueller und auditiver Hinsicht: Tatsächlich ist es der Raum, der an dieser Stelle im Zentrum des Textes steht.

> Außerdem sehe ich noch ein Stück Hauswand, mit zersprungenem, teilweise abgebröckeltem gelblichen Putz, ein Paar Pfähle, mit Querstangen für die Wäscheleinen, und dahinter, bis zum Horizont, feuchte, schwarze Ackererde. Dies sind die Geräusche: das Schmatzen und Grunzen des Schweinerüssels, das Schwappen und Klatschen des Schlammes, das borstige Schmieren des Schweinerückens an den Brettern, das Quietschen und Knarren der Bretter, das Knirschen der Bretter und lockeren Pfosten an der Hauswand, die vereinzelten weichen Pfiffe des Windes an der Ecke der Hauswand und das Dahinstreifen der Windböen über die Ackerfurchen […].[76]

Zwar ist eine absolute Transformation des diegetischen Raums in den exegetischen in der Erzählliteratur nicht möglich, dennoch werden hier die medialen Möglichkeiten ausgereizt, um zumindest einen *Eindruck* entstehen zu lassen.

Die Figur Franz Biberkopf in *Berlin Alexanderplatz* ist mit den Eindrücken der Großstadt gänzlich überfordert. Diese Überforderung wird erzähltechnisch durch die Fragmentierung des Raums in Fetzen aus visuellen und auditiven Eindrücken wiedergegeben: „In ihm schrie es entsetzt: Achtung, Achtung, es geht los. […] ‚Zwölf Uhr Mittagszeitung', ‚B.Z.', ‚Die neue Illustrierte', ‚Funkstunde neu', ‚Noch niemand zugestiegen?'".[77] Der diskursive, exegetische Raum ist an die ruckartigen Selektionen der Figur gekoppelt und ‚verkürzt' auf diese Weise den diegetischen Raum deutlich. Vergleichbar ist dieses Verfahren mit dem filminhärenten Verfahren der Montagesequenz. Bei Döblin ist diese Konstruktion implizit markiert, da es sich um eine sprunghafte, an das filmische Mittel des *jump cut* erinnernde narrative Linearisierung bestehend aus visuellen und auditiven Eindrücken der Figur handelt. Eine ähnliche Neumodellierung des (faktischen) Berlins findet man in Keuns *Das kunstseidene Mädchen* – ein Roman des offenen Typus –, bei der die Figur Doris einem Blinden ihre Wahrnehmungsinhalte in Form von Details („ein böser Mund, der zog sich nach unten mehr und mehr"[78]) oder Totalen („da ist die Gedächtnis-

---

75 Weiss: *Der Schatten des Körpers*, S. 7.
76 Ebd., S. 7. Eine ausführlichere Raumbeschreibung findet sich auf den S. 61ff.
77 Döblin: *Berlin Alexanderplatz*, S. 15.
78 Keun, Irmgard: *Das kunstseidene Mädchen*, München 1986, S. 66.

kirche und mit Türmen so grau wie Austernschalen") schildert. Diese Beispiele belegen abermals die Korrelation von Perspektive und Raum, narrative Konnektionen zwischen diegetischem und exegetischem Raum und Perspektivierung sollten daher unbedingt zusammengedacht werden.

Neben dem Aspekt der Wahrnehmung ist der filmischen Realisierung des exegetischen Raums ein weiteres wichtiges Merkmal hinzuzurechnen, welches mit der zeitlichen Strukturierung verbunden ist. Die syntagmatische Anordnung der im exegetischen Raum strukturierten narrativen Informationen kann wie in den obigen Beispielen nicht nur auf der Mikroebene der Erzählung fragmentarisch sein, sondern ebenso auf der Makroebene. Weit verbreitet ist das *short cuts*-Verfahren des Montage-Romans. *Manhattan transfer*, *Am Rande der Nacht*, *Tauben im Gras* und viele weitere Texte zeichnen sich dadurch aus, dass sie von einem relativ begrenzten Raum ausgehen und diesen im exegetischen Raum in eine Vielzahl von Teilräumen aufsplitten. Verbunden ist dies mit der Substitution eines einzelnen Handlungsstrangs durch mehrere Stränge.

Der filmisch exegetische Raum formiert sich also durch zwei Arten der narrativen Vermittlung, die jeweils unterschiedliche Verhältnisse zwischen dem diegetischen und dem exegetischen Raum ausdrücken: Die eine Art lässt sich als mimetische Transformation des einen im anderen, die andere als narratoriale Destruktion des diegetischen im exegetischen beschreiben.

4.3.3.3. Medialer Raum

Der mediale und der exegetische Raum sind diejenigen Räume im Erzählwerk, die erkennbar hervortreten. Im Anschluss an Schmid ist aber allein der mediale Raum der Phäno-Ebene zuzuordnen: er repräsentiert die erfahrbare Oberfläche eines Textgefüges. Wie auch zeitliche Parameter vereinigt ein narratives Medium mehrere semiotisch spezifizierte Raumdeterminanten, die es von anderen Medien unterscheiden. Beim filmischen Erzählen in der Literatur wird der (sprach-)mediale Raum in manchen Fällen ausgeweitet. Dies geschieht vor allem dann, wenn piktografisches Material eingesetzt wird. Zwei grundlegende Merkmale des Bildes sind mit Blick auf den medialen Raum in der filmischen Literatur zu nennen: Zum einen nutzen Autoren das Bildmerkmal einer non-verbalen Visualisierung. So sind Figuren, Objekte und Orte piktografisch konstruierbar und ergänzen den narrativen (Sprach-)Text. Zum anderen kann die Festlegung einer Perspektive erfolgen und somit die Konstitution einer bestimmten Räumlichkeit insinuiert werden. Neben diesen beiden Charakteristika des Bildes wandelt sich mit seiner Einbindung in den literarischen Text dessen medialer Raum und nähert sich dadurch der Medialität des Films an.

Mit Hasenclevers *Die Hochzeitsnacht* ist bereits ein Fall des offenen Typus filmischen Erzählens angeführt worden. Bei den dort integrierten Bildern handelt es sich um literarische Inserte, mittels derer Schriftstücke der erzählten Welt auf die mediale Ebene des Textes projiziert werden. Abgesehen von der paratextuell angelegten expliziten Markierung finden diese Inserate auf der Mikroebene nur implizit markiert Eingang in die Erzählung. Allerdings ist die Gestaltung des Textes eindeutig der Stummfilmästhetik der 1910er Jahre anverwandt.

Kluges *Lernprozesse mit tödlichem Ausgang* führt darüber hinaus vor Augen, wie die Integration von Bildmaterial ohne eine explizite Referenz auf den Film die Darstellung der Diegese anreichert. Der Anspruch, Inhalte der erzählten Welt zu präsentieren und jene dadurch plastischer zu gestalten, wird in Form von Figuren- und Objektaufnahmen und durch verschiedene Formen der bildlichen Raumdarstellung erzielt. Figuren- und Raumdarstellungen nehmen den größten Teil ein, wobei Erstere entweder durch Gruppen- oder aber durch Porträtfotografien visualisiert werden.[79] Der diegetische Raum wird durch Grafiken und (Landschafts-)Karten, Zeichnungen und Malereien, Comics und Fotografien wiedergegeben.[80] Allerdings bleibt zu beachten, dass es der Text trotz eines hohen Anteils an Bildmaterial und der ausgeprägten Visualisierung nicht vermag, die Medialität des Films in Bezug auf Bewegung zu realisieren. Bewegung und die zeitliche Sukzession der Erzählung bleiben nach wie vor im Rezeptionsvorgang verankert. Doch ebenso wie hier mittels Bilder literarisch-filmisch erzählt wird, unterstützt weiterhin die Einbindung von Musikpartituren – insbesondere am Anfang und am Schluss der Erzählung – die Gestaltung eines audiovisuellen Textes.

Weiss verwendet in seinen Romanen *Das Duell* und *Der Schatten des Körpers des Kutschers* Lithografien. In beiden Texten findet sich eine funktionale Bandbreite des Bildeinsatzes: von konkreter Illustration bis hin zu frei assoziativer Visualisierung. In *Das Duell* herrschen drei Realisierungsmöglichkeiten vor: Erstens wird das erzählte Geschehen aufgegriffen, wobei es zu folgendem Effekt kommt: Wiedergegeben wird ein Kampf zwischen zwei Figuren und einem Hund. In einer Art *freezed frame* wird dieser Kampf eingefangen und (überformt) in *einer* Figur (bestehend aus drei Figuren) präsentiert.[81] Zweitens kann die Figurenperspektive aufge-

---

79 Vgl. Kluge, Alexander: *Lernprozesse mit tödlichem Ausgang*, Frankfurt a. M. 1974, S. 179, 272, 329, 349.
80 Vgl. auch ebd., S. 185, 202, 270f., 305, 356.
81 Vgl. Weiss: *Das Duell*, S. 19.

griffen und dargestellt werden.[82] Drittens ermöglicht schließlich das Bild, offenbar mentale, im Text nicht explizierte Innensichten der Figuren zu veranschaulichen, die etwa Träume implizieren.[83] Darüber hinaus weist der Aufbau des medialen Raums in *Der Schatten des Körpers des Kutschers* mit dem Spiel zwischen Erzählinstanz und Autor auf einen bemerkenswerten Sachverhalt hin. Der Figurenerzähler agiert als Schreibender, die Auswirkungen seines Schreibens machen sich ebenso auf der Ebene der Präsentation der Erzählung bemerkbar: Der Text ist mit Normabweichungen in Orthografie und Interpunktion durchsetzt.[84] Der schreibende Erzähler ist aber vor allem auch Beobachter, der seine Wahrnehmung in den Erzählvorgang überführt. Nun stellt sich freilich die Frage, woher die eingefügten Bilder stammen und wer für ihre Anordnung, ihre Komposition zuständig ist. Die diegetische Erzählinstanz erwähnt sie mit keinem Wort, während sie ihr eigenes Schreiben hingegen selbstreflexiv thematisiert. Tatsächlich muss in textinterner Hinsicht entweder von einer übergeordneten (primären) Instanz oder aber von einem übergeordneten narrativ-motivierten Ordnungsprozess ausgegangen werden. Vergleichbar mit dem Erzählen im Film werden hier Bild und Text in ein Wechselverhältnis gesetzt und die Bilder untereinander auf eine bestimmte Art und Weise komponiert. Der mediale Raum weist in diesem Beispiel somit durch seine Komposition auf das filmische Erzählen in Form eines stratifikatorischen Erzählens hin.

Hinsichtlich der Integration von Bildmaterial ist der Visualisierungsvorgang offensichtlich, gleichwohl dieser zunächst noch einem statischen Gefüge gleichkommt und nicht dem filmischen Bewegungsbild entspricht. Dies, wie auch die Evokation von Musik durch das Einfügen von Musikpartituren oder auch typografische Formen der Auditivität[85], verdeutlichen den literarischen Charakter solcher filmischen Formen. Angesichts dessen gilt es abzuwarten, inwiefern elektronisch operierende Medien wie *e-book reader* multimediale Textkonglomerate ermöglichen, bewegte Bilder mit schriftsprachlichem Text kombinieren und Musik in die Erzählung einflechten und dadurch neue Akzente filmischen Erzählens in der Literatur zu setzen vermögen.

---

82 Vgl. ebd., S. 61 u. 63.
83 Vgl. Weiss: *Das Duell*, S. 94f.
84 Vgl. Weiss: *Der Schatten des Körpers*, z. B. S. 10, 81, 96, 100.
85 Vgl. McCarten: *Death of a superhero*, S. 10.

4.3.4. Zeitverhältnisse

Das filmische Erzählen in literarischen Texten bedient sich mikro- und makrostruktureller Verfahren zur Gestaltung von Zeitlichkeit. Auf mikrostruktureller Ebene sind diejenigen Tempi des Erzählens beachtenswert, die sich in der Erzähloperation der konkretisierenden Selektion zeigen. An erster Stelle steht die Problematik der Zeitlichkeit im dramatischen Modus, der an dieser Stelle mit dem Begriff des szenischen (oder gleichzeitigen) Erzählens erfasst wird. Obwohl die Aufeinanderfolge von zeitraffendem und szenischem Erzählen als Regel angesehen werden kann,[86] stellt doch die partielle Einbettung solcher szenisch erzählter Texteinheiten eine Möglichkeit dar, den zeitlichen Effekt der filmischen ‚vermittelten Unmittelbarkeit' herbeizuführen. Es gilt zu ergründen, welche sprachlich-literarische Techniken zur ‚Gleichschaltung' von erzählter Zeit und Erzählzeit vorzufinden sind, und welche wiederum eine gedehnte oder eine geraffte Zeitstruktur erzeugen. Makrostrukturell besehen wird die Zeitspanne der erzählten Geschichte oftmals enger gefasst als beispielsweise im klassischen Bildungsroman. *Die* Geschichte erscheint häufig auch als eine Vielzahl von Geschicht*en* (Dos Passos, Lampe, Koeppen), oder aber sie zerfasert und zerläuft in viele Seitenzweige (Döblin, Koeppen, Kluge). Diese Anlage filmischer Erzählliteratur äußert sich in einem Phänomen, das mit Martin Nies als *short cuts* bezeichnet werden kann.[87] Der Gesamttext präsentiert sich in einem Konglomerat aus montierten Einzelszenen, die in ihrer Gesamtheit eine Erzählung formieren. Ein drittes Spektrum stellt die Anachronie dar, Spielarten der Analepse (die Rückblende oder *flashback*) und der Prolepse (*flashforward*). Am Rande sei erwähnt, dass die Termini *flashback* und *flashforward* dazu verleiten, Erzähltheorie und Medientheorie zu vermengen. Beide Formen der Anachronie stellen aber, ganz gleich in welchem Umfang und in welcher Reichweite,[88] transmediale Erzähltechniken dar, die im Film lediglich auf verschiedene Realisierungsmöglichkeiten treffen. Homolog dazu weist die Erzählliteratur entsprechende sprachlich realisierte Verfahren auf.

---

86 Martínez/Scheffel: *Einführung in die Erzähltheorie*, S. 41.
87 Nies, Martin: „Short Cuts – Great Stories. Sinnvermittlung in filmischem Erzählen in der Literatur und literarischem Erzählen im Film". In: *Kodikas/Code. Ars Semiotica* 30/1, 2 (2007), S. 109–135.
88 Zu weiteren Differenzierung von Anachronien in Reichweite und Umfang vgl. Martínez/Scheffel: *Einführung in die Erzähltheorie*, S. 35.

4.3.4.1. Filmische Erzählgeschwindigkeiten

Szenisches Erzählen, Dehnung und Raffung sind im Rahmen des verdeckten Typus implizit markiert und werden auf besondere Weise instrumentalisiert. Das szenische (zeitdeckende) Erzählen ist das am weitesten verbreitete Mittel filmischen Erzählens in der Literatur. Mit ihm wird der Effekt eines reallogischen zeitlichen (Geschehens-)Ablaufes insinuiert, indem dem Leser aufgrund der (scheinbaren) Gleichschaltung von Erzählzeit und erzählter Zeit der Eindruck von Isochronie und Unmittelbarkeit nahegebracht wird. Noch klarer als im Film liegt dabei freilich nur der Effekt einer *scheinbaren* Unmittelbarkeit vor, der auch hier als ‚vermittelte Unmittelbarkeit' bezeichnet werden kann. Im Gegensatz zur real messbaren medialen Zeit des narrativen Films ist die literarische Erzählzeit höchst subjektiv konstruiert und an den Vermittelnden und den Lesenden gebunden. Diese Tatsache hat zur Folge, im Erzählen niemals der Fülle von Momenten eines Geschehens gerecht werden zu können.[89] Allerdings gibt es zwei Wege, die Subjektivität der Perspektive ‚vergessen zu machen'. Beide verlaufen ähnlich und sind für das filmische Erzählen von Interesse. Die erste Möglichkeit besteht in der an einem Geschehen neutral-objektiv teilnehmenden nichtdiegetischen Erzählinstanz. Merkmale sind dabei ihre lokale Gebundenheit, wenige deskriptive Anteile ihres Redeaktes und fehlende Kommentare und Reflexionen.[90] Der zweite Weg führt über die Figurenperspektivierung. Mit Hilfe der *camera eye*-Technik ist es möglich, eine neutrale, lediglich registrierende Figurenperzeption wiederzugeben und so Subjektivität zu unterlaufen. In diesen Hinsichten ist etwa die Gestaltung von Peter Handkes *Die linkshändige Frau* auffallend, die sich durch die summarische Aneinanderreihung szenischer Einheiten auszeichnet.

> In der Halle, vor allen Leuten, legte er den Kopf auf die Schulter der Frau, als müsse er sich dort in dem Pelz auf der Stelle ausruhen. Sie nahm ihm Tasche und Koffer aus den Händen, und jetzt konnte er sie umarmen. Sie standen lange so; Bruno roch ein wenig nach Alkohol.
>
> Im Lift, der zur Tiefgarage hinunterführte, schaute er sie an, während sie ihn betrachtete.
>
> Sie stieg zuerst ins Auto und öffnete ihm die Tür zum Nebensitz. Er blieb noch draußen stehen, schaute vor sich hin. Er schlug sich mit der Faust an die Stirn; hielt sich dann mit den Fingern die Nase zu und blies sich die Luft aus den Ohren, als seien ihm diese von dem langen Flug noch verstopft.
>
> Im fahrenden Auto auf dem Zubringer zu der kleinen Stadt am Abhang des Mittelgebirges, wo die Bungalowsiedlung lag, fragte die Frau, mit der Hand am Auto-

---

[89] Vgl. Schmid: *Elemente der Narratologie*, S. 264.
[90] Vgl. Martínez/Scheffel: *Einführung in die Erzähltheorie*, S. 50.

radio: „Willst du Musik?" Er schüttelte den Kopf. Es war inzwischen schon Nacht und in den Büro-Hochhauskomplexen neben der Straße waren fast alle Lichter aus, während die Wohnsiedlungen rundherum an den Hügeln hell flimmerten.[91]

Die elliptische Aneinanderreihung einzelner Szenen, die durch (Text-) Schnitte voneinander getrennt erscheinen, bewirkt einen filmischen Ablauf der Ereignisse. Die narrative Instanz tritt hinter das Geschehen zurück und fällt lediglich durch marginale Beschreibungen ins Auge; Kommentare fehlen gänzlich. Gleiches kann in Lampes kurzer Erzählung *Lustgarten 23.30 Uhr abends* beobachtet werden, in der das Licht des Mondes für einen kurzen Moment eine Szenerie beleuchtet.[92] Szenisches Erzählen ist hier an das filmische Charakteristikum einer medial bedingten Gegenwärtigkeit gebunden: Das Bewegungsbild selbst vermag nicht anzuzeigen, ob es sich bei dem Gezeigten um Vergangenes oder Zukünftiges handelt. Dies kann entweder im Diskurs (beispielsweise durch eine Überleitung eines *voice-over narrator*) oder aber durch kodifizierte Bildmarker (wie das Schwarzweißbild) geschehen. In der Erzählliteratur sind es die Zurücknahme der Erzählinstanz, die (annähernde) Isochronie von Erzählzeit und erzählter Zeit sowie die (scheinbare) Gegenwärtigkeit der Figurenhandlung, die narrative Techniken einer literarischen Transformation der filmmedialen Gegenwärtigkeit darstellen.

Allerdings kann eine noch radikalere Form unmittelbaren Erzählens beobachtet werden: Bei der Wiedergabe von Figurenrede liegt – im Übrigen bereits in Texten des Realismus zu beobachten – häufig der Fall vor, dass Dialoge ohne *verba dicendi* und sonstige Kennzeichnungen der Sprecheridentität auskommen. Im Gegensatz zum oben geschilderten Fall tritt die Erzählinstanz hier vollkommen hinter die Figurenrede zurück, mit dem dialogischen Abtausch der Figurenrede ist der narrative Text auf diese Weise dem Drama (und dem Film) näher gerückt.

Die zeitliche ‚Dehnung' wird als dramaturgisches Element eingesetzt und unterstreicht zugleich die Tragweite eines Ereignisses. Auch sie ist kein filmgenuines narratives Verfahren, sie erfährt aber in der filmischen Literatur eine besondere Ausprägung. In offener Form kann sie beispielsweise in Helene Hegemanns *Axolotl Roadkill* beobachtet werden: „Unter der Dusche prasseln mir *in Zeitlupe* Tropfen entgegen, die durch den Einfluss der Oberflächenspannung bestrebt sind eine Kugelform zu erlangen."[93] Subtiler als ein Verweis auf die filmmediale Technik der Zeitlupe

---

91 Handke, Peter: *Die linkshändige Frau*, Frankfurt a. M. 1981, S. 12f.
92 Vgl. Lampe, Friedo: „Lustgarten 23.30 Uhr abends". In: ders.: *Das Gesamtwerk*, Reinbek bei Hamburg 1986, S. 342f.
93 Hegemann, Helene: *Axolotl Roadkill*, 3. Aufl., Berlin 2010, S. 12 (Hervorhebungen S. B.).

4.3. Der verdeckte Typus 113

verläuft der implizite filmische Erzählvorgang, der aus einer Kombination von szenischem Erzählen und retardierender Erzählerrede bestehen kann, wie dies Handkes *Die Hornissen* aufzeigt:

Sie standen nun in der Schlucht und redeten miteinander, indem sie schrien und große Gesten vollführten.

Du springst nicht. (Der eine sei zu feig zum Springen.)

Gib mir die Liane. (Der andre solle dem einen aus dem Uferbaum die Liane reißen.)

Feigling. (Der eine wird wiederum angestachelt.)

Hans habe Matt die Liane gereicht. Matt sei mit der Liane zum Felsen zurückgegangen. Zwei Felsen, zwischen denen ein Bach fließt ergeben insgesamt eine Schlucht.

Zuerst ich, dann du. (Nach dem einen solle der andere springen.)

Ja. (Er ist einverstanden.)

Der mit der Liane schaute mit aufgerichtetem Kinn zum anderen Ufer. (Dies läßt vermuten, daß er sich noch nicht schlüssig ist.)

Du bist feig. (Erneut wird auf des einen Stolz gepocht.)

Nein. (Der Vorwurf wird abgewiesen.)

Feig bist du. (Listig wird der Vorwurf wiederholt.)

Er sei plötzlich angelaufen. Hans habe das Kratzen seines Schuhs gehört, als er sich von dem Felsen abstieß. Matt sei hoch über den Bach geflogen und auf die Knie in das Gras am anderen Ufer gestürzt. Hans habe, indem er sprang, die herschwingende Liane erhascht. Matt habe über den Finger gezüngelt und mit dem Speichel die Flecken des Grases von den Knien gewischt.

Ich erzähle zu Ende.

Hans habe die Liane zu Matt geschleudert. Matt sei mit ihr zu dem Felsen gewichen und habe sich abgedrückt. Hans habe ihm zugerufen. Er habe nicht mehr geantwortet. Als er hersprang, riß sein Schwung das Seil aus dem Baum. Der Schwung habe das Seil aus dem Baum gerissen.[94]

Der Erzähler berichtet vom Tod seines Bruders während einer Mutprobe. Das Verfahren des zeitdehnenden Erzählens erhöht die Leserspannung bis zur Klimax der Szene. Wie der Unfall tatsächlich abläuft, bleibt indessen unklar, ebenso wie das Verhältnis des Erzählers zum erzählten Geschehen, denn dieser spricht von einer Erzählung „aus zweiter Hand"[95]. Dennoch inszeniert er seine Anwesenheit in Form der angefügten Kommentare, die wiederum die Erzählzeit gegenüber der erzählten Zeit verlängern. Eine solche Gestaltung verweist abermals auf die ‚vermittelte Unmittelbarkeit' des Films: Die Erzählerkommentare flankieren die Szene ledig-

---

94 Handke: *Die Hornissen*, S. 45ff.
95 Ebd., S. 45.

lich in Klammern, eine Machart, die an eine Filmszene mit *voice-over narrator* erinnert.

Im Gegensatz zur Dehnung wird die Raffung als ein Verfahren genutzt, das eine Beschleunigung des Erzählens nahelegt. Gebunden an die Perspektive wurde bereits ein Beispiel für gerafftes Erzählen genannt, in dem die anfängliche Fahrt durch Berlin lediglich anhand einzelner Stationen erzählt wird (*Berlin Alexanderplatz*). Eine andere Realisation der perspektivengebundenen Raffung findet sich in *Menschen im Hotel*. Bemerkenswert mit Blick auf den Umgang mit Zeit und das filmische Erzählen ist der Umstand, dass die gerafften Momente als visualisierte Analepse rekapituliert werden. Eine Figur, Otto Kringelein, erfährt vom Tod des bereits angesprochenen Baron Gaigern und erinnert sich an gemeinsame Erlebnisse:

> Kringelein lächelte nervös. [...] Auch er sah jetzt Gaigern sehr deutlich vor sich, Gaigern im Auto, Gaigern im Flugzeug, am Spieltisch, im weißen Licht des Boxrings, Gaigern, der sich über ihn beugt, Gaigern, der seine Brieftasche wiedergibt, Gaigern, der durch die Drehtür geht.[96]

Ganz offensichtlich handelt es sich bei dieser Analepse nicht um den Nachtrag eines handlungsrelevanten Moments. Vielmehr wird die Figur Gaigern durch die Darstellung dieser Erinnerung in ein gutes Licht gerückt und die Ambiguität zwischen Kriminellem einerseits und hilfsbereitem Mitmenschen andererseits aufgelöst. Filmisches Erzählen liegt in dieser Passage aufgrund der deutlichen Visualität der Erinnerung und der gerafften (vielleicht sogar summarischen) Erzählweise vor, die einzelne narrativ-gereihte Geschehensmomente aufruft.

4.3.4.2. Simultaneität und short cuts

Die Anwendung von *short cuts* kann als filmische Erzähltechnik bezeichnet werden,[97] die in erster Linie am narrativen Umgang mit den Kategorien Raum und Zeit abzulesen ist. Die wesentlichen Konstituenten sind der Schnitt und die Montage, welche in der Literatur durch abschließende Interpunktion und einen Zeilensprung oder aber durch einen konventionellen Kapitelwechsel realisiert werden und den Text in mehrere Abschnitte unterteilen. Dadurch gliedert sich das erzählte Geschehen in mehrere Parallelgeschichten, die in der Regel von einer Multiperspektivität

---

96 Baum: *Menschen im Hotel*, S. 297f.
97 Vgl. dazu ausführlich Nies: *Short Cuts – Great Stories*. Den Ausdruck *short cuts* leitet Nies von Robert Altmans gleichnamigem Film aus dem Jahr 1993 ab (S. 110f.) und betont ebenfalls das Auftreten des Phänomens vor Erfindung des Films (S. 112).

geprägt sind. Der Raum wird wiederum in mehrere Teilräume aufgefächert, wobei freilich eine „übergeordnete Kohärenz des Raums"[98] erhalten bleibt. Erzählungen des *short cuts* legen einen Umgang mit Zeit nahe, der an eine isochrone Gestaltung erinnern mag. Der ständige Wechsel zwischen mehreren Handlungen wird nicht als ein Sprung in der Zeit, sondern vielmehr als Raumsprung inszeniert, in dessen Folge sich allerdings die zeitliche Achse nicht eindimensional chronologisch fortlaufend zeigt. Als auffälligstes Merkmal fällt hingegen die Expansion des zeitlichen Moments ins Auge, in dem eine Reihe verschiedener, simultan verlaufender Ereignisse und Handlungen stattfinden. Eine wesentliche Rolle bei der Gestaltung von *short cuts* spielt folglich die erzeugte Simultaneität. Als Bindeglied zwischen unterschiedlichen Räumen und Handlungen muss sie lexikalisch oder semantisch angezeigt werden, wobei dies auf ganz unterschiedliche Weise geschieht. Zurückzuführen ist die uneinheitliche Gestaltung auf den Umstand, dass *short cuts* in mindestens zwei Modi auftreten. Auf der einen Seite ist diejenige Gruppe von Texten zu nennen, die das der *short cuts*-Technik inhärente Schnittverfahren mit anderen Mitteln filmischen Erzählens kombiniert. Auf der anderen Seite gruppieren sich Texte, die nicht filmisch gestaltet zu sein scheinen, da sie ausschließlich Schnitt und Montage anwenden und ansonsten keine (oder keine auffallenden) Bezüge zum Film verarbeiten. Die Reihe an Beispielen zu diesem Phänomen ist unüberschaubar.[99] Aus Gründen der Übersicht sei hier exemplarisch auf drei Fälle eingegangen und für den ersten Modus *Menschen im Hotel* und *Septembergewitter* und für den zweiten Koeppens *Der Tod in Rom* angeführt.

Eine erste Strategie zur Darstellung von Simultaneität liegt in der Verwendung von Zeitadverbien: „Und während dieser unangenehmen zehn Minuten, die der Generaldirektor [Preysing] in der Telefonzelle Nr. 4 verbrachte, wandelte Kringelein die Treppen hinunter [...]."[100] Anders verfährt die Erzählinstanz, wenn sie auf ein Geschehnis oder eine Figur des vorigen Abschnittes referiert:

---

98   Ebd., S. 110.
99   Nies nennt Dos Passos' *Manhattan transfer*, Döblins *Berlin Alexanderplatz*, Baums *Menschen im Hotel*, Koeppens *Tauben im Gras*, Anderschs *Die Rote* sowie Hoems *Kjærleikens ferjereiser* (dt. *Fährfahrten der Liebe*) und Bergs *Ein paar Leute suchen das Glück und lachen sich tot*. Die Liste der Beispiele ließe sich beliebig fortführen, vor allem auch mit Blick auf die Literatur des 19. Jahrhunderts. 1850 plädierte bekanntlich Karl Gutzkow im Vorwort zu seinem *Ritter vom Geiste* für „einen Roman des Nebeneinander". Ein frühes Beispiel für eine parallelmontierte Handlungsanordnung findet sich bereits in Walter Scotts *Ivanhoe* (1812). Ein weiterer wegweisender Roman in diesem Feld ist Dickens' *Oliver Twist*.
100 Baum: *Menschen im Hotel*, S. 67 (Hervorhebung S. B.).

> Ganz zuletzt und schon wieder halb schlafend hört er [Preysing] noch, wie jemand draußen leise pfeifend über den Teppich geht, er hört den Herrn von Nr. 69, der ein Paar sorglose Lackpumps vor seine Tür stellt, als wenn das Leben ein Vergnügen wäre.
>
> Auch Kringelein in Nr. 70 hörte *es* und erwachte davon.[101]

Als dritte Möglichkeit erschließt sich ein zeitlicher Zusammenhang über die Perspektivierung einer Figur:

> „Pfirsich Melba", bestellte Flämmchen und nickte zufrieden mit dem Kopf. Sie blies auch wieder ihre Locke fort, ohne Erfolg. Sie war so edel gebaut wie ein Rassepferd und so tollpatschig unbefangen wie ein junger Hund.
>
> Baron Gaigern, der sich seit einiger Zeit in der Halle umhertrieb, *schaute* ihr aus einiger Entfernung mit blankem Entzücken zu.[102]

Der Höhepunkt in *Septembergewitter* stellt das sich über die Stadt hinziehende Gewitter dar, welches gleichsam formal durch das Verfahren der rhythmischen Montage umgesetzt wird und die Gleichzeitigkeit des Dargestellten vor Augen führt.

> *Und* das Gewitter rauschte über die Stadt dahin, über Stadt, Wiesen und Fluß. [...] Schwül war es gewesen und dumpf und still in der Stadt, und traurig war das Leben geflossen, aber nun rauschte und knatterte das Gewitter, und es war ein Lachen und Schreien und Jubeln ausgebrochen in den Lüften und ein Pauken und Beckenschlagen, *und* Trude Olfers stand auf dem offenen Balkon mit fliegendem Haar und sang und fühlte die große Vermischung, *und* der Schwan in dem Graben unter ihr auf dem wogenden dunklen Wasser hob sich weit aus der Flut und schlug mit dem Flügeln und reckte den Hals und schrie. *Und* die Jungens in Timmermanns Badanstalt, Dickie Brent und seine Peliden, die sprangen kopfüber hoch vom Sprungbrett [...]. *Und* die Kompanie des Leutnant Charisius marschierte auf dem Werder dahin, zurück zur Kaserne [...]. *Und* im Bürgerpark vor dem Schweizerhaus, wo die Leute so gemütlich auf der Wiese vorm Viktoriasee gesessen hatten, [...] da war ein großer Tumult entstanden [...]. *Und* Herr Rodani aus Genua, Bildhauer von Grabmälern, der saß beim Zahnarzt mit einer schlimmen Wurzelentzündung [...]. *Und während* er so dalag, packte zu Hause in der Kammer sein Sohn Alberto in aller Hast seine paar Siebensachen in ein Bündel zusammen und lief raus in den Regen [...]. *Und* der Regen rauschte stramm und stark, *und* die Bäume und Büsche erholten sich, *und* die Erde dampfte gekühlt, *und* der Donner rollte weicher und ferner. Und Frau Hollmann stand noch immer in ihrer Kammer am Fenster, schaute in den Garten, *und* an der Scheibe liefen die dicken Tropfen runter, *und* hinter ihr der Schrank stand offen, da hingen die Kleider des Toten, und da zuckte es leise in ihr, *und* der Mund in dem blassen Gesicht zitterte, das Starre löste sich sanft, *und* Tränen, Tränen rannen ihr über die Backe.[103]

---

101 Ebd., S. 87 (Hervorhebung S.B.). Vgl. auch Lampe: *Septembergewitter*, S. 24 u. S. 63.
102 Baum: *Menschen im Hotel*, S. 83 (Hervorhebung S. B.).
103 Lampe: *Septembergewitter*, S. 70–73 (Hervorhebungen S.B).

In diesem Abschnitt fungieren die kursivierten Lexeme als ‚Schnitte' zwischen den einzelnen Handlungseinheiten. Während der übrige Text in separate Abschnitte eingeteilt ist, deren trennende Leerzeilen Handlungswechsel markieren, werden die Handlungsstränge an dieser Stelle innerhalb eines einzigen Textabschnittes montierend zusammengebracht und die Darstellung eines simultanen Geschehens kulminierend zugespitzt. Alle genannten Beispiele umspielen ‚Zeit', sie bedienen sich darüber hinaus aber auch anderer Formen filmischen Erzählens, die bereits mit Blick auf die Erzählinstanz, die Perspektive und den Raum behandelt worden sind.

Koeppens *Tauben im Gras* und *Der Tod in Rom* repräsentieren Romane des *short cuts*, die beinahe ausschließlich anhand des Umgangs mit Zeit und Raum als filmische Texte klassifiziert werden können. Während aber *Tauben im Gras* aufgrund mehrerer expliziter Verweise dem offenen Typus zuzuordnen ist (Typus der inhaltlichen und formalen Explizitheit), liegt mit *Der Tod in Rom* ein Roman vor, der lediglich den literarischen Schnitt und die Montage (sowie die Musik[104]) nutzt, ohne diese explizit als filmisch zu markieren. Vorherrschend ist in diesem Text eine deutliche Figurenintrospektionen, die das szenische und isochrone Erzählen um mehrere subjektive Perspektiven anreichert. Die Verbundenheit der Figuren auf Ebene der Geschichte (und des diegetischen Raums) wird formal-ästhetisch mittels Montage erreicht. Harte literarische Schnitte und literarische Überblendungen mit Hilfe von Analogiebildungen[105], Anadiplosen[106] oder inhaltlichen Weiterführungen illustrieren gleichermaßen die Disparatheit der einzelnen Individuen und ihre Zusammengehörigkeit im „römischen Rom"[107] wie auch ihre Auseinandersetzung mit der deutschen Vergangenheit im Dritten Reich. Erzähltechnisch besehen erlebt der Leser zweierlei: den chronologischen Fortlauf der Handlungen und den Effekt von Gleichzeitigkeit des Geschehens. Allen Romanen des *short cuts* gemein ist

---

104 Die Musik wird primär dazu verwendet, um in der Funktion der *mood*-Technik eine bestimmte Stimmung zu erzeugen und Figurenemotionen wiederzugeben. Vgl. Koeppen: *Der Tod in Rom*, bes. S. 16ff., 78f., 104f. u. 143–147.

105 „Judejahn sah auf die Stadt. Sie dünkte ihm *toter* noch als *tot* zu sein./Am späten Abend ist die Via del Lavatore eine *tote* Straße." (Koeppen: *Der Tod in Rom*, S. 59 [Hervorhebungen S. B.]).

106 „[U]nd Schwager Judejahn riß Pfaffrath zu sich auf das schnaubende Pferd, hinein in Lützows wilde verwegene Jagd, und sie stürmten gen Himmel, wo Judejahn eine große leuchtende Hakenkreuzfahne entfaltete, und dann ließ er Pfaffrath fallen, stieß ihn hinab und Pfaffrath fiel fiel fiel – gegen diesen Traum war der mächtige Oberbürgermeister Friedrich Wilhelm Pfaffrath machtlos *machtlos/machtlos* bin ich. Ich wasche mich. Ich wasche mit dem kalten Wasser aus der Leitung des Waschbeckens [...]." (Koeppen: *Der Tod in Rom*, S. 88. [Hervorhebungen S. B.]).

107 Ebd., S. 48.

folglich die Erzeugung von Simultaneitätseffekten auf mikro- und makrostruktureller Ebene der Erzählung.

4.3.4.3. Formen der Anachronie

Raabes *Die Chronik der Sperlingsgasse* wurde als eine besondere Form des offenen Typus vorgestellt, da — anstelle des Films — die Laterna Magica als Marker des expliziten Modus erscheint. Allerdings finden sich auch implizit markierte Passagen, die zur Veranschaulichung des Phänomens der filmischen Analepse in der Literatur dienen können. Bemerkenswert an dem Text ist nämlich, dass der Erzähler beim Verfassen seiner Chronik durchweg das *Bild* als Medium des Erinnerns gegen die *Schrift* stellt. So lautet ein Eingeständnis des Schreibenden:

> Ich, der alte Mann, welch ein Dichter, welch ein Maler müßte ich sein, wenn ich alle diese frischen, blühenden Gestalten, die da heute an diesem einsamen Abend wieder um mich her auftauchen [...] auf die Blätter dieser Chronik festbannen wollte. Wie abgeblaßt und schal sieht alles aus, was ich bis jetzt zusammengetragen und niedergeschrieben habe; wie farbenbunt und frisch erlebte es sich![108]

Die wiederholt angesprochene Diskrepanz zwischen tatsächlich Erlebtem und später Memoriertem ist es, die die Grundlage für das Schreiben in Bildern, das filmische Erzählen, bildet, wobei das Aufleben der Bilder der Vergangenheit an die Wahrnehmung des erinnernden Erzählers geknüpft sind. Die analeptischen Wendungen im narrativen Diskurs entfalten somit literarische Überblendungen, die gegenwärtiges Erzählen und vergangene Bilder in Verbindung setzt: Das Licht des Mondes, so heißt es im Text, gibt Anlass zu einer audiovisuellen Darstellung des Vergangenen auf dem „heutigen Blatt".

> Der Mond kommt wieder hervor über die Dächer und vermischt sein weißes Licht mit dem kleinen Schein meiner Lampe; über und durch den alten immergrünen Efeu aus dem Ulfeldener Walde schießt er seine blanken Strahlen, seltsame Schatten auf den Fußboden und an die Wände werfend. Mit sich bringt er das heutige Blatt der Chronik der Sperlingsgasse.
>
> Dort auf dem Stühlchen im Fenster zeichnet sich die feine, liebliche Gestalt Elisens dunkel in der Monddämmerung eines lange vergangenen Abends ab, während auf einem anderen Stuhl niedriger neben ihr eine andere Gestalt sitzt. Was haben die beiden so heimlich, so leise sich zuzuraunen, was haben sie zu kichern?[109]

---

108 Raabe: *Chronik der Sperlingsgasse*, S. 115.
109 Ebd., S. 109.

4.3. Der verdeckte Typus

An anderer Stelle gestaltet der Erzähler eine Analepse ebenfalls mittels literarischer Überblende. Das Ende der Rückschau unternimmt er dort durch einen mit dem Adjektiv „plötzlich" eingeleiteten Wechsel, dem er eine Aposiopese voranstellt.

> „Ich sehe bald ein kleines Kind [...] des Abends aus den Armen der Mutter in die des Freundes übergehen, mit großen, verwunderten Augen zu uns aufschauend ...
>
> Plötzlich hört der Regen auf, an die Fenster zu schlagen; ich schrecke empor – es ist tiefe Nacht."[110]

Ohne gänzlich in die Tiefe der Bedeutungskonstitution dieses Textes zu greifen, lässt sich mit Blick auf dieses Erzählverfahren und den wenigen Beobachtungen die These aufstellen, dass die Auseinandersetzung mit Zeit in *Die Chronik der Sperlingsgasse* ebenso (oder gar vor allem) eine formale Reflexion erfährt.

Proleptisches Erzählen kann ebenfalls mit Hilfe literarischer Überblendungen erfolgen, die über die Figurenperspektivierung realisiert werden. Die wenigen expliziten Filmbezüge in *Menschen im Hotel* geben keine Veranlassung dazu, mit Blick auf diesen Text vom offenen Typus filmischen Erzählens zu sprechen. Und doch kommt die Erzählinstanz bei der folgenden visuell gestalteten Prolepse nicht umhin, auf den Film zu referieren:

> Gaigern, über ihr Haar blickend, pfiff den Atem aus seinen Zähnen. Ein Krampf begann sich zu lösen, ein Wirbel von Bildern rutschte ganz schnell vorbei, *filmisch*: Die Grusinskaja tot in ihrem Bett, mit einer gründlichen Dosis Veronal im Blut, er flüchtend über Dächer, Hausdurchsuchung in Springe, Zuchthaus – er ahnte nicht, wie es im Zuchthaus aussah, trotzdem sah er es ganz deutlich, auch seine Mutter sah er, sie starb noch einmal, obwohl sie schon lange tot war ...[111]

Im weiteren Handlungsverlauf unternimmt ebenfalls Grusinskaja einen *Blick* in die Zukunft, ohne dass dieser jedoch mit einem expliziten Verweis auf den Film angezeigt wäre:

> „Das war hübsch, was du da gesagt hast von den Leuten am Abend mit den steifen Händen. Das solltest du tanzen", äußert er [...] unbeholfen. [...]
>
> Schon während sie sprach, hatte ihr Körper sich der Vorstellung bemächtigt, er zog sich zusammen und steifte sich. Sie *sah* schon die Dekoration, sie wußte schon einen jungen, verrückten Maler in Paris, der so etwas malen konnte, sie *sah* schon den Tanz, sie spürte ihn schon in ihren Händen und in den gebückten Halswirbeln. [...] Das Zimmer füllte sich mit Gestalten, die sie nie getanzt hatte und die zu tanzen waren, mit hundert wahren, lebendigen Gestalten.[112]

---

110 Raabe: *Chronik der Sperlingsgasse*, S. 15.
111 Baum: *Menschen im Hotel*, S. 134 (Hervorhebungen S. B.).
112 Ebd., S. 142 (Hervorhebungen S. B.).

Schließlich ist auch das Prinzip des *cliffhanger* für den vorliegenden Zusammenhang relevant. Es meint ein Verfahren, mit dessen Hilfe einzelne Kapitel durch die Gestaltung ihres Schlusses semantisch miteinander verbunden werden und auf diese Weise Spannung erzeugt wird. Dabei handelt es sich um keine genuin filmische Technik, obwohl sie heute am deutlichsten in audiovisuellen Formaten (wie in Fernsehserien) auftritt. Blickt man angesichts dieser Technik auf den narrativen Umgang mit Zeit, kann die Prolepse (in Form einer Schlussformel) als Realisierungsform des *cliffhanger* angesehen werden. Zurück geht dieser auf die Konzeption der in Zeitschriften veröffentlichten Fortsetzungsromane des 19. Jahrhunderts. Im Zentrum steht dabei Thomas Hardys Roman *A pair of blue eyes*, in dem der Held am Schluss des 21. Kapitels an einer Klippe hängend zurückgelassen wird. Auch Dickens' Werk weist eine Tendenz dazu auf, nicht nur übergeordnete Spannungsbögen zu etablieren, sondern eigens auf mikrostruktureller Ebene durch Prolepsen Handlungsmomente vorwegzunehmen, um so die Leserspannung aufrecht zu erhalten. Üblicherweise endet ein entsprechendes Kapitel ohne inhaltlichen Abschluss, d. h. eine Figur macht sich beispielsweise auf den Weg in eine unbekannte Zukunft: „But I ran no further than the house door, for there I ran head foremost into a party of soldiers with their muskets […], ‚Here you are, look sharp, come on!'"[113] Ebenso markant tritt das Prinzip dann hervor, wenn das Kapitel nach einem unerwarteten und damit potentiell ereignishaftem Geschehnis endet und der Leser mit der Frage nach dem Ausgang dieses Ereignisses zurückgelassen wird, wie im Fall des an der Klippe hängenden Helden in *A pair of blue eyes*:

„Elfriede, how long will it take you to run to Endelstow and back?"

„Three-quarters of an hour."

„That won't do; my hands will not hold out ten minutes. And is there nobody nearer?"

„No, unless a chance passer may happen to be."

„He would have nothing with him that could save me. Is there a pole or a stick of any kind on the common?"

She gazed around. The common was bare of everything but heather and grass.

A minute – perhaps more time – was passed in mute thought by both. On a sudden the blank and helpless agony left her face. She vanished over the bank from his sight.

Knight felt himself in the presence of a personalized loneliness.[114]

---

113 Dickens, Charles: *Great expectations*, Oxford [u. a.] 1989, S. 26.
114 Hardy, Thomas: *A pair of blue eyes*, London 1975, S. 220.

4.3.5. Figur

Zwei ontologische Dimensionen der Figur sind für eine Typologie des filmischen Erzählens in der Literatur von Bedeutung: die Figur verstanden als Artefakt und als fiktives Wesen.[115] Wie auch der Raum basiert die Figur als Konstrukt auf ihrer medienspezifischen Darstellung und der Gesamtheit der textexternen Vorstellungen, die über sie existieren. Demzufolge liefert ihre textinterne Darstellung als fiktives Wesen eine Basis für die „mentale Modellbildung"[116] des Rezipienten. Die Figur verkörpert einen Handlungsträger, der im Fall des offenen Typus entweder dem Filmsystem ausgesetzt oder in filmische Genremuster einbezogen wird. Der verdeckte Typus inkludiert ebenfalls Bezüge zu Filmgenres, die freilich schwach explizit auftreten. Die Figurenkonstruktion und ihre tatsächliche Materialität wiederum können auf in der Erzählerrede verankerte oder durch den Einsatz plurimedialer Muster erzeugte „Darstellungsmittel"[117] zurückgeführt werden. Bei der Figurendarstellung erscheint dieser Punkt daher ebenfalls für die weiteren Überlegungen zur Figur als fiktives Wesen elementar.

4.3.5.1. Die Figur als Artefakt

Literarische Figuren entstehen primär durch schriftlich-verbale Zeichenketten. Eine sprachliche Konstitution wird wiederum von Figuren und/oder von der Erzählinstanz vorgenommen: entweder charakterisiert sich die Figur selbst oder wird von anderen beschrieben. Von der narrativen Instanz – sei sie diegetisch oder nichtdiegetisch, präsent oder nichtpräsent – wird die Figur *erzählt*. Die Erzählinstanz entscheidet darüber, in welchem materiellen Umfang die Figur im Werk auftritt und spricht. Zusätzlich zur sprachlichen Basis literarischer Figuren kommen in manchen Erzähltexten ebenfalls piktografische Elemente zur Figurenkonstituierung zum Einsatz. Im Roman des offenen Typus *Spinners* ist eine implizit markierte, durch deskriptive Mittel und die Montage von Detailbeschreibun-

---

115 Jens Eder definiert die Figur als ein „wiedererkennbares Wesen mit einem Innenleben – genauer: mit der Fähigkeit zu mentaler Intentionalität" (S. 64). Der Konstruktcharakter aus Figuren*darstellung* und Figuren*vorstellung* leitet zu vier Wesensmerkmalen über: die Figur a.) als fiktives Wesen, b.) als Symbol, c.) als Symptom und d.) als Artefakt. Die Aspekte b.) und c.) weisen auf einen breiteren Kontext der Figurenanalyse hin, auf den an dieser Stelle nicht eingegangen werden kann (S. 124). Eder, Jens: *Die Figur im Film. Grundlagen der Figurenanalyse*, Marburg 2008.
116 Eder: *Die Figur im Film*, S. 136.
117 Ebd., S. 142.

gen verlaufende Figurengenerierung zu beobachten. Die Szene wird isochron erzählt, der Spannungsbogen ergibt sich allein aufgrund der Konzentration auf die Figur und die Aufdeckung ihrer wahren Identität:

> Immediately the front door opened, and shiny, heavy, silver boots climbed the six flights towards her flat. The boots were almost too big for each step, and the toe on each made small clipped noises as it climbed. On the top floor, the intruder had not the slightest trouble either with the lock on the main door, or, a minute later, with the front door to Deborah's flat [...]. The figure, now walking on carpet, made for her bedroom with an almost clairvoyant knowledge of where she could be found.
>
> Deborah was dozing, her mind clearing away the last thoughts before sleep [...].
>
> [...]
>
> The figure stood unseen in the doorway, a rare silhouette, then moved forwards and stood over her bed. For some moments it studied the sleeping, subdued and undefined form protected only by a sheet.
>
> Deborah Kerr opened her eyes. She heard its breath at the foot of her bed. She lifted her head and made out a shape standing over her, but she did not scream. She seemed to be waiting for a word, for an announcement.
>
> The creature said that it had come for sex.
>
> She didn't hear this properly, and so she asked the creature to repeat it.
>
> „I have come. For sex."
>
> „Bobby? Is that you?" she asked.
>
> „No" the creature said.
>
> „Your voice is all muffled."
>
> There was no response.
>
> Deborah switched on the light.
>
> „Take off that ridiculous mask and get out of here."
>
> A plastic mask from a joke shop. A human hand rising to shield it from the light. Clothes spray-painted with auto paint. A silver jacket.
>
> „How did you get in?"
>
> „Robyn gave me the key." Bobby slumped on the end of her bed [...]. „I want us to get back together."[118]

Mit dem Spannungsaufbau und der Enttarnung einer komischen Figur fallen bestimmte Muster der Filmkomödie ins Auge. Die Erzählinstanz lässt nicht nur im Dunkeln, um wen es sich bei dem Eindringling handelt, sie belegt ihn zudem mit für einen realistischen Roman ungewöhnlichen Attributen. Nachdem das Augenmerk lediglich auf die Stiefel gelegt worden ist, wird die Figur weiterhin mit einer hellseherischen Fähigkeit verse-

---

118 McCarten, Anthony: *Spinners*, Richmond 2008, S. 157f.

hen und ihr eine außergewöhnliche Silhouette zugesprochen. Konterkariert wird dies dann jedoch durch die Perspektivierung der anderen Figur (Deborah Kerr). Das Filmische dieses Romans kann demnach auf inhaltlicher und narrativ-formaler Ebene beobachtet werden und konstituiert sich über die narrativ-visuelle Realisierung einer komischen Figur.

Kluge bezieht neben den beiden Ebenen des Erzählten und des Erzählens ebenfalls die medial-materielle Textebene in die Bedeutungsgenerierung ein und nutzt die Kombination von Text- und Bildelementen für die Figurendarstellung in *Lernprozesse mit tödlichem Ausgang*. Die Expansion des medialen Raums folgt primär einem pseudo-dokumentarischen Impetus und bildet den spezifischen Kern seiner Poetik filmischen Erzählens (Kap. 7.4.). Insgesamt enthält die Erzählung fünfzehn fotografische Figurendarstellungen. Ihre Einbindung bewirkt in erster Linie die Reifikation der Figuren, wobei insgesamt Portraitaufnahmen überwiegen. Auffallend ist die über weite Strecken fehlende Figurenbeschreibung im Text. Dies ist bei der Behandlung des „Sternenverbrecher[s] H.H. Bootszweck"[119] anders: Die Figurenbeschreibung im Text („Der *drahtige* Sternenverbrecher") steht in einem Kontrastverhältnis zum nebenstehenden Bild, welches wiederum auf die Form stratifikatorischen Erzählens verweist. Die Erzählschichten – auf Bildeinsatz, Haupttext und Fußnotentext verteilt – sind ineinander verwobene und offenbar zugleich relativ autonome Ebenen, die, so wird an dieser Stelle deutlich, in ihrer Gesamtheit die Plurimedialität des Films in der Literatur widerspiegeln. Weiterhin geht es dabei nicht um die literarische Transformation des Bewegungsbildes, sondern um die Vermengung von Fakt und Fiktion: Die Bilder zeigen eine als fiktive Figur ausgegebene reale Person. Dies unterstreicht den dokumentarischen Charakter der Erzählung und reichert gleichermaßen das mediale Produkt der fiktionalen Erzählung mit zusätzlichen Informationen an. In *Die Patriotin* geht Kluge wie Handke in seinem ebenfalls als Filmroman konzipierten und entsprechend explizit markierten Text *Die Chronik der laufenden Ereignisse* soweit, durch Bilderreihen das Bewegungsbild des Films sowie Bewegung und Gestik von Figuren in die Literatur zu transponieren. Allerdings wird auf diese Romane nur am Rande hingewiesen, da sie

---

119 Kluge: *Lernprozesse mit tödlichem Ausgang*, S. 329.

dem offenen Typus angehören und nur im weitesten Sinn zum Gegenstandsbereich der vorliegenden Untersuchung zählen.[120]

4.3.5.2. Die Figur als fiktives Wesen

Die Figur als handelnde Instanz ist tragendes Element einer Geschichte. Inwiefern äußert sich jedoch eine ‚filmische' Handlung im literarischen Erzähltext? Texte des verdeckten Typus kennzeichnen Figuren nicht explizit mit dem Merkmal ‚filmisch', daher müssen Bestimmungskriterien gefunden und Maßstäbe angelegt werden, die die Analyse filmischer Strukturen der Figur plausibilisieren. Der systematische Weg führt dabei einerseits über die Figurenkonstitution (als Artefakt), vor allem aber auch über bestimmte Handlungsschemata.

Baums *Menschen im Hotel* illustriert das Zusammenspiel der Figur mit bestimmten narrativen Verfahren, die bereits in der Behandlung des Raums und der Perspektive angesprochen worden sind. Grusinskaja wie auch Gaigern befinden sich in einer misslichen Lage: Sie, da sie ein laufendes Ballettstück, bei dem sie die Hauptrolle tanzte, verlassen hat und nun in ihrem Hotelzimmer steht, von ihrem Gewissen geplagt und durch Selbstenttäuschung suizidgefährdet, er, da er – sich im selben Zimmer aufhaltend – im Begriff ist, von ihr auf frischer Tat ertappt zu werden. Beide sind filmische Figuren dergestalt, dass sie den weiblichen Star und er den charmanten Kleinkriminellen verkörpern. Diese Figurenbilder werden durch Perspektivenwechsel und Handlungsablauf nahegelegt: Gaigern charakterisiert bereits sein Erlebnis an der Hotelfassade als sehr wagemu-

---

[120] Filmromane oder *ciné-romans* sind Texte, denen ein Film zugrundeliegt oder die für eine Verfilmung geschrieben worden sind. Ihnen wird Inhalt und Form gewissermaßen vorgegeben, die Referenzform beschränkt sich größtenteils auf die Einzelreferenz. Folglich erfordern sie eine gesonderte, nur in Teilen mit einer Systematik des filmischen Erzählens vereinbarende Untersuchung. Zum Genre des *ciné-roman* vgl. Virmaux, Alain/Virmaux, Odette: *Le ciné roman. Un genre nouveaux*, Paris 1983. Nichtsdestotrotz schreibt Kluge in seinem Vorwort zu seinem Filmroman *Die Patriotin*: „Man muß nicht erwarten, daß dieses Buch mit dem Film *Die Patriotin* direkt zu tun hat. Es ist ein Druckerzeugnis, ein absolut anderes Produkt. Das Buch gibt den Film nicht wieder, das ist die Schwäche. Um ein Buch dieser Art zu verfilmen, müßte man 600 Stunden Film herstellen, das ist die Stärke.
Im Folgenden sind zunächst die Textliste und einige Bilder abgedruckt (im Film sind die Bilder in Farbe und in Bewegung, also nicht-identisch mit dem Abgedruckten). Auch die Texte und Töne sind dort in Bewegung. Das Buch entfernt sich vom Film, zu dem hin, was mich im Moment beschäftigt. Das ist mein Motiv. Es ist aber auch das Genre des Films, durchlässig zu sein, überzugehen zu dem, was außer ihm ist." (Kluge, Alexander: *Die Patriotin*, 2. Aufl., Frankfurt a. M. 1980, S. 7). Dieses Zitat plausibilisiert wiederum den Einbezug dieses Erzählgenres in die vorliegende Systematik.

tig. Durch die wiederholt unternommene Introspektion ins Figureninnere entpuppt er sich darüber hinaus als weichmütig und durchaus ehrenhaft – seines unehrenhaften Daseins als Dieb zum Trotz. Aus Sicht der Grusinskaja wird er später zudem als „der schönste Mensch, den sie in ihrem Leben gesehen hatte"[121] beschrieben. Auch sie ist eine gleichsam ambivalente und filmtypische Figur. Auf der einen Seite wird mittels Figurenintrospektion ein Selbsthass angedeutet, wohingegen Gaigern während seiner Beobachtung zunehmend von ihr eingenommen wird. Sie verkörpert die ‚innerlich gebrochene Diva', eine alternde Schönheit, die sich selbst aufgegeben hat, von ihrer Umwelt jedoch noch immer bewundert wird. Dieses Konzept korreliert – so deutet der Text an – mit ihrem Beruf und mit dem aus ihrer Sicht schwindenden Erfolg. In der folgenden Szene wird das Star-Bild im engeren Sinn verhandelt, indem besonders Egozentrik und Körperlichkeit hervorgekehrt werden.

> [S]ie schob das Lederköfferchen beiseite, ohne hinzusehen, drehte die Birne über dem Mittelspiegel an, umfaßte mit beiden Händen den Spiegelrand und zog sich so nahe an den Spiegel heran, als wollte sie sich hineinstürzen. Die Aufmerksamkeit, mit der sie ihr Gesicht prüfte, hatte etwas Grabendes, Gieriges und Schauriges. Merkwürdige Tiere sind die Frauen, dachte Gaigern hinter seinem Vorhang. Ganz fremde Tiere sind sie. Was sieht sie denn im Spiegel, daß sie ein so grausames Gesicht macht?
> Er selbst sah eine Frau, die schön war, unzweifelhaft schön, obwohl die Schminke auf ihren Wangen sich auflöste. Ihr Nacken vor allem […] war unvergleichlich zart und geschwungen. Die Grusinskaja starrte in ihr Gesicht wie in das Gesicht einer Feindin. Grausam sah sie die Jahre, die Falten, das Schlaffe, das Angestrengte, das Abwelkende, die Schläfen waren nicht mehr glatt, die Mundwinkel verfielen, die Augenlider lagen unter dem Blau zerknittert wie Seidenpapier. […] Sie ging ins Badezimmer, entkleidete sich vollends, sie streckte die Hände unter das fließende heiße Wasser, sie ließ das Warme auf die Pulsadern fließen, bis es zu schmerzen begann. Sie nahm eine Bürste und frottierte ihre Schultern damit, aber plötzlich ließ sie voll Überdruß alles sein, kam nackt und zitternd zurück quer durch das Zimmer und nahm das Telefon. Sie mußte mit ihren Zitterlippen zweimal ansetzen, bevor sie sprach.
> „Tee", sagte sie. „Viel Tee. Viel Zucker." Sie ging wieder zum Spiegel, nackt, und schaute sich mit finsterer Strenge an. Aber ihr Körper war von einer tadellosen und einmaligen Schönheit. Es war der Körper einer sechzehnjährigen Ballettelevin, den die zuchtvolle und harte Arbeit eines Lebens unverwandelt erhalten hatte. Plötzlich schlug der Haß, den die Grusinskaja gegen sich selbst empfand, in Zärtlichkeit um. Sie griff mit den Händen um ihre Schultern und streichelte den matten Glanz. Sie küßte die Biegungen des rechten Armes. Sie legte ihre kleinen und vollendeten Brüste in die Handflächen wie in Schalen, sie streichelte die feine Senkung in der Magengrube und die schlanken Schatten der Hüften. Sie beugte

---

[121] Baum: *Menschen im Hotel*, S. 125.

den Kopf bis zu den Knien hinunter, und sie küßte diese armen, schmalen und eisenstarken Knie, als wenn es kranke und geliebte Kinder wären. „Bjednajaja, malenjkaja", murmelte sie dazu; es war ein Kosename aus früherer Zeit. [...] Du Arme, du Kleine, hieß das.[122]

Am Motiv des Spiegels offenbart sich die Egozentrik der Figur. Das Wechselspiel zwischen figuraler und narratorialer Perspektive unterlegt dieses Motiv mit Blicken von ‚außen' und ‚innen', die kontrastierend zueinander angeordnet sind. Der ‚neutrale' Blick auf das eigene Selbst und die Sicht auf einen zwar alternden, dafür aber noch immer schönen Körper einerseits, und der subjektive, negativ-gefärbte Blick andererseits rufen eine verzweifelte Hassliebe in ihr hervor, die ihren Entschluss zum Suizid bekräftigt. Neben der selbstreflexiven Auseinandersetzung der Figur ist die zitierte Passage zusätzlich mit einer subtilen Erotik aufgeladen. All dies richtet sich nach den Schemata Hollywoods und dem integrierten Starsystem. Neben dem draufgängerischen gutaussehenden Kleinkriminellen und dem schönen weiblichen Star spricht dafür auch das vorläufige *happy ending*: Die beiden verlieben sich ineinander und verbringen eine gemeinsame Nacht.

Wie das Beispiel vorführt, ist am Einzelfall zu überprüfen, ob sich eine Variante filmischen Erzählens an der Kategorie der Figur zeigen lässt. Sicherlich kann die Ausformung einer implizit oder schwach explizit markierten filmischen Figur nicht alleiniges Indiz filmischen Erzählens sein. Vielmehr ist diese in ihrer Darstellung in ein Netz verschiedenartiger narrativer Darstellungsmittel eingebunden. Auch an *Menschen im Hotel* ist abzulesen, dass der narrative Umgang mit ihr entsprechend ausgebildet sein muss und zusätzlich etwa Techniken des Perspektivenwechsels, des Handlungswechsels, der entsprechenden Situierung im Raum und der Visualisierung vorhanden sein sollten.

---

122 Ebd., S. 120f.

5. Filmisches Erzählen im präfilmischen Zeitalter des 19. Jahrhunderts

Wilhelm Raabes Figurenerzähler in *Die Chronik der Sperlingsgasse* problematisiert den Schreibprozess und thematisiert im Zuge dessen die Schwierigkeit des Schreibenden, bildhafte Erinnerungszüge und die Mannigfaltigkeit des Weltgeschehens schreibend zu fixieren. Zu träge erscheint ihm das Medium der Sprache, allzu vergänglich die Gegenwart:

> Das verschlingt sich, um sich zu lösen; das verdichtet sich, um zu verwehen; das leuchtet auf, um zu verfliegen, und jeder nächste Augenblick bringt etwas anderes. [...] Nur das Konkreteste vermag ich dann und wann festzuhalten, und diesmal sind es Bilder aus meinem eigenen Leben, welche ich hier dem Papier anvertraue."[1]

Zunächst scheint das aufgeworfene Problem lediglich auf diegetischer Ebene zu bestehen, betrachtet man jedoch die Machart des Textes, so fällt auf, dass es ein Erzählprinzip korreliert, das Wort und Bild verbindet – und mit ‚Bild' ist zunächst weder der Einsatz von Illustrationen noch ein uneigentlicher Sprachgebrauch gemeint. Vielmehr legt der Text den Schluss nahe, dass die Erzählliteratur nicht nur vom Film träumt,[2] sondern diesen Traum geradezu realisiert, indem sie das Erzählen im Film antizipiert.

Filmisches Erzählen – so die erste Leitthese der beiden historischen Kapitel – wird vor Erfindung des Films in der Erzählliteratur etabliert. Vor allem zwei Kriterien sind ausschlaggebend für die dahingehend notwendige historische Eingrenzung des sogenannten Präfilmischen in der Literatur. Das erste, temporale Kriterium besagt, je weiter ein bestimmtes, möglicherweise präfilmisches Ereignis zeitlich vor der Etablierung des Films in der Vergangenheit liegt, desto unwahrscheinlicher ist sein antizipatorischer Bezug. Und anders herum formuliert, je näher ein solches Ereignis an der Jahrhundertwende um 1900 auftritt, desto wahrscheinlicher gehört es dem Kontext der Filmentstehung an. Dieses Kriterium schließt nicht aus, dass ein tatsächlicher Zusammenhang zwischen einem

---

1 Raabe: *Chronik der Sperlingsgasse*, S. 12f.
2 Vgl. Toeplitz, Jerzy: *Geschichte des Films*, Bd. 1: *1895–1928*, übers. v. L. Kaufmann, Berlin 1992, S. 11–15.

jeweiligen Phänomen und dem Film eingehend überprüft und es selbst analytisch bestimmt werden muss. Zweitens ist das Kriterium der Kulmination anzuführen, das eng mit dem ersten Kriterium verbunden ist. Tatsächlich ist das 19. Jahrhundert für die Forschung zum Film deshalb bedeutsam, da sich in mehreren Bereichen des kulturellen Gemeinschaften der westlichen Hemisphäre Wandlungsprozesse einstellen, die gebündelt auf die Entwicklung des Films zusammenlaufen. Die Bezeichnung des Präfilmischen bietet in diesem Kontext eine theoretische Hilfestellung, mittels derer textuelle Sachverhalte beschreibbar werden, die – mag es auch paradox anmuten – gleichermaßen *filmisch* und *nicht-filmisch* sind.[3] In der Theorie ist es dadurch möglich, Analysen von Entwicklungen anzustellen, die sich aus der Retrospektive in Richtung Film vollzogen haben.

In der historischen Erfassung der ersten Phase des filmischen Erzählens als Form literarischen Erzählens wird der Versuch unternommen, den Ansatz des Präfilmischen in der Erzählliteratur zu validieren. Dazu dienen zwei Fragen:
- Welche anthropologischen Grundvoraussetzungen gelten für die Existenz des filmischen Erzählens in der Erzählliteratur der zweiten Hälfte des 19. Jahrhunderts?
- Warum ist die Zeit von etwa 1850 bis 1900 entscheidend für die Herausbildung eines ‚neuen' Erzählens wie es sich später im Film manifestiert?

5.1. Das präfilmische Zeitalter: Pré-cinéma, das 19. Jahrhundert und allgemeine Prämissen des Films

Zur Klärung der Frage, warum sich im 19. Jahrhundert filmantizipierende Tendenzen abzuzeichnen beginnen, hilft es zunächst, einen Blick auf den Menschen und seinen (künstlerischen) Umgang mit Abläufen seiner außenweltlichen Erlebnissphäre zu werfen. Drei Aspekte, die ebenfalls konstitutiv für das filmische Erzählen sind, rücken hierbei in den Vordergrund:

---

3   Der Ausdruck des Präfilmischen wird in seiner attributiven wie auch in seiner nominalen Verwendung anders verstanden als bei Albersmeier, der ihn nicht – wie hier – historisch, sondern produktionsästhetisch auslegt. Ihm zufolge sind ‚präfilmische Texte' Texte *für* den Film geschriebene Texte, und sie werden weiterhin unterschieden von ‚perifilmischen Texten' (Texte *zu* Filmen) und ‚postfilmischen Texte' (Texte *über* Filme). Vgl. Albersmeier, Franz-Josef: „Literatur und Film. Entwurf einer praxisorientierten Textsystematik". In: Peter V. Zima (Hg.): *Literatur intermedial. Musik – Malerei – Photographie – Film*, Darmstadt 1995, S. 235–268; hier S. 241–244.

- Die *Bewegung* als ursprünglichste Form des lebendigen und folglich auch menschlichen Daseins
- Die *Wahrnehmung* und insbesondere das ‚Sehen' als eine naturgegebene Möglichkeit des Menschen, die ihn umgebende Welt zu erfahren sowie (eigene und fremde) Bewegungen aufzunehmen und nachzuvollziehen
- Das menschliche *Bedürfnis*, Bewegungsabläufe zu fixieren und repetitiv wiederzugeben

Welchen Stellenwert Bewegung als Grundbedingung des (menschlichen) Lebens einnimmt, erläutert Martin Seel:

> Im Kontrast zu der Ungerührtheit eines unbewegten Bewegers ist das menschliche Leben immer wieder in einer unauslöslichen Spannung entgegengesetzter Pole gesehen worden – als ein fortwährender Wechsel zwischen Bewegung und Stillstand, Anspannung und Entspannung, als Pendel zwischen Schmerz und Langeweile, als Antagonismus zwischen Lustprinzip und Todestrieb. Wie immer man diese Deutungen im Einzelnen deuten mag, sie sprechen dafür, in der Polarität von Bewegtwerden und Sichbewegen ein Grundgesetz nicht nur des menschlichen Lebens zu sehen. Allerdings darf diese Polarität nicht als ein Konflikt voneinander unabhängiger und nicht einmal in erster Linie als ein Konflikt gegensätzlicher Kräfte aufgefasst werden. Sie bezeichnet vielmehr eine Grundspannung, von der das eher aktive wie das eher passive Verhalten *gleichermaßen* geprägt sind. Bewegtsein und Bewegung gehören zusammen. Wir können uns nicht bewegen, ohne bewegt zu sein; wodurch wir bewegt werden, hat Einfluss darauf, wie wir uns bewegen. In allem, wonach wir streben werden wir leiblich und seelisch bewegt; alles, wodurch wir physisch und psychisch bewegt werden, modifiziert unser Vermögen der körperlichen und geistigen Bewegung. [...] Wir können nicht anders, als so oder anders bewegt sein zu *wollen*.[4]

Das Leben ist ein sich dynamisch vollziehender Prozess. Der Großteil des menschlichen Daseins ist geprägt durch Bewegungsabläufe im Raum – die eigenen oder die Anderer. Bewegungen sind eine anthropologische Voraussetzung für die Erfahrung der Umwelt und die zwischenmenschliche Kontaktaufnahme. Mit der Fähigkeit zur Bewegung korreliert die menschliche Wahrnehmungsfähigkeit: Der Mensch bewegt sich durch die Welt und nimmt sie sensoriell wahr. Raum, Bewegung und Wahrnehmung des Menschen hängen folglich unweigerlich zusammen.

Raumwahrnehmung setzt Bewegung voraus und ist über das Sehen und Hören hinaus wesentlich durch taktile Sinneseindrücke vermittelt. Zugleich ist es der Raum in seiner Materialität, der Bewegung lenkt, Handlung organisiert, Blicke

---

4 Seel, Martin: „Bewegtsein und Bewegung. Elemente einer Anthropologie des Films". In: *Neue Rundschau* 119/4 (2008), S. 129–145; hier S. 129 (Hervorhebungen im Text, S. B.).

ausrichtet, kurz: die ‚Körper' in ein perspektivisches Lageverhältnis zueinander setzt.[5]

Was den Menschen ferner auszeichnet – und hierin liegt der Grundstein aller künstlerischen Tätigkeit –, ist das Bedürfnis, die Außenwelt und die sich in ihr abspielenden Abläufe zu fixieren und zu konservieren. Entsprechende Beobachtungen können bereits an sehr frühen Dokumenten menschlicher Existenz gemacht werden. Ausgehend von der Behauptung, der Film sei eine „Bewegungskunst"[6], setzt die Forschung zum *pré-cinéma* den Beginn des Filmischen mit 20.000 v. Chr. des paläolithischen Zeitalters überraschend früh an. Begründet wird dies anhand von Untersuchungen zu Höhlenmalereien:[7] Eindrucksvoll sind in diesem Zusammenhang die Malereien in den Höhlen von Lascaux bei Montignac (Dordogne, Frankreich) und Altmira (Provinz Santander in Südspanien), in denen eine erste Technik zur Darstellung von Bewegung in Form der ‚Doppelzeichnung' zur Anwendung gelangte und einzelne Bewegungsphasen innerhalb eines Bildes zusammengeführt wurden.[8] Weitere Dokumente wie die Wandmalereien der Addaura-Höhlen bei Palermo oder die Steinplatten des Kivik-Grabes in Schonen (Südschweden) belegen den Hang zur Bewegungsdarstellung ebenso wie Hieroglyphen in altägyptischen Pyramiden.[9] In diesem Zusammenhang jedoch Analogien zum Film herzustellen,[10] geht sicherlich zu weit und führt zu einer interpretatorisch bedingten Teleologie[11]. Ob-

---

5   Lechtermann, Christina/Wagner, Kirsten/Wenzel, Horst (Hg.): *Möglichkeitsräume. Zur Performativität von sensorischer Wahrnehmung*, Berlin 2007, S. 7.
6   Entsprechend äußert sich Friedrich von Zglinicki: „Der Film ist und bleibt Bewegungskunst, und die Bewegungskunst beschäftigte bereits den Urzeitmenschen." (Zglinicki, Friedrich von: *Der Weg des Films*, Hildesheim 1979, S. 14).
7   „Als erste faßbare Stufe der Höhlenmalereien finden wir Händebilder: die gespreizte Hand wurde auf die Wand gelegt und darüber Farbe geblasen. Danach folgten die ersten wirklich farbigen Zeichnungen. Zu Strichmustern und Wellenlinien gesellten sich bald die ersten Tierbildversuche. Waren es anfangs nur vage Linien, so wurden nach und nach die noch unbeholfenen und steifen Konturen flüssiger und lebendiger. Aus den zuerst nur angedeuteten Bewegungen entstanden übereinandergezeichnete Bewegungsphasen." (Zglinicki: *Der Weg des Films*, S. 14).
8   Vgl. ebd. (Bildband).
9   Vgl. Oertel, Rudolf: *Macht und Magie des Films. Weltgeschichte einer Massensuggestion*, Wien [u. a.] 1959.
10 Zglinicki spricht im Zuge dessen von Höhlen als ‚Breitbildleinwand' (Zglinicki: *Der Weg des Films* (Bildband), S. 16).
11 Ähnlich formuliert es C. W. Ceram: „So beginnt die Kinematographie, Produkt dynamisch gewordener Wissenschaften, im 19. Jahrhundert, und nicht bei den im statischen Lebensgefühl schlummernden Erkenntnissen des Heron von Alexandria, des Klaudios Ptolemaios, des Ibn al Haitam. [...] Noch unsinniger ist der Versuch, von den Höhlenbildern von Altmira, den ägyptischen Reihenreliefs, den Friesen von Maussoleion und Parthenon Brücken zu schlagen zum ‚lebendigen Reihenbild' des 19. Jahrhunderts. Das alles resultiert aus der Neigung zu den mechanistischen Evolutionstheorien, die die Geschichte des Kul-

wohl anzunehmen ist, dass diese ersten Formen der Bewegungsfixierung flächendeckend in Europa vorliegen, ist die zeitliche Distanz zum Film allerdings zu groß, um eine tragfähige Verbindung zwischen ihnen ableiten zu können. Vielmehr manifestiert sich hierin das menschliche Bedürfnis im Umgang mit dynamischen Abläufen. Bemerkenswert erscheint die Tatsache, dass mit diesen Malereien das „Hervortreten des Gesichtssinns als mächtigstem aller Sinne"[12] und seine Hegemonie in der „Hierarchie der Sinne" einhergeht, wie sie in den westlichen Kulturen bis heute zu beobachten ist. Das Bild sowie Doppelzeichnungen im Bild und kombinierte Bilderfolgen erscheinen dementsprechend als adäquate Repräsentationsformen zum Erfassen und Darstellen von Bewegungen.

Dass sich aber diese Schlüsse nicht nur aus der Malerei der frühesten heute nachvollziehbaren Stadien menschlicher Existenz ziehen lassen, sondern ebenso aus der Literatur, versucht Paul Léglise in seiner Abhandlung zu Vergils *Aeneis* anhand von präfilmischen Strukturen nachzuweisen. Zuvor hatte Pierre F. Quesnoy – bereits 1928 – von einer „littérature précinématique"[13] gesprochen und das literarische Medium in die Behandlung des Präfilmischen einbezogen. Léglise erläutert seinerseits das Verständnis von „l'art visuel de Vergile" und „[l']art filmique"[14]. Diese literarische Form der Umsetzung bestimmter ‚visuell-perzeptiver Regeln', wie sie auch später das Kino enthalte,[15] setze sich aus bewegten Tableaus zusammen, die ihrerseits im Rahmen der erzählten Geschichte bedeutungstragend seien und mittels ‚Schnitt' (*découpage*) auf eine spezifische Art und Weise angeordnet würden. Einerseits bliebe so eine Handlungskontinuität gewährleistet, andererseits komme ein Rhythmus des Erzählens zum Tragen, der die Vorstellung des Visuellen beim Leser nicht einschränke. Léglise weist ebenfalls darauf hin, dass diese literarische ‚Filmart' in unterschiedlichen Graden auftritt; Vergil sei lediglich als einer der ersten ‚Meister' anzusehen, der sie in seinen Texten anwende.[16] Im Gegensatz zu den erwähnten Malereien handelt es sich dabei nicht mehr um die Erfassung real

---

turmenschen als einen fünftausend Jahre währenden kontinuierlichen Fortschritt nehmen. [...] Es kommt in der Geschichte nicht darauf an, ob zufällige Entdeckungen ‚stattfinden', sondern ob sie ‚wirksam' werden. Und wirksam in diesem Sinne wurden, als unabdingbare Teile der Summe, die Kinematographie heißen sollte, allein Entdeckungen zwischen 1792 und 1888 [...]." (Ceram, C. W.: *Eine Archäologie des Kinos*, Reinbek bei Hamburg 1965, S. 13f.).

12 Beide Zitate in Jutz/Schlemmer: *Zur Geschichtlichkeit des Blicks*, S. 27.
13 Quesnoy, Pierre F.: „Littérature et cinéma". In: *Le rouge et le noir* 9 (1928), S. 85–104; hier S. 91.
14 Léglise, Paul: *L'Eineide. Essai d'analyse filmique du premier chant*, Paris 1958, S. 23.
15 Vgl. ebd., S. 18.
16 Vgl. ebd., S. 24.

vollzogener Bewegungsabläufe von Tieren und Menschen, sondern um die Darstellung mythisch-fiktionalen Geschehens, worin wiederum zwei Auffälligkeiten hervorstechen. Erstens hat sich die Darstellung von Bewegung nun auch in den Bereich der schriftsprachlichen Literatur verlagert. Zweitens haben sich, wie wiederum Jean Mitry betont, bestimmte ‚Denkfiguren'[17] etabliert, welche aufgrund von Erfahrung, Bewegungen imaginativ zu rekonstruieren erlauben. Das bedeutet, dass offensichtlich von einem bestimmten Zeitpunkt der Literaturgeschichte an Versuche unternommen werden, bekannte Bewegungsabläufe ebenfalls in fiktionale (Wort-)Kunstwerke zu integrieren. Unabhängig von den jeweiligen historisch-kulturellen Hintergründen bleibt demnach für die Literatur festzuhalten, dass mit präfilmischen Formen die Ausbildung einer literarischen Visualität korreliert. Allerdings stellt sich hier ein ähnlicher Sachverhalt ein wie zuvor bei den Malereien. Es geht nicht darum, ‚filmisch' zu agieren: Weder bereiten diese Formen bewusst oder unbewusst den Film vor, noch greift dieser später auf sie zurück. Vielmehr sind Befunde, die aus solchen Studien hervorgehen, in einen breiteren Kontext einzubetten. Sie zeigen nämlich, dass die literarische Intelligenz in ihrer künstlerischen Verarbeitung von Wahrgenommenem bestimmte Techniken zur adäquaten Erfassung und Wiedergabe entwickelt.

Zwei Dinge sind zu resümieren: Erstens hängen bei der Erfassung von Bewegungsabläufen durch den Menschen ‚Bild' und ‚Bewegung' zusammen. Das Bild, oder eine im weitesten Sinn visuelle Darstellung in materieller Form, erscheint als das gebräuchlichste Reproduktionsmittel von Bewegungen. Zweitens schafft die schriftsprachlich konstituierte Literatur bestimmte Techniken einer ‚literarischen Visualität', um ihrerseits Bewegungsabläufe im Zeichensystem der natürlichen Sprache wiederzugeben. Somit verweist sie antizipatorisch auf die „beiden Grundelemente des Films"[18]: Visualität und Bewegung.

---

17 Vgl. Mitry, Jean: *Estétique et psychologie du cinéma*, Bd. 1: *Les structures*, Paris 1963. Darin: „Un certain pré-cinéma", S. 59–63; hier S. 61.
18 Albersmeier, Franz Josef: *André Malraux und der Film. Zur Rezeption des Films in Frankreich*, Frankfurt a. M. 1973, S. 134.

5.2. Wahrnehmungsmodi im 19. Jahrhundert: Von einer Wahrnehmungsgeschichte zur Entstehung des filmischen Erzählens in der Literatur

In der Zeit des 19. bis hin zum beginnenden 20. Jahrhundert stellen sich in der Folge von Modernisierungsschüben signifikante Umbrüche der Bewegung selbst und ihrer Erfassung ein. Die sogenannte „visuelle Revolution"[19] bewirkt eine „Umstrukturierung im Bereich individueller Wahrnehmung" und prägt Literaten wie auch ihre Darstellung fiktiver Welten. Das Schreiben und die Erzählliteratur geraten infolgedessen zu wahrnehmungsästhetischen Kompensationsmitteln, wobei das filmische Erzählen als ästhetisches Produkt des Bewegungs- und Wahrnehmungswandels angesehen werden kann.

> ‚*Filmisches Schreiben*' [vor dem Film] meint [...] nicht mehr und nicht weniger als die vorausgreifende literarische Inszenierung von Wahrnehmungs- und Darstellungsformen, die später von der technischen Apparatur des Kamera-Films weiter revolutioniert sind.[20]

Diese literarische Inszenierung von Wahrnehmung besteht vornehmlich in der Etablierung eines ‚neuen Sehens', und zwar durch

> den Versuch einer Überbietung technisch reproduzierter fotografischer [und anderer] Wirklichkeitsentwürfe im Entwurf eines ebenso dynamischen wie konstruktiven Sehens in Texten des poetischen Realismus des 19. Jahrhunderts, in denen mit der Polyperspektivik sehr unterschiedlich gerahmter Blicke wegweisend experimentiert wird[.][21]

Im Zuge einer „visual culture"[22] erarbeiten Autoren eine „visual language" und übertragen diese auf die Erzählinstanz. Im Zuge der Auseinandersetzung mit technischen Wirklichkeitsentwürfen, der narrativen Integration von Bewegung und der Inszenierung von Wahrnehmung entfaltet sich ein Raster aus offenen und verdeckten Formen filmischen Erzählens in der Literatur, das historisch an die Ausbildung von literarischen Blicken geknüpft ist. Wie aber ist das literarische Erzählen als epistemologischer Zweig einer Wahrnehmungsgeschichte zu begreifen, und durch welche dispositiven Anordnungen manifestiert sich ein literarisch inszeniertes Sehen?

---

19 Beide Zitate aus Brosch: *Krisen des Sehens*, S. 1.
20 Segeberg, Harro: „Rahmen und Schnitt. Zur Mediengeschichte des Sehens seit der Aufklärung". In: *Wirkendes Wort* 2 (1993), S. 286–301; hier S. 292.
21 Ebd., S. 287.
22 Spiegel: *Fiction and the camera eye*, S. 27. Spiegel konzentriert sich im Weiteren allerdings nicht auf den Autor, sondern nimmt die Leserseite in den Blick.

In *Techniken des Betrachters* ergründet Jonathan Crary Wahrnehmungskonzepte und ihre historische Bedingtheit im 19. Jahrhundert.[23] Ausgehend vom engen Zusammenspiel der Kategorie des Betrachters und seinem kontextuellen Umfeld gibt Crary einen Rahmen zur Untersuchung der Umstände eines Wahrnehmungswandels vor. Dabei unterliege der historische Kontext stets wandelbaren Variablen, wohingegen der Betrachter eine fest definierbare Größe darstelle. Im Gegensatz nämlich zum passiven Zuschauer (*spectator*) agiere der Betrachter (*observer*) im Feld der sich ihm bietenden Möglichkeiten, er absorbiere dadurch die ihm durch die äußeren Bedingungen auferlegten „Regeln, Codes, Vorschriften oder Praktiken"[24] und erzeuge auf diese Weise – intendiert oder nicht – ganz bestimmte Darstellungsformen. Folglich bilde jede Epoche ihren eigenen Handelnden aus. Für das 19. Jahrhundert konstatiert Crary, dass der Betrachter als „Resultat der Formung eines neuen Subjekts"[25] angesehen werden muss.[26] Das Verständnis eines solchen historischen Subjekts[27] ist ausschlaggebend dafür, dass sich dessen Erfahrungen ebenfalls in den von ihm produzierten (künstlerischen) Werken niederschlagen. Da es in der vorliegenden Studie um die Behandlung des Verhältnisses von Literatur und Film im weitesten Sinn handelt, um die Verarbeitung von Wahrneh-

---

23 Vgl. Crary: *Techniken des Betrachters*, S. 11. Vgl. auch ders.: „Nineteenth-century visual incapacities". In: James Elkins: *Visual literacy*, New York/London 2008, S. 59–76. Jedoch stellt Crarys Studie nicht nur in Bezug auf den behandelten Zeitraum einen wegweisenden Beitrag zu einer Geschichte der Wahrnehmung dar, sondern ebenso hinsichtlich der Erfassung aktueller Ereignisse. Crary selbst weist darauf hin: Die voranschreitenden Forschungen auf dem Gebiet der Computergraphik sind für ihn Grund genug, einen sich aktuell vollziehenden Wandel der Wahrnehmung anzunehmen. Vgl. ebd., S. 11f.
24 Ebd., S. 17.
25 Ebd., S. 26.
26 Zur Einbindung des Subjekts in die Forschung und der Ausbildung eines ‚neuen' Subjekts schreibt Crary: „Das Phenakistiskop belegt Benjamin mit dem Argument: ‚So unterwarf die Technik das menschliche Sensorium einem Training komplexer Art.' Natürlich war das Phenakistiskop ein Apparat zur Unterhaltung, ein Freizeitvergnügen, das sich eine wachsende städtische Mittelschicht leisten konnte, aber es entsprach auch den Apparaturen, die Purkinje und andere zur wissenschaftlichen Erforschung des subjektiven Sehens benutzt hatten. Mit anderen Worten: Das Gerät, mit dem ein neuentstandenes Publikum Bilder konsumierte, die die Illusion von Wirklichkeit erweckten, glich formal den Apparaturen, mit denen Erkenntnisse über das Sehen und den Betrachter gesammelt wurden. Mehr noch, die physische Position, die der Betrachter beim Phenakistiskop einnehmen muß, bezeugt das gleichzeitige Vorhandensein dreier verschiedener Modi: Der individuelle Betrachter ist zugleich Zuschauer, Objekt empirischer Forschung und Beobachtung sowie Bestandteil der maschinellen Produktion. [...] In allen drei [...] Modi wird der Körper einer Anordnung von sich drehenden und sich regelmäßig bewegenden Teilen angegliedert und bedient sie zugleich." (ders.: *Techniken des Betrachters*, S. 116).
27 Zur Abhängigkeit des Subjekts von seinem historischen Kontext vgl. Deines, Stefan/Jaeger, Stephan/Nünning, Ansgar (Hg.): *Historisierte Subjekte – subjektivierte Historie. Zur Verfügbarkeit und Unverfügbarkeit von Geschichte*, Berlin 2003.

mungsumbrüchen und die spezifische Repräsentation dieser Umbrüche innerhalb der Literatur, kann die literarische Intelligenz als distinkter, im Gesellschaftssystem auftretender Betrachter gelten. Daher seien der Betrachter und die literarische Intelligenz an dieser Stelle gleichgesetzt und die Betrachtung entsprechender Neustrukturierungen der Wahrnehmung auf das Literatursystem eingegrenzt. Nicht zuletzt bleibt aber aufgrund von Crarys Entscheidung, die Parameter der Darstellungsformen unbestimmt zu lassen und lediglich das „kollektive Gefüge (*assemblage*) verschiedener Teile auf einer gemeinsamen und einheitlichen gesellschaftlichen Ebene"[28] hervorzuheben und die allgemeinen „Kräfte und Ereignisse [zu erfassen], die einen neuen Betrachter hervorgebracht haben"[29], weiterhin offen, welche konkreten Folgen die Wandlungsprozesse für die Kunst im Allgemeinen und die Erzählliteratur im Besonderen haben.

Grundsätzlich plädiert Crary gegen die Annahme einer ‚optischen Grundlage'[30] wie sie an anderer Stelle Heinrich Wölfflin als Ausgangspunkt seiner Betrachtungen formuliert. Indessen verläuft der von Wölfflin eingeschlagene Weg genau in jene Richtung, wie sie Crary in seiner Turner-Analyse einschlägt, nämlich die Untersuchung der künstlerischen Darstellungsformen selbst. Die Einwirkung kontextueller Prozesse auf die Arbeit des Künstlers haben zur Folge, dass „ein *objektives Sehen*"[31] nicht angenommen werden könne, sondern das Sehen stets abhängig vom – wie Wölfflin es nennt – individuellen und kollektiven Stil sowie vom allgemeinen Zeitstil sei:[32] „Jeder Künstler findet bestimmte optische Möglichkeiten vor, an die er gebunden ist. Nicht alles ist zu allen Zeiten möglich."[33] Folglich schlägt sich eine zumindest in der Theorie vorhandene ‚kollektive Wahrnehmung' als abstraktes Fundament und optische Grundlage im Werk jedes Künstlers nieder, und umgekehrt können die ‚optische Schicht', die „Manier des Sehens"[34], das „optische Schema"[35] usf. am Kunstwerk abgelesen, aus ihm analytisch heraus filtriert werden. Um demnach einer möglicherweise gemeinsamen Wahrnehmung einer bestimmten Epoche auf den Grund zu gehen, bliebe, so Wölfflin, die Analyse der „Darstellungsart als solche[r]"[36] als einziger Zugang bestehen. Dieser

---

28 Ebd., S. 17f.
29 Ebd., S. 13.
30 Vgl. ebd., S. 47.
31 Wölfflin, Heinrich: *Kunstgeschichtliche Grundbegriffe. Das Problem der Stilentwicklung in der neueren Kunst*, 12. Aufl., Darmstadt 1960, S. 11 (Hervorhebung S. B.).
32 Vgl. ebd., S. 12, 18 u. 20f.
33 Ebd., S. 22.
34 Ebd.
35 Ebd., S. 24.
36 Ebd., S. 22.

scheinbar zirkuläre Zusammenhang ergibt sich auch mit Blick auf das filmische Erzählen in der Literatur: Zwar lässt sich seine ‚Entstehung' anhand bestimmter Umstände plausibilisieren, seine tatsächliche Erscheinung ist aber ausschließlich am literarischen Text zu belegen.

Der Wahrnehmungswandel und das filmische Erzählen in der Literatur sind Komponenten eines allgemeinen Umbruchs auf mehreren Ebenen des Gesellschaftssystems – Symptome einer Wahrnehmungsgeschichte des 19. Jahrhunderts –, dessen ‚Schlüsselphänomene' Werner Faulstich im Rahmen seiner Mediengeschichte mit Bevölkerungswachstum, Technikboom, Industrialisierung, Schichtendifferenzierung und Medien(-pluralisierung) benennt.[37] Renate Brosch zieht ihrerseits die Bereiche Marktwirtschaft, Großstadtleben, Verkehr, technische Neuerungen und Massenmedien zur Bestimmung heran.[38] Den Kontext der Städteentwicklung fächert wiederum Susanne Hauser in weitere Subkontexte auf, so in die Wanderung in die Städte, Armut, die Funktion und die Gestalt der Städte, den Wohnungsbau, Konsum (und insbesondere. das Warenhaus), Verwaltung und Städtetechnik, Öffentlichkeit und Privatheit und andere mehr.[39]

Diese mehrschichtigen Zusammenhänge bedingen sich gegenseitig und laufen gemeinsam in den fünf Kontexten des auf den Untersuchungsgegenstand ausjustierten analytischen Makromodells einer kontextualen Narratologie zusammen: prosperierende Technologie-Forschung und einhergehender Technikboom mit „enorme[r] Bedeutung für die Lebensgestaltung der Menschen"[40], Industrialisierung und Mechanisierung, Urbanisierung und Vermassung der Gesellschaft[41] sowie Waren-

---

37 Vgl. Faulstich, Werner: *Die bürgerliche Mediengesellschaft (1700–1830)*, Göttingen 2002; ders.: *Medienwandel im Industrie- und Massenzeitalter (1830–1900)*, Göttingen 2004 u. ders.: *Mediengeschichte von 1700 bis ins 3. Jahrtausend*, Göttingen 2006.
38 Vgl. ebd., S. 2.
39 Vgl. Hauser, Susanne: *Der Blick auf die Stadt. Semiotische Untersuchungen zur literarischen Wahrnehmung bis 1910*, Berlin 1990, S. 46–60.
40 Faulstich: *Medienwandel im Industrie- und Massenzeitalter*, S. 18.
41 1800 bis 1900 wächst die Bevölkerung Europas von 180 auf rund 400 Million Anwohner an. Vgl. Rassow, Peter: „Die Bevölkerungsvermehrung Europas und Deutschlands im 19. Jahrhundert". In: Richard Nürnberger (Hg.): *Festschrift für Gerhard Ritter zu seinem 60. Geburtstag*, Tübingen 1950, S. 289–298. Vgl. ebenso Nolte, Paul: „Überlegungen zur deutschen Stadtgeschichte seit 1945". In: Friedrich Lenger/Klaus Tenfelde (Hg.): *Die europäische Stadt im 20. Jahrhundert. Wahrnehmung – Entwicklung – Erosion*, Köln [u. a.] 2006, S. 477–492; insb. S. 481 u. Lenger, Friedrich: „Einleitung". In: Lenger/Tenfelde: *Die europäische Stadt im 20. Jahrhundert*, S. 1–21; insb. S. 1 u. 11. Allein die Einwohnerzahl Berlins hat sich in der Zeit von 1800 bis 1870 beinahe verfünffacht. Dies legt den Schluss nahe, dass die Verstädterung keinen plötzlich eintretenden Umsturz darstellt, sondern eine lange Entwicklungslinie bis tief in das 19. Jahrhundert hinein zieht (vgl. Nipperdey, Thomas: *Deutsche Geschichte 1800–1866. Bürgerwelt und starker Staat*, München 1983, S. 112f.).

hauskultur⁴² und „Neuerungen der Medienkultur"⁴³ bewirken als korrelierende Kontextparameter zunächst einen Wahrnehmungsumschwung im *weiten* Sinn, d. h. „eine Neukonzeption des Subjekts und der Modi seiner Wahrnehmung"⁴⁴. Sie formieren großflächige also kontextuelle Rahmenbedingungen, aufgrund derer weitere wahrnehmungskonstituierende Erscheinungen möglich werden. Im *engeren* Sinn resultieren aus ihrer Interrelation verschiedene Dispositive, die Eingang in die Literatur nehmen. Zurückzuführen sind diese Dispositive auf entscheidende Prinzipien und Wesensmerkmale neuerer Bild- und Fortbewegungstechnologien: ‚Reale' Bewegungsabläufe lassen sich mit Hilfe neuer Bildtechnologien direkt einfangen und auf distinkten Trägermedien speichern.⁴⁵ Ein solcher Vorgang entspricht zum einen dem menschlichen Bedürfnis nach medialer Konservierung außenweltlicher Geschehnisse. Zum anderen unterscheiden sich diese neuen Technologien von älteren dadurch, dass die von ihnen erstellte Reproduktion eine sehr viel deutlichere Wirklichkeitsnähe aufweist, welche wiederum auf drei Prinzipien der Sinnestäuschung basieren (Nachbildwirkung, stroboskopischer Effekt und binokulares Doppelsehen).⁴⁶ Neben den Eigenschaften der konservierenden bildtechnologi-

---

42 Zum Effekt einer „ästhetische[n] statt funktionsgerichtete[n] Betrachtung" und einer „visuellen Lust" in Warenhäusern vgl. Brosch: *Krisen des Sehens*, S. 158–161. Die Konstituenten der Wahrnehmung einer aufkommenden Warenhauskultur sowie ihr Einfluss auf die Erzählliteratur erläutert Paech am Beispiel von Zolas *Au bonheur des dames* (vgl. Paech: *Literatur und Film*, S. 56–59).
43 Faulstich, Werner: *Die bürgerliche Mediengesellschaft (1700–1830)*, Göttingen 2002, S. 27.
44 Ebd., S. 3.
45 Die Entwicklung der Aufnahmegeräte für ‚filmähnliche' Aufnahmen ist bei dem von Eadweard Muybridge 1879 entwickelten Zoopraxiskop anzusetzen, mit dem per Reihenfotografie ein realer Bewegungsablauf in einzelnen Bewegungsphasen abgelichtet wurde. Muybridge untersuchte auf diese Weise das Laufverhalten von Tieren, insbesondere das von Pferden. Vgl. dazu seine eigene Abhandlung zum Zoopraxiskop (Muybrigde, Eadweard: „Descriptive Zoopraxography or the sience of animal locomotion made popular". In: Steven Herbert (Hg.): *A history of pre-cinema*, Bd. 1, London/New York 2000, S. 112–168). Eine andere Art der Bewegungsfixierung auf einem Speichermedium lag in der Chronofotografie vor, die von Étienne J. Marey in den 1880er Jahren erforscht wurde. Hierbei wurde die Bewegung nicht in Einzelbildern, sondern ‚an einem Stück' oder in einzelnen Phasen auf einem Bild abgelichtet. Ebenfalls von Marey am Anfang der 1890er Jahre erfunden, ermöglichte es die Fotografische Flinte, Schnellaufnahmen zu machen, d. h. 15 beziehungsweise 24 Bilder in der Sekunde zu ‚schießen'. In diesem Zeitraum ist auch die Erfindung des Kinetoskops (1892) und des Vitaskops (1895 durch Thomas A. Edison), des Bioskops (1892 durch die Brüder Max und Emil Skladanowsky) sowie des Kinematographen (zwischen 1892 und 1894 durch die Brüder Auguste und Louis Lumière) zu verorten, die nach einem ähnlichen Prinzip wie die Reihenfotografie verfuhren, mit dem Unterschied jedoch, dass sie Zelluloid verwendeten und so mehr Bilder insgesamt aufzunehmen imstande waren.
46 Als Nachbildwirkung – so konnte unter anderem auf Goethes Farbenlehre basierend, in teils gesundheitsschädigenden Eigenexperimenten herausgefunden werden – muss eine

schen Reproduktionsmittel kommen die Verfahren der Wiedergabetechnologien zum Tragen, die gespeicherte Bildaufnahmen derart abzuspielen vermögen, dass Bewegung scheinbar tatsächlich reproduziert wird.[47] Schließlich ist ebenfalls die durch die Fortbewegungstechnologie ausgelöste Dynamisierung der Mobilität, die Veränderung der Bewegung, beachtenswert: Ganz offensichtlich wandelt sich die menschliche Mobilität im Zeitraum von 1820 bis in die 1930er Jahre erheblich und mit ihr die Auffassung über Bewegtes und Bewegtsein wie auch die Wahrnehmung von

---

Eigenschaft der Netzhaut im menschlichen Auge angesehen werden, bei der ein auf die Netzhaut projiziertes Bild je nach Lichteinfluss und Projektionszeit für eine gewisse Zeitspanne ‚nachwirkt' und bestehen bleibt (vgl. Goethe, Johann Wolfgang: *Farbenlehre*, hg. v. G. Ott u. H. O. Proskauer, 3. Aufl. Stuttgart 1979, S. 69). Beim stroboskopischen Effekt handelt es sich um die Illusion einer Bewegung, welche bereits ohne einen ‚Verschmelzungseffekt', wie er durch die Nachbildwirkung entsteht, zustande kommt. Die ‚Identifikation von numerisch Getrenntem' findet beispielsweise beim Pedamaskop statt (vgl. Zglinicki: *Der Weg des Films*, S. 113). Im Film werden Bewegungsabläufe in einzelne Phasen unterteilt und als Bildfolgen hintereinander gereiht. Bei einer bestimmten Bildfrequenz der Wiedergabe (24 Bilder/Sek.) werden die Zwischenräume zwischen den Einzelbildern durch die Nachbildwirkung, und somit ein ‚Flimmern' des Films, nicht mehr wahrgenommen. Eine weitere Erkenntnis neben Nachbildwirkung und stroboskopischen Effekt besteht in der Technik des binokularen Doppelsehens, welches zwar bereits seit der Antike bekannt gewesen, jedoch um 1830 einer genauen Bestimmung unterzogen worden ist. Hierbei spielt der Sachverhalt eine wesentliche Rolle, dass der „menschliche Organismus [...] unter fast allen Bedingungen die Fähigkeit [besitzt], den disparaten Netzhauteindruck zu einem einzigen Bild zu synthetisieren" (Crary: *Techniken des Betrachters*, S. 123f.). Mittels bestimmter apparativer Vorrichtungen werden unterschiedliche Bilder vor Augen geführt, welche in der apperzeptiven Verarbeitung zu einem Bild verschmolzen werden. Vor dem Hintergrund, dass bei großer Distanz zwischen Betrachter und Betrachtetem die Blickrichtungen der Augen beinahe parallel angeordnet ist (während bei kleiner Distanz stärkere unterschiedliche Blickwinkel einnehmen), erweist sich also die Binokularität bei „körperlicher Nähe [...] als eine Kraft, die die Disparität bewältigt und zwei verschiedene Anblicke wie einen einzigen erscheinen lässt." (ebd.).

47 Genannt werden können mehrere Wiedergabeapparate: Das Phantasmatrop (Henry R. Heyl, 1870) vermag *qua* Wiedergabe von fotografischen Bildern die Illusion einer realen Bewegung herzustellen. In dem Phänakistiskop (A. E. Dolbaer beziehungsweise E. Lommel, 1877/81), dem Projektionspraxinoskop (Emile Reynaud, 1877/82/88), dem Tachyskop und dem Elektrotachyskop (Ottomar Anschütz in den Jahren 1884/87) bis hin zum (Stereo- und Phono-)Mutoskop (1890er) und dem Optischen Theater (Reynaud, 1892) sind die Wegbereiter des späteren Kinoprojektors zu sehen. Beim Optischen Theater lassen sich bereits alle Eigenschaften des Kinos beobachten: Die Illusion einer (animierten) Welt errichtet sich mittels Wiedergabe eines Bildbandes, Tonimitationen, Musik und eines kommentierenden Sprechers und wird einem Publikum präsentiert. Der einzige Unterschied besteht darin, dass beim Optischen Theater die Projektion eines statischen Hintergrunds und ein (nochmals projiziertes) Geschehen zu sehen ist, während der Kinoprojektor über eine einzige Projektion verfährt. Die Popularität der optischen Geräte veranschaulicht Brosch am Stroboskop. Vgl. Brosch: *Krisen des Sehens*, S. 360.

Bewegung.⁴⁸ Die Eisenbahn initiiert einen Mobilitätsschub des Menschen und den Verlust eines Naturbezugs, indem sie das bisherige Reisetempo verdreifacht und den Reisenden vom durchreisten Raum abschirmt. Einher geht damit eine Veränderung der Raum-Zeit-Vorstellung wie sie bis dahin vorherrschend gewesen ist bis hin zu einer „Vernichtung von Raum und Zeit"⁴⁹ oder einem „raum-zeitliche[n] Distanz-Schwund"⁵⁰.

Gebündelt werden können die divergenten Prozesse der Wahrnehmungsgeschichte in einem Wandel der Wahrnehmung (von Welt) und einem Mobilitätsschub des Menschen (*in* der Welt). Beide Punkte gelten als Grundbedingungen für die Ausbildung kulturell verankerter ‚Blicke' und präfilmischer Formen in der Erzählliteratur. Grundsätzlich ist für das kontextuelle Gefüge des 19. Jahrhunderts von einer Hegemonie des Sehens auszugehen. Martin Jays skopisches Regime⁵¹ zeigt sich nicht nur in der wissenschaftlichen Theorie, sondern ebenso in der künstlerischen Praxis als äußerst prägend.⁵²

Es sind jedoch weiterhin einige Grundannahmen zu beachten, um voreilige Schlüsse zu vermeiden: Erstens geht eine katalysatorische Wirkung nicht von einzelnen Faktoren (Technologien, Medien, Dispositiven) aus, sondern von ihrem Zusammenspiel. Zweitens werden nicht ‚alte' Wahrnehmungsstrukturen und Dispositive stringent durch ‚neue' ersetzt. Ein Wechsel vollzieht sich hingegen in einem komplexeren (und vor allem langwierigen) historischen Prozess, in dem mehrere Dispositive – dominantere und weniger dominante – nebeneinander bestehen. Drittens wird deutlich, dass man in der Bestimmung des Bereichs, der vom Wandel der Wahrnehmung betroffen ist, unbedingt zwischen dem menschlichen Wahrnehmungsapparat und der Strukturierung des Wahrgenommen *innerhalb* beziehungsweise *durch* diesen Wahrnehmungsapparat unterscheiden sollte. Die eigenen Wahrnehmungsvoraussetzungen bleiben beim Menschen stets dieselben. Die Möglichkeiten hingegen, die Wahrnehmung zu steuern, zu trügen oder wie auch immer zu beeinflussen, liegen in der

---

48 Vgl. Nonn, Christoph: *Das 19. und 20. Jahrhundert*, Paderborn [u. a.] 2007, S. 71 u. Nipperdey: *Deutsche Geschichte 1800–1866*, S. 193.
49 Schivelbusch, Wolfgang: *Geschichte der Eisenbahnreise. Zur Industrialisierung von Raum und Zeit im 19. Jahrhundert*, Frankfurt a. M. [u. a.] 1979, S. 16. Dort heißt es weiter: „Vernichtung von Raum und Zeit (annihilation of time and space) lautet der Topos, mit dem das frühe 19. Jahrhundert beschreibt, wie die Eisenbahn in den bis dahin unumschränkt herrschenden natürlichen Raum einbricht. Ob und wie und welche Bewegung stattfindet, das hängt von nun an nicht mehr ab von der Natur dieses Raumes, sondern von der mechanischen Kraft, die sich ihre eigene neue Räumlichkeit schafft.".
50 Großklaus/Lämmert: *Literatur einer industriellen Kultur*, S. 15.
51 Vgl. Jay, Martin: „Scopic regimes of modernity". In: Nicholas Mirzoeff (Hg.): *Visual cultural reader*, London/NewYork 1998, S. 66–69.
52 Vgl. Jütte: *Geschichte der Sinne*, S. 202f.

Nutzung verschiedener dispositiver Anordnungen. Das bedeutet nicht, dass die Strukturierung des Wahrgenommenen im Zuge des Gebrauchs dispositiver Anordnungen nicht unberührt bleibt. Im Gegenteil beweist etwa das filmische Erzählen in der Literatur, inwiefern sich eine entsprechend beeinflusste Wahrnehmungsstrukturierung (innerhalb der fiktionalen Erzählung) offenbaren kann.

Für die Analyse literarischer Texten bietet es sich an, einen Typenkatalog des ‚Sehens' im 19. Jahrhundert zu erstellen und von ihm aus mehrere Dispositive abzuleiten. Er kann als Resultat einer historischen ‚Formung' der narratologischen Kategorie der Perspektive gelten und schlägt sich in Teilen in der Präsenz der Erzählinstanz nieder. Freilich ersetzt er nicht die systematische Nomenklatur, sondern ergänzt sie vielmehr im Rahmen einer kontextualen Narratologie.[53]

Der *geschärfte Blick*: Mit der Erfindung des Fernrohrs zu Beginn des 17. Jahrhunderts und des darauffolgenden Teleskops verändert sich die Sicht des Menschen auf seine räumliche Umgebung. Das Teleskop erweitert den menschlichen Sehsinn, indem es räumlich weit entfernte Objekte zum Greifen nah erscheinen lässt. Auf der anderen Seite schärft das Mikroskop den Blick für die Erforschung des Mikrokosmos und modifiziert Größenverhältnisse in geringer Distanz. Innerhalb eines Dispositiv-Modells liegt die Besonderheit dieser Technologien folglich in der illusionären Reduzierung von Distanz zwischen Subjekt und Objekt einerseits und der visuellen Zugänglichkeit des Mikrokosmos andererseits. Die Prinzipien dieser scheinbaren Distanzreduzierung werden ebenso auf andere Apparaturen übertragen und u. a. für die Fotografie und den Film genutzt (Zoom). Ein solch dimensioniertes Dispositiv schlägt sich literarisch im Spiel zwischen Nähe und Ferne nieder, das noch näher zu bestimmen sein wird.

Der *entkörperlichte Blick*: Das Camera Obscura-Dispositiv zeichnet sich durch die *reale* Immersion des Menschen in die apparative Vorrichtung aus, woraus wiederum seine Entkörperlichung und die Hervorhebung des optischen Sinns hervorgehen.[54] Literarisch-narrativ zeigt sich dies in der exponierten Verwendung des szenischen Erzählens. Nicht nur, dass der Erzählprozess durch die scheinbare Abwesenheit der Erzählinstanz ‚entkörperlicht' wird (nicht-präsente Erzählinstanz); Geschehnisse und Figurenhandlungen erzählen sich innerhalb des dramatischen Modus unterstützt durch ihre plastische und visuelle Darstellung scheinbar von selbst.

---

[53] Robert Jütte (*Geschichte der Sinne*, S. 204–220) führt neun verschieden akzentuierte ‚Blicke' des 19. Jahrhunderts an, von denen sieben aufgegriffen und ergänzend fortgeführt werden sollen. Eine ähnliche, wenngleich unsystematische Auseinandersetzung mit Blicken findet sich in Brosch: *Krisen des Sehens*, Kap. 2.

[54] Zur ‚Entkörperlichung' des Sehens vgl. Crary: *Techniken des Betrachters*, S. 51 u. 207.

Auf diese Weise wird die übliche Kommunikationssituation zwischen der Erzählinstanz und dem Leser außer Kraft gesetzt und durch eine (filmische) ‚vermittelte Unmittelbarkeit' ersetzt.

Der *subjektive Blick*: Analog zur Entkörperlichung des Sehens wird die Basis, auf der das Wahrnehmungsobjekt die Illusion von Bewegung entfaltet, an die physiologische Subjektivität des Betrachters zurückgebunden. Apparate wie das Thaumatrop, das Stroboskop, das Phänakistiskop und das Zoetrop funktionieren prinzipiell aufgrund von Nachbildwirkung und stroboskopischem Effekt. Das daraus abzuleitende Dispositiv ist auf die Eigenschaften des menschlichen Perzeptionsmechanismus angewiesen, der Betrachter innerhalb dieses Dispositivs gerät mehr unbewusst als bewusst zu einem aktiven Bestandteil. Entgegen dem dispositiven Prinzip des entkörperlichten Blicks und einer nicht-präsenten nichtdiegetischen narrativen Instanz besteht eine Möglichkeit auch darin, einen subjektiven figuralen oder narratorialen Betrachter einzusetzen. Dieses Verfahren schlägt sich in dem von Alan Spiegel beschriebenen *reification*-Modell wie auch in Paul Casparis' und Franz K. Stanzels *camera eye*-Technik nieder.

Der *panoramatische Blick*: Für den vorliegenden Zusammenhang sind ebenfalls Panorama und Diorama bedeutsam, da die Erzählliteratur von ihnen groß angelegte Raumtableaus deriviert. Das Ausmaß und die Konzeption des Panoramas setzt „den Verzicht auf einen festen Blickwinkel"[55] voraus. Auch hier wirkt – wie beim entkörperlichten Blick – das Prinzip der Immersion: Der Betrachter wird regelrecht in die dargestellte Welt hineinversetzt und hat ohne eine vom Künstler vorgegebene Perspektive einen eigenen perspektivischen Standpunkt einzunehmen. Im Gegensatz dazu weist das Diorama bereits einen Aufbau auf, der an spätere Kinosäle erinnern mag:[56] Die Bildgröße liegt bei 22x14m (Louis J. M. Daguerre im Jahr 1836),[57] die Vorführung findet in einem abgedunkelten Raum statt, der Betrachter nimmt einen festen Sitzplatz ein. Die Weiterentwicklung des Pleoramas erzeugt die Illusion einer Bewegung bei unveränderter Position des Betrachters. Lediglich das Bild wird „über eine Stunde lang unter geschickter Ausnutzung optischer Täuschung und Lichteffekte dioramischer Wandelbilder [am Beschauer] vorbeigezogen"[58]. Beim ‚panoramatischen' Blick handelt es sich demzufolge um ein Dispositiv, das sich literarisch in der ausführlichen Beschreibung von Landschaften äußert

---

55 Jütte: *Geschichte der Sinne*, S. 211.
56 Vgl. die Skizze eines Grundrisses vom Diorama im zeitgenössischen *Magazine of science, and school of arts* vom 4.7.1840 (in Herbert, Stephen [Hg.]: *A history of pre-cinema*, Bd. 2, London/ New York 2000, S. 103).
57 Vgl. Zglinicki: *Wege des Films*, S. 101.
58 Ebd., S. 99.

oder aber in weiten Handlungsräumen niederschlagen kann. Weiterhin ist das Spiel zwischen der Offenheit der erzählten Welt und der perspektivierten visuellen Erfassung durch die Erzählinstanz bedeutsam: die narrative Instanz agiert im Akt des Erzählens so wie der Betrachter eines Panoramas.

Der *fixierte Blick*: Der ‚fixierte‘ Blick indiziert die Rahmung, die Speicherung und die Wirklichkeitsreferenz eines Bildes. Foto- und Filmkamera geben eine Rahmung des Gesehenen vor und speichern einen ausgewählten Blickpunkt (der Wirklichkeit) mittels Belichtung eines lichtempfindlichen Trägermaterials. Dadurch stellt sich beim Betrachter der Effekt ein, einen Wahrheitsgehalt des Gezeigten anzunehmen. Weiterhin ist der fixierte Ausschnitt aber medial strukturiert und unterliegt einer Abweichung von der Wirklichkeit: Das gerahmte (also perspektivische), unter bestimmten Lichtverhältnissen entstandene und mit einer bestimmten Belichtungszeit produzierte fotografische Bild entspricht nur in Teilen dem raumzeitlichen Realitätsmoment. Demnach schafft die Fotografie „einen privilegierten Beobachterstandpunkt"[59]. Im Sinn eines fotografischen Dispositivs sollten also zwei Anordnungen Dispositiv$_1$ und Dispositiv$_2$ unterschieden werden. Das erste (Dispositiv$_1$), bei dem sich der Betrachter mittels ‚fotografischem Auge‘ durch die Welt bewegt und einzelne, gerahmte Momente zur Fixierung auswählt, kann als ein produktionsästhetisch fundiertes Dispositiv aufgefasst werden. Das zweite (Dispositiv$_2$) betrifft die Anordnung ‚Bild–Betrachter‘ und kann rezeptionsästhetisch wie auch werkästhetisch beschrieben werden. Zwei Realisierungsweisen liegen in der Erzählliteratur vor. Erstens findet sich entsprechend Dispositiv$_1$ oftmals eine ‚Rahmung‘ des Blicks einer Figur (etwa beim Blick aus einem Fenster). Somit kann eine Facette des ‚fixierten Blicks‘ als Ergänzung der durch den panoramatischen Blick ausgelösten *camera eye*-Technik angesehen werden: Eine Figur wird als Betrachter etabliert, ihr Blick wiederum von der Erzählinstanz strukturiert. Zweitens nehmen figurale Blicke auf Bilder im Rahmen der realistischen Erzählliteratur eine initiierende Funktion in Bezug auf Erinnerungen ein. Etwa Theodor Storms *Immensee* führt dies an der durch den Blick auf ein Gemälde ausgelösten Erinnerung Reinhards zu Beginn der Novelle deutlich vor Augen.[60]

---

59 Buddemeier: *Panorama, Diorama, Photographie*, S. 79.
60 Vgl. Storm, Theodor: „Immensee". *Sämtliche Werke*. Bd. 1: *Gedichte/Novellen 1848–1867*, hg. v. D. Lohmeier, Frankfurt a. M. 1987, S. 295–328; hier S. 296. Eine äußerst seltene Realisierungsform des ‚fixierten‘ Blicks findet sich in Form eingefrorener Bilder, die offenbar einem humoristischen, in jedem Fall aber selbstreflexiven Zweck dienen. Ein frühes Beispiel stellt Laurence Sternes *Tristam Shandy* dar. Im 21. Kapitel (Buch I) werden Onkel Tobys Ausführungen zugunsten einer analeptischen Wendung des Erzählers unterbrochen und sein Bild ‚angehalten‘ wie auch später dieses Bild wieder aufgegriffen.

5.2. Wahrnehmungsmodi im 19. Jahrhundert

Der *rasante Blick*: Als markantes Fortbewegungsmittel des aufkommenden industriellen Zeitalters gilt die Eisenbahn. Auch sie hat zum Wahrnehmungswandel der Zeit beigetragen,[61] und es erscheint plausibel, eine Analogie zwischen den Dispositiven ‚Eisenbahn' und ‚Film' anzunehmen.[62] Der Blick aus dem Zugfenster[63] initiiert das ‚filmische Sehen' und antizipiert folglich die Entstehung des filmischen Erzählens. Ausgehend vom Eisenbahn-Dispositiv beschreibt Paech den Zugreisenden als einen „unbewegt bewegte[n] Betrachter"[64]. Die mit dem Zug reisenden Menschen sind als „Zuschauer einer Bewegung [zu begreifen], der sie ausgeliefert sind und die sie doch nur als fremde, äußerliche wahrnehmen"[65]. Neben der wahrnehmungspsychologisch motivierten Applikation der eigenen Bewegung auf die Außenwelt stellt sich ein weiterer Effekt ein, nämlich der eines Vergrößerns anstelle einer Annäherung.[66] Noch sehr viel naheliegender als der Blick von außen auf einen sich in hoher Geschwindigkeit bewegenden Körper ebenso wie der resultierende Effekt des Vergrößerns ist die Sicht *aus* dem Zug hinaus. So wird der Rahmen des Fensters zum Rahmen eines Bildes oder zum Rahmen einer kontinuierlichen Bilderfolge. Eine Analogiebildung zwischen Eisenbahn und Kino liegt mithin durchaus auf der Hand: Während im Eisenbahn-Dispositiv ein ‚unbewegt-bewegter' Reisender aus dem Fenster die sich bewegende Welt sieht, so handelt es sich im Kino-Dispositiv um einen unbewegten Zuschauer, der die Projektion von Bewegungsphasen (als Bewegung) wahrnimmt, deren Inhalt eine Erzählung ist. Der ‚bewegte Betrachter'

---

61 Wolfgang Schivelbuschs These eines mit der Erfindung der Eisenbahn einhergehenden Wahrnehmungswechsels wird von Rainer Schönhammer kritisiert (vgl. Schivelbusch: *Geschichte der Eisenbahnreise*, S. 28, 34, 61f., 72f. u. Schönhammer, Rainer: *In Bewegung. Zur Psychologie der Fortbewegung*, München 1991, S. 104, 107f.).
62 Aller Kritik an Schivelbusch zum Trotz prononciert Schönhammer doch das Phänomen eines filmischen Sehens. Vgl. ders.: *In Bewegung*, S. 111, 124f.
63 Sternberger, Dolf: *Panorama und Ansichten vom 19. Jahrhundert*, Frankfurt a. M. 1974, S. 46.
64 Paech: *Filmisches Sehen*, S. 40 u. ders.: *Unbewegt bewegt*, S. 42.
65 Ders.: *Literatur und Film*, S. 74.
66 In Francis D. Klingenders *Die Kunst und die industrielle Revolution* findet sich der folgende zeitgenössische Bericht: „Bei der raschen Bewegung dieser Lokomotiven tritt eine bemerkenswerte optische Täuschung auf. Ein Zuschauer, der ihr Herankommen beobachtet, wenn sie sich mit äußerster Geschwindigkeit nähern, kann sich kaum der Vorstellung erwehren, daß sie sich nicht bewegen, sondern vergrößern und an Umfang zunehmen. Ich weiß nicht, wie ich mich besser ausdrücken könnte, als daß ich auf die Vergrößerung von Gegenständen in einer Phantasmagoria hinweise. Zuerst ist das Bild kaum zu erkennen, aber wenn es vom Brennpunkt aus sich nähert, scheint es über jede Grenze hinaus zu wachsen. So scheint eine sich nähernde Lokomotive schnell größer und größer zu werden, als wolle sie den ganzen Raum zwischen den Bahndämmen ausfüllen und alles in ihrem Wirbel verschlingen." (Klingender, Francis D.: *Die Kunst und industrielle Revolution*, übers. v. E. Schumann, Frankfurt a. M. 1976, S. 129).

spielt ebenso beim Filmischen in der Literatur eine Rolle. Neben der Funktionalisierung eines Betrachter-Subjekts und der Strukturierung seines Blicks bewegt sich dieses Subjekt auf bestimmte Art und Weise durch den Raum der erzählten Welt. Bewegungsart und -geschwindigkeit determinieren die Wahrnehmung der Figur und mit ihr die durch die Erzählinstanz vermittelte narrative Information.

Der *schweifende Blick*: Der ‚schweifende' Blick oder „*mobilized gaze*"[67] stellt einen wahrnehmungsstrategischen Umgang mit der (Groß-)Stadt dar, er lässt sich aber prinzipiell auf jedweden Beobachtungsgegenstand übertragen. Der Mensch wird innerhalb des komplexen Gefüges ‚Stadt' automatisch zum Beobachter, er entwickelt eine regelrechte „Schau-Lust"[68], die durch die Pluralität der visuellen Medienlandschaft gleichsam gestillt und gefördert wird.[69] Dabei spielt zunächst keine Rolle, ob er dies als dynamischer ‚Flaneur' oder vom statischen Beobachtungsstandpunkt aus tut, seine Beobachtung umschließt die Registrierung des vielfältigen Lebens und „die Zerstreuung im Momenterlebnis"[70]. Grundlegend erscheint die Tatsache, dass es sich erstmals um ein Dispositiv handelt, dem sich der Mensch (sofern er in einer Stadt lebt) von vornherein nicht entziehen kann. Im Gegensatz zum Panorama oder zu Laterna Magica-Erzählungen ist es nicht der Betrachter, der sich auf die Großstadt einlässt (indem er sich bewusst in die dispositive Anordnung begibt), sondern die gesellschaftliche Entwicklung als solche, die ein latentes Dispositiv ‚Großstadt' ausbildet, worin der Mensch als Betrachter und als Betrachtungsgegenstand involviert ist. Der ‚schweifende' Blick fungiert dabei als elementare Form des Sehens. Entweder bewegt sich der Betrachter durch die Stadt, oder aber er lässt den Blick über die Szenerie des Tableaus ‚schweifen'. Hierbei sind jedoch unterschiedliche historische Etappen der Großstadtentwicklung zu berücksichtigen. Relevant wird diese Art des Blicks tatsächlich zuerst mit der Literatur der Frühen Moderne und sowohl auf inhaltlicher wie auch formaler Ebene umgesetzt, verarbeitet wird sie wie der subjektive und gerahmte Blick mittels *camera eye*-Technik.

Vorerst ist festzuhalten, dass Formen des Wahrnehmungswandels in der Erzählliteratur aufgrund von Verarbeitungen der genannten Dispositive sichtbar werden und an drei Wesensmerkmale eines neuen Erzählens gebunden sind, die mit ‚Visualität', ‚Bewegung' und ‚Auditivität' bezeichnet und im Folgenden behandelt werden. Ein solcher Vorgang zeichnet

---

[67] Vgl. Jütte: *Geschichte der Sinne*, S. 215 (Hervorhebung S. B.).
[68] Ebd., S. 216.
[69] Vgl. Faulstich: *Medienwandel im Industrie- und Massenzeitalter (1830–1900)*. Faulstich postuliert einen ‚Bildhunger', der ‚Visualisierungsschübe' auslöst (S. 83).
[70] Brosch: *Krisen des Sehens*, S. 170.

die Literatur als reflexives System des Gesellschaftssystems aus, indem sie Entwicklungen aufgreift und darüber hinaus Lösungsangebote zur ästhetischen Verarbeitung solcher Entwicklungen bereitstellt. Das filmische Erzählen kann dahingehend als literarisches Verarbeitungsmuster angesehen werden.

5.3. Der Poetische Realismus und das filmische Erzählen: Ein Entstehungszusammenhang

Angesichts des durch Entwicklungen in Gesellschaft und Technologie angestoßenen und in den genannten Dispositiven zu Tage tretenden „Visualisierungsschub[s]"[71] gilt es nun, den Schritt hin zur Betrachtung literarisch-narrativer Formen vorzunehmen und der Frage nachzugehen, inwiefern sich Wahrnehmungsumbrüche und spezifische Dispositive innerhalb der Erzählliteratur konkretisieren. Eine Schlüsselfunktion kommt dabei der Programmatik des Realismus zu. In ihr findet man indes kein einheitliches Konzept vor, sondern eine heterogene Ansammlung von Auffassungen darüber, was Realismus ist oder vielmehr sein sollte. Zunächst erscheint es beim ‚Realismus' auch für den vorliegenden Zusammenhang wichtig, eine historische von einer konzeptionellen Kategorisierung zu unterscheiden. Als literaturgeschichtliche Epoche umfasst der Realismus in einem weiten Verständnis ein sich über den Zeitraum von 1830 bis 1900 erstreckendes gesamteuropäisches Phänomen,[72] in seiner konzeptionellen Dimension zielt er auf inhaltliche und formale Besonderheiten der Darstellung von Welt im literarischen Text ab. ‚Realismus' kann mithin als ein vom genannten Zeitraum unabhängiger Terminus verstanden werden, der „für jede Zeit inhaltlich etwas anderes bedeutet"[73]. Dabei schließt sich die Frage an, ob auch die Literatur der historischen Epoche des ‚Realismus' in konzeptueller Hinsicht ‚realistisch' genannt werden kann.[74] Englische, französische und deutsche Vertreter des 19. Jahrhunderts legen auf den ersten Blick disparate Konzepte realistischen Schreibens vor. Während als Grundtenor des französischen Realismus die objektiv-neutrale narratoriale Darstellung gilt – Stendhal etwa spricht von der Literatur als einem ‚Spiegel der Welt' und stellt seinem Roman *Le rouge et le noir* das

---

71 Faulstich: *Medienwandel im Industrie- und Massenzeitalter*, S. 83.
72 Vgl. Kohl, Stephan: *Realismus. Theorie und Geschichte*, München 1977 u. Vgl. auch Becker, Sabina: *Bürgerlicher Realismus. Literatur und Kultur im bürgerlichen Zeitalter 1848–1900*, Tübingen/Basel 2003.
73 Kohl: *Realismus*, S. 12.
74 Vgl. ebd., S. 12.

Motto ‚La vérité, l'âpre vérité' voran[75] –, so ist der Realismus in England allen Wirklichkeitsansprüchen zum Trotz[76] meistenteils auf die „Wirkung melodramatischer Darstellung"[77] bedacht. Gemein ist beiden, französischen und englischen Vorstellungen, das „Augenmerk auf die Darstellung der zeitgenössischen Gesellschaft [zu richten], insbesondere auf Erscheinungsformen des sozialen Miteinander in seiner Alltäglichkeit, wenn nicht sogar in seiner Hässlichkeit"[78]. In Deutschland kristallisiert sich ein Amalgam aus objektiver Darstellung und narrativen ‚Verklärungsstrategien' heraus, die im Konzept des Realidealismus zusammenlaufen. Zeitlich etwas versetzt speist sich der deutsche Realismus aus ausländischen Konzepten, insbesondere aus solchen, die im englischen Roman vorliegen, er schlägt trotz eindeutiger Gemeinsamkeiten jedoch einen eigenen poetologischen Weg ein, der auch hier nicht unberücksichtigt bleiben sollte. Wie zu sehen sein wird, stellt das filmische Erzählen ein gemeinsames Merkmal der europäisch-realistischen Erzählliteratur insgesamt dar.

Die Vorbereitung einer realistischen Auffassung in Deutschland geht auf Johann Elias Schlegel zurück, der bereits um 1740 den Begriff der

---

75 Vgl. Stendhal: *Le rouge et le noir*, Kap. 13, Teil 1 u. Kap. 19, Teil 2. In letzterem Kapitel befindet sich der viel zitierte metaphorische Vergleich: „Eh, monsieur, un roman est un miroir qui se promène sur une grande route. Tantôt il reflète à vos yeux l'azur de cieux, tantôt la fange des bourbiers de la route. Et l'homme qui porte le miroir dans sa hotte sera par vous accusé d'être immoral! Son miroir montre la fange, et vous accusez le miroir! Accusez bien plutôt le grand chemin où est le bourbier, et plus encore l'inspecteur des routes qui laisse l'eau croupir et le bourbier se former." (Stendhal: *Le rouge et le noir. Chronique de 1830*, Paris 1993, S. 459).
Dazu äußert sich Uwe Dethloff folgendermaßen: „Der Wahrheitstopos erhält hier seine spezifische Prägung; wahrheitsgemäß erzählen heißt also, sich kompromißlos der Darstellung der eigenen Zeit zuzuwenden, oder, gemäß dem Untertitel von *Le rouge et le noir*, den Roman als Zeitdokument zu begreifen […]. Damit stellt das Romanwerk Stendhals einen ersten Höhepunkt in der Entwicklung des französischen realistischen Romans dar, insofern der Romanstoff weder in einer weit zurückliegenden, idealisierten noch in einer relativ modernen geschichtlichen Zeit, sondern bewußt in der historischen und sozialen Gegenwart des Schreibaktes, das heißt in der Restaurationszeit und der Julimonarchie, angesiedelt ist.
Diese Fixierung auf die Gegenwart erklärt denn auch die Kontinuität der Spiegelmetapher bei Stendhal, die über *Le rouge et le noir* hinaus auch an anderen Stellen vom Autor beschworen wird. Im zweiten Vorwort von Lucien Leuwen heißt es: ‚Pour peu qu'un roman s'avise de peindre les habitudes des la société actuelle...' […]. Und im Avant-propos von Armance kommentiert der Autor die Komödie *Trois quartiers* von Picard und Mazères […] mit den folgenden Worten: ‚Ils sont présenté un miroir au public; est-ce leur faute si de gens laids ont passé devant ce miroir?'." (Dethlof, Uwe: *Französischer Realismus*, Stuttgart/Weimar 1997, S. 81f.).
76 Vgl. Kohl: *Realismus*, S. 93.
77 Ebd., S. 92.
78 Dethloff: *Französischer Realismus*, S. 47.

‚poetischen Beschreibung'[79] prägt und damit den Weg zum späteren poetischen Realismus offenlegt. Früher spricht bereits Goethe von der Verformung eines natürlichen Gegenstands durch den Künstler und plädiert für das „Ideale, das aus dem Herzen des Dichters hervorgeht"[80]. Auch Hegel sieht im Kunstwerk die Möglichkeit einer „Versöhnung der Wirklichkeit mit dem Poetischen"[81]. Seit Mitte des 19. Jahrhunderts besteht das zentrale Problem der Programmatiker darin, die Einheit der Kunst mit der Totalität der Welt in Einklang zu bringen und entsprechende Strategien des Erzählens zu entwickeln, die einem realistischen Geltungsanspruch genügen. Grundsätzlich liegen Realität und Realismus (in) ‚der Kunst' auf zwei kategorial differenten Ebenen, es besteht folglich eine „prinzipielle Unmöglichkeit[,] Realität und Realismus in eine unmittelbare Beziehung zu setzen"[82]. Nicht „das nackte Wiedergeben"[83] von Wirklichkeit kann demnach Aufgabe des realistischen Werks sein, sondern allenfalls ihre ästhetische Wiederaufnahme und Verarbeitung.

Mit Rückgriff auf Schlegel, Goethe und Hegel untermauert Otto Ludwig das Verständnis eines *poetischen* Realismus, der eine Verschmelzung von Idealismus und Realismus vorsehe und eine „künstlerische Mitte"[84] zwischen der nüchternen (realistischen) Wiedergabe und der (idealistischen) Überformung von Welt anzustreben habe. Der Künstler erfülle Ludwig zufolge die Aufgabe eines ‚Betrachters der Wirklichkeit', und er sei als Hersteller eines literarischen Textes zugleich Darstellender der fiktiven Welt. Dementsprechend hatte zuvor Julian Schmidt den Konnex zwischen einem „Realismus der Beobachtung"[85] und einem „Realismus

---

79 Schlegel, Johann Elias: *Werke*, hg. v. J.H. Schlegel, Bd. 3, Kopenhagen/Leipzig 1764, S. 126f.
80 Eckermann, Johann Peter: *Gespräche mit Goethe in den letzten Jahren seines Lebens*, hg. v. F. Bergemann, Leipzig 1968, S. 191 (18.1.1827).
81 Kohl: *Realismus*, S. 104.
82 Ebd., S. 188.
83 Fontane, Theodor: „Unsere lyrische und epische Poesie seit 1848". In: *Deutsche Annalen zur Kenntniß der Gegenwart und Erinnerung an die Vergangenheit* 1 (1853), S. 353–377; zit. n. Bucher, Max [u. a.]: *Realismus und Gründerzeit. Manifeste und Dokumente zur deutschen Literatur 1848–1880*, Bd. 2: *Manifeste und Dokumente*, Stuttgart 1975, S. 98–101; hier S. 100.
84 Ludwig, Otto: „Der poetische Realismus". In: ders.: *Nachlaßschriften*, hg. v. Moritz Heydrich, Bd. 2: *Shakespeare-Studien*, Leipzig 1874, S. 264ff.; zit. n. Bucher: *Realismus und Gründerzeit*, S. 102f.; hier S. 103. Vergleichbare Ausdrücke sind „Verklärung" (Fontane) oder „ideale Verklärung des Realen" (Prutz), „künstlerisches Spiegelbild" (Ludwig), „Schein des unbelauschten Lebens" (Ludwig). Vgl. dazu: Fontane, Theodor: „Brief an Emilie Fontane vom 24.6.1881". In: ders.: *Briefe*, Bd. 1, hg. v. K. Schreinert u. Ch. Jolles, 1968, S. 154f.; Prutz, Robert E.: *Die deutsche Literatur der Gegenwart. 1848–1858*, 2. Aufl. Leipzig 1870, S. 58.
85 Dies und das folgende Zitat aus Schmidt, Julian: „Schiller und der Idealismus". In: *Die Grenzboten* 17/4 (1858), S. 401–410; zit. nach Bucher: *Realismus und Gründerzeit*, S. 94–96; hier S. 95.

der Darstellung" prononciert, deren Wahrheitsstatus abhängig seien vom Sinn des Dichters für Realität, „für den wahren Inhalt der Dinge" nämlich, und von Techniken zur Modellierung einer idealistischen Nachbildung des Lebens. Goethes von Fontane zitierter ‚Griff ins Menschenleben' muss demnach als künstlerischer Vorgang gewertet werden, der – an das „Auge des Geweihten"[86] gebunden – vor allem mit der ästhetischen Selektion konnotiert wird, die Darstellung des Selektierten folgt wiederum einer idealistischen Überhöhung. „Kein Künstler kann mit Mikroskop oder Teleskop hantieren; ein jeder muss das Gesetz der Perspective verfolgen. Dieses Gesetz aber [...] ist ein ideales"[87] – so Heinrich Emil Homberger. Und er fährt fort: „Nur der Dichter [,] in welchem sich Idealismus und Realismus das Gleichgewicht halten, ist wahr."

Im 19. Jahrhundert ändern sich die Wahrnehmungsmodi und mit ihnen die Sicht auf Welt, und eine „neue Sicht bedingt natürlich eine veränderte Schreibweise"[88]. Bei der künstlerischen ‚Betrachtung' geht es laut deutscher Programmatik darum, den Kern einer Sache, ihre ‚Wahrheit'[89], zu erfassen. An Texten von Stifter, Keller und Raabe bis hin zu solchen von Storm und Fontane ist die ‚Darstellung', die in weiten Teilen synonym zu ‚Erzählen' gebraucht wird, mit Aussparungs- und Andeutungsstrategien der von den Programmatikern wiederholt explizierten ‚Verklärung' durchsetzt und zielt auf eine subjektiv-objektive oder realidealistische Wiedergabe der fiktiven Geschehnisse ab. Objektiv erscheint eine literarische Erzählung dadurch, dass sie auf die (vorwiegend bürgerliche) Lebenswirklichkeit referiert und folglich die Wiedergabe des ‚wirklichen Lebens' anvisiert.[90] Bei Friedrich Spielhagen gilt Objektivität als „oberste[s] Gesetz"[91]:

---

86 Fontane: *Unsere lyrische und epische Poesie seit 1848*, S. 100.
87 Dies und das folgende Zitat aus Homberger, Heinrich Emil: „Der realistische Roman". In: *Allgemeine Zeitung*, Beilage (18.–20. März 1870), S. 1189–1190; zit. n. Bucher: *Realismus und Gründerzeit*, S. 117–121; hier S. 117.
88 Wellershoff, Dieter: „Wiederherstellung der Fremdheit". In: ders.: *Literatur und Veränderung. Versuche zu einer Metakritik der Literatur*, Köln/Berlin 1969, S. 82–96; hier S. 93.
89 Vgl. Fontane: *Unsere lyrische und epische Poesie seit 1848*, S. 13 u. Schmidt: *Der neueste englische Roman und das Princip des Realismus*, S. 90.
90 „Die Grundlage des modernen Epos, des Romans, ist die erfahrungsmäßig erkannte Wirklichkeit, also die schlechthin nicht mehr mythische, die wunderlose Welt." (Vischer, Friedrich Theodor: „Theorie des Romans". In: Gerhard Plumpe (Hg.): *Theorie des bürgerlichen Realismus. Eine Textsammlung*, Stuttgart 1997, S. 240–247; hier S. 240). Vgl. ebenso Schmidt, Julian: „Der neueste englische Roman und das Princip des Realismus". In: *Die Grenzboten* 15/4 (1856), S. 466–474; zit. nach Bucher: *Realismus und Gründerzeit*, S. 90–94; hier S. 91; ders.: „Neue Romane". In: *Die Grenzboten* 20/4 (1860), S. 481–492; zit. nach Bucher: *Realismus und Gründerzeit*, S. 96ff.; hier S. 96. Ebenso Fontane: *Unsere lyrische und epische Poesie seit 1848*, S. 12 sowie Vischer, Friedrich Theodor: „Ästhetik. Die Dichtkunst". In: Bucher: *Realismus und Gründerzeit*, S. 216–220.

Der Autor „darf seine eigenen individuellen Neigungen und Gesinnungen nicht in das Werk hinübertragen"[92].

Bemerkenswert ist in diesem Zusammenhang das unübersehbar ambivalente Verhältnis der Realisten zu technischen Bildapparaten und anderen optischen Technologien. Die terminologische Bezugnahme auf Medien wie die Daguerreotypie und die Fotografie und auf Apparate wie das Mikroskop und das Teleskop offenbaren zweierlei: die offensichtliche Kenntnisnahme einer Hegemonie des Sehens auf der einen und die Apologie des Poetizitätsanspruchs der Literatur auf der anderen Seite.[93] Aller Referentialität der Erzählliteratur auf die zeitgenössische Lebenswirklichkeit, der Thematisierung des Bürgertums und der Konzeptualisierung von Bürgerlichkeit zum Trotz besteht das konstitutive Merkmal literarischer Ästhetik gerade im Real*idealismus*, der künstlerischen Überhöhung des Dargestellten, der Aussparung oder indirekten Sanktionierung des Anormalen und der Andeutung des Offensichtlichen.[94] In diesem Sinn fordert Ludwig eine dargestellte Welt, „die in der Mitte steht zwischen der objektiven Wahrheit in den Dingen und dem Gesetze, das unser Geist hineinzulegen gedrungen ist"[95]. Dabei verkörpert die literarische Intelligenz die Schnittstelle zwischen realer und fiktiver Welt. Allerdings erscheint die Applikation des durch sie erfahrenen Wahrnehmungsumbruchs in der Realität auf den Erzählprozess selbst problematisch, der (nach Schmid) nicht dem Autor, sondern der fiktiven narrativen Instanz obliegt. Und doch ist eine Dependenz zwischen beiden Instanzen unbedingt anzunehmen: Ändert sich nämlich die Schreibweise eines Autors, so müssen ebenso Konsequenzen für den Akt des Erzählens durch die Erzählinstanz angenommen werden. Mit Bezug auf jene im Realismus ausgebildeten Er-

---

91 Spielhagen, Friedrich: „Das Gebiet des Romans". In: Plumpe: *Theorie des bürgerlichen Realismus*, S. 249–256; hier S. 255.

92 Ludwig, Otto: „Objektivität der dramatischen Dichtung". In: Plumpe: *Theorie des bürgerlichen Realismus*, S. 289–291; hier S. 290.

93 Dass im Sinn der Realisten „die Kunst mehr zu sein habe und mehr ist, als die Wiedergabe der Dingwelt bzw. des bereits Vorhandenen, als die Abbildung und Reproduktion alltäglicher Welt" betont ebenfalls Sabina Becker (dies.: *Literatur im Jahrhundert des Auges. Realismus und Fotografie im bürgerlichen Zeitalter*. München 2010, S. 114). Auch sie ist der Überzeugung, dass „der Vorgang der Verklärung die poetische Dimension eines literarischen Textes und so zugleich die Poetizität von Literatur" begründe und „im Prozess des Verklärens [...] die eigentliche Aufgabe von Literatur" liege (ebd., S. 141).

94 Gesprochen wird von der „nöthige[n] Technik" (Schmidt) oder von „notwendige[n] Mittel[n]", welche den Gegenstand von seinen „Schattenseiten" (Fontane) befreit. Vgl. auch Schmidt: *Schiller und der Idealismus*, S. 95 u. Fontane: *Unsere lyrische und epische Poesie seit 1848*, S. 12.

95 Ludwig: *Der poetische Realismus*, S. 102.

zähltechniken hebt Dieter Wellershoff besonders die ‚Konkretheit'[96] der Darstellung hervor sowie eine

> bewegte, subjektive Optik, die durch Zeitdehnung und Zeitraffung und den Wechsel zwischen Totale und Detail, Nähe und Ferne, Schärfe und Verschwommenheit des Blickfeldes, Bewegung und Stillstand, langer und kurzer Einstellung und den Wechsel von Innen- und Außenwelt die konventionelle Ansicht eines bekannten Vorgangs und einer bekannten Situation so auflöst und verändert, daß eine neue Erfahrung entsteht.[97]

Ganz bewusst bringt Wellershoff die Verwandtschaft dieser Techniken mit „den Kamerabewegungen des Films"[98] ins Spiel und konstatiert eine Analogie zwischen realistischem Schreiben und Techniken des späteren Films. Tatsächlich trifft seine Beobachtung aber nur in Teilen zu. Zuzustimmen ist der Annahme einer realisierten Visualität und die Entstehung einer ‚neuen Erfahrung'. Die Analogie zum Film muss jedoch revidiert, und zugleich der hier verwendete Begriff des Filmischen im präfilmischen Zeitalter präzisiert werden. Aus zwei Gründen kann ein Vergleich mit dem Film irreführend sein: Zum einen existiert der Film zur Zeit des realistischen Schaffens nicht, die entwickelten Techniken sind demnach nicht *filmisch*, sondern *literarisch* zu nennen. Die Tatsache allerdings, dass mit ihrer Hilfe eine modifizierte Wahrnehmung in der Literatur zur Geltung kommt, deren Auswirkung historisch gesehen bis hin zum narrativen Film führt, spricht für den Begriff des Präfilmischen.

5.4. Filmische Formen in der realistischen Erzählliteratur

Neben dem florierenden Gebrauch technischer Bildapparate für teils aufwendig gestaltete audiovisuelle Erzählungen (wie im Fall des Optischen Theaters[99]) reagiert auch die literarische Intelligenz auf den allgemeinen Wahrnehmungswandel der Zeit, entwickelt Schreibweisen und nutzt Erzähltechniken, die im Verlauf der Narrativisierung des Films bewusst aufgegriffen werden.[100] Solche „filmlike predispositions"[101] manifestieren sich

---

96 Vgl. Wellershoff: *Wiederherstellung der Fremdheit*, S. 87.
97 Ebd., S. 89.
98 Ebd.
99 Vgl. Thiel, Wolfgang: *Filmmusik in Geschichte und Gegenwart*, Berlin 1981, S. 122.
100 John Fell weist auf die Tradition der Filmnarration hin: „I believe that in the motion pictures there surfaced an entire tradition of narrative technique which had been developing unsystematically for a hundred years. It appears sporadically not only among the entertainments thus far mentioned, but in ephemera as diverse as stereograph sets, peep shows, song slides, and postal cards." (Fell, John L.: *Film and the narrative tradition*, Norman, Oklahoma 1974, S. xv).

in drei Aspekten: Visualität, Bewegung und Auditivität. Das erste und wichtigste Kernmerkmal zur Beschreibung des Präfilmischen in der realistischen Erzählliteratur ist die im Text erzeugte Visualität. Darunter soll im Weiteren nach Poppe in Abgrenzung zur ‚Bildlichkeit' oder ‚Anschaulichkeit' eine „visuelle Darstellungsweise im Text"[102] verstanden werden, die eine „semantische und/oder strukturbildende Funktion" einnimmt. Sie tritt durch eine konkretisierende Beschreibung in statischer oder dynamischer Form, eine Repräsentation visueller Wahrnehmung oder aber durch die direkte Thematisierung von Wahrnehmung im literarischen Text hervor. Ihre Komponenten sind folglich *Konkretheit, Thematisierung und Realisierung visueller Wahrnehmung* sowie *Integration von Dispositiven*. Die Inszenierung von Bewegung tritt auf der Ebene der Geschichte und der Ebene der Erzählung zutage. Inhaltlich-thematisch lässt sich in Texten das dramaturgische Element des Tempos beobachten, um bestimmte Handlungselemente zu exponieren. Formal-realisiert macht sich Bewegung durch verschiedene Erzähltechniken bemerkbar, häufige Wechsel des Schauplatzes oder der Erzähltempi, deutliche Fragmentierung des diegetischen Raums im exegetischen Raum usw. Auditivität wird verstanden als die im Text realisierte diegetische Akustik, die ebenso wie die Visualität und die Bewegung semantisch-strukturell funktionalisiert ist. Einerseits dient sie einem Realitätseffekt, zum anderen erfüllt sie dramaturgische und semantische Aufgaben. In Texten des 20. und 21. Jahrhunderts verlagert sich Auditivität dann ebenfalls auf die Ebene der Präsentation der Erzählung.

5.4.1. Visualität I: Konkretheit des Erzählten und konkretes Erzählen

Literarische Visualität zeichnet sich durch eine detaillierte Beschreibung oder szenisches Erzählen aus – beides meint hier konkretes Erzählen. Ein hervorstechendes Merkmal realistischer Texte ist zunächst die konkret-plastische und detaillierte Ausgestaltung der Diegese: die Gegenständlichkeit der erzählten Welt erscheint greifbar, Figuren und Objekte werden plastisch vor Augen geführt. Als vielzitiertes Beispiel ist der Anfang von

---

101 Ebd., S. 54.
102 Poppe: *Visualität in Literatur und Film*, S. 31 u. S. 39–44.

Effi Briest zu nennen.[103] Die narrative Instanz erfasst das Briest'sche Familienanwesen und bewegt sich beschreibend darauf zu. Dabei kommt in diesem wie auch in anderen Fällen die narrative Realisation des ‚geschärften', des ‚schweifenden', des ‚panoramatischen' und des ‚fixierten' Blicks zum Tragen. Im Fokus steht dabei die plastische und konkrete Präsentation des diegetischen Raums und zwar auf drei Achsen eines räumlichen Koordinatensystems – in Höhe, Breite und Tiefe. Weiterhin tritt die Erzählinstanz oftmals hinter das Erzählte, wechselt in den Modus der Absenz und ruft auf diese Weise den Effekt eines unvermittelten Zugangs zur erzählten Welt hervor. Möglich wird dies bei Figurendialogen:

> „Ach, Crampas, reden Sie nicht so töricht. Ich bin zu jung, um eine große Menschenkennerin zu sein; aber ich müsste noch vor der Einsegnung und beinah vor der Taufe stehen, um Sie für einen einfachen Mann zu halten. Sie sind das Gegenteil davon, Sie sind gefährlich …"
>
> „Das Schmeichelhafteste, was einem guten Vierziger, mit einem a.D. auf der Karte gesagt werden kann. Und also, was sich Innstetten dabei denkt …"
>
> Effi nickte.
>
> „Ja, wenn ich durchaus sprechen soll, er denkt sich dabei, dass ein Mann, wie Landrat Baron Innstetten, der jeden Tag Ministerialdirektor oder dergleichen werden kann […], dass ein Mann wie Baron Innstetten nicht in einem gewöhnlichen Hause wohnen kann, nicht in einer solchen Kate, wie die landrätliche Wohnung, ich bitte um Vergebung, gnädigste Frau, doch eigentlich ist. Da hilft er denn nach. Ein Spukhaus ist nie was Gewöhnliches … Das ist das eine."[104]

Allein der Einschub „Effi nickte" ist der Rede der Erzählinstanz zuzuschreiben, wobei bemerkenswert erscheint, dass es sich hierbei um den Verweis auf eine gestische Figurenhandlung handelt, der die Konkretheit der Welt hervorhebt wie es später ebenso in der modernen Erzählliteratur der Fall ist. Dieses direkte ‚Erzählen von Worten' findet sich in der gesamten realistischen Erzählliteratur und illustriert die Tendenz des realistischen Erzählens zum Spiel zwischen Mittelbarkeit und Unmittelbarkeit, das sich dadurch dem Erzählen im Film annähert.

---

103 Welchen Stellenwert der Anfang des Romans für die Bedeutung der Geschichte einnimmt, betont Peter-Klaus Schuster: „Fontanes Bemerkung über Romananfänge, ‚an den ersten drei Seiten hängt immer die ganze Geschichte' (Fontane, Theodor: *Briefe an Georg Friedländer*, hg. v. K. Schreinert, Heidelberg 1954, S. 260) bewahrheitet sich für ‚Effi Briest' in besonderer Weise. Mit der Verkündung am Anfang des Romans ist der weitere Gang der Handlung bereits festgelegt. Es kommt, wie es kommen muß." (Schuster, Peter-Klaus: *Theodor Fontane. Effi Briest – Ein Leben nach christlichen Bildern*, Tübingen 1978, S. 90).

104 Fontane, Theodor: „Effi Briest". In: ders.: *Sämtliche Werke*, Bd. 7, München 1959, S. 171–427; hier S. 282.

Konkretes Erzählen liegt aber auch dann vor, wenn ein *Geschehen* ohne exegetische Vermittlung durch die Erzählinstanz präsentiert wird.[105] Tatsächlich ist aber diese Unmittelbarkeit hier wie dort nur eine scheinbare, denn auch ohne eine explizite Exegesis muss ein Erzählgeschehen angenommen werden, das wiederum (implizit) auf den Akt des Erzählens verweist. Konkretheit des Erzählten und konkretes Erzählen im Feld der Literatur heißt demnach, den Akt des Erzählens zu verschleiern und die Diegese plastisch und konkret zu präsentieren, ohne dabei den medialen Filter der Sprache zu umgehen.

5.4.2. Visualität II: Thematisierung und Realisierung visueller Wahrnehmung

Die Visualität eines Geschehens determiniert nicht nur die Präsenz der Erzählinstanz. Ebenso bedeutsam ist ein bewusster Umgang mit der perzeptiven Perspektive, die Wiedergabe von visueller Wahrnehmung. Drei Größen werden dabei zusammengebracht: die neutral-objektive Stimme der Erzählinstanz, eine wahrnehmende Figur, deren Sicht narratorial eingenommen wird, sowie ein wahrgenommenes Objekt.[106] Wird ein Wahrnehmungsvorgang nicht nur thematisiert, sondern vor allem realisiert, so kann dies – wie oben bereits angedeutet – mit konkretem Erzählen korrelieren: Narrative Vermittlung und figurale Perspektivierung können beim szenischen Erzählen miteinander vereint werden und den Text zusätzlich mit visuellen Signalen aufladen. Allerdings liegen auch Fälle vor, in denen die Figur als Zwischeninstanz des Wahrnehmungsprozesses zeitweilig fallen gelassen wird und die Erzählinstanz mit Hilfe bestimmter Raum- und Figurenbeschreibungen eigenständig optische Effekte hervorruft. Dickens' *Oliver Twist* ist ein einschlägiges Beispiel des verdeckten Typus, in dem beides – der Wahrnehmungsprozess der Figur als auch derjenige der Erzählinstanz – zur Anwendung gelangt. Dabei nimmt der Leser zunächst teil an der Erfahrung Oliver Twists, durch dessen Augen er das London des zweiten Drittels des 19. Jahrhunderts kennen lernt:

> Although Oliver had enough to occupy his attention in keeping sight of his leaders, he could not help bestowing a few hasty glances on either side of the way, as he passed along. A dirtier or more wretched place he had never seen. The street

---

105 Spiegel: *Fiction and the camera eye*, S. 6.
106 Vgl. auch Spiegels *reification*-Modell sowie die von ihm und anderen entwickelte *Camera eye*-Technik (Casparis, Christian Paul: *Tense without time. The present tense in narration*, Bern 1974, S. 49–61; Spiegel, Alan: „Flaubert to Joyce. Evolution of a cinematographic form". In: *Novel* 6/3 (1973), S. 229–243 u. Stanzel: *Theorie des Erzählens*, S. 294–299).

was very narrow and muddy, and the air was impregnated with filthy odours. There were a good many small shops; but the only stock in trade appeared to be heaps of children, who, even at that time of night, were crawling in and out at the doors, or screaming from the inside. The sole places that seemed to prosper amid the general blight of the place were the public-houses; and in them, the lowest orders of Irish were wrangling with might and main. Covered ways and yards, which here and there diverged from the main street, disclosed little knots of houses, where drunken men and women were positively wallowing in filth; and from several of the door-ways, great ill-looking fellows were cautiously emerging, bound, to all appearance, on no very well-disposed or harmless errands.[107]

Demgegenüber überschreiten die Möglichkeiten der Erzählinstanz die der Figuren. Aus der Kombination resultiert eine klare Komposition des Vermittelten, bei der die narratoriale in die figurale Perspektive überwechselt.

> It was a cheerless morning when they got into the street; blowing and raining hard; and the clouds looking dull and stormy. The night had been very wet: large pools of water had collected in the road: and the kennels were overflowing. There was a faint glimmering of the coming day in the sky; but it rather aggravated than relieved the gloom of the scene: the sombre light only serving to pale that which the street lamps afforded, without shedding any warmer or brighter tints upon the wet housetops, and dreary streets. There appeared to be nobody stirring in that quarter of the town; the windows which they passed, were noiseless and empty.
>
> By the time they had turned into the Bethnal Green Road, the day had fairly begun to break. Many of the lamps were already extinguished; a few country waggons were slowly toiling on, towards London; now and then, a stage-coach, covered with mud, rattled briskly by: the driver bestowing, as he passed, an admonitory lash upon the heavy waggoner who, by keeping on the wrong side of the road, had endangered his arriving at the office a quarter of a minute after his time. The public-houses, with gas-lights burning inside, were already open. By degrees, other shops began to be unclosed, and a few scattered people were met with. Then, came straggling groups of labourers going to their work; then, men and women with fish-baskets on their heads; donkey-carts laden with vegetables; chaise-carts filled with live-stock or whole carcasses of meat; milk-women with pails; an unbroken concourse of people, trudging out with various supplies to the eastern suburbs of the town. As they approached the City, the noise and traffic gradually increased; when they threaded the streets between Shoreditch and Smithfield, it had swelled into a roar of sound and bustle. It was as light as it was likely to be, till night come on again, and the busy morning of half the London population had begun.
>
> Turning down Sun Street and Crown Street, and crossing Finsbury Square, Mr. Sikes struck, by way of Chriswell Street, into Barbican: thence into Long Lane,

---

107 Dickens, Charles: *The adventures of Oliver Twist*, Oxford [u. a.] 1989, S. 55.

and so into Smithfield; from which latter place arose a tumult of discordant sounds that filled Oliver Twist with amazement.[108]

Bis hierhin ist das Vorgehen zu beobachten, wie es Spiegels *reification*-Modell nahe legt. Dann jedoch beschreibt die Erzählinstanz das Geschehen, ohne auf die Figurensicht einzugehen und erscheint als implizite Instanz lediglich dadurch, dass sie die sensorisch wahrgenommenen Eindrücke planvoll organisiert.

> It was market-morning. The ground was covered, nearly ankle-deep, with filth and mire; a thick steam, perpetually rising from the reeking bodies of the cattle, and mingling with the fog, which seemed to rest upon the chimney-tops, hung heavily above. All the pens in the centre of the large area, and as many temporary pens as could be crowded into the vacant space, were filled with sheep; tied up to posts by the gutter side were lines of beasts and oxen, three or four deep. Countrymen, butchers, drovers, hawkers, boys, thieves, idlers, and vagabonds of every low grade, were mingled together in a mass; the whistling of drovers, the barking of dogs, the bellowing and plunging of oxen, the bleating of sheep, the grunting and squeaking of pigs, the cries of hawkers, the shouts, oaths, and quarrelling on all sides; the ringing of bells and roar of voices, that issued from every public-house; the crowding, pushing, driving, beating, whooping, and yelling; the hideous and discordant din that resounded from every corner of the market; and the unwashed, unshaven, squalid, and dirty figures constantly running to and fro, and bursting in and out of the throng; rendered it a stunning and bewildering scene, which quite confounded the senses.[109]

Die ‚Verwirrung' überlässt die Erzählinstanz den Figuren. Sie selbst geht äußerst strukturiert vor und arbeitet mit Detailbeschreibungen (‚ankle') sowie distanzierten Beschreibungen (‚mingled together in a mass') und reiht zunächst visuelle und anschließend akustische Elemente aneinander.[110] All dies geschieht unter Zuhilfenahme zweier Dispositive: verknüpft werden ‚schweifender' Blick (der Figur[en]) und ‚geschärfter' Blick (der Erzählinstanz).

---

108 Ebd., S. 152f.
109 Ebd., S. 153.
110 Vgl. dazu ausführlich und kritisch Möbius, Hanno: *Montage und Collage. Literatur, bildende Kunst, Film, Fotografie, Musik, Theater bis 1933*, München 2000, S. 33ff.

5.4.3. Visualität III: Die Integration von Dispositiven

Eine solche, die visuelle Wahrnehmung der Figuren oder der Erzählinstanz vermittelnde Form der Perspektivierung beruht folglich auf der literarischen Simulation diverser Dispositive, welche ‚offen' in Form von Tropen („devices as tropes"[111]) oder aber ‚verdeckt' als Anwendung ihrer dispositiven Struktur auftreten. Die erste Variante findet insbesondere im Apparat der Laterna Magica einen geeigneten Gemeinplatz zur Markierung der Visualität eines Geschehens.[112] Erwähnt worden ist in diesem Zusammenhang bereits mehrfach Wilhelm Raabes Roman *Die Chronik der Sperlingsgasse*. Zu Beginn nennt der (Figuren-)Erzähler (am Fenster sitzend) die Laterna Magica: „Ein Bild nach dem andern zieht wie in einer Laterna Magica an mir vorbei, verschwindend, wenn ich mich bestrebe, es festzuhalten."[113] Die hier markierte Bildhaftigkeit des Erinnerten ist gleichsam am Erzählakt abzulesen, der sich mittels Zeichensystem ‚Schrift' in ‚bildhaftem' Gestus manifestiert. Die Funktionsweise der Laterna Magica wird auf den narrativen Vermittlungsakt überführt, der Wechsel von Bildern vollzieht sich zweimal und ist jeweils analeptisch im Erzählprozess angelegt. Das Dispositiv des ‚schweifenden Blickes' wird vom Raum in die Zeit verlagert: es geht nicht um die Verarbeitung einer Geschehensfülle beispielsweise in einer Großstadt, sondern um die Aufarbeitung von vergangenen Ereignissen einer ‚alten Zeit' und um die Auseinandersetzung mit der rapiden Vergänglichkeit des Gegenwärtigen.

Auffallend ist für die präfilmische Literatur insgesamt, dass sich eine Überlagerung mehrerer ‚Blicke' einstellt, die Reinform scheint eher einem idealtypischen Verständnis zu entsprechen. Eine Reihe von realistischen Texten weist mehr oder minder ausgeprägte Raumbeschreibungen auf. So kombiniert etwa Alessandro F. T. Manzoni zu Beginn von *I promessi sposi* den ‚panoramatischen' Blick mit dem ‚schweifenden' Blick. Beinahe ana-

---

111 Plunkett, John: „Optical recreations and Victorian literature". In: David Seed (Hg.): *Literature and the visual media*, Cambridge 2005, S. 1–28; hier S. 1.
112 So zu finden bei Willibald Alexis (*Ruhe ist die erste Bürgerpflicht*; *Der Roland von Berlin*), Hans Christian Andersen (*Sein oder Nichtsein*), Sophus Bauditz (*Waldmoorprinzeß*), Charlotte Brontë (*Jane Eyre. An autobiography*), Edward Bulwer-Lytton (*Kenelm Chillingly*), James Fenimore Cooper (*The red rover. A tale*), Charles Dickens (*Little Dorrit*; *The life and adventures of Martin Chuzzlewit*; *Bleak house*), Theodor Fontane (*Schach von Wuthenow*; *Wanderungen durch die Mark Brandenburg*), Friedrich Gerstäcker (*Südamerika*), E.T.A. Hoffmann (*Die Brautwahl*; *Meister Floh*; *Die Serapions-Brüder*), Joseph Seligmann Kohn (*Der jüdische Gil Blas*), Robert Louis Stevenson (*In the south seas*), Wilhelm Raabe (*Deutscher Adel*; *Die Chronik der Sperlingsgasse*; *Drei Federn*), Ludwig Rellstab (*1812*), Friedrich Spielhagen (*Platt Land*), Adalbert Stifter (*Der Kondor*).
113 Raabe, Wilhelm: „Die Chronik der Sperlingsgasse". In: ders.: *Werke in zwei Bänden*, München/Zürich 1961, Bd. 1, S. 7–123; hier S. 12.

loge Formen sind in Adalbert Stifters *Bergkristall, Der Kondor, Abdias* und *Der Hochwald* anzutreffen.[114] Theodor Storm kombiniert *Im Schloß* Aspekte des ‚geschärften', ‚fixierten', ‚subjektiven' und des ‚schweifenden Blickes' und lässt den Leser so an einer Art narratorial und figural motivierten ‚Blickfahrt' teilhaben.

> An dem linken Ende der Front neben dem stumpfen Eckturme führte eine schwere Tür in's Haus. Rechts hinab, an der gegenüberliegenden breiten Treppenflucht vorbei, auf welcher man in das obere Stockwerk gelangte, zog sich ein langer Korridor mit nackten weißen Wänden. Den hohen Fenstern gegenüber, welche auf den geräumigen Steinhof hinaussahen, lag eine Reihe von Zimmern, deren Türen jetzt alle verschlossen waren. Nur das letzte wurde noch bewohnt. Es war ein mäßig großes, düsteres Gemach; das einzige Fenster, welches nach der Gartenseite hinaus lag, war mit dunkelgrünen Gardinen von schwerem Wollenstoffe halb verhangen. In der tiefen Fensternische stand eine schlanke Frau in schwarzem Seidenkleide. Während sie mit der einen Hand den Schildpattkamm fester in die schwere Flechte ihres schwarzen Haares drückte, lehnte sie mit der Stirn an eine Glasscheibe und schaute wie träumend in den Septembernachmittag hinaus. [*narratorial-schweifender Blick und Fixierung einer Figur*, S. B.] Vor dem Fenster lag ein etwa zwanzig Schritt breiter Steinhof, welcher den Garten von dem Hause trennte [*figural-subjektiver und fixierter Blick*, S. B.]. Ihre tiefblauen Augen, über denen sich ein Paar dunkle, dicht zusammenstehende Brauen wölbten, ruhten eine Weile auf den kolossalen Sandsteinvasen, welche ihr gegenüber auf den Säulen des Gartentores standen [*narratorial-geschärfter Blick, dann figural-fixierter Blick*, S. B.]. Zwischen den steinernen Rosengirlanden, womit sie umwunden waren, ragten Federn und Strohhalme hervor. Ein Sperling, der darin sein Nest gebaut haben mochte, hüpfte heraus und setzte sich auf eine Stange des eisernen Gittertors [*figural-geschärfter Blick*, S. B.]; bald aber breitete er die Flügel aus und flog den schattigen Steig entlang, der zwischen hohen Hagebuchenwänden in den Garten hinabführte. Hundert Schritte etwa von dem Tore wurde dieser Laubgang durch einen weiten sonnigen Platz unterbrochen, in dessen Mitte zwischen wuchernden Astern und Reseda die Trümmer einer Sonnenuhr auf einem kleinen Postamente sichtbar waren. Die Augen der Frau folgten dem Vogel; sie sah ihn eine Weile auf dem metallenen Weiser ruhen; dann sah sie ihn auffliegen und in dem Schatten des dahinterliegenden Laubganges verschwinden [*figural-schweifender und geschärfter Blick*, S. B.].[115]

---

114 Interessant ist die Realisierung des panoramatischen Blicks in *Der Kondor*. Dabei kommt es zur Vermittlung visueller Eindrücke während der Fahrt in einem Heißluftballon, die durch den Verweis auf die Laterna Magica explizit ‚bildhaft' sind. Cornelias Ohnmacht verweist symptomatisch auf die Neuheit dieses Blicks wie auch auf die Opposition von Mann und Frau („das Weib erträgt den Himmel nicht". Stifter, Adalbert: „Der Condor". In: ders.: *Werke und Briefe. Historisch-kritische Gesamtausgabe*, hg. v. A. Doppler u. W. Frühwald, Bd. 1,1: *Studien. Journalfassungen. Erster Band*, Stuttgart u. a. 1978, S. 9−31; hier S. 20ff.).

115 Storm, Theodor: „Im Schloß". In: ders.: *Sämtliche Werke*. Bd. 1: *Gedichte/Novellen 1848−1867*, hg. D. Lohmeier, Frankfurt a. M. 1987, S. 480−528; hier S. 484f.

Die vorgeführte Blicke-Kombination konzentriert sich vornehmlich auf den Raum der erzählten Welt, lässt ihn konkret-gegenständlich und detailreich erscheinen, und doch steht der Umgang mit Blicken an dieser Stelle zeichenhaft für die Veräußerlichung des Innerlichen und die Undurchdringlichkeit des Wesens der Protagonistin. Ebenso wie Storm und Fontane (zu Beginn von *Effi Briest*) greift auch Otto Ludwig in *Zwischen Himmel und Erde* auf die Kombination von ‚schweifendem' und ‚geschärftem' Blick für eine expositorische Raumbeschreibung zurück. Im Gegensatz zu Fontane ist dort allerdings die Bewegung der (nichtdiegetischen) Erzählinstanz im diegetischen Raum wie auch ihr perzeptiver Umgang mit räumlichen Distanzen sehr viel deutlicher durch entsprechende Hinweise gekennzeichnet: Die Bewegung wird in Schritten angegeben, die Gangrichtung eindeutig angezeigt. Außerdem wird ein ‚genaues' Hinsehen als solches in der Erzählerrede ausgewiesen. Stifter setzt initiatorische Raumbeschreibungen in *Bergkristall* und *Abdias* mit Hilfe von figuralen Hilfskonstruktionen um, indem das ‚Besteigen eines Berges' und das ‚Durchwandern eines Tals' fingiert werden.[116]

Ein letztes Realisierungsverfahren der Eingliederung optischer Dispositive ist mit der Form der Illustration verbunden. Bemerkenswert im vorliegenden Zusammenhang wird die Verwendung von Illustrationen, wenn sie wie im Fall von Lewis Carrolls *Alice's adventures in wonderland* zum ästhetischen Konzept zählen, das einer Text-Bild-Kombination folgt und zum visuellen Charakter der Erzählung beiträgt. Bei Carroll gerät diese Kombination deshalb zu einem „integralen Bestandteil der literarischen Form"[117], da Text und Bild „im Rahmen einer intermedialen Narration unauflöslich" ineinander greifen. Die Folgen sind „optische Effekte" der Erzählung (das Verschwinden der Grinsekatze, das Durchschreiten eines Spiegels) und der Typografie, wenige ausführliche Beschreibungen durch die Erzählinstanz und weitläufig vorherrschendes szenisches Erzählen. *Alice im Wunderland* kann dadurch bedingt als einflussreicher Wegbereiter filmischen Erzählens gelten.

---

116 Vgl. Stifter, Adalbert: „Bergkristall". In: ders.: *Werke und Briefe. Historisch-kritische Gesamtausgabe*, Bd. 2,2, hg. v. A. Doppler u. W. Frühwald, Stuttgart [u. a.] 1982, S. 181–240; hier 189ff. u. „Abdias". In: ders.: *Werke und Briefe. Historisch-kritische Gesamtausgabe*, Bd. 1,5, hg. v. A. Doppler u. W. Frühwald, Stuttgart [u. a.] 1982, S. 235–342; hier S. 239ff.

117 Diese und die folgenden Zitate aus: *Alice im Wunderland der Kunst*, hg. v. Hubertus Gaßner, Annabelle Görgen u. Christoph Benjamin Schulz, Ausstellungskatalog der Hamburger Kunsthalle 2012, S. 11f.

5.4.4. Realisierte und thematisierte Bewegung

Das zweite Merkmal präfilmischer Literatur ist bei weitem nicht so deutlich ausgeprägt wie das der Visualität. Gleichwohl der besondere Umgang mit Bewegung erst in der Literatur der Frühen Moderne seinen Höhepunkt erreicht, sind bereits im Realismus Anzeichen zu erkennen, die auf diesen Aspekt hinweisen. Auf inhaltlicher Ebene kommt die Thematisierung von rasanten Kutschfahrten, Schiffs- oder Eisenbahnfahrten zum Tragen. Ein aus *Madame Bovary* bekanntes Beispiel stellt die Kutschfahrt dar, die Emma und Leon unternehmen, um sich ihrem *tête-à-tête* hinzugeben.[118] Weiterhin sind die in der englischen Literatur dargestellten Eisenbahnfahrten bedeutsam, vor allem die mit ihnen einhergehende Funktionalisierung der Eisenbahn zur Darstellung bestimmter Wahrnehmungsweisen und Bewusstseinsinhalte.[119] Nexus bildet mithin die ästhetische Wiedergabe und Reflexion veränderter Bewegungsmöglichkeiten, darüber hinaus werden diese zum Ausdruck eines modernen, d. h. ‚maschinellen' Zeitgefühls und einer neuen Raumerfahrung. Der Bewegungsmodus der ‚hohen Geschwindigkeit' scheint für die deutschsprachige Erzählliteratur im vorliegenden Zeitraum nur von geringer Bedeutung zu sein. Bis auf wenige Beispiele, die in diesem Zusammenhang kaum der Rede wert sind,[120] spielt Geschwindigkeit als eigens erfahrenes Phänomen zunächst keine Rolle und wird erst um die Jahrhundertwende kennzeichnend. Raabes *Die Kinder von Finkenrode* deutet die audiovisuelle Erfahrung von schneller Bewegung mit expliziter Referenz auf die Laterna Magica zumindest mikrostrukturell an und verankert darin geschickt die Initiierung einer Kindheitserinnerung.

> Die Gegend, durch welche der Eisenbahnzug flog, war flach, berg- und hügellos, am Tage vielleicht eintönig, reizlos, langweilig; die Nacht, der Mondenschein, der aus den Niederungen aufsteigende Nebel aber verliehen ihr einen Zauber, welchen die malerischste Landschaft zu dieser Zeit vielleicht nicht geboten hätte. Die schwarzen Föhrenwälder, bald näher heranziehend, bald in der Ferne zurücktretend, die weit in die Ebene hineinfunkelnden Wasserflächen der großen Havelseen, die Lichter in den vorbeifliegenden einsamen Häusern, Dörfern und größeren Ortschaften glitten vorüber, wie in einer Zauberlaterne, und alles paßte gänz-

---

118 Vgl. Flaubert: *Madame Bovary*, Kap. 1, Teil 3.
119 Vgl. Seeber, Hans Ulrich: „‚The Country swims with motion'. Poetische Eisenbahnfahrten in England". In: Großklaus/Lämmert: *Literatur in einer industriellen Kultur*, S. 407–430; hier S. 416. Für einen allgemeinen Überblick über das Thema ‚Eisenbahn' in der anglophonen Erzählliteratur vgl. auch Klingender: *Die Kunst und industrielle Revolution*.
120 Verwiesen sei hier auf Raabes *Die Kinder von Finkenrode*, Sophie Wörishöffers *Robert des Schiffsjungen Fahrten und Abenteuer auf der deutschen Handels- und Kriegsflotte*, Fanny Lewalds *Jenny*, Paul Scheerbarts *Immer mutig!* und Friedrich Spielhagens *Problematische Naturen*.

lich zu der Stimmung, in welche ich seit Dunkelwerden hineingeraten war. Ich hatte mich in die Kissen meiner Wagenecke zurückgelehnt und blickte halb, geschlossenen Auges in die Nacht hinaus. [...] Die Laterne an der Decks des Wagens warf ihr rötlich trübes Licht über den kleinen Raum, – die Maschine stöhnte, der Zug klapperte und ächzte, rasselte und klirrte – die Nachtlandschaft blieb, wie viele Meilen auch vorbeiflogen, stets dieselbe. Ich dachte an meine hungrige, früh verwaiste Jugend, an die kleine stille Stadt meiner ersten Kindheitsjahre, welche mir aus der Tiefe der Erinnerung entgegendämmerte, wie die Türme der versunkenen Julin dem Schiffer auf dem Haff, und der ich jetzt nach so langen Jahren wieder entgegenfuhr. [121]

Neben der thematischen Behandlung von Bewegung kann *Madame Bovary* ebenfalls als Beispiel für die Rhythmisierung des Erzählens angesehen werden. Die Gestaltung der Geschehensvermittlung korreliert eine Dynamisierung des Erzählens und dramatisiert so auf besondere Weise das erzählte Geschehen:[122] Es handelt sich um die Szene, in der Rodolphe und Emma am Fenster des Ratsaales die Jahresversammlung der Landwirte auf dem unter ihnen liegenden Marktplatz verfolgen. Beide Handlungsabläufe sind alternierend verknüpft und unterliegen einem Vermittlungsprinzip, bei dem die Präsenz der Erzählinstanz und die Abfolge der Szenenwechsel entscheidend sind. Zunächst erfolgt ein regelmäßiger Wechsel zwischen beiden Handlungen, die inhaltlich die Rede des Herrn Präfekturrats und das Anbändeln zwischen den beiden Beobachtern einschließt. Formal gesehen umfassen sie jeweils mehrere Zeilen Text.

– C'est qu'un pourrait, reprit Rodolphe, m'apercevoir d'en bas; puis j'en aurais pour quinze jours à donner des excuses, et, avec ma mauvaise réputation ...
– Oh! vous vous calomniez, dit Emma.
– Non, non, elle est exécrable, je vous jure.

„Mais, messieurs, poursuivait le Conseiller, que si, écartant de mon souvenir ces sombres tableaux, je reporte mes yeux sur la situation actuelle de notre belle partie : qu'y vois-je? Partout fleurissent le commerce et les arts; partout des voies nouvelles de communication, somme autant d'artères nouvelles dans le corps de l'État, y établissent des rapports nouveaux; nos grands centres manufacturiers ont repris leur activité; la religion, plus affermie, sourit à tous les cœurs; nos ports sont pleins, la confiance renaît, et enfin la France respire! ..."[123]

Die narrative Instanz tritt hier deutlich hinter das Geschehen zurück und lässt die Figuren sprechen. Dennoch ist ihre Präsenz spürbar, insbesondere dann, wenn sie die Figurenrede durch Wiedergabe über Gestik und

---

121 Raabe, Wilhelm: „Die Kinder von Finkenrode". In: ders.: *Sämtliche Werke*, Bd. 2: *Erzählungen*, Göttingen 1970, S. 7–219; hier S. 13.
122 Vgl. dazu auch Frank, Joseph: *The idea of spatial form*, New Brunswick [u. a.] 1991, S. 16f.
123 Flaubert, Gustave: *Madame Bovary*, Paris 1917, S. 146.

5.4. Filmische Formen in der realistischen Erzählliteratur 161

Mimik unterstreicht. Unterbrochen wird die regelmäßige Alternation durch eine panoramatische Gesamtsicht der Erzählinstanz auf den Marktplatz („bis an die Häuser voller Menschen"[124]), wobei einzelne Individuen – nach dem Verfahren des ‚geschärften' Blicks – von der Erzählinstanz aus der Menge herausgegriffen werden. Es folgt eine narratoriale Wiedergabe des Geschehens, wodurch die narrative Distanz kurzzeitig zunimmt. Im Anschluss reduziert die Erzählinstanz die Distanz, indem sie abermals hinter das Geschehen tritt. Zugleich erhöht sie die Frequenz der Alternation.

– Ainsi, nous, disait-il, pourquoi nous sommes-nous connus? quel hasard l'a voulu? C'est qu'à travers l'éloignement, sans doute, comme deux fleuves qui coulent pour se rejoindre, nos pentes particulières nous avaient poussés l'un vers l'autre.

Et il saisit sa main; elle ne la retira pas.

„Ensemble de bonnes cultures!" cria le président.

– Tantôt, par exemple, quand je suis venu chez vous ...

„A M. Bizet, de Quincampoix."

– Savais-je que je vous accompagnerais?

„Soixante et dix francs!"

– Cent fois même j'ai voulu partir, et je vous ai suivie, je suis resté.

„Fumiers."

– Comme je resterais de soir, demain, les autres jours, toute ma vie![125]

Klimax dieser durch nur wenige Einschübe unterbrochenen Redewechsel stellen schließlich die ‚Bilder' von Emmas und Rodolphes zitternden Lippen und der sich ineinander verschlingenden Finger dar. Nach einem abrupten Wechsel folgt darauf eine längere Szene auf dem Marktplatz, die den vorangegangenen ‚Bildern' eine besondere Bedeutung beimisst, da sie einen erneuten Wechsel hinauszögert und die Leserspannung erhöht. Bemerkenswert ist insgesamt die Widerspiegelung der Alteration der Figuren im Erzählakt. Emma erscheint zunächst als eine Frau, die – dem szenischen Wechselspiel entsprechend – zwischen zwei Optionen steht: zwischen der konventionellen und unerotischen Bindung an ihren Mann Charles und der leidenschaftlichen, aber ehebrecherischen Liebe zu Rodolphe. Die emotionale Entwicklung wird durch den Anstieg der Wechselfrequenz (als narrative Bewegung) deutlich unterstrichen und so eine formale Spannung aufgebaut. Homolog dazu wird jedoch die Beziehung zwischen Emma und Rodolphe von Beginn an in kein gutes Licht gestellt.

---

[124] Ders.: *Madame Bovary. Sitten der Provinz*, übers. v. R. Schickele und I. Riesen, Zürich 1979, S. 173.
[125] Ebd., S. 153.

Die kontrastierende Zusammenstellung von banal-trivialisierter Preisverleihung und Liebesszene wirkt ironisierend, besonders dann, wenn sich syntaktische Fortführungen ergeben („Fumiers"). Formale Aspekte der Bewegung lassen sich – wie noch Storms *Schimmelreiter* vor Augen führen wird – bis in die Interpunktion der syntaktischen Gliederung hinein verfolgen. Hier, wie auch in *Madame Bovary* und später in Lampes *Septembergewitter*, ist der Erzählrhythmus die entscheidende Größe im Zusammenhang der formbasierten Bewegungsrealisierung.

5.4.5. Die Auditivität von Texten und die Funktionalisierung der diegetischen Akustik

Das Hauptgewicht der Betrachtung von in der realistischen Erzählliteratur wirkenden narrativen Mechanismen lag bislang vorwiegend auf der literarischen Konzeption von Visualität. Allerdings ist für das literarischfilmische Erzählen neben einer visuell-konturierten ‚Oberflächen'-Ästhetik ebenso der Umgang mit der akustischen Dimension der Diegese signifikant. Angesichts des Präfilmischen in der Literatur und der fehlenden kontextuellen Komponente ‚Film' zur Bestimmung der spezifischen Erzählstrukturen und ihrer historischen Entwicklung sprechen zwei Argumente für den Einbezug der simulierten Tonebene literarischer Texte. Zum einen betreffen die Veränderungen innerhalb des zeitgenössischen Wahrnehmungssystems nicht nur den optischen Apparat des Menschen, sondern an nächster Stelle ebenso den auditiven. Die fortschreitende Industrialisierung, die Umstrukturierung der Medienlandschaft und der sukzessive Anstieg der europäischen Population bringen je eigene Anteile ein, die eine Veränderung des Hörens plausibel machen.[126] Zum zweiten zeichnen sich Vorläufer des Erzählens im Film bereits durch die Verwendung eines visuellen *und* eines akustischen Kanals aus. Das Optische Theater stellt dahingehend sicherlich nur ein Beispiel für eine frühe Form audiovisuellen Erzählens dar.[127]

Ebenso wie die Visualität literarischen Erzählens die Gegenständlichkeit der erzählten Welt vor Augen führt, schafft die Akustik, die sich aus Sprache, Geräuschen und anderen klanglichen Elementen zusammensetzt, die hörbare Dimension der Diegese. Und wie die visuelle Vergegenständlichung ist auch die akustische Evokation des beschriebenen Geschehens seit jeher in der Literatur vorzufinden, basiert allerdings auf einem Grund-

---

126 Vgl. Jütte: *Geschichte der Sinne*, S. 199 u. 220–225.
127 Vgl. Thiel: *Filmmusik*, S. 122.

konzept von Auditivität. Auditivität im literarischen Sinn kann als eine bestimmte durch die Erzählinstanz hervorgebrachte Vermittlung des Erzählten definiert werden, die die Akustik der erzählten Welt (und die der dargestellten Subjekte, Objekte und Geschehnisse) betont und im Akt der Vermittlung auditive Elemente in struktureller und semantischer Hinsicht funktionalisiert.

Die fiktive Erzählinstanz in der Literatur ist auf die Sprache als Zeichensystem zur Vermittlung von Inhalten angewiesen. Im Gegensatz zu dramatischen Texten, die in der Regel auf eine orale Umsetzung im Theater ausgelegt sind, ist die ‚Erzählerstimme' in Erzähltexten ‚lautlos', es sei denn sie wird entsprechend als Stimme inszeniert. Entsprechende Inszenierungsmöglichkeiten korrelieren allerdings mit dem Status ‚diegetisch' und sind somit an den Figurenerzähler gebunden, dessen Stimme im fiktiven raumzeitlichen Kontinuum ‚erklingen' und als solche (von anderen Figuren) wahrgenommen werden kann. D. h. eine orale Narration wird, wie in vielen Novellen, inszeniert und auf diese Weise die Erzählerstimme auf diegetischer Ebene hörbar. Das ‚Erzählen von Worten' ohne den Zusatz von *verba dicendi* erzeugt eine dem Drama nahestehende Unmittelbarkeit des gesprochenen Wortes und schafft auf diese Weise ein akustisches Moment neben anderen.

Geräusche und Musik formieren sich über eine (mehr oder minder) ‚anschauliche Darstellung'. Ihre Bedeutsamkeit und funktionale Dimension für das Erzählte wird anhand ihrer Einbindung in die Geschehensvermittlung (z. B. in Form von Leitmotiven) und ihre Charakterisierung durch die narrative Instanz markiert. In der Erzählliteratur des Realismus dient die Wiedergabe von akustischen Elementen der naturgetreuen Abbildung von Welt im Sinn von Barthes' *éffet de réel*. Neben dem mimetischen Charakter dieser Elemente treten andere Funktionen, die an die Verwendung des Tons im Film, insbesondere an die vermittelnde Funktion der Filmmusik, erinnern lassen. In diesem Sinn lässt sich durch den Gebrauch von akustischen Elementen eine Atmosphäre herstellen, Spannung erhöhen, Ironie markieren, Symbole integrieren und den Gemütszustand von Figuren darstellen.[128]

In *Madame Bovary* liegt eine Reihe von Klangformen vor, die auf verschiedene Weise funktionalisiert werden. Bemerkenswert erscheint bereits der Einsatz des Lachens zu Beginn des Textes, dessen Aufgabe vornehmlich in der Charakterisierung Charles Bovarys besteht. Dieselbe Funktion kommt dem klopfenden Geräusch des Holzbeins Hippolytes zu, das dar-

---

128 Veranschaulicht in Gill, Richard: „The soundtrack of Madame Bovary. Flaubert's orchestration of aural imagery". In: *Literature-film quarterly* 1 (1973), S. 206–217; hier S. 208.

über hinaus leitmotivisch den gesamten Text durchstreift. Glockenschlägen und mehrfach wiederholtem Walzer werden allgemeinere Funktionen in Bezug auf die Kategorien Figur und Zeit zugeschrieben.[129] Bedeutsam ist auch die bereits zitierte Szene um Rudolphe und Emma: Die dramatische Steigerung, die auf die Berührung (der Hände) ausgerichtet ist, zeigt sich kurz vor dem Höhepunkt in der alternierenden Figurenrede. Kein Schauplatzwechsel vollzieht sich hier, sondern eine akustische Ballung der gegensätzlichen Szenen, die auf formaler Ebene die Dramatik der leidenschaftlichen Zusammenkunft unterstreichen sollen, aufgrund ihrer semantischen Kollision aber vielmehr auf die Absurdität von Rudolphes Verhalten und die schlechte Ausgangslage sowie die daraus resultierenden hoffnungslosen Zukunftsbedingungen der folgenden Beziehung verweisen.

Ebenso wie die Aneinanderreihung unterschiedlicher visueller Eindrücke trägt die Generierung der akustischen Komponente wesentlich zur Dimensionierung und Charakterisierung der erzählten Welt in *Oliver Twist* bei. Eine Segmentierung der einzelnen Bausteine einer bereits zitierten Passage (in der ein Morgen auf einem Londoner Marktplatz vorgeführt wird) zeigt, wie strukturiert die Erzählinstanz vorgeht: Zu Beginn wird ein nicht näher bestimmter „Lärm"[130] und „wirre[s] Getöse" beschrieben, welche in einem „Wirrwarr mißtönenden Lärmes" kulminieren. Dieser Eindruck ist an die Sicht der Figuren gebunden. Sodann nimmt die narrative Instanz eine sehr viel differenziertere und detailliertere Beschreibung des akustischen Umfeldes vor, fächert die Gesamtakustik in Einzelkomponenten auf und vermittelt damit *ihren* Überblick über die „sinnverwirrende" Szenerie. Aber nicht allein die Beschreibung der Akustik, sondern die Aufgliederung in die Bestandteile – die visuellen und die akustischen – und ihre organisierte Vermittlung (welche an eine Montagesequenz erinnern mag[131]) sind es, die das Filmische in diesem Text konstituieren. In einer ebenfalls bereits hinsichtlich ihrer Genrebezüge besprochenen Passage wird (neben den Lichteffekten) die vom Text evozierte Akustik funktionalisiert und als Spannungselement eingesetzt.

> It was a dull, overcast summer evening. The clouds, which had been threatening all day, spread out in a dense and sluggish mass of vapour, already yielded large drops of rain, and seemed to presage a violent thunder-storm, when Mr. and Mrs. Bumble, turning out of the main street of the town, directed their course towards a scattered little colony of ruinous houses, distant from it some mile and a-half,

---

129 Vgl. Gill: *The soundtrack of Madame Bovary*, S. 213f. u. 215f.
130 Dies und die folgenden Zitate sind entnommen: Dickens, Charles: *Oliver Twist*, übers. v. G. Meyrink, Frankfurt a. M. 2008, S. 167f.
131 Vgl. Eisenstein: „Dickens, Griffith und wir". In: ders.: *Jenseits der Einstellung. Schriften zur Filmtheorie*, hg. v. F. Lenz u. H. H. Diederichs, Frankfurt a. M. 2006, S. 301–366, hier S. 323.

or thereabouts, and erected on a low unwholesome swamp, bordering upon the river.

They were both wrapped in old and shabby outer garments, which might, perhaps, serve the double purpose of protecting their persons from the rain, and sheltering them from observation. [...]

This was far from being a place of doubtful character; for it had long been known as the residence of none but low ruffians, who, under various pretences of living by their labour, subsisted chiefly on plunder and crime. [...]

It was before this ruinous building that the worthy couple paused, as the first peal of distant thunder reverberated in the air, and the rain commenced pouring violently down.

[...]

„Of course you don't!" said Monks. „How should you?"

Bestowing something half-way between a smile and a frown upon his two companions, and again beckoning them to follow him, the man hastened across the apartment, which was of considerable extent, but low in the roof. He was preparing to ascend a steep staircase, or rather ladder, leading to another floor of warehouses above: when a bright flash of lightening streamed down the aperture, and a peal of thunder followed, which shook the crazy building to its centre.[132]

Deutlicher noch als im Fall von *Oliver Twist* funktionalisiert Jeremias Gotthelfs *Die schwarze Spinne* Blitz und Donner zur Untermalung und Dramatisierung des Geschehens. Leitmotivisch eingesetzt kommt das Gewitter stets an exponierten Stellen zum Tragen und setzt vor allem visuelle und auditive Marker, es wird dabei aber gleichermaßen mit einer transzendenten ‚Stimme' gleichgesetzt. Drei Textstellen sind hervorzuheben: der Handel zwischen Christine und dem grünen Jäger, Christines Entführung eines ungetauften Kindes sowie die Freilassung der Spinne und ihr erneutes todbringendes Wüten unter dem Volk. Der Kuss, den der Teufel in Person des Jägers Christine zu Beginn der Binnenerzählung auf die Wange drückt, wird begleitet von einem „gelbe[n] Blitz"[133], der Christine „freudig verzerrt des Grünen teuflisch Gesicht" zeigt, während der sich anschließende Donner die Fatalität des ‚Tauschhandels' unterstreicht („als ob der Himmel zersprungen wäre"). Analog dazu verläuft die Funktionalisierung in der zweiten Szene. Zum einen wird die Entführung des Kindes mit einem „zärtlich Grollen"[134] sowie einem „lieblich Säuseln" untermalt. Ein simultan verlaufender Handlungsstrang vermittelt hingegen die perzeptive Perspektive eines Priesters:

---

132 Dickens, Charles: *The adventures of Oliver Twist*, Oxford [u. a.] 1989, S. 277ff.
133 Dieses und die folgenden Zitate aus: Gotthelf, Jeremias: „Die schwarze Spinne". In: ders.: *Kleinere Erzählungen*, Bd. 1, Erlenbach-Zürich/Stuttgart 1962, S. 25–113; hier S. 58.
134 Beide ebd., S. 78.

> Und allerdings stürmte ein Gewitter daher, wie man in Menschengedenken nicht oft erlebt. Aus allen Schlünden und Gründen stürmte es heran, stürmte von allen Seiten, von allen Winden getrieben über Sumiswald zusammen, und jede Wolke ward zum Kriegsheer, und eine Wolke stürmte an die andere, eine wollte der andern Leben, und eine Wolkenschlacht begann, und das Gewitter stund, und ein Blitz ward entbunden, und Blitz auf Blitz schlug zur Erde nieder, als ob sie sich einen Durchgang bahnen wollten durch der Erde Mitte auf der Erde andern Seite. Ohne Unterlaß brüllte der Donner, zornesvoll heulte der Sturm, geborsten war der Wolken Schoß, Fluten stürzten nieder. Als so plötzlich und gewaltig die Wolkenschlacht losbrach, da hatte der Priester dem Sigristen nicht geantwortet, aber sich nicht niedergesetzt, und ein immer steigendes Bangen ergriff ihn, ein Drang kam ihn an, sich hinauszustürzen in der Elemente Toben, aber seiner Gefährten wegen zauderte er. Da ward ihm, als höre er durch des Donners schreckliche Stimme eines Weibes markdurchschneidenden Weheruf. Da ward ihm plötzlich der Donner zu Gottes schrecklichem Scheltwort seiner Säumnis, er machte sich auf, was auch die beiden andern sagen mochten. Er schritt, gefaßt auf alles, hinaus in die feurigen Wetter, in den Sturmes Wut, der Wolken Fluten. [...]
> Es sauste und brauste und tosete, als sollten diese Töne zusammenschmelzen zur letzten Posaune, die der Welten Untergang verkündet [...].[135]

Die Rhythmisierung des Erzählens – man achte auf die Verwendung von Kommata und die Konjunktion ‚und' – und Auditivität stechen hierin hervor. Die Akustik des Wetters als transzendente Gewalterscheinung basiert auf der Hörerfahrung des Priesters. Sie formiert sich mithin durch zweierlei: die Erzählerstimme und die Figurenperspektive. Daher rühren disparate Interpretationen, wie Christines Perspektive und die des Priesters belegen. Vor allem aber wird Stimmung erzeugt, Spannung aufgebaut und der jeweilige Handlungsabschnitt signifikant hervorgehoben. Deutlich wird dies schließlich an der erneuten Freilassung der Spinne aus ihrer 200-jährigen Gefangenschaft in einem Hausbalken. Eingeleitet wird dieser Vorgang mit einem „fürchterliche[n] Unwetter [...] mit Blitz und Sturm wie selten sonst um diese Zeit"[136], betont und untermalt durch einen „ungeheure[n] Donnerschlag"[137]. Die Merkmale Visualität, Bewegung und Auditivität, so illustriert der vorliegende Text, gehen hier Hand in Hand.

Ähnlich verhält es sich mit dem Schluss von Theodor Storms *Der Schimmelreiter*. Auch hier wirken mehrere Verfahren, die in ihrer Gesamtheit die Dramatik des ‚Showdown' formieren und spätere genrespezifische Filmschlüsse vorwegnehmen. Vorherrschend ist abermals die figurale Perspektivierung, die sich mehrerer Wahrnehmungsmodi bedient und so Visualität herstellt. Die Auflockerung des syntaktischen Gefüges auf me-

---

135 Ebd., S. 80f.
136 Ebd., S. 102.
137 Ebd., S. 103.

dialer Ebene durch die Verwendung von Semikola und Doppelpunkten anstelle von Satzabschlüssen mit Punkten dient der Beschleunigung des Erzählaktes. Hervorstechend ist aber primär die Auditivität dieser Textstelle. Durch sie werden die Übermacht der Natur und die Machtlosigkeit des Menschen gegenüber der Natur gleichermaßen exponiert, eine Dichotomie, die den gesamten Text maßgeblich bestimmt und hier dramaturgisch zur Klimax beiträgt. Sturm und Meer werden akustische Attribute des Unheimlichen, Unbarmherzigen und Mächtigen zugeschrieben: Vom „Wasser hinter dem Deiche, immer ungeheurer, kam ein dumpfes Tosen, als müsse es alles Andere verschlingen"[138]. Die Akustik des Sturms erscheint zudem auf das Handeln der Figur abgestimmt:

> Da klang es wie ein Todesschrei unter den Hufen seines Rosses. […] Eine [Möwe] – der Mond schien flüchtig durch die Wolken – lag am Weg zertreten […]
>
> Da setzte der Sturm plötzlich aus, eine Totenstille trat an seine Stelle; nur eine Sekunde lang, dann kam er mit erneuter Wut zurück […][139]

Von diesem Punkt der Handlung an stellt sich der Sturm als „Tosen"[140] dar, welches „brüllend"[141] das Land heimsucht. Er wirkt dem Menschen entgegen, indem er dessen Ohren ‚betäubt' und die ‚Worte hinwegweht'. Meer und Sturm erscheinen „heulend, als sei in ihnen der Schrei alles furchtbaren Raubgetiers der Wildnis"[142] zu vernehmen. Die Ohnmacht des Menschen gegenüber der Natur äußert sich schließlich kulminierend in Hauke Haiens Suizid und die Überflutung des Deiches.

---

138 Storm, Theodor: „Der Schimmelreiter". In: ders.: *Sämtliche Werke*, Bd. 3: *Novellen 1881–1888*, hg. v. K. E. Laage, Frankfurt a. M. 1998, S. 634–756; hier S. 747.
139 Ebd.
140 Ebd., S. 750.
141 Ebd., S. 748.
142 Ebd.

6. Institutionalisierung des filmischen Erzählens in der Frühen Moderne

In der Epoche der Frühen Moderne vollzieht sich eine fundamentale Neuordnung des kulturellen Denksystems. Inwiefern sich Wandlungsprozesse ebenfalls im Literatursystem niederschlagen und an literarischen Texten ablesbar sind, kann über den analytischen Zugang zum filmischen Erzählen erörtert werden. Die bisher nachvollzogene Entwicklungslinie des Filmischen in der Erzählliteratur wurde auf Basis der Wahrnehmungsgeschichte betrachtet. Nexus der nun folgenden Auseinandersetzung stellt die Narrativisierung des Films und seine Einflussnahme auf die literarische Intelligenz dar. In Form dieser Einflussnahme äußert sich das intensive und durchaus ambivalente Verhältnis zwischen Literatur und Film, das im Zeichen teils polemischer Kontroversen und gegenseitiger Übernahmen ästhetischer Verfahren steht. Ausgehend von Zusammenhängen um die Narrativisierung des Films sollen literaturästhetische Poetiken erläutert und literarische Transformationen des Filmischen erörtert werden. Die literarische Intelligenz, so wird hier deutlich, führt einerseits realistische Konzepte fort und bindet anderseits den Film als etabliertes Medium explizit und implizit in Texte ein.

6.1. Die Narrativisierung des Films

Der Prozess der Narrativisierung des Films basiert auf Ansätzen einer Neuen Filmgeschichte, die drei ‚veraltete' „Verständnismodelle"[1] zu revidieren versucht, nämlich das historiografische Verständnis einer ‚Geschichte einzelner Meisterwerke', die Teleologie eines sich sukzessiv „perfektionierenden ‚Realismus'" und schließlich den vermeintlichen Zusammenhang eines solchen Realismus mit der Entwicklung des Films hin zu einem narrativen Medium. Die Neue Filmgeschichtsschreibung beansprucht hingegen die Offenlegung von „Normen und Funktionszusam-

---

[1] Dies und die folgenden Zitate aus: Elsaesser, Thomas: *Filmgeschichte und frühes Kino. Archäologie eines Medienwandels*, München 2002, S. 22.

menhänge[n]" auf der Grundlage zweier Konzepte: dem Kino der Attraktion und dem Kino der narrativen Integration.

Einen prozessualen Wandel des Filmmediums vom Jahrhundertwechsel bis in die 1910er und 20er Jahre spiegelt vor allem die Literarisierung des Films[2] und die Hinwendung zu narrativen Stoffen wider[3], denn die Ausrichtung auf ein bürgerliches Publikum zieht in erster Linie die Berücksichtigung entsprechender Bedürfnisse nach bekannten dramatischen und narrativen Stoffen nach sich. In der Anfangszeit stellt die filmische Präsentation als Jahrmarkt-Attraktion selbst eine noch größere Sensation als die vorgeführten Inhalte dar; Méliès' Cineastik steht ebenso wie die der Lumières und der Skladanowskys ganz im Zeichen des Neuheitscharakters des Mediums und seinen neuartigen Repräsentationsmöglichkeiten.[4] Mit der Entdeckung der eigenen medialen Möglichkeiten und der Anreicherung durch Literaturbezüge verliert der Film jedoch zunehmend seinen ausschließlichen Sensationscharakter und modifiziert zunehmend seine eigene Ästhetik, was wiederum ein Konkurrenzverhältnis mit bestehenden Künsten hervorruft, insbesondere mit dem theatralen Schauspiel und der Erzählliteratur.

Tom Gunnings „Umwertung historischer Szenarien"[5] kann auch im vorliegenden Untersuchungskontext als Grundstock einer historisch motivierten Theorie filmischen Erzählens dienen. Die Dichotomie bestehend aus dem ‚Kino der Attraktionen' und dem ‚Kino der narrativen Integration' und einhergehende gesellschaftliche Institutionalisierungsprozesse zeigen, dass der Film offenbar als ästhetisches Produkt des sich seit der Mitte des 19. Jahrhunderts abzeichnenden Systemwandels anzusehen ist. Möglicherweise liegt hierin der bedeutende Einfluss des späteren Films auf andere Medien begründet. Andererseits aber deutet die Narrativisierung auf die Aneignung narrativer Verfahren eben jener ‚alten' Künste – des Dramas und der Erzählliteratur – hin. Wie also äußern sich das Attraktionskino und die cineastische Integration von Erzählungen in Verbindung mit dem Ausbau der filmstilistischen Ebene, und wie trägt die Literatur zu diesem Ausbau bei?

---

2   Einen allgemeinen Überblick zur Literarisierung des Films in den ersten beiden Dekaden des 20. Jahrhunderts liefert Zaddach, Gerhard: *Der literarische Film. Ein Beitrag zur Geschichte der Lichtspielkunst*, Berlin 1929.
3   Vgl. Faulstich: *Mediengeschichte von 1700 bis ins 3. Jahrtausend*, S. 101–106.
4   Vgl. Paech: *Literatur und Film*, S. 3.
5   Gunning, Tom: „Das Kino der Attraktionen. Der frühe Film, seine Zuschauer und die Avantgarde". In: *Meteor. Texte zum Laufbild* 4 (1996), S. 25–34; hier S. 25.

Das prägnanteste Merkmal des Kinos vor 1906[6] besteht Gunning zufolge in der „Nutzbarmachung des Visuellen"[7], der Film stelle aufgrund dessen einen „Akt des Zeigens und Ausstellens"[8] dar, der keinen vorrangig narrativen Impetus aufweise. Dass aber bereits der Frühe Film Geschichten präsentiert – so etwa LE JARDINIER/L'ARROSEUR ARROSÉ (DER BEGOSSENE GÄRTNER, Louis Lumière, F 1895), der die Minimalbedingungen einer Geschichte durchaus erfüllt –, soll in Anlehnung an Gunning nicht bestritten werden. Doch ist die Haupttendenz eine andere: Wenn überhaupt Narrative verarbeitet werden, so haben sie sich der Darstellung des Sensationellen und der Attraktion unterzuordnen. Der Film ist ein „Unterhaltungsmedium"[9], in dem ebenso „Komik, Clownerie [und] Verbrechen"[10] Eingang finden wie „Schleiertänze, Bauchtänze [oder] Entkleidungsszenen". In Dokumentationen (wie Tatsachen- und Reisefilme), die bis 1904 den überwiegenden Anteil der Filmproduktion ausmachen,[11] kann ein solcher Duktus beobachtet werden.[12] Neben der Akzentuierung des Visuellen im Frühen Film fallen zwei weitere Charakteristika ins Auge, die die Darstellung der Attraktion und des Sensationellen unterstützen: Der metaleptische Blick des Schauspielers in die Kamera durchbricht die Geschlossenheit der dargestellten Welt durch den bewussten Einbezug des Zuschauers in das Geschehen. Daneben gilt der Einsatz von Nahaufnahmen in Form von *close ups*[13] als weit verbreitet. Nahaufnahmen dienen Gunnings Ansicht nach dem amplifizierenden „Effekt der Vergrößerung

---

6   In diesem Fall lässt sich genaugenommen schwerlich von ‚Kino' sprechen. Filme wurden damals in Wandertheatern und auf Jahrmärkten gezeigt, nicht in Kinohäusern wie sie heute bekannt sind. Vgl. Pearson, Roberta: „Das Kino des Übergangs". In: Geoffrey Nowell-Smith (Hg.): *Geschichte des internationalen Films*, übers. v. M. Bock, Stuttgart/Weimar 2006 [1996], S. 25–42. Marks setzt die Institutionalisierung fester Spielorte erst um 1910 an (Marks, Martin: „Musik und Stummfilm". In: Nowell-Smith: *Geschichte des internationalen Films*, S. 172–179; hier S. 173).
7   Gunning: *Das Kino der Attraktionen*, S. 25. Vgl. auch Faulstich: *Medienwandel im Industrie- und Massenzeitalter (1830–1900)*, S. 246f.
8   Gunning: *Das Kino der Attraktionen*, S. 25.
9   Faulstich: *Medienwandel im Industrie- und Massenzeitalter (1830–1900)*, S. 238.
10 Beide Zitate ebd., S. 240.
11 Vgl. Paech: *Literatur und Film*, S. 25 u. Pearson, Roberta: „Das frühe Kino". In: Nowell-Smith: *Geschichte des internationalen Films*, S. 13–25, hier S. 17.
12 Diesem Verständnis nach können die von der älteren Forschung als konträr ausgewiesenen Filmemacher Lumière und Méliès zusammengebracht werden. Nicht die Unterscheidung zwischen Dokumentarismus auf der einen und Illusionismus auf der anderen Seite ist ausschlaggebend, sondern die Tatsache, dass beide Modi genutzt werden, um das Publikum mit einer Attraktion zu begeistern – man denke in diesem Zusammenhang an die zahlreichen Filme, die Variéte-Nummern zeigen, sowie an LE VOYAGE DANS LA LUNE (DIE REISE ZUM MOND, F 1902) und andere Filme Georges Méliès'.
13 Vgl. Salt: *Film style and technology*, S. 51.

und nicht zur narrativen Interpunktion"[14] des Dargestellten. Abgesehen davon ist der kinematografische Vermittlungsapparat unauffällig: Insgesamt sind nur wenige Schnitte zu beobachten, die Kamera nimmt das Geschehen von einem statischen Beobachterstandpunkt aus auf.

Die zweite Phase, die Gunning von 1907 bis 1913 ansetzt, ist durch die steigende Anzahl von narrativ-fiktionalen Spielfilmen gekennzeichnet und soll hier als Frühphase der Narrativisierung des Films ausgelegt werden. Um die gesellschaftliche Mittelklasse als Publikum zu gewinnen, werden bereits von George Méliès[15] bekannte Stoffe aus Drama und Roman verfilmt[16] und eine Literarisierung des filmischen Mediums initiiert, die bis in die 1920er Jahre andauert. Neben der Literarisierung rückt das „Erzählen von Geschichten"[17] ins Zentrum der Filmproduktion und damit die Etablierung eines fiktiven „geschlossenen diegetischen Universums" sowie die Darstellung von Figurenperspektiven[18]. Beides hängt augenscheinlich zusammen: Die Hinwendung zum Erzählen erfolgt mittels literarischer Adaption und Weiterentwicklung des Attraktions- und Sensationsfilms und ist einem generellen Fiktionalisierungsprozess untergeordnet.[19] Der Umschwung von einer Präsentation des Sensationellen hin zum Narrativen vollzieht sich freilich nicht linear. Vielmehr streben manche der produzierten Filme eine „Synthese von Attraktion und Narration"[20] an.[21]

---

14 Gunning: *Kino der Attraktionen*, S. 29.
15 „Als neues Erzählmedium fand der Film im ersten Langfilm nach Vorlagen von Jules Verne und H. G. Wells (von 280 Metern beziehungsweise 15 Minuten Dauer): ‚Die Reise zum Mond' (1902), dem zahlreiche weitere Science fiction-Filme folgten, einen ersten Höhepunkt.". Vgl. Faulstich: *Medienwandel im Industrie- und Massenzeitalter (1830–1900)*, S. 240.
16 Vgl. Gunning, Tom: „Weaving a narrative. Style and ecomomic background in Griffith's Biographic films". In: *Quarterly review of film studies* 6/1 (1987), S. 11–25; hier S. 15f.
17 Dies und das folgende Zitat aus: Gunning: *Kino der Attraktionen*, S. 32. Vgl. ebenso Schmidt, Johann N.: „Narration in Film". In: Peter Hühn [u. a.] (Hg.): *Handbook of narratology*, Berlin/New York 2009, S. 212–227; bes. S. 216.
18 Vgl. Pearson: *Das Kino des Übergangs*, S. 32.
19 Vgl. auch Zaddach: *Der literarische Film*, S. 8 u. Paech: *Literatur und Film*, S. 25.
20 Gunning: *Kino der Attraktionen*, S. 32.
21 Dieser These trägt die Tatsache Rechnung, dass die Synthetisierung bis heute genrespezifisch und transmedial nutzbar gemacht wird: Im Action-Film ist es die Verfolgungsjagd, im Porno-Film der Geschlechtsakt, im Horror-Film sind es blutige Auseinandersetzungen. Die Attraktion und die Art und Weise der Präsentation changiert zwischen den einzelnen Genres. Jedoch – und dies ist allen gemein – wird ein Geschehensmoment, das nicht oder kaum ereignishaft ist, durch Umfang und Modus seiner Präsentation in der filmischen Erzählung markiert. Wie überdies Joan Kristin Bleicher zeigt, wird die Attraktion ebenfalls auf die Internet-Plattform YouTube übertragen (vgl. Bleicher, Joan Kristin: „Zirkulation medialer Bilderwelten. Wechselwirkungen zwischen Fernsehen und YouTube". In: Birr, Hannah/Reinerth, Maike Sarah/Thon, Jan-Noël (Hg.): *Probleme filmischen Erzählens*, S. 177–200; insbes. S. 185f. Darin finden sich auch weitere Literaturhinweise zu diesem Thema).

Andere nutzen das Mittel der Attraktion, um Erzählungen anzureichern und eine neue Art von Story, einer spezifisch *filmischen* Story, zu etablieren. Von 1907 an wird die Attraktion als dramaturgisches Element innerhalb der Filmerzählung genutzt und eine Schwerpunktverlagerung hin zur Narration vorgenommen.[22] Die Adaptionen literarischer Werke vermitteln bekannte Geschichten und verfügen über „more respectable narrative models"[23] als sie der Film bis dahin vorzuweisen hatte. Jedoch benennt Gunning ein folgenschweres Problem: Filmische Adaptionen werden vom Publikum nicht verstanden, oder aber sie sind schlicht zu langweilig.[24] Der vielstimmige Vorwurf lautet, dass Filme die jeweiligen Vorlagen lediglich reproduzierten und nicht eigenständig, d. h. filmspezifisch, verarbeiteten.[25] Gleiches gilt für die auffallende Theatralik der Szene und des Schauspiels.[26] Gunning sieht diese Misere darin begründet, dass der Film zu diesem Zeitpunkt keinen eigenen narrativen Stil entwickelt habe.[27] Die vermeintlich ausstehende Entwicklung eines narrativen Filmstils kann aber in den Folgejahren bis Ende der 1920er Jahre durchaus nachvollzogen werden.[28]

Was heißt Narrativisierung im vorliegenden Untersuchungszusammenhang? Im Zuge der Narrativisierung kehrt der Film spezifische Eigenschaften hervor, die ihn als ein narratives Medium auszeichnen. Auf medialer Ebene spaltet sich die filmische Präsentationsebene in eine Darstellungsebene und eine Vermittlungsebene auf. Bei einer historischen Erforschung des Erzählens im Film genügt ein Blick auf die Ausbildung der Vermittlungsebene und der dort anzutreffenden vermittelnden Funktionen.

Getragen wird der Aneignungsprozess narrativer Verfahren in erster Linie durch die Entwicklung der Kamera ausgehend von einem statisch

---

22 Allerdings ist der ästhetische Wechsel selbst, ebenso wie der Zeitpunkt seines Auftretens, nicht eindeutig bestimmbar. Bereits zwischen 1903 und 1906 – Barry Salt datiert das erste Beispiel sogar auf 1901– werden Verfolgungsjagd-Filme gedreht, die bereits nach einem narrativen Muster verfahren (vgl. Salt, Barry: „"The early development of film form". In: John L. Fell (Hg.): *Film before Griffith*, Berkeley [u. a.] 1983, S. 284–298; hier S. 285).
23 Gunning: *Weaving a narrative*, S. 16.
24 Vgl. Toeplitz: *Geschichte des Films*, Bd. 1, S. 51.
25 Vgl. Zaddach: *Der literarische Film*, S. 18.
26 Vgl. Pearson: *Ursprünge und Überlieferung*, S. 19.
27 „Film had not yet developed a narrative style suited to the bourgois traditions it wishes to emulate." (Gunning: *Weaving a narrative*, S. 16).
28 Einen Überblick über einige technische Innovationen der Zeit von den 1920er bis in die 1990er Jahren zeichnet John Belton nach (Belton, John: „Technologie und Innovation". In: Nowell-Smith: *Geschichte des internationalen Films*, S. 235–243 u. ders.: „Neue Technologien". In: Nowell-Smith: *Geschichte des internationalen Films*, S. 440–447). Eine Gesamtschau bietet Salt: *Film style and technology*.

registrierenden Apparat hin zu einer selegierenden und organisierenden Erfassungseinheit mit der Eigenschaft einer motivierten Bewegung im profilmischen Raum.[29] Angesprochen sind damit also die Mobilität, die Selektion und die Motivation der Kamerahandlung. Nimmt die Kamera das Geschehen von einem statischen Standpunkt aus auf, so ist sie in ihrer Eigenschaft als Aufnahmeapparat nur insofern erkennbar, als sie das Geschehen neutral-objektiv fixiert, nicht aber an ihm teilnimmt oder einzelne Partien (‚intendiert') auswählt und exponiert. In der Frühphase des Films bis etwa 1906 liegt die Gewichtung auf den filmischen Inhalten, nicht aber auf der *Art und Weise* ihrer Aufbereitung. Auch Grenzfälle wie Lumières LE GRAND CANAL À VENISE (F 1897, Kamera: A. Promio) oder diverse andere Beispiele, in denen die Kamera auf Züge montiert ist,[30] zeigen lediglich die Möglichkeit einer Kamerabewegung auf, die fremdbestimmt und nicht eigenmotiviert ist. Generell taucht der Einsatz einer bewegten Kamera vor 1912 selten auf.[31] Narrativ nutzbar gemacht (und entsprechend konventionalisiert) wird die Anwendung der Kamera durch die Abstimmung ihrer Aktion auf den dramatischen Gang der Handlung. So sind Kamerafahrten oftmals als *parallel tracking shots* realisiert. Eine Kamerahandlung zu einer statischen, nicht bewegten Szene ist jedoch erst seit 1914 zu beobachten – als Initial gilt der Film CABIRIA (Giovanni Pastrone, I 1913/14, Kamera: S. de Chomón u. a.), der noch eingehender zu behandeln sein wird. Das hier zur Anwendung gelangende Verfahren wird als *cabiria movement* bezeichnet.[32] Die weitere Entwicklung des Kameraeinsatzes verläuft nicht gradlinig. Insbesondere der Wechsel zum Tonfilm muss für die Kameraarbeit als Rückschritt zur Statik angesehen werden.[33] Nach technologischen Weiterentwicklungen kann sich in der zweiten Hälfte der 1920er Jahre ein allgemeiner Trend hin zur bewegten Kamera durchsetzen. Eine zentrale Position nimmt in diesem Zusammenhang die vor allem durch Friedrich Murnaus DER LETZTE MANN (D 1924, Kamera: K. Freund) popularisierte ‚entfesselte Kamera' ein, bei der sich die Kamera „ganz selbstverständlich bewegt"[34] und dabei „immer streng funktional und narrativ" im Sinn einer subjektiven Kamera eingesetzt wird. Sie bietet damit eine Möglichkeit, Figurenwahrnehmung umzusetzen und zu reflektieren. Eine andere Möglichkeit der Figurenperspektivierung

---

29 Die historische Entwicklung der Filmkamera betrachtet ausführlicher als hier geschehen Thomas Brandlmeier: *Kameraautoren. Technik und Ästhetik*, Marburg 2008, S. 30–40.
30 Salt: *Film style and technology*, S. 32.
31 Vgl. ebd., S. 82.
32 Mehrere Spielarten des *cabiria-movement* illustriert Salt: *Film style and technology*, S. 127.
33 Vgl. ebd., S. 157.
34 Beide Zitate aus Brandlmeier: *Kameraautoren*, S. 58.

besteht im *POV shot*. Nach Edward Branigan ist dies „a shot in which the camera assumes the position of a subject in order to show us what the subject sees"[35] und bereits ab 1903 zu beobachten. Barry Salt unterscheidet zwei Typen der ersten *POV shots*:[36] Der als *full frame* realisierte *POV shot* entspricht dem unmarkierten Fall, während der *vignette-mask shot* als markierter Typus der Wiedergabe von Figurensichten anzusehen ist. Historisch gesehen dominiert vor 1908 der markierte Typus. Der unmarkierte Typ taucht vermutlich erstmals in Griffiths A WREATH OF TIME (USA 1908) auf.[37] Die Varianten der konventionellen Wiedergabe können seit etwa 1910 (und hier in Griffiths BACK TO NATURE [USA 1910]) vermutet werden. Der Ausbau der narrativen Techniken impliziert aber nicht die Abwendung von älteren Verfahren. Wie auch die Attraktion wird der *vignette-mask shot* bis heute verwendet und entspricht einer näher an der Figur angelegten Perspektivierung. Doch nicht nur die Kamerastatik und eine rudimentäre Figurenperspektivierung fällt im Frühen Film ins Auge, sondern ebenso der Gebrauch von nur wenigen Einstellungsgrößen (Totale und *close up*). Der versierte Umgang mit Einstellungsgrößen verschiedener Größe kann sich erst von 1904 bis 1906 etablieren. Panorama-Aufnahmen – obwohl bereits um 1900 eingeführt – sind vor 1903 selten vorzufinden. *Inserts* bezeichnen in Abgrenzung zum *close up* (Nahaufnahme eines Gesichts) die Nahaufnahme eines Gegenstandes oder Körperteils (außer dem Kopf) und werden erstmals 1906 verwendet.[38]

Mit diesen Einblicken findet sich die Annahme bestätigt, dass sich der Film in den Jahren von etwa 1905 bis in die 1920er Jahre hinein hinsichtlich des Gebrauchs der Kamera eigene, d. h. filmspezifische Eigenschaften zur Verarbeitung und Vermittlung von Inhalten aneignet. Hervorgehoben werden muss in diesem Zusammenhang nochmals, dass sich diese Entwicklung vor dem Hintergrund der Aneignung narrativer Inhalte abzeichnet. Daraus geht die an dieser Stelle maßgebliche Korrelation hervor, dass offensichtlich die Wiedergabe von (mehr oder minder komplexen) Geschichten eine Aufbereitung des medialen Repertoires zur Vermittlung dieser Geschichten zur Folge hat.

Denn Gleiches gilt für den Filmschnitt, insofern die materielle Notwendigkeit des Schnitts im genannten Zeitraum sukzessive in ästhetischen

---

35 Branigan: *Point of view in the cinema*, S. 103.
36 Vgl. Salt: *Film style and technology*, S. 49.
37 Einen Einblick in die Entstehung und Anwendung der Montage mit Blick auf *POV shots* bei Griffith vgl. Gunning: *Weaving a narrative*.
38 Vgl. ebd., S. 51. Allerdings führt Salt im Zuge dessen ein noch früheres Beispiel für *inserts* aus dem Jahr 1904 an (namentlich BUY YOUR OWN CHERRIES, Robert W. Paul, USA 1904).

Verfahren zur Figurenperspektivierung, zur Raumkonstitution und Figurenbeschreibung und zur Selektion, Linearisierung und Komposition von Geschehensmomenten aufgeht. Die ersten Filme der Brüder Lumière und Skladanowsky stellen Kurzfilme dar, die noch ohne Schnitte auskommen. Georges Méliès hingegen erkennt bereits im Jahr 1896 die Wirksamkeit der Montage.[39] Er selbst ersetzt den Schnitt seinerseits seit dem 1899 produzierten Film CAUDRILLON durchgehend durch Überblenden, die nur selten zeitliche Bezüge herstellen oder andere narrative Eigenschaften aufweisen. Als Marker narrativer Ellipsen wird die Überblende seit etwa 1901 (und seinem Film BABE-BLEU) verwendet. Die heute bekannte Verbindung des medialen Mittels der Überblende mit der narratologischen Kategorie der Zeit setzt sich erst am Ende der 1920er Jahre durch.[40] Die wohl bedeutendste Schnitttechnik seit 1908 – vereinzelt auch schon früher wie in Edwin S. Porters LIFE AND WORK OF A FIREMAN (USA 1903), THE GREAT TRAIN ROBBERY (USA 1902[41]) und anderen, europäischen Filmen[42] zu beobachten – besteht in der alternierenden Montage und ihrer prominentesten Form der Parallelmontage, mit der ein elementarer Baustein zur Entwicklung der filmischen Medialisierung vorliegt. So setzt die Parallelmontage bei Griffith einen neuen Maßstab der filmischen Präsentation: „Griffith's use of parallel editing in the films at Biograph created not only a narrative form, but a form of narrative, a storyteller to tell the story."[43] Noch bevor die russischen Cineasten der 1920er Jahre die Formen der Montage ausdifferenzieren, stellt bereits Griffith in seinen von 1908 bis 1910 produzierten Filmen Kontraste vor allem durch die Gegenüberstellung von ‚arm' und ‚reich' her,[44] Spannung erzeugt er durch die Form der *last minute rescue*, bei der zwei simultan verlaufende Hand-

---

39 Bei einer Aufnahme verfing sich der Film in der Kamera, und Méliès konnte am Place de l'Opera erst mit einminütiger Verzögerung weiterkurbeln: ‚Während dieser Minute hatten sich natürlich die Passanten, Omnibusse, Wagen von der Stelle bewegt. Als ich den Streifen, den ich dort, wo er gerissen war, wieder zusammengefügt hatte, projizierte, sah ich plötzlich, daß aus dem Omnibus Madelaine-Bastille ein Leichenwagen und aus Männern Frauen geworden waren.' (Peters, Jan Marie: „Theorie und Praxis der Filmmontage von Griffith bis heute". In: Hans Beller (Hg.): *Handbuch der Filmmontage. Praxis und Prinzipien des Filmschnitts*, München 1993, S. 33–48; hier S. 13).
40 Vgl. Salt: *Film style and technology*, S. 53. Frühe Beispiele für die narrative Funktionalisierung des Schnitts liegen mit den Filmen THE KISS IN THE TUNNEL (George A. Smith, GB 1899), THE WAIF AND THE WIZARD (Robert Paul, USA 1901) und ATTACK ON THE CHINESE MISSION STATION (James Williamson, USA 1900) vor.
41 Dieser Film wird unterschiedlich datiert (1902, 1903, 1905). Vgl. Dadek, Walter: *Das Filmmedium. Zur Begründung einer Allgemeinen Filmtheorie*, München/Basel 1968, S. 208.
42 Vgl. Gunning: *Weaving a narrative*, S. 17f.
43 Ebd., S. 23f.
44 Vgl. die Filme THE SONG OF THE SHIRT (1908), A CORNER IN WHEAT (1909) und THE USURER (1910).

lungsstränge alternierend verknüpft werden und inhaltlich auf die Errettung einer Figur zusammenlaufen. Im weiteren Verlauf der 1910er und 1920er Jahre etablieren sich in den USA narrative Formen des klassischen Hollywood-Stils, die für die Anwendung des Schnitts als filmische Medialisierungsform im Spielfilm der westlichen Hemisphäre bis heute dominant sind.[45] Eine nächste entscheidende Etappe der Narrativisierung bildet die Auseinandersetzung mit der Montage im Russland der 1920er Jahre. Die russischen Regisseure und Theoretiker betrachten den Schnitt und die Montage formalistisch als primäre Ausdrucksformen des Films. An prominentester Stelle finden sich in diesem Zusammenhang die Arbeiten von Wsewolod Podowkin und Sergej Eisenstein. Beide leiten ihre theoretischen Überlegungen von Lew Kuleschows Montage-Experimenten ab, die offenlegen konnten, dass die Montage kohärente und sinnstiftende Einheiten schafft, welche wiederum zur Manipulation des Rezipienten beitragen. Ausgehend vom Umgang mit der Idee einer kohärenten Filmnarration wird im Fall von Pudowkins Montage-Konzept von konstruktiver Montage, im Fall von Eisenstein von einer intellektuellen Montage gesprochen.[46] Der konstruktive Charakter der Montage bei Pudowkin besteht darin, dass die Schnitttechnik *zum Bau* einer Erzählung genutzt wird.[47] Elementar erscheint dabei die in seiner Theorie vorgenommene Analogiebildung von Film und Sprache[48], wie auch sein Plädoyer für die Herstellung einer „kinematographischen Wirklichkeit"[49], die Perspektivierung eines imaginierten Beobachters[50] und die Selektion der für die Erzählung wesentlichen Geschehensmomente[51]. Durch Eisensteins Attraktionsmontage – wie die intellektuelle Montage von ihm selbst bezeichnet wird – treten Inhalte hinter die *Art und Weise ihrer Präsentation* zurück. Besonders BRONENOSETS POTYOMKIN (PANZERKREUZER POTEMKIN, UdSSR 1925) führt die Kombination von erzählter Geschichte und ef-

---

45 Grundlegend erscheint das seit 1910 bestehende und seit 1917 etablierte 180-Grad-Prinzip, das ausgehend von einer Handlungsachse mehrere Verfahren der Präsentation (wie den *establishing shot*, das *cut in* und das *cut back* oder den *shot/reverse shot*) bereitstellt, die sich halbkreisförmig um die Szenerie anordnen lassen. Vgl. Beller: *Aspekte der Filmmontage*, S. 15ff.
46 Reisz, Karel/Millar, Gavin: *Geschichte und Technik der Filmmontage*, übers. v. H. Wietz, München 1988, S. 22–34.
47 Vgl. ebd., S. 24ff. u. Monaco: *Film Verstehen*, S. 430.
48 Vgl. Pudowkin, W. I.: *Über die Film-Technik. Film-Manuskript und Film-Regie*, hg. v. Pierre Kandorfer, Köln 1979, S. 8.
49 Ebd., S. 9.
50 Vgl. ebd., S. 70f.
51 Dieses Argument lässt sich sowohl in den 1920er Jahren als auch in den 1940er Jahren bei Pudowkin wiederfinden (vgl. *Über die Film-Technik*, S. 104 u. ders.: „Über die Montage". In: Franz-Josef Albersmeier (Hg.): *Texte zur Theorie des Films*, 5., durchges. u. erw. Aufl., Stuttgart 2003, S. 74–96; hier S. 93).

fektvoll eingesetzten Gestaltungsmitteln vor Augen. Über die grundsätzlichen poetologischen Positionen hinausweisend gehen mit der symbolischen Montage, der Kontrastmontage, der simultanen und rhythmischen Montage, dem Zwischenschnitt und dem Leitmotiv wie auch der Parallelmontage auf Eisenstein und Pudowkin für die heutige Forschung wesentliche Erfassungskategorien der Filmanalyse zurück.

Die Entwicklungsprozesse der Filmmusik lassen sich historisch in zwei Phasen (von 1895 bis 1909 und von 1909 bis 1927) einteilen und sprechen ebenfalls für die Annahme einer Narrativisierung des Films. Bereits die ersten Filmvorführungen sind durch begleitende Musik und einen kommentierenden Rezitator oder „Erklärer"[52] geprägt.[53] Neben Sprecher und Musik werden Orchestrion, Drehorgel, Klavier und Schlagzeug eingesetzt, um Geräuschkulissen zu entwerfen.[54] Die Musik zum Film unterliegt wie die Erzählerstimme und die bildstrukturierenden vermittelnden Funktionen einem experimentellen Umgang und ist einem ständigen Strukturwandel ausgesetzt. Zwei Aspekte sind diesbezüglich von besonderem Interesse: die Modi verschiedener Kompositionstechniken und die Ausbildung narrativer Funktionsweisen. Aus historischer Sicht lässt sich mit Blick auf die Filmmusik eine Abfolge von ‚Improvisation', ‚Kompilation/Illustration', ‚Autorenillustration' und ‚Originalkomposition' nachvollziehen, deren einzelne Etappen die zunehmende Bedeutung der Musik für den filmischen Diskurs veranschaulichen.[55] Bis etwa 1909 ist die Filmmusik durch die Improvisation geprägt, d. h. den mehr oder minder spontanen Musikeinsatz zur Bilduntermalung und Geräuschnach-

---

52 Jossé, Harald: *Die Entstehung des Tonfilms. Beitrag zu einer faktenorientierten Mediengeschichtsschreibung*, München 1984, S. 46.
53 So schreibt Ernst Bloch: „Soweit unsere Erinnerung reicht, war von Anfang an die Melodie in den Lichtspielen zuhause. Wie die Reitschule oder das Panoptikum, so war auch die Bretterstube des Kinematographen in den Zeiten seiner ausschließlichen Jahrmarktexistenz mit einem Orchestrion geschmückt." (Bloch, Ernst: „Die Melodie im Kino oder immanente und transzendentale Musik". In: Jörg Schweinitz (Hg.): *Prolog vor dem Film. Nachdenken über ein neues Medium 1909–1914*, Leipzig 1992, S. 326–334; hier S. 326). Vgl. auch Siebert, Ulrich E.: *Filmmusik in Theorie und Praxis. Eine Untersuchung der 20er und frühen 30er Jahre anhand des Werkes von Hans Erdmann*, Frankfurt a. M. 1989, S. 25; Kracauer, Siegfried: *Theorie des Films. Die Errettung der äußeren Wirklichkeit*, Frankfurt a. M. 1964, S. 185; Marks: *Musik und Stummfilm*; Messter, Oskar: *Mein Weg mit dem Film*, Berlin 1936, S. 61; Thiel, Wolfgang: *Filmmusik*, S. 121.
54 Vgl. Siebert, Ulrich E.: „Filmmusik". In: *Die Musik in Geschichte und Gegenwart. Allgemeine Enzyklopädie der Musik begründet von F. Blume*, 2. neubearb. Ausg., hg. v. L. Finscher, Sachteil 3, Kassel [u. a.] 1995, S. 446–474; hier S. 447. Im Folgenden angegeben als Siebert: *Filmmusik*, MGG.
55 Vgl. Marks: *Musik und Stummfilm*, S. 173.

ahmung.⁵⁶ Dabei bleiben ihre damaligen Einsatzkriterien heute größtenteils im Verborgenen. Sicher ist, dass die Musik einen Teil des Spektakels ausmacht⁵⁷ und darüber hinaus pragmatische wie auch evokative Funktionen übernimmt.⁵⁸ Spätestens seit 1909 gilt die Klavierbegleitung als überholt.⁵⁹ Bereits ab 1905 haben die Institutionalisierung fester Kinosälen und ihr steter Ausbau ebenfalls eine Erweiterung des musikalischen Ensembles zur Folge.⁶⁰ Zusammen hängen diese Entwicklungen mit der Popularisierung der Erzählung als „ontologische Klammer zwischen Film und Musik"⁶¹ und leiten 1908/09 zur Funktionalisierung der Musik im narrativen Diskurs des Films über. Diese lässt sich an einer Reihe von 1909 bis 1927 herausgegebenen Vorschlägen zur Musikbegleitung ablesen: In einem Band mit dem unscheinbaren Titel *Incidental music for Edison pictures* kompiliert und reglementiert die Edison Manufacturing Company ausgewählte musikalische Partien,⁶² 1910 folgen im Fachblatt *The moving picture world* weitere „Tips zur Untermalung aktueller Filme"⁶³. Gebräuchlich sind zu dieser Zeit aber vor allem die seit 1912 von Max Winkler fortlaufend aktualisierten *cue sheets*, „Musiklisten, die sämtliche spezifisch für einen Film ausgesuchte Stücke"⁶⁴ enthalten und „exakt auf den Ablauf des jeweiligen Films ausgerichtet"⁶⁵ sind. Zeitgleich legt der Dvořak-Schüler John S. Zamecnik 1913/14 eine dreibändige Sammlung von Originalkompositionen für das Klavier vor. Das darin enthaltene musikalische Material ist nicht für einen singulären Film, sondern als filmübergreifende, an stereotypen Szenen orientierte Musik konzipiert. Jeder beliebige Film, so der Anspruch Zamecniks, würde auf Basis dieser Musik illustrierbar, wobei

---

56 Ebd. Thiel ergänzt, dass der Pianist streckenweise von anderen Musikern unterstützt wurde. Dabei kam dem Schlagzeuger die vornehmliche Aufgabe zu, Geräusche zu imitieren (mit „Vogelflöten, Windmaschine, Schreckschusspistole, Peitsche, Schellengeläut, ‚Scherbenkasten', und vielen anderen Hilfsmitteln", Thiel: *Filmmusik*, S. 123).
57 Vgl. Pauli, Hansjörg: *Filmmusik. Stummmusik*, Stuttgart 1981, S. 50.
58 Vgl. ebd., S. 40f.; Kracauer: *Theorie des Films*, S. 185f. u. S. 188 sowie Gorbman: *Unheard melodies*, S. 5f.
59 So ist in einem zeitgenössischen Bericht zu lesen: „Die Klaviere sind öfter verstimmt als nicht, und die Pianisten, die sie traktieren, manchmal ausgesprochen schwungvoll und manchmal auch bloß gewalttätig, verstehen entweder nichts von Musik oder spielen jedenfalls so, als würden sie nichts davon verstehen. Mit anderen Worten: der musikalische Aspekt der Veranstaltungen in unseren Kinos ist alles in allem so unbefriedigend, dass wir es als unsere Pflicht betrachten, hier mit größtem Nachdruck auf diesen Missstand hinzuweisen." (Zitiert nach Pauli: *Filmmusik*, S. 83).
60 Kreuzer: *Filmmusik*, S. 43.
61 Siebert: *Filmmusik*, MGG, S. 464.
62 Vgl. Kreuzer: *Filmmusik*, S. 29; Siebert: *Filmmusik*, MGG, S. 448 u. Pauli: *Filmmusik*, S. 85.
63 Pauli: *Filmmusik*, S. 85.
64 Kreuzer: *Filmmusik*, S. 32.
65 Pauli: *Filmmusik*, S. 85.

verschiedenste Kombinationsmöglichkeiten denkbar seien. Satztechnisch erinnern seine Kompositionen an die klassisch-romantische Kunstmusik: Es sind keine makrostrukturellen Entwicklungsformen wie die Sonatenhauptsatzform vorhanden, sondern verschiedene mikrostrukturelle Verfahren wie Rückungen, Sequenzierungen und Motivvariationen. Eine solche kompositorische Akzentuierung kleiner musikalischer Formen muss vor allem vor dem Hintergrund gesehen werden, dass die Musik zu diesem Zeitpunkt noch immer an einzelnen Szenen orientiert ist und nicht (oder nur ansatzweise) groß angelegte Zusammenhänge zu verdeutlichen versucht. 1927 folgt schließlich das von Hans Erdmann, Giuseppe Becce und Ludwig Brav herausgegebene, etwa 3000 Musiktitel umfassende *Allgemeine Handbuch der Filmmusik* in zwei Bänden, das verschiedene der früher erschienenen Ansätze versammelt und „in systematischer Ordnung"[66] wiedergibt und klare Anweisungen zur ‚Milieuschilderung' und zum musikalischen Bezug auf Bewegungen im Filmbild enthält. Aber nicht nur die Herausgabe von Sammlungen, sondern auch Einzelarbeiten in der kinematografischen Praxis demonstrieren den Hang der Musik zur Übernahme narrativer Funktionen. 1913 komponiert der Liszt-Schüler Joseph Weiß die leitmotivisch geprägte Musik zu DER STUDENT VON PRAG (Paul Wegener, D 1913). Zwei Jahre später erscheint BIRTH OF A NATION (DIE GEBURT EINER NATION, David W. Griffith, USA 1915), in dem das Motiv des Wagnerischen Walkürenritts hervorsticht und eine Fülle weiterer Leitmotive vorliegt.[67] Dem Komponisten Joseph Carl Breil zufolge schafft die Leitmotiv-Technik Geschlossenheit, „indem sie Parallelmontagen und Einschübe zusammenführt"[68]. Die Musik ergänzt also den narrativen Diskurs mit Hilfe der Verknüpfung einzelner Motive im filmischen Gesamtgeflecht und der Kennzeichnung „wichtige[r] Personen als auch sich wiederholende[r] Situationen […] durch musikalische Floskeln"[69] auf mikro- und makrostruktureller Ebene. Am Beispiel der Leitmotiv-Technik wird deutlich, dass sich die Musik bereits in der Mitte der 1910er Jahre als relativ autonomes Mittel der filmischen Narration etabliert hat. Sie überführt Aspekte wie Figuren- und Situationscharakterisierungen und Figurenverbindungen sowie Dramatisierung und Abgeschlossenheit der Handlung auf die auditive Ebene und komplementiert die Inhaltsvermittlung. Andere in den zwanziger Jahren erschienene Filme wie Murnaus NOSFERATU. EINE SYMPHONIE DES GRAUENS (D 1922) und DER LETZTE MANN belegen den Hang der Filmmusiker zu ausgearbeiteter Musik unter

---

66 Ebd.
67 Vgl. Marks: *Musik und Stummfilm*, S. 176.
68 Kreuzer: *Filmmusik*, S. 39.
69 Ebd., S. 38.

Anwendung der Autorenillustration, die durch eine genaue Bild-Ton-Zuordnung musikfunktionale Möglichkeiten in Bezug auf Raum, Figuren und Handlungsaufbau bereitstellt. Eine individuellere Handhabung bietet jedoch die Originalkomposition (Beispiel: BRONENOSETS POTYOMKIN mit der Musik von Edmund Meisel), deren auf Rhythmus und Inhalt des Filmbildes abgestimmte Musik den Kontrast zwischen den semantisch disparaten Einstellungen betont und die „innere psychische Spannung"[70] der Figuren zum Ausdruck bringt.

Im Rahmen der technischen Voraussetzungen des Tonfilms sind seit dem Ende der 1920er insbesondere hinsichtlich der Bildillustration stetig perfektionierte Bild-Musik-Synchronisationen zu beobachten, die abgeleitet von Walt Disneys STEAMBOAT WILLIE (USA 1928) als *mickey mousing* bezeichnet werden. Die Entwicklung der *mood*-Technik wird dem Komponisten Alfred Newman zugesprochen und ist seinen Arbeiten der 1930er, 40er und 50er Jahre zu entnehmen. Allerdings kann davon ausgegangen werden, dass der stimmungserzeugende Duktus der Musik im Film schon sehr viel früher auftritt – dies wird beispielsweise in FRANKENSTEIN (J. Searle Dawley, USA 1910) deutlich.[71] Die nach der Etablierung des Tonfilms vorangetriebene institutionelle Einbindung der Komponisten dient als Nährboden für die fortschreitende Ausdifferenzierung der funktionalen Bandbreite filmmusikalischer Techniken wie an Motivverarbeitungen beispielsweise von Max Steiner in CASABLANCA (Michael Curtiz, USA 1943) und Erich Wolfgang Korngold in THE ADVENTURES OF ROBIN HOOD (ROBIN HOOD, KÖNIG DER VAGABUNDEN, Michael Curtiz, USA 1938) nachvollzogen werden kann.[72] Die Kontrapunktion schreibt schließlich Siegfried Kracauer Pudowkins erstem Tonfilm DESERTIR (DESERTEUR, UdSSR 1933) zu, in dem „[n]iederdrückende Bilder einer Demonstration besiegter Arbeiter [...] mit einer freudigen Musik synchronisiert"[73] sind. In einem zuvor erschienenen Film NOVYI VAVILON (KAMPF UM PARIS/DAS NEUE BABYLON, Grigori Konzincev/ Leonid Trauberg, UdSSR 1929) wird Musik satirisch verwendet: Die „Verzerrung wohlbekannter Melodien" wie auch der „Gebrauch von Dissonanzen" markieren hier die Kontrapunktion. Folglich ist davon auszugehen, dass auch die Kontrapunktion möglicherweise schon früher als zu

---

70 Ebd., S. 42.
71 Vgl. dazu den Einblick in die damaligen musikalischen Empfehlungen bei Pauli: *Filmmusik*, S. 91f. Der Film kann mit entsprechender musikalischen Untermalung auf der Internetplattform YouTube eingesehen werden (http://www.youtube.com/watch?v- =TcLxsOJK-9bs; [15.10.12]).
72 Vgl. Marks, Martin: „Der Klang der Musik". In: Nowell-Smith: *Geschichte des internationalen Films*, S. 226–235; hier S. 230ff.
73 Kracauer: *Theorie des Films*, S. 196.

6.1. Die Narrativisierung des Films

Tonfilmzeiten angewandt worden ist. Insgesamt gesehen scheinen mit dem Aufkommen des Tonfilms alle auch heute noch gültigen Muster des filmmusikalischen Einsatzes bereitzustehen.

Ein weiterer wichtiger Gesichtspunkt hinsichtlich der Narrativisierung des Films ist die Ausbildung des *voice-over narrator*, die in drei Schritten erfolgt: Der frühen Phase des Kinoerklärers folgt zunächst die Phase des Zwischentitels zur Beigabe von sprachlichen Zusätzen, bevor mit der Etablierung des Tonfilms und der Trennung zwischen grafischer und auditiver Sprachverwendung im Film der *voice-over narrator* in Erscheinung tritt. Tatsächlich reicht die Tradition des Filmerzählers oder Kinoerklärers bis ins 19. Jahrhundert und zu Laterna Magica-Vorstellungen, zu Moving Panoramas und zum Optischen Theater, sie erweist sich jedoch mit Blick auf die Ausbildung des Films als problematisch. Wie die Musik ist der Kinoerklärer seit den Beginnen des Films gängiger Bestandteil der filmischen Präsentation. Seine Funktionen bestehen darin, „die Stummheit der Vorführungen zu überwinden"[74], sowie in der Ankündigung und Kommentierung des Inhalts,[75] der Übernahme der Figurenrede wie auch der Herstellung einer gesamtheitlichen Kohärenz. Besonders die Anfangszeit der Narrativisierung stellt sich in Bezug auf den Kinoerklärer als Experimentalphase dar, in der eine Zugabe von Sprache Bildaussagen disambiguiert. Wie im Fall der Musik unterliegen sprachliche Beisätze allerdings der Improvisation des Schaustellers oder Kinobesitzers, die in der Anfangsphase ganz im Sinn des Films als Attraktion agierten. Ebenso lässt sich eine gewisse Unvereinbarkeit von Sprache und Musik nicht übersehen, denn wie sollte gesprochene Sprache ein Klavier oder gar ein Orchester übertönen?[76] Der Frühe Film bedarf dahingehend noch weiterer Forschungsarbeit, die sich stärker als bislang geschehen auf zeitgenössische Quellen zu stützen hat.[77] Festgehalten werden kann aber, dass die Institutionalisierung des Erklärers als Teil der Filmvorführung im Jahr 1897 zu situieren ist, dann jedoch erst seit 1909 eine größere Verbreitung erfährt und bis etwa 1914 bestehen kann, während er in den 1920er Jahren gemeinhin als ‚Kuriosum des Frühen Films' abgetan wird.[78] Mehr oder minder abgelöst wird er von expositorischen und die Figurenrede vermittelnden Zwischentiteln, die als Konventionalisierungsmaßnahme der Film-

---

74 Jossé: *Die Entstehung des Tonfilms*, S. 46.
75 Vgl. Pearson: *Ursprünge und Überlieferung*, S. 9.
76 Kritisch zum Kinoerklärer im Frühen Film äußert sich Corinna Müller (dies.: *Vom Stummfilm zum Tonfilm*, München 2003, S. 94).
77 Müller bezieht eine Reihe von zeitgenössischen Äußerungen in ihre Argumentationen ein (vgl. ebd., S. 94f.).
78 Vgl. ebd., S. 95.

produzenten anzusehen sind und mit der Produktion der ersten Langspielfilme und der filmischen Präsentationen von „in sich kohärente[n] Narrationen"[79] einhergehen. Die Etablierung des Tonfilms zieht auch die erneute Verwendung gesprochener Sprache eines Erzählers nach sich, die in dieser Form bis heute Bestand hat.[80] Insbesondere der Film nach dem Zweiten Weltkrieg eröffnet eine reichhaltige Formenvielfalt.[81] Letztlich plädiert Sarah Kozloff vehement gegen die These, den *voice-over narrator* als „literary device"[82] anzusehen, allerdings ist der Gebrauch dieses Mittels in Literaturverfilmungen besonders auffallend. Diese Beobachtung führt nicht zwangsläufig zu einer Analogie zwischen literarischer Erzählinstanz und filmischem *voice over*, sie legt jedoch den Schluss nahe, dass Letzterer historisch gesehen auf die filmische Transformation literarischer Erzählverfahren zurückzuführen sein könnte.

Es muss abschließend ausdrücklich darauf hingewiesen werden, dass die hier skizzierten Einzelaspekte der Narrativisierung des Films als Grundlage für spätere Ausformungen verstanden werden.[83] Impliziert werden soll nicht, dass mit der Einführung des Tonfilms alle Verfahren, die die Kamera, den Schnitt, die Musik und den *voice-over narrator* betreffen, abgeschlossen seien. Im Gegenteil beginnt mit den 1930er Jahren die Ausdifferenzierung filmischer Erzählformen, die nicht zuletzt auch an der Entwicklung und Auffächerung von Filmgenres abzulesen ist, der jedoch an dieser Stelle nicht weiter nachgegangen werden kann.

6.2. Die Literarisierung des Films

Um verstehen zu können, warum das literarische Erzählen des 19. Jahrhunderts für den Frühen Film von Bedeutung ist, wird mit seiner Literarisierung eine Teilkomponente der Fiktionalisierung, der der Film seit 1904 zunehmend unterliegt, ins Blickfeld der Untersuchung gerückt. Parallel zur Ausbildung der vermittelnden Funktionen kann ebenfalls eine Ausrichtung des Films hin zur Literatur und zum Theater beobachtet werden.

---

79 Pearson: *Kino des Übergangs*, S. 25.
80 Einen historischen und poetologischen Überblick über die ‚Stimme' im Film gibt Pinto, Vito: *Stimmen auf der Spur. Zur technologischen Realisierung der Stimme in Theater, Hörspiel und Film*, Bielefeld 2012, S. 267–307.
81 Zur Ausbildung des *voice-over narrator* vgl. Boillat, Alain: *Du bonimenteur à la voix-over. Voix-attraction et voix-narration au cinéma*, Lausanne 2007, S. 335–346.
82 Kozloff: *Invisible storytellers*, S. 17.
83 Die weitere Entwicklung des narrativen Films vgl. Nowell-Smith: *Geschichte des internationalen Films*; Bordwell: *Narration in the fiction film*; ders.: *Film art. An introduction*, 9. Aufl., New York 2009; Cook, David A.: *A history of narrative film*, 4. Aufl., New York/London 2004.

6.2. Die Literarisierung des Films

Eine Theatralisierung findet insofern statt, als lokale Kinos institutionalisiert werden und einer ähnlichen dispositiven Anordnung folgen wie das Theater – die Unterschiede zwischen Theater und Kino werden anhand der jeweiligen spezifischen Inhaltsvermittlung deutlich.[84] Der Film wiederum unterscheidet sich grundlegend von dem auf die Bühne gebrachten Drama. Grundlegend aber gilt: „Das Kino sollte zum ‚Theater' werden, der Film zur ‚Literatur', damit das Kino als Medium bürgerlicher Wertvorstellungen fungieren konnte, die noch immer durch Literatur und Theater repräsentiert wurden."[85] Die sogenannte Literarisierung des Films spielt sich in zwei Hinsichten ab: Erstens ist die seit 1912/13 flächendeckende Einbindung von Autoren in die Filmproduktion zu nennen, zweitens der strukturelle Einfluss des Dramas und der Erzählliteratur auf den Spielfilm.

Durch den direkten Kontakt der literarischen Intelligenz mit dem neuen Medium ist das gegenseitige Durchwirken von Literatur und Film aus produktionsästhetischer Sicht durchaus nachvollziehbar. Im deutschsprachigen Kontext arbeiten einige Autoren für den Film, unter ihnen Gerhart Hauptmann, Hugo von Hofmannsthal, Alfred Döblin und Arthur Schnitzler. In Forschungsarbeiten ist inzwischen gezeigt worden, wie einzelne Autoren mit den differenten medialen Ansprüchen umgehen und wie sich dieser Umgang in der literarischen Produktion niedergeschlagen hat.[86] Im Zuge dessen bilden sich zwei Verständnisse eines filmischen Schreibens heraus: Das erste Verständnis leitet sich von Texten mit Bezug auf den Film ab, die weiterhin den Anspruch auf Literarizität im Sinn einer Textautonomie aufweisen (vgl. Texte des *Typus der expliziten filmischen Welt*). Das zweite resultiert aus der Beschäftigung mit dem Filmszenarium oder Drehbuch oder aus der Popularität hybrider Texte, die formal auf den Film referieren, ohne dabei eine direkte Filmvorlage darzustellen (so Texte des *Typus der expliziten filmischen Form*).

Entscheidender noch als die Integration der literarischen Intelligenz in das Filmsystem ist jedoch der durch den Einfluss der Literatur ausgelöste

---

84 Vgl. Balázs, Béla: „Skizzen zu einer Dramaturgie des Films". In: ders: *Schriften zum Film*, hg. v. H. H. Diederichs [u. a.], München 1982, Bd. 1, S. 58–136; hier 83f.
85 Paech: *Literatur und Film*, S. 90.
86 Vgl. etwa Aurnhammer, Achim/Beßlich, Barbara/Denk, Rudolf (Hg.): *Arthur Schnitzler und der Film*, Würzburg 2010; Grisko, Michael: *Heinrich Mann und der Film*, München 2008; Hoefert, Sigfrid: *Gerhart Hauptmann und der Film. Mit unveröffentlichten Filmentwürfen des Dichters*, Berlin 1996; Melcher, Andrea: *Vom Schriftsteller zum ‚Sprachsteller'? Alfred Döblins Auseinandersetzung mit Film und Rundfunk (1909–1932)*, Frankfurt a. M. [u. a.] 1996; Prodolliet, Ernest: *Das Abenteuer Kino. Der Film im Schaffen von Hugo von Hofmannsthal, Thomas Mann und Alfred Döblin*, Freiburg (CH) 1991; Tornow, Ingo: *Erich Kästner und der Film. Mit den Songtexten Kästners aus ‚Die Koffer des Herrn O. F.'*, München 1998; Wolf: *Arthur Schnitzler und der Film* u. v. m.

Wandel in ästhetischer und struktureller Hinsicht. Der Film bedient sich – von einzelnen früheren Beispielen wie Méliès' LE VOYAGE DANS LA LUNE einmal abgesehen – seit 1907 literarischer Stoffe,[87] eine Maßnahme, die in ihrem späteren Verlauf (und bis heute) die verstärkte Tendenz zur Verfilmung von *Erzähl* literatur zur Folge hat. Zurückzuführen ist die gegenseitige Affinität von Film und Literatur auf das *tertium comparationis* des Erzählens. Allerdings sind diese ersten literarischen Filme, wie Gerhard Zaddach zeigt, bis hin zum literarischen ‚Großfilm' in den 1920er Jahren nur mäßig erfolgreich beziehungsweise ästhetisch unbefriedigend.[88] Die Literarisierung verstanden als ästhetischer Vorgang kann demnach auch als Findungsphase der eigenen filmischen Mittel gedeutet werden. Sie verläuft unter Rückgriff auf literarische Inhalte, vor allem aber durch die zunächst imitierende, und dann verstärkt modifizierende Übernahme literarischer Erzähltechniken und -strukturen.

Im Zuge seiner Aneignung narrativer Medialisierungsverfahren adaptiert der Film zweierlei: Zum einen kommen im Roman und der Novelle des 19. Jahrhunderts entwickelte narrative Verfahren zum Tragen, insbesondere die Perspektivierung, die Handlungsfragmentierung, Aspekte der Raum- und Figurenbeschreibung, die Rhythmisierung des Erzählten usw. Zum anderen überträgt er Modi der Literatur als Dispositiv der Simulation, die ihrerseits andere, im 19. Jahrhundert popularisierte Dispositive verarbeitet. Diese Vorgänge laufen mithin auf strukturelle Veränderungen des Filmmediums hinaus.

> Der Film mußte ein allgemeinverständliches Medium fiktionalen Erzählens werden und sich damit als Film und als Kino der Rolle von Literatur und Theater annähern. Der Film fand sich in diese Rolle, indem er primär die Struktur literarischen Erzählens und zunächst auch szenischer Darstellung adaptierte und nur sekundär auch deren Inhalte, die ja auch vorher schon übernommen worden waren.[89]

In Frankreich, Italien, Deutschland, Dänemark und den USA zeichnen sich infolgedessen vergleichbare Entwicklungen ab, die alle auf die Einbindung der literarischen Intelligenz in die Filmproduktion hinauslaufen. Die gegenseitige Annäherung von Cineasten und Literaten bringt dahingehend zwei weitere Erkenntnisse zutage: Ganz offensichtlich ist das Gelingen eines Films unter ästhetischen Gesichtspunkten neben anderen Bedingungen vor allem auch von der Kommunikation zwischen Autor und Regisseur abhängig. Allgemein gesprochen üben bestimmte Erzähltechniken der schriftlich-literarischen Vorlage einen entscheidenden Ein-

---

87 Vgl. Paech: *Literatur und Film*, S. 85f.
88 Vgl. Zaddach: *Der literarische Film*.
89 Paech: *Literatur und Film*, S. 86.

fluss auf die narrative Strukturierung eines Spielfilms aus.[90] Nicht zuletzt die Anwendung einer visuellen (= filmischen) Schreibweise durch den Autor unterstützt das Vorhaben des Filmregisseurs. Das Drehbuch kann dementsprechend als ästhetisches Hybrid beschrieben werden, da es einerseits literarischen Gestaltungsprinzipien – narrativen und dramatischen – unterliegt und andererseits als Artefakt relativ heteronom in den Produktionsakt des Films integriert ist. Der Anfang des von Carl Mayer verfassten Drehbuchs zu DAS CABINET DES DR. CALIGARI (Robert Wiene, D 1919/20) veranschaulicht diesen dualen Charakter:

> I. Akt
>
> 1. BILD: Große vornehme Terrasse eines Landhauses:
>
> (VOM PARK AUS AUFGENOMMEN)
>
> Abendstimmung. Francis mit einer Dame am Arm, Jane mit einem Herrn, ihnen folgen noch zwei Herren und drei Damen, treten in heiterer Stimmung auf die Terrasse, wo ein Tisch mit dampfender Bowle vorbereitet ist. Man setzt sich, in bereitstehenden Korbstühlen und spricht angeregt.
>
> 2. Bild: Die Terrasse:
>
> (NÄHERE EINSTELLUNG, VOM HAUSE AUS AUFGENOMMEN)
>
> Aussicht auf den herrlichen, alten, in Abendstimmung daliegenden Park. Schräg dahinter zieht sich die Landstraße. Heitere Stimmung. Plötzlich wirft Francis einen Blick auf die Straße hinaus, in der zwei Zigeunerwagen mit daneben trabendem Volk langsam vorbeiziehen. Francis setzt sein zum Prosit erhobenes Glas ab und starrt, in sich versunken, ins Weite hinaus, während seine Gattin still verständnissinnig an ihn herantritt und ihm liebevoll das Haar zurückstreicht. Die Gäste verwundert und beunruhigt, wenden sich mit Fragen an die beiden.
>
> TITEL: Ja, meine Freunde, Ihr kennt jene grauenvolle Geschichte vom Holstenwall nicht, deren Jane und ich eben, als jene Zigeuner vorbei zogen, in Wehmut gedachten.
>
> 3. BILD: Die Terrasse:
>
> Einige der Gäste sind an Francis herangetreten und bitten ihn zu erzählen. Francis lehnt – traurig den Kopf schüttelnd – ab. Aber auch die übrigen Anwesenden drängen sich nunmehr an Francis, damit er erzählt. Francis blickt Jane an, dann die Gäste. Jane blickt traurig vor sich hin und nickt still. Indem Francis nun langsam sich überwindet, Janes Hand zu sich zieht, und in seinem Arm liegt, beginnt er – verloren in den Abend blickend, zu erzählen.

---

90 Zaddach: *Der literarische Film*, S. 31.

LANGSAMES ABBLENDEN UND AUFBLENDEN AUF DEN TEXT:
TITEL: Ja, meine Freunde, es sind jetzt bereits 20 Jahre her ... ich lebte damals als Privatlehrer in Holstenwall, einer idyllischen alten Kleinstadt ...

ABBLENDEN UND AUFBLENDEN IN BILD 4[91]

Der mikrostrukturellen Einteilung in einzelne ‚Bilder' folgt auch der Gestus des Erzählens. Innere Gemütsbewegungen werden ausschließlich über äußere, visualisierte Signale angezeigt: Es liegt ein Erzählen aus der Distanz vor. Mit der syntaktischen Einteilung in Einstellungen rückt der Filmtext von der dramatischen Gliederung ab, er behält sie dagegen auf makrostruktureller Ebene (im Aktaufbau) bei. Zugleich findet sich auf derselben Ebene ein genuin narratives Verfahren der Erzählliteratur, das Prinzip der Rahmen- und Binnenerzählung. Es lassen sich folglich bereits auf den ersten Blick dramatische wie auch narrative Elemente ausfindig machen. Ebenfalls macht sich die filmanaloge Gestaltung des Textes auf der stilistisch-syntaktischen Ebene bemerkbar und erleichtert dadurch die filmmediale Transformation.

Neben dem Einfluss durch die schriftliche Vorlage setzt sich in den Jahren zwischen 1918 und 1922 zunehmend als zweite Erkenntnis die Einsicht durch, dass mit dem Ziel einer ‚guten' Verfilmung die spezifischen Mittel des Films zur Geltung gebracht werden sollten. Es komme nunmehr darauf an, sich von der literarischen Vorlage zu befreien, ihren Gestus zwar zu übernehmen, ansonsten jedoch auf eine mediengerechte Übersetzung (anstelle einer Imitation) zu setzen.[92] Tatsächlich trifft diese Feststellung bereits auf frühere Filme zu und leitet direkt zum Problem der Strukturapplikation über. Als Initial kann CABIRIA gelten, der unter der Regie von Giovanni Pastrone im Jahr 1914 fertiggestellt wurde und zwei Verbindungen zur Literatur aufweist, nämlich zum einen die Verpflichtung eines namhaften Schriftstellers (Gabriele d'Annunzio) für die Anfertigung der Zwischentitel, wobei der Film zum anderen eine Adaption von Flauberts Roman *Salammbô* darstellt. Auffällig ist, dass Vorlage und Adaption sehr viel mehr Unterschiede als Gemeinsamkeiten aufweisen: eine Übereinstimmung findet sich weder in der Charakterwahl, noch im zeitlichen Rahmen des erzählten Geschehens. Vielmehr ist der Roman als eine Art Anstoß anzusehen, sich auf ästhetischem Wege einem historischen Sujet zu nähern und die Möglichkeiten des Filmmediums neu auszuloten, freilich mit dem apologetischen Rückhalt einer literarischen Vor-

---

91 Belach, Helga/Bock, Hans-Michael (Hg.): *Das Cabinet des Dr. Caligari. Drehbuch von Carl Mayer und Hans Janowitz zu Robert Wienes Film von 1919/20*, München 1995, S. 51f.
92 Vgl. Zaddach: *Der literarische Film*, S. 32 u. 45.

lage. CABIRIA besticht strukturell gleich in mehreren Hinsichten: Erstens handelt es sich um einen abendfüllenden Spielfilm (123 Min.), der eine komplexe Geschichte bestehend aus mehreren Handlungssträngen erzählt. Dabei ist die Disposition dieser Handlungsstränge von *Salammbô* übernommen. Zweitens weist der Film eine Vielzahl bemerkenswerter Filmmittel auf. Auf der profilmischen Ebene fallen vor allem die großdimensionierten und atmosphärischen Bauten ins Auge (die ihrerseits die Vorlage für den wegweisenden Film INTOLERANCE [David W. Griffith, USA 1916] darstellen).[93] Gleichwohl das Schauspiel in der Gestik noch stark an das Theater erinnert, weisen die Ausmaße der architektonischen Facette der Mise-en-scène eindeutig in eine vom Theater losgelöste, eine filmische Richtung. Auf der filmmedialen Ebene sind Herausbildungen von vermittelnden Funktionen zu beobachten. Kameratechnisch verweisen Fahrten auf diesen Gesichtspunkt: „slow-moving tracking (or traveling) shots, which permitted the camera to roam about freely among the sets, moving in to isolate the characters in close-up and moving out to re-frame the shifting action"[94]. Ebenso sind figurengebundene Kamerafahrten (01:03:50–01:04:35), *inserts* (00:24:46–00:24:56) sowie Doppel- und Mehrfachbelichtungen (01:34:08–01:34:31) enthalten. Zu erkennen ist somit ein bewusster Einsatz der Kamera als gestalterisches Mittel. Gegenüber der zuvor größtenteils verwendeten statischen Kamera kristallisiert sich hier eine Seite der filmischen Vermittlungsebene heraus. Des Weiteren ist die Simultanmontage hervorzuheben, die an exponierten Stellen mit einer rhythmischen Montage kombiniert wird und auf diese Weise Spannung erzeugt. Besonders auffällig ist eine *last minute rescue*, die Befreiung Cabirias durch Fulvius Axilla und seinen Diener Maciste aus dem Moloch-Tempel (00:27:37–00:31:49). Letztlich können auch anhand der auf der *Kino-on-video*-DVD-Fassung (2000) vorhandenen, von Jacques Gauthier eingespielten Musik (die auf dem Originalscore von 1914 basiert) die bildillustrative und die Leitmotivtechnik beobachtet werden. Zusammengenommen bilden diese Verfahren ein filmeigenes Instrumentarium zur narrativen Gestaltung von Inhalten. Nichtsdestotrotz muss im Fall von CABIRIA eine deutliche Abhängigkeit von literarischen und theatralischen Techniken konstatiert werden.

Wie DAS CABINETT DES DR. CALIGARI und CABIRIA auf je unterschiedliche Weise vor Augen führen, stehen Literatur und Film in einem engen wechselseitigen Verhältnis. Beide historische Phänomene – die Integration der literarischen Intelligenz in das Filmsystem und ihr Einfluss

---

93 Zu sehen sind ein Vulkanausbruch, groß angelegte Schlachten und andere Massenszenen.
94 Cook: *A history of narrative film*, S. 57. Vgl. z. B. CABIRIA: 00:39:46–00:40:22.

durch die Drehbuchproduktion einerseits und die von Regisseuren an die Literatur angelehnte narrative Darstellung andererseits – verweisen deutlich auf die mehrschichtige Verbindung zwischen beiden Kunstformen.

6.3. Die Sprachkrise als ideengeschichtlicher Katalysator literarischer Formen filmischen Erzählens

Seit den 1910er Jahren baut der Film die Möglichkeiten seiner medialen Präsentation von Geschichten sukzessive aus und bedient sich ästhetischer Verfahren des Theaters, des Dramas und der Erzählliteratur. Zeitgleich wächst im Zuge dieser Entwicklung die gesellschaftliche Akzeptanz gegenüber dem Film, und er avanciert zum primären Unterhaltungsmedium des frühen 20. Jahrhunderts. Die sich zwischen Literatur und Film ereignenden intermedialen Prozesse sind schließlich ebenfalls unter dem Gesichtspunkt der sogenannten Sprachkrise zu erläutern. Denn ausgehend von epistemologischen Fragestellungen verfällt die literarische Intelligenz mit Blick auf die menschliche Sprache in einen mehr oder minder offensichtlichen Skeptizismus, der gleichsam das literarische Schaffen tangiert. Die dahingehende Grundsatzfrage lautet: Kann mittels Sprache überhaupt eine intersubjektiv erfahrbare Relation zwischen Mensch und Welt hergestellt werden? Die Auseinandersetzung mit der Rolle des Films und seinem Verhältnis zur Literatur ist unter dieser Voraussetzung nicht ausschließlich als soziologische, sondern – und vielleicht sogar grundlegender – als ästhetische Kontroverse zu deuten. Das empfundene Unvermögen, durch Sprache der Wirklichkeit gerecht werden zu können und eine fiktive Wirklichkeit zu erschaffen, mündet in der Hinwendung der Literatur zur ‚Wahrnehmung' und Reflexion wahrnehmungsästhetischer Strukturen. Dieser Entwicklungsgang ist mit dem ästhetischen Aufstieg des Films verbunden, der vermeintlich auf sehr viel angemessenere Weise die (äußere) Wirklichkeit aufzunehmen, fiktive Welten zu generieren und Wahrnehmung zu reflektieren vermag als die Literatur. Die aus dem ‚Konkurrenzverhältnis' zwischen den beiden Kunstformen erstehende und von Anton Kaes als *Kino-Debatte* ausgewiesene Diskussion bildet ihrerseits den Hintergrund für das filmische Erzählen im Kontext der Frühen Moderne. Ausgegangen wird an dieser Stelle von der These, dass die Sprachkrise als Indikator für den bewussten (oder unbewussten) Bezug der literarischen

Intelligenz auf den Film gelesen werden kann.[95] Sie ist ein Resultat der Realismus-Kontroverse des 19. Jahrhunderts und liefert den Nährboden für eine Neuausrichtung des literarischen Erzählens, das sich nunmehr am Film orientiert. Es gilt, einen Blick auf die Grundthesen der Sprachkrise zu werfen, bevor auf die Kino-Debatte und neue Poetiken der Literatur geschlossen werden kann.

Das filmische Erzählen in der Literatur ist ein Phänomen der Moderne, welches aus der Verbindung von tradierten Formen des Realismus und dem innovativen Umgang mit diesen Formen sowie aus Einflüssen der zahlreichen Umbrüche der Zeit hervorgeht. Doch wie stellt sich *die* Moderne dar[96] und welche Probleme entstehen für die Kunst dieser Zeit? Gesellschafts-, wirtschafts-, technologie- und mediengeschichtlich zeichnet sich die Zeit von etwa 1890 bis in die 1930er Jahre hinein als eine Phase des grundlegenden Wandels aus. Großstädte prosperieren überall in Europa und führen zur Vermassung der Gesellschaft, eine im vorherigen Jahrhundert verwurzelte Entwicklung, die nun ihren Höhepunkt erreicht. Wirtschaftlich gesehen setzen große Arbeiterschaften der Fabriken und die fortschreitende Technisierung des Arbeitsprozesses die beschleunigte Steigerung der Warenproduktion in Gang. Angeregt durch technologische Fortschritte florieren der internationale Markt und der Austausch von Gütern. Mit den Umstellungen im gesellschaftlichen und wirtschaftlichen Sektor ändert sich ebenfalls der Umgang mit ‚neuen' Bild- und Tonmedien. Ebenso bleiben tradierte Künste und Medien von diesen Prozessen nicht unbehelligt. Die Eigenschaften der neuen Medien und die Einwirkungen der Moderne mit ihrer Schnelllebigkeit und Geschwindigkeit, ihrem Übermaß an Informationen, ihrem enormen Populationswachstums

---

95 Für eine „Produktivität der Sprachkrise" plädiert auch Dirk Göttsche: „Der Impuls der ‚Sprachkrise' diffundiert in einer Fülle von modernen Traditionen, zu denen das destruktive Formenspiel des Dadaismus ebenso gehört wie das konstruktive der experimentellen Literatur der Nachkriegszeit, der polyhistorische Roman Hermann Brochs ebenso wie die Textmontagen Helmut Heißenbüttels." (ders.: *Die Produktivität der Sprachkrise in der modernen Prosa*, Frankfurt a. M. 1987, S. 145).

96 Beim Begriff der Moderne im engeren Sinn richtet sich die Untersuchung im Wesentlichen nach Michael Titzmann (ders.: *Realismus und Frühe Moderne. Beispielinterpretationen und Systematisierungsversuche*, München 2009. Darin: „‚Grenzziehung' vs. ‚Grenztilgung'. Zu einer fundamentalen Differenz der Literatursysteme ‚Realismus' und ‚Frühe Moderne'", S. 275–307 u. „1890–1930. Revolutionärer Wandel in Literatur und Wissenschaften", S. 472–495). Laut Titzmann finden von 1890 bis 1930 grundlegende Veränderungen des Wertesystems sowie des Denk- und Wissenssystems statt, die „Krise der Bewusstwerdung eines Defizits" (S. 287) des Einzelnen gerät zum Selbstverständnis eines Zwischenzustands der gesamten Epoche: „zwischen einem verlorenen früheren Zustand und einem noch kommenden unbekannten." (S. 288). Zum Begriff der literarischen Moderne vgl. ebenso Kiesel, Helmuth: *Geschichte der literarischen Moderne. Sprache, Ästhetik, Dichtung im zwanzigsten Jahrhundert*, München 2004, S. 15–33 u. S. 177–231.

bei gleichzeitiger Vereinsamung des Einzelnen sowie ihrer Pluralisierung der Kunstformen und -richtungen führen offenbar zu einem Skeptizismus gegenüber dem elementaren Kommunikationsmittel des Menschen überhaupt, der Sprache.

Die Sprachkrise des frühen 20. Jahrhunderts initiiert der von Friedrich Nietzsche 1873 verfasste Text *Über Wahrheit und Lüge im außermoralischen Sinn*, in dem Nietzsche die Beziehung zwischen der Sprache und den von ihr bezeichneten Dingen anzweifelt und damit auf die Problematisierung der „Determination der Vernunft durch die Sprache"[97] abzielt. Als eine Art „Friedensschluß"[98] fungiere die menschliche Sprache zur Überwindung der Diskrepanz zwischen Individuum und Gesellschaft und stelle den menschlichen Hang zur Metaphorisierung der Realität dar: Sprache setze eine gültige und verbindliche Bezeichnung der Dinge voraus. Jedoch kongruieren nach Nietzsche die verbalen Bezeichnungen nicht mit den Wesen der Dinge, auf die sie referieren. Im Gegenteil liegen in ihnen „willkürliche Übertragungen"[99] vor, die keine Adäquatheit garantieren und folglich „nichts als Metaphern"[100] darstellen. Die Wahrheit entpuppe sich mithin als eine vom Menschen konstruierte Illusion, die sich in Form von poetisch und rhetorisch – also sprachlich – gesteigerten, menschlichen Relationen äußere.[101] Für Nietzsche besteht das Resultat im „Vergessen jener primitiven Metaphorwelt" und des Subjektseins.[102] Eine Lösung bietet er indessen nicht an, sondern konstatiert abschließend lediglich, dass der adäquate Ausdruck des Objekts im Subjekt nicht möglich sei. Im Anschluss an Nietzsche spricht auch Fritz Mauthner von einer „fundamentalen Unzuverlässigkeit"[103] der Sprache. Wie auch Nietzsche geht er vom Problem der Bedeutungsübertragung aus und schließt auf ein defizitäres Verhältnis zwischen Signifikat und Signifikant. Er plädiert letztlich für eine „Affirmation der sprachlosen Weltaneignung"[104], die in einer „Apologie des Schweigens" münde. Zu einem ähnlichen Ergebnis gelangt schließlich ebenfalls Hugo von Hofmannsthal, der das Problem der Ausdrucksfähigkeit der Sprache in den Bereich der Dichtung verlagert. In seinem fiktiven *Brief* ist es ein einst viel versprechender Literat namens

---

97 Mittermüller, Christian: *Sprachskepsis und Poetologie. Goethes Romane ‚Die Wahlverwandtschaften' und ‚Wilhelm Meisters Wanderjahre'*, Tübingen 2008, S. 20.
98 Nietzsche, Friedrich: „Über Wahrheit und Lüge im außermoralischen Sinn". In: ders.: *Werke in drei Bänden*, hg. v. K. Schlechta, München 1966, Bd. 3, S. 309–322; hier S. 311.
99 Ebd., S. 312.
100 Ebd.
101 Vgl. ebd., S. 314.
102 Ebd., S. 316.
103 Mittermüller: *Sprachskepsis und Poetologie*, S. 23.
104 Dies und das folgende Zitat: Mittermüller: *Sprachskepsis und Poetologie*, S. 27.

Lord Chandos, der sich von einem ‚redenden Dichter' und „das ganze Dasein als eine große Einheit"[105] Erfahrender zu einem ‚Schweigenden' wandelt. Der Verlust der Fähigkeit, zusammenhängend zu denken und zu sprechen[106], wird mittels Sprachverweigerung und einer Verlagerung in das ‚Innenleben', durch Emotion und Empathie, kompensiert.[107] Es gelte, „in einem Material [zu denken], das unmittelbarer, flüssiger, glühender [sei] als Worte"[108]. Beides – die Konzentration auf die Innenwelt des Menschen und die Suche nach einem geeigneten ‚Material' – liefert einen wichtigen Hinweis in Bezug auf den Zusammenhang zwischen moderner Sprachskepsis, der Kino-Debatte und dem filmischen Erzählen in der Literatur.

Wie Hermann Bahr in *Die Moderne*[109] proklamiert, ist die Zeit um 1900 durch eine Behandlung der inneren Wirklichkeit geprägt, in deren Rahmen die menschlichen Sinne als Instrumente zur Umwandlung des ‚Außen' zum ‚Innen' fungieren:

> Ja, nur den Sinnen wollen wir uns vertrauen, was sie verkünden und befehlen. Sie sind die Boten von draußen, wo in der Wahrheit das Glück ist. Ihnen wollen wir dienen.[110]

Diese Tendenz schlägt sich ebenfalls in der Literatur nieder. So fällt beispielsweise Arthur Schnitzlers *Lieutenant Gustl* durch die erzähltechnische Gestaltung des autonomen inneren Monologs auf, mit der Schnitzler die ‚innere Wirklichkeit' auf zweierlei Weise darzustellen vermag: Einmal in der konsequenten Realisierung der subjektiven Sicht seiner Figur, und andererseits in der Problematisierung der Wertkategorie einer ‚inneren' und ‚äußeren' Ehre im Wien der Jahrhundertwende. ‚Innerlichkeit' als Strukturmerkmal der Moderne spielt nur indirekt eine Rolle für die Etablierung des Filmischen, weitaus prägender ist hingegen ihr Verbindungsglied, die Orientierung an der menschlichen Wahrnehmungsfähigkeit.

Die Sprachkrise verbindet drei Problembereiche.[111] Der erste umfasst das Verhältnis zwischen Sprache und Subjekt: Wie die genannten Texte von Nietzsche, Hofmannsthal und Mauthner zeigen, führen Sprachskepsis und die scheinbare Notwendigkeit des Schweigens zu Identitätsproble-

---

105 Hofmannsthal, Hugo von: „Der Brief des Lord Chandos". In: ders.: *Gesammelte Werke II: Erzählungen/Gespräche und Briefe*, Berlin 1924, S. 175–188; hier S. 178.
106 Vgl. ebd., S. 179.
107 Vgl. ebd., S. 184.
108 Ebd., S. 187.
109 Bahr, Hermann: „Die Moderne". In: Gotthart Wunberg (Hg.): *Die Wiener Moderne. Literatur, Kunst, Musik zwischen 1890 und 1910*, Stuttgart 1981, S. 189ff.
110 Bahr: *Die Moderne*, S. 190.
111 Vgl. auch Smerilli, Filippo: *Moderne – Sprache – Körper. Analysen zum Verhältnis von Körpererfahrung und Sprachkritik in erzählenden Texten Robert Musils*, Göttingen 2009, S. 17f.

men. Der Verzicht auf Sprache oder aber ihr Verlust unterbrechen die Interaktion des Individuums mit anderen Individuen und schaffen eine Isolation des Subjekts vor der Außenwelt, die ihrerseits massiven Umwälzungen unterworfen ist. Auf diese Weise scheint der Einzelne mit den ihn umgebenden Veränderungen überfordert. Der zweite Bereich betrifft das Verhältnis von Sprache und Erkenntnis sowie die Gestaltung von Wirklichkeit *qua* Sprache. Die Skepsis gegenüber der Sprache und die einhergehenden Auswirkungen auf den Sprachgebrauch erfasst beides, sowohl den alltäglichen kommunikativen Umgang mit Sprache und die Konstruktion einer ‚Alltagswelt' wie auch die poetische Verwendung und die Genese fiktiver Welten.[112] Ebenso verhält es sich mit dem dritten, unter anderem von Schnitzler thematisierten Bereich, der das Verhältnis von Sprache und Wahrnehmung umfasst, wobei es naheliegt, Wahrnehmung (und ihre fiktionale Darstellung) als „Mittelglied"[113] zwischen der Innerlichkeit des Subjekts und der Äußerlichkeit der Welt anzusehen.

Gleichwohl alle genannten Bereiche der Sprachkrise zusammenhängen mögen, ist der letztgenannte – das Verhältnis von Sprache und Wahrnehmung – für die Auseinandersetzung mit literarischen Formen filmischen Erzählens besonders wirksam, da er einen klaren Anhaltspunkt zur Beantwortung der Frage liefert, warum ein Teil der literarischen Texte der Frühen Moderne wahrnehmungsästhetische Ansätze des Realismus fortführt und in eine Verbindung zum Film setzt. Dabei gilt zu beachten, inwiefern äußere Umstände der Zeit wahrnehmungsgeschichtlich relevant werden und auf welchem Weg sich eine Hinwendung zum ‚(Audio-) Visuellen' im weiten und zum Film im engeren Sinn konkret vollzieht.

6.3.1. Die *Kino-Debatte* als ästhetische Kontroverse

Die Erläuterungen zur Wahrnehmungsgeschichte des 19. Jahrhunderts eröffnen ein Untersuchungsfeld, in dem sich nicht nur historische Verstrickungen der Medien nachvollziehen lassen, sondern in das ebenfalls die Sprachkrise einzuordnen ist. Technologische, gesellschaftliche und mediengeschichtliche Aspekte begründen die Herausbildung literarischer Erzähltechniken, die im weitesten Sinn als ‚realistisch' bezeichnet werden können. Konsens der im internationalen Vergleich recht unterschiedlichen Ansätze zum Realismus besteht in der Annahme einer literarischen Wiedergabe der ‚Wahrheit von Wirklichkeit'. Gerade nicht die duplizierende

---

112 Vgl. Mittermüller: *Sprachskepsis und Poetologie*, S. 22.
113 Vgl. Smerilli: *Moderne – Sprache – Körper*, S. 22f.

Nachahmung der Realität ist das primäre Anliegen, sondern die Erfassung und Darstellung ihres ‚wahren Charakters' durch ihre künstlerische Verarbeitung. Der Sprache wird in diesem Rahmen eine entscheidende Rolle zugewiesen: Zum einen scheint mit ihr die Fähigkeit verbunden, eine solche Aufgabe der Wirklichkeitserfassung zu erfüllen, andererseits sieht sich die literarische Intelligenz mit Apparaten und verschiedenen Dispositiven konfrontiert, die auf je unterschiedliche Weise – jedoch primär auf visuellem Weg – Wirklichkeit und Darstellung in ein ikonisches Abbildungsverhältnis zueinander bringen. Mit dem realistischen Erzählen und den Ansätzen filmischen Erzählens in der Literatur wird ein Spagat zwischen der Anwendung von Sprache und der literarischen Integration transformierter Dispositive unternommen.

Mit der Zuspitzung kontextueller Verhältnisse und der Erwartung an die Erzählliteratur als ‚Leitmedium' der Zeit, gerät diese Leistung um die Jahrhundertwende indes ins Schwanken. Wie sprachskeptizistische Positionen illustrieren, verliert offenbar die Sprache ihren Status als Erfassungsinstrument von Wirklichkeit. Allerdings kann dies nur theoretisch geschehen: sie bleibt das elementare Zeichensystem nicht nur des Menschen, sondern ebenso der Literatur. Die sich aus dieser Diskrepanz ergebende Konsequenz stellt schließlich die Ausbildung neuer Darstellungs- und Erzähltechniken dar, die es erlauben, den sich ändernden Ansprüchen der Moderne gerecht zu werden.

Vitale Techniken bestehen in der Realisierung von Innerlichkeit etwa durch den autonomen inneren Monolog und im *stream of consciousness*, die im Kontext der Frühen Moderne weit verbreitet sind. Über solche singulären Techniken hinaus kann ebenfalls das filmische Erzählen (verstanden als eine spezifische, mehrere narrative Parameter vereinigende Form literarischen Erzählens) und somit die literarische Entdeckung des Films und seiner Vermittlungsweisen als angestrebte Lösung aus der sprachskeptischen Problemlage angesehen werden. Letzteres ist auf zwei wesentliche Aspekte zurückzuführen: den sich in der Umwelt vollziehenden Wandlungsprozess und die Dominanz des Films.

> Der Schreibende sieht sich vor dem Problem, wie er eine dynamisierte, fragmentarisierte, nach nicht erkennbaren Gesetzmäßigkeiten funktionierende Welt noch als wahrnehmendes, schreibendes Subjekt erfassen und organisieren kann. Dies muß – neben der Zuwendung zu neuen Themen – Auswirkungen haben auf die Art und Weise der narrativen und sprachlichen Strukturierung und damit auch auf die Figur, die im Text als organisierendes Zentrum fungiert: den Erzähler.[114]

Und mit Blick auf den Film stellt sich daran anschließend die Frage:

---

114 Dörr: *Medien, Moderne, Schreiben*, S. 56.

Wie konnte die Literatur künftig noch erzählen, wo mit dem Medium des Films die sprachliche Evozierung von Visuellem – und mit dem Medium des Phonographen die schriftliche Beschwörung einer Erzähler*stimme* obsolet geworden schien?[115]

Die Nutzbarkeit filmischer Techniken für die Erzählliteratur findet vor einem breiten diskursiven Rahmen statt, der gleichermaßen gesellschaftliche und ästhetische Fragestellungen umfasst. Für den modernen Film-Diskurs ist der Begriff der Kino-Debatte prägend. Den zeitlichen Rahmen legt Anton Kaes dabei für die Jahre 1909 bis 1929 fest – der damit annähernd deckungsgleich mit der Narrativisierung des Films ist –, den Kern dieser teils affektierten und polemischen Auseinandersetzungen datiert er auf 1909 bis etwa 1920. Inhaltlich spiegelt die Kino-Debatte den sukzessiven Werdegang des Films zum primären Unterhaltungsmedium des 20. Jahrhunderts wider und wird von Kaes thematisch auf fünf Felder verteilt:

Im Rahmen einer *Ästhetik der Großstadt* wird das Verhältnis zwischen dem Film, dem Kino und der Stadt problematisiert: Kino wie auch Großstadt seien „Produkte des Hochkapitalismus"[116] und demnach wirtschaftlich und historisch an die Entwicklung der Moderne gebunden. Darüber hinaus reflektiere der Film inhaltlich wie auch formal die Struktur der Großstadt, das Dispositiv ‚Kino' sei auf die gesellschaftliche Struktur der Großstadt angewiesen. Rezeptionsästhetisch gesehen erfüllen Film und Kino beim Massenpublikum eine „kompensatorische Funktion"[117], indem sie die „Reizbedürfnisse[...]" des großstädtischen Zuschauers befriedigen. Zu beobachten ist hierbei ein Ausjustieren von Tradition und Innovation: Bei der Narrativisierung werden vom Film traditionelle Handlungsschemata aufgegriffen und mit der „medientechnisch möglichen Steigerung der Effekte"[118] versehen, deren Aufbau sich wiederum rückwirkend im filmischen Erzählen in der Erzählliteratur niederschlägt. Die Diskussion um die *Kultur als Massenartikel* rückt die Auseinandersetzungen mit Entwicklungen in künstlerischen Systemen in eine soziologische Blickrichtung. Der Film wird „als triviale[...] Massenkultur"[119] etikettiert, deren Auswirkungen sich auf Rezeptions- wie auch auf Produktionsseite manifestieren. Das Gegensatzpaar *Realismus und Phantastik* ist ein entscheidendes Differenzierungsinstrument zur Bestimmung zweier Stiltendenzen des Frühen Films: So unterscheidet Kaes zwischen dem naturalistisch-

---

115 Ebd., S. 61.
116 Kaes: *Kino-Debatte*, S. 4.
117 Dies und das folgende Zitat: ebd., S. 8.
118 Ebd., S. 7.
119 Ebd., S. 12.

dokumentarischen Stil ausgehend von den Filmen der Brüder Lumière und einer phantastisch-stilisierenden Tendenz wie sie in den Anfangsjahren vor allem bei Méliès vorzufinden ist.

Die beiden letzten Themenabschnitte umfassen die Bereiche *Vom Wort zum Bild* und *Ansätze einer neuen Poetik*. Sie sind für die historische Erfassung des vorliegenden Untersuchungsgegenstandes besonders aufschlussreich, denn beide zielen auf die ästhetische Ausprägung der Kino-Debatte ab. Als Diskussionsgrundlage dient zunächst die Wort-Bild-Dichotomie, die den Geltungsanspruch der *alten* Künste gegenüber der *neuen* Kunst ‚Film' unterstreichen soll. Dabei symbolisiert das ‚Wort' die tradierten Künste Theater und Literatur, wohingegen dem Film das ‚Bild' zugeschrieben wird. Die einzelnen Stellungnahmen innerhalb dieser Diskussion sind nach drei Gesichtspunkten zu sortieren: Erstens können Aussagen in allgemein wahrnehmungsästhetischer Hinsicht beobachtet werden. Zweitens verweist der Großteil der Autoren auf den Film, seinen Umgang mit dem Bild und sein Verhältnis zum Theater und zur Literatur. Drittens sind schließlich Folgerungen auszumachen, die Autoren daraus für die Literatur und das geschriebene Wort ziehen. Aus der Einsicht über den Wirkungsbereich des Films erwachsen zudem Überlegungen über eine filmgeprägte Poetik, insbesondere für die literarische Erzählung, in deren Folge der Film als „strukturelles Modell"[120] Pate steht.

Konsens damaliger Meinungen besteht in der Annahme eines Unvermögens der Literatur, „in den Umschwung des Lebens einzugreifen"[121] und weiterhin in der Folgerung, dass sie die Umstände der Zeit mit ihren Mitteln nicht erfassen kann: Der Großstadtmensch, so drückt es Joseph August Lux aus, habe keine Zeit mehr zu lesen; das Lesen bedeute „nicht nur Genuß, sondern auch Mühe"[122]. Bei einem anderen zeitgenössischen Autor, Karl Hans Strobl, heißt es: „Und auch das stimmt ganz ungemein mit unserer Zeit überein, daß man dem Wort keine Rolle zuteil werden lässt [,] und von allen Kunstmitteln ist das des Wortes unserer Zeit am gleichgültigsten."[123] An die Stelle des Wortes trete nunmehr das Bild, welches „rascher zu informieren [vermöge und] weniger Anstrengung und weniger Nachdenken"[124] erfordere. Auch Egon Friedell räumt vorsichtig

---

120 Ebd., S. 30.
121 Mierendorf, Carlo: „Hätte ich das Kino". In: Kaes, Anton (Hg.): *Kino-Debatte. Texte zum Verhältnis von Literatur und Film 1909–1929*, München 1978, S. 139–146; hier S. 140.
122 Lux, Joseph August: „Über den Einfluß des Kinos auf die Literatur und den Buchhandel". In: Kaes: *Kino-Debatte*, S. 93–96; hier S. 94.
123 Strobl, Karl Hans: „Der Kinematograph". In: Fritz Güttinger (Hg.): *Kein Tag ohne Kino. Schriftsteller über den Stummfilm*, Frankfurt a. M. 1984, S. 51–54; hier S. 52.
124 Lux: *Über den Einfluß des Kinos*, S. 94.

ein, dass das „Wort [...] allmählich ein wenig an Kredit"[125] verliert, wohingegen der „menschliche Blick, die menschliche Gebärde, die ganze Körperhaltung eines Menschen [...] bisweilen mehr zu sagen [habe] als die menschliche Sprache". Lux, Strobl und Friedell spielen damit freilich auf den Film an, der sich dem Wort weitestgehend versagt und vornehmlich mit visuell-ikonischen Zeichensystemen operiert. Ebenso wie es Heinrich Mann und auch Adolf Behne konstatieren, schwingt hier die Hypothese mit, der Film werde zur neuen Literatur.[126] Wie die Literatur für das 19. Jahrhundert, gerate er nun zum „vollkommensten"[127] oder auch „charakteristische[n] Ausdruck"[128] seiner Zeit. Den Merkmalen des modernen Lebens trete der Film mit seinen Spielformen, dem Gestaltungsmittel der Montage, seiner Gestaltung der Handlungsabläufe, seiner szenischen Anordnung,[129] kurz: seiner gestalteten Bildhaftigkeit, auf adäquate Weise entgegen. Wiederholt wird darauf hingewiesen – und einer der ersten Filmtheoretiker, Béla Balázs, ist sicherlich einer der prominentesten Vertreter dieser Meinung –, dass der Film „der Kultur eine neue Wendung zum Visuellen"[130] gegeben hat. Jene mediengeschichtliche Wende resultiert einerseits aus der Verschmelzung technischer Voraussetzungen wie sie im 19. Jahrhundert entwickelt und erprobt worden waren und dem gesellschaftlichen und ästhetischen Aufstieg des Films andererseits. Tatsächlich ist es nicht nur der Kontext, der das Medium Film, sondern auch umgekehrt der Film, der sein historisches Umfeld prägt. Dahingehend wird auch vom Film als „Erzieher des Volkes"[131], ja sogar als „Volksnahrungsmittel"[132] gesprochen. Diese Zuschreibungen sind auf die Tatsache zurückzuführen, dass er zu einem Massenprodukt arriviert, das von einem Massenpublikum rezipiert wird. Im ersten Drittel des 20. Jahrhunderts durchläuft er eine steile gesellschaftliche Karriere und expandiert zu einer systemischen Größe innerhalb des Gesellschaftssystems. In diesem Zusammenhang scheint das Erlernen der Filmsprache oder aber die Konven-

---

125 Dies und das folgende Zitat: Friedell, Egon: „Prolog vor dem Film". In: Kaes: *Kino-Debatte*, S. 42–47; hier S. 45.
126 Vgl. Mann, Heinrich: „Filmdichtung". In: Kaes: *Kino-Debatte*, S. 170ff. und Behne, Adolf: „Stellung des Publikums". In: Kaes: *Kino-Debatte*, S. 160–163; hier S. 162.
127 Strobl: *Der Kinematograph*, S. 52.
128 Friedell: „Apologie des Kinos". In: Güttinger: *Kein Tag ohne Kino*, S. 115ff.; hier S. 115.
129 Vgl. Schweinitz, Jörg: *Prolog vor dem Film*, S. 294ff.
130 Vgl. dazu Balázs, Béla: „Der sichtbare Mensch". In: ders.: *Schriften zum Film*, Bd. 1 S. 51–58; hier S. 52.
131 Pfemfert, Franz: „Kino als Erzieher". In: Kaes: *Kino-Debatte*, S. 59–62; hier S. 62. Vgl. ebenfalls Walter Hasenclevers Text im selben Band („Der Kintopp als Erzieher", S. 47–49).
132 Hauptmann, Gerhart: „Über das Kino". In: Kaes: *Kino-Debatte*, S. 159f.; hier S. 159.

tionalisierung filmischer Mittel eine wesentliche Rolle zu spielen.[133] Dieser beidseitige Aneignungsprozess bestimmter Darstellungsweisen im Medium Film und Rezeptionsweisen der Zuschauer wirkt sich auch auf die Literatur aus.

> Der Erzählliteratur, der bisher allein die Organisation von Welterfahrung in narrativen Formen oblag, tritt mit dem Film ein Konkurrent entgegen, der nicht zuletzt aufgrund seiner Publikumswirksamkeit ernstgenommen werden muß und die Frage nach einer notwendigen Erneuerung der literarischen Erzählverfahren aufwirft.[134]

Der Zugang zur filmischen Literatur liegt in der Voraussetzung begründet, dass Autoren ebenfalls als Zuschauer auftreten.

> Die alten Formen der Übermittlung [...] bleiben durch neu auftauchende nicht unverändert und neben ihnen bestehen. Der Filmsehende liest Erzählungen anders. Aber auch der Erzählungen schreibt, ist seinerseits ein Filmsehender. Die Technifizierung der literarischen Produktion ist nicht mehr rückgängig zu machen. Die Verwendung von Instrumenten bringt auch den Romanschreiber, der sie selbst nicht verwendet, dazu das, was die Instrumente können, ebenfalls können zu wollen, das, was sie zeigen (oder zeigen könnten), zu jener Realität zu rechnen, die seinen Stoff ausmacht, vor allem aber seiner Haltung beim Schreiben den Charakter des Instrumentenbenützens zu verleihen.[135]

Durch die Einflussnahme des Films auf die Literatur ist zunächst die Instanz des Autors betroffen. Die These lautet hierbei, dass das ‚Kopfkino' (Heinz-Bernd Heller) der Autoren seinen Ausdruckskanal im literarischen Schaffen findet, der Autor als Teil der literarischen Intelligenz somit als moderner Betrachter im Sinn Crarys fungiert. Neben dieser literarischen Produktionsebene, die eine filmische Schreib- oder Darstellungsweise einschließt, spricht Brecht ebenso die immanente Ebene des literarischen Textes an. Hier verweist er einmal auf die Inhaltsebene und die Ontologie der fiktiven Welt (zu der nun ebenfalls der Film gezählt wird), und zielt darüber hinaus auf Erzähltechniken ab, die aus der ‚Haltung des Schreibens' hervorgehen. Zwischen den beiden Ebenen – die der Produktion und die des Textes selbst – lässt sich also folgendermaßen unterscheiden:

> Von einer filmischen Schreibweise kann somit dann gesprochen werden, wenn ein filmisches Wahrnehmen in die literarische Schreibweise integriert wird, filmisches Erzählen bedeutet ein dem Einsatz filmischer Mittel analoges Erzählen.[136]

---

133 Vgl. dazu Balázs, Béla: „Ein Mädchen aus Sibirien". In: ders.: *Der Film. Werden und Wesen einer neuen Kunst*, 6. Aufl., Wien 1980, S. 24f.
134 Dörr: *Medien, Moderne, Schreiben*, S. 10.
135 Brecht, Bertolt: „Der Dreigroschenprozeß. Ein soziologisches Experiment". In: ders.: *Gesammelte Werke, Bd. 18: Schriften zur Literatur und Kunst I*, Frankfurt a. M. 1967, S. 139–209; hier S. 156f.
136 Wolf, Claudia: *Arthur Schnitzler und der Film*, S. 151.

Ein solches Verständnis vertreten letztlich Ansätze der von Kaes genannten ‚neuen', vom Film inspirierten Poetik, und sie veranlassen dazu, von einer Etablierung filmischen Erzählens in der Frühen Moderne zu sprechen. Denn gebunden werden diese poetologischen Überlegungen im Gegensatz zu früheren, im Realismus beobachtbaren Tendenzen nun an die Umstände der äußeren Verhältnisse *und* an die Medialität des Films.

> Dieser neuen Öffentlichkeit der Massenmedien entspricht eine Poetik, welche die für die idealistische Poetik konstitutive Trennung zwischen Kunst und Leben, zwischen dem Schönen und dem Nützlichen, wenn nicht aufhebt, so doch verringert. Manifestation einer solchen Poetik ist der Film, der als photographisches Medium eine Zwischenstellung zwischen Kunst und Leben, Fiktion und Realität einnimmt.[137]

6.3.2. Alfred Döblins *Kinostil*

Ansätze eines filmischen Erzählens explizieren Alfred Döblin und Kurt Pinthus in den 1910er Jahren. Döblin geht es mit seinem Konzept des *Kinostils* um die Realisierung der „entseelten Realität"[138], mittels derer sich der Roman von der „psychologischen Prosa" entferne. Dieser Stil lehnt sich nicht ausdrücklich an den Film oder das Kino an, sondern versucht, *wie* der Film, einen Ausdruck der Zeit herzustellen.

So überträgt Döblin eine Reihe von Merkmalen in den Stil der Schreibweise, welche im Film ihr ideales Ausdrucksmittel finden: Geschwindigkeit und Beschleunigung, die Montage, das Moment der Distanzvernichtung und Visualisierung.[139] Diese Spezifika formieren die als Kinostil bezeichnete Technik des Schreibens und beziehen sich „nicht auf das sprachlich Dekorative, sondern auf die Methode der Darstellung"[140]. An erster Stelle bedeutet dies, dass die sprachliche Gestaltung vollständig dem Gegenstand ihrer Darstellung geschuldet und ihr „das Äußerste der Plastik und Lebendigkeit"[141] abzuringen sei. Das Dargestellte erscheint nach Döblin „nicht wie gesprochen, sondern wie vorhanden"[142]. Weiter-

---

137 Kaes: *Kino-Debatte*, S. 33f.
138 Dies und das folgende Zitat aus: Döblin, Alfred: „An die Romanautoren und ihre Kritiker. Berliner Programm". In: ders.: *Aufsätze zur Literatur*, Olten [u. a.] 1963, S. 15– 19; hier S. 17.
139 Vgl. Großklaus, Götz/Lämmert, Eberhard: „Vorbemerkungen". In: dies. (Hg.): *Literatur in einer industriellen Kultur*, Stuttgart 1989, S. 7–19; hier S. 15 u. Melcher: *Vom Schriftsteller zum ‚Sprachsteller'*, S. 83.
140 Melcher: *Vom Schriftsteller zum ‚Sprachsteller'*, S. 83.
141 Döblin: *An die Romanautoren*, S. 17.
142 Ebd.

hin verlangt die Forderung nach „Gedrängtheit und Präzision"[143] eine „Sparsamkeit der Worte"[144] und die Vermeidung von metaphorischen Konstruktionen; sie ist, so Döblin, als Absage an einen „Erzählschlendrian"[145] aufzufassen. Die „Knappheit"[146] auf der sprachlichen Ebene schlägt sich somit ebenso auf der Ebene des Erzählens nieder: Wie die „Hegemonie des Autors"[147] zu brechen sei, solle auch der Erzähler hinter das Geschehen zurücktreten. Es werde nicht „erzählt, sondern gebaut"[148], wobei „die Physiognomie […] eines Ereignisses [zu begreifen] und scharf und sachlich" wiederzugeben sei. Dabei gebe das „Durcheinander in bloßen Stichworten" direkt das „Nebeneinander des Komplexen" wieder und fasse das „Hintereinander" rasch zusammen.

Obwohl Döblin im Jahr 1917, vier Jahre nach der Ausformulierung seines ‚Kinostils', den Film als ein „völlige[s] Debakel des Romans"[149] abwertet, lassen sich aus seiner ersten Auffassung durchaus Erkenntnisse für die Theorie und die Geschichte des filmischen Erzählens in der Literatur ableiten. Inwieweit aber sind Döblins Forderungen mit den realistischen Konzepten des Präfilmischen zu verbinden, und wie kommt bei ihm der Bezug auf den Film zur Geltung? Erstens schlägt sich seine Poetik im Umgang mit der narrativen Instanz nieder und verlangt wie in Fällen des Präfilmischen ein Erzählen im dramatischen Modus: Wenn Döblin von ‚Bildern' spricht, meint er damit bestimmte sprachlich-rhetorische Stilmittel, welche er als unbrauchbar von der Hand weist. Dahingegen zielen die angesprochenen Hinweise auf ‚Physiognomie, Plastik und Lebendigkeit der Dinge und Ereignisse' auf jenes Verfahren ab, welches Henry James *showing* nennt und das sich durch die scheinbare Abwesenheit des Erzählers und konkretes Erzählen auszeichnet. In der Absicht, die Erzählinstanz verschwinden zu lassen, wird folglich der realistischen Tradition gefolgt und so ein Brückenschlag zwischen Moderne und Realismus unternommen, folglich die Ableitung des filmischen Erzählens aus Erzählformen des Realismus gerechtfertigt.

Der zweite Gesichtspunkt ergibt sich aus der Strukturierung des Erzählten. Wie Yvan Goll ausführt, ist ein wesentliches Merkmal der Moderne die Bewegung in allen Dingen.[150] Noch sehr viel deutlicher als in

---

143 Ebd.
144 Ebd.
145 Ebd.
146 Ebd.
147 Ebd., S. 18.
148 Dies und die folgenden Zitate ebd., S. 17.
149 Döblin, Alfred: „Bemerkungen zum Roman". In: ders.: *Aufsätze zur Literatur*, S. 19–23; hier S. 20.
150 Vgl. Goll, Yvan: „Das Kinodram". In: Kaes: *Kino-Debatte*, S. 136–139.

Storms *Der Schimmelreiter* ausgeprägt, fordert Döblin die Verlagerung des Aspektes der Bewegung auf den Erzählprozess selbst: Knappheit, das Nebeneinander des Komplexen und das Erzählen in schlaglichtartigen Stichworten verweisen auf die literarische Verarbeitung der Schnelllebigkeit des modernen Lebens, der Informationsüberlastung und der Fragmentierung der Eindrücke. Aus der Umsetzung dieser Konzepte entwickeln sich literarische Montageformen: Die Geschwindigkeit der Inhalte – der „Erfahrungsraum Großstadt"[151] – wird auf die Form ihrer Darstellung im Erzähltext appliziert, diese scheint „den Gesetzen [ihres] Gegenstandes selbst zu genügen"[152].

Bemerkenswert ist schließlich drittens, dass der Bezug zum Film lediglich durch die Bezeichnung ‚Kinostil' hergestellt wird. Bei der Begriffsexplikation verzichtet Döblin vollständig auf eine weitere Bezugnahme. Daraus lässt sich schlussfolgern, dass Döblin eine dezidiert *literarästhetische* Poetik formuliert und das Verständnis eines literarisch fundierten, aus dem Geist seiner Zeit erwachsenden Schreibens und Erzählens ableitet, welches zwar filmischen Formen entspricht, diese jedoch nicht schlicht zu imitieren versucht.

6.3.3. Kurt Pinthus' *Kinostück*

Sehr viel näher am Film argumentiert Pinthus in seinen Erläuterungen zum *Kinostück* im Vorwort der von ihm 1913/14 herausgegebenen Anthologie *Das Kinobuch*. Die Herausgabe des Bandes fällt für ihn rückblickend in eine Zeit, „als die Technik der Aufnahmeapparate, der Lichtverwendung, der Einstellung und der bewegten Kamera noch im frühen Stadium war"[153]. Hinzu tritt die Entwicklung der Literarisierung des Films:

> Der Irrweg und Niedergang des Kinos begann in dem Augenblick, als das Kino sein eigentliches Wesen vergaß, unselbständig wurde, sich anschickte, vorhandene Werke der Dichtung zu verfilmen. Statt für seine Möglichkeiten eigene Stücke (nicht Theaterstücke) erfinden zu lernen. Elend wäre das Kino, seine Unfruchtbarkeit erwiesen, wenn es nicht selbst aus seiner Art Stücke erzeugen könnte.[154]

Das Kinostück, welches Pinthus vom ‚Kinodrama' abgrenzt, stehe dem Roman näher als dem Theaterstück:

> Während im Drama die Personen auf der Bühne festgehalten sind, kann im Kino wie im Roman der Zuschauer sich mit den Handelnden fortbewegen, und in ste-

---

151 Dörr: *Medien, Moderne, Schreiben*, S. 19.
152 Klotz: *Die erzählte Stadt*, S. 435.
153 Pinthus, Kurt (Hg.): *Das Kinobuch*, Zürich 1963, S. 12.
154 Ebd., S. 21.

ter Bewegung, unabhängig von räumlicher Begrenzung, Handlungen ausführen sehen. [...] Das Kinopublikum ist im wesentlichen ein Romanlesepublikum.¹⁵⁵
In diesem Zusammenhang sei das ‚Kinostück' als ein Konzept zu deuten, das zwei Wesenszüge vereint: Zum einen stellt es eine Art Anstoß für das Erzählen im Kino dar, zum anderen eine neue Form des Erzählens überhaupt, welche „filmisch gedacht"¹⁵⁶ sei und „nicht erst zu verfilmende Theaterdramen oder Erzählungen"¹⁵⁷ formiere, sondern „für die imaginäre Leinwand"¹⁵⁸ konzipiert in Erscheinung trete. Für Pinthus besteht das konkrete „Wesen des Kinostücks"¹⁵⁹ aus drei Komponenten. Die erste Komponente sieht er im *unbegrenzten Milieu*. Damit richtet er sich nach einer maßgebenden Stiltendenz des Frühen Films, nämlich des phantastisch-geprägten Films in der Tradition Méliès' und den Reisefilmen, deren Handlungsorte exotisch bis weltfremd sind. So ginge es auch im ‚Kinostück' darum, ein Geschehen „an völlig entrückten Orten" spielen zu lassen und dadurch die Ereignishaftigkeit eines Geschehens zu steigern. Die zweite Komponente besteht in der *Bewegung*. Wenn Pinthus davon spricht, die Bewegung „als Geste und als Tempo"¹⁶⁰ zu realisieren, so zielt er damit ebenso wie Döblin auf die inhaltliche *und* formale Gestaltung ab. Mimik und Gestik der Figuren werden nicht nur plastisch wiedergegeben, sondern sind in die teils „in rasendem Tempo"¹⁶¹ veranschaulichten Abläufe der erzählten Welt eingegliedert. Als Drittes wird *der Trick* angeführt, der eine neuartige „Verknüpfung der Geschehnisse"¹⁶² meint. Diese wiederum umfasst die Qualität dieser Geschehnisse selbst, „das Wunderbare, Ungewöhnliche, Unerhörte"¹⁶³, sie verweist aber auch auf das Verständnis einer filmischen Story. Als das bindende Element zwischen diesen drei Bestandteilen des Kinostücks setzt Pinthus den Menschen (= die Figur) und sein Geschick.

Anders als Döblin leitet Pinthus seine Überlegungen also vom Film ab. Alle drei Aspekte beziehen sich auf das neue Medium und seinen Umgang mit Inhalten. Dennoch bleibt zu betonen, dass Pinthus das ‚Kinostück' als eine „literarische Form"¹⁶⁴ verstanden wissen will. Das *Kinobuch*

---

155 Ebd.
156 Ebd., S. 13.
157 Ebd., S. 11.
158 Ebd., S. 17.
159 Ebd., S. 19.
160 Ebd., S. 26.
161 Ebd.
162 Ebd.
163 Ebd.
164 Ebd., S. 27.

ist folglich als ein in das Literatursystem übertragener Austragungsort der Narrativisierung des Films zu begreifen.

6.4. Visualität und Bewegung

Die Realisierung von Visualität und Bewegung wird in modernen Erzähltexten explizit oder implizit markiert. Für Visualität gilt, dass sie auf zwei unterschiedlichen Ebenen des Textes in Erscheinung treten kann: auf der Ebene der Präsentation der Erzählung tritt sie dann auf, wenn neben sprachlichem Material piktografische oder bildanaloge Elemente verwendet werden. Auf der Ebene der Erzählung sticht wiederum der besondere Umgang mit der perzeptiven Perspektive hervor. Bewegung lässt sich ebenfalls als mehrschichtiges Phänomen auffassen, das sich im Erzählprozess als auch im Erzählten wieder finden lässt. Bewegung wird von der Erzählinstanz funktionalisiert, um die erzählte Geschichte voranzutreiben, oder aber der Erzählprozess selbst unterliegt einer spezifischen, auf die Darstellung von Geschwindigkeit ausgelegten, rhythmisierten Gestaltung. Das bedeutet: Visualität und Bewegung dienen nicht ausschließlich als deskriptive Mittel, sondern sind tragende Elemente der Bedeutungsgenerierung.

Walter Hasenclevers *Die Hochzeitsnacht* handelt von einem jungen Liebespaar, Clarissa und Karl, dessen Glück durch eine Krankheit Karls bedroht wird. Das nötige Geld für eine Erholungskur wird – ohne Karls Wissen – durch Clarissas Hingabe an einen reichen Grafen beschafft. Weitere Verwicklungen bringen Clarissa in die Gefangenschaft dieses Grafen, aus der sie schließlich Karl befreit. Filmisches Erzählen wird hier auf der Ebene der Erzählung und der medialen Textebene realisiert. Auffällig ist zunächst die Integration von bildanalogen Textfeldern, die aufgrund ihrer strukturellen wie auch formalen Form filmischen *inserts* nahestehen. Diese Bildanalogien sind der Präsentationsebene zuzuordnen und erweitern die Darstellungsebene des literarischen Textes, indem sie einen Blick in die erzählte Welt gewähren. Wenngleich sie nur sporadisch, d. h. in standardisiert-ikonografischer Form auftreten, wird ihre Bildlichkeit durch Hinweise im Text (Buch, Tor, Zeitung) unterstützt (5.2.2.). Visualität kommt darüber hinaus mittels verbaler Medialisierung zustande. Einmal geschieht dies durch die vorherrschend paratraktische Gliederung des Erzählten, welches so auf separate syntaktische Einheiten verteilt wird und filmischen Einstellungen gleichkommt. In Verbindung dazu ist das Erzählte selbst auf eine ausgeprägte Gegenständlichkeit ausgelegt; Körperlichkeit spielt eine wesentliche Rolle: Mimik und Gestik der Figuren werden besonders hervorgehoben.

Über dieses Beispiel hinausgehend fällt der Gebrauch visuell-sensorischer Verben auch in anderen Texten des *Kinobuchs* auf. Pinthus', ebenfalls dem Typus der expliziten filmischen Form subsumierten Text *Die Verrückte Lokomotive* unterstreicht die Dominanz des ‚Sehens' und des ‚Erblickens': „und er erblickt vor sich das Bild, das wir schon sahen..."[165]. Zu beobachten ist zudem in Arnold Höllriegels *Galeotto*, wie die narrative Instanz wiederholt auf das ‚Bild' rekurriert und das Erzählte parataktisch vermittelt.[166]

> Sie liest. Er sieht von fern zu. Julias Gatte steht an der Kasse. Julia steht auf und geht zu Edgar. Er leuchtet auf. Aber sie hebt ihre rechte Hand und hält ihm stumm den Finger mit dem Ehering vor die Augen. Man sieht im vergrößerten Bilde die beiden schmerzvollen Gesichter, dazwischen den Finger mit dem Ring.[167]

Es ist aber nicht nur der offensichtliche Umgang mit Visualität, der hier ins Auge sticht, sondern ebenso die Betonung von Bewegungsabläufen innerhalb der erzählten Welt. In Pinthus' Text wird dementsprechend Bewegung in signifikanter Weise übersteigert.

> Und man sieht nun den Zug durch die schönsten Gegenden Deutschlands rasen: Über Weichen durch die Bahnhöfe, durch liebliche Landschaften Thüringens. Über bewaldete Berge an alten Städten vorbei (etwa Nürnberg). Der Zug knattert über Brücken, tobt durch Tunnels, hüpft wie ein Fisch über Flüsse, und plötzlich springt er vom Ufer in einen See hinab (etwa den Bodensee) und durchschwimmt ihn wie eine Seeschlange. Dann nähert er sich dem gezackten Profil der Alpen, saust die Berge hinauf, an friedlichen Alpenseen und Riesenhotels vorbei...

> Da erhebt er sich in die Lüfte und schwebt wie ein fliegender Wurm über eisglitzernde Gletscher, über unendliche Abgründe. Und er senkt sich wieder hinab in die oberitalienische Ebene, rast vorbei und stürmt durch Italien ... Verona ... Bologna ... Florenz ... Umbrien mit seinen Felsennestern.

> Bisweilen erblickt man in rasch vorüberzuckenden Bildern die Schreckensszenen im Zuge hinhuschen. [...]

> Draußen an den Schienen aber sieht man blitzartig Menschen stehen, die dem verrückt gewordenen Zuge nachstarren. Und besonders die Zollbeamten glotzen wild gestikulierend auf den rasenden Zug und stürmen vergeblich mit langen Armen auf den Schienen umher ... Schließlich springt der Zug vom Land aufs Meer und rennt wie ein Wasserläufer über die schimmernde blaue Flut.[168]

---

165 Pinthus, Kurt: „Die verrückte Lokomotive oder Abenteuer einer Hochzeitsfahrt. Ein großer Film". In: ders.: *Das Kinobuch*, S. 77–86; hier S. 80.
166 Wie in einigen anderen Texten der Zeit liegt in diesem Zitat ein Bezug auf Méliès' LE VOYAGE DANS LA LUNE vor.
167 Höllriegel, Arnold: „Galeotto". In: Pinthus: *Das Kinobuch*, S. 127–131; hier S. 127.
168 Pinthus: *Die verrückte Lokomotive*, S. 81f.

Neben der Thematisierung von extremen Geschwindigkeiten schlägt sich schließlich auch in realistischen Texten der moderne Zeitgeist nieder: Bei Fahrten durch Städte werden Wahrnehmungseindrücke nicht kontinuierlich, sondern fragmentarisch-diskontinuierlich wiedergegeben, infolgedessen liegt oftmals eine montagehafte Strukturierung der Geschichte auf der Ebene der Erzählung vor wie es Dos Passos, Döblin und andere vorführen.

6.5. Kontextualisierung der Montage

Ein markanter Wesenszug moderner filmischer Erzählliteratur besteht im Hang zum Mittel der Montage. Mit Paech lässt sich die Montage als Charakteristikum der Frühen Moderne begreifen und somit als ästhetische Gestaltungstechnik ebenso in den historischen Kontext einbetten. Ihm zufolge setzt sich die Montage aus drei prozessual zusammenhängenden Bestandteilen zusammen, die er ‚Mimesis', ‚Konstruktion' und ‚Dekonstruktion' nennt.[169] Parallel zum Verständnis eines Kompensationsmittels des Großstadt-Dispositivs entwickelt sich die Vorstellung von der filmischen Montage als Mittel des Erzählens. Vor allem die Spielarten der alternierenden Montage tauchen in expliziter oder impliziter Form ebenfalls in der Erzählliteratur auf und erfüllen dort mehrere Funktionen. Insbesondere die Gattung des Großstadtromans verdeutlicht, dass sie als Instrument zur Verarbeitung einer modernen Wahrnehmungsweise instrumentalisiert werden. Darüber hinaus gelten sie allgemein als Erzählformen zur alternierenden Darstellung zweier oder mehr Handlungen, welche in paralleler, kontrastierender oder auch rhythmisierter Ordnung erzählt werden können (*short cuts*).

In einem ersten Beispiel wird vorgeführt, inwiefern die Verarbeitung von Wahrnehmungsveränderungen und der Einfluss des Films zusammenlaufen. In Keuns *Das kunstseidene Mädchen* erzählt eine diegetische Erzählerin die Geschichte ihres erhofften Wegs zum Film. Es handelt sich dabei um die achtzehnjährige Doris, die gleich zu Beginn ihrer Tagebucheinträge den Impetus ihres Erzählens festlegt:

> Und ich denke, daß es gut ist, wenn ich alles beschreibe, weil ich ein ungewöhnlicher Mensch bin. Ich denke nicht an Tagebuch – das ist lächerlich für ein Mädchen von achtzehn und auch sonst auf der Höhe. Aber ich will schreiben wie Film, denn so ist mein Leben und wird noch mehr so sein. Und ich sehe aus wie

---

169 Paech: *Literatur und Film*, S. 129.

Colleen Moore, bißchen nach oben. Und wenn ich später lese, ist alles wie Kino – ich sehe mich in Bildern.[170]

Die erste Maßnahme einer Visualisierung besteht hier bereits darin, auf die Stummfilmschauspielerin Colleen Moore zu referieren und so das ‚Bild einer Figur' zu evozieren. Verbunden wird die Bezugnahme auf den Film mit wahrnehmungsästhetischen Aspekten, so in einer Szene, in der Doris einem Blinden die Stadt Berlin beschreibt. Bereits mit der Aufforderung des Blinden wird ausdrücklich auf die Verbalisierung visueller Eindrücke abgehoben. Dahingehend lässt sich die Textstelle als eine Konstruktion aus subjektiv-fragmentarischen Wahrnehmungseindrücken lesen.

„Was hast du gesehen?"

Und da muß ich doch viele Farben gesehen haben: „Ich habe gesehen – Männer an Ecken, die verkaufen ein Parfüm, und keinen Mantel und kesses Gesicht und graue Mütze, – und Plakate mit nackten rosa Mädchen – keiner guckt hin – ein Lokal mit so viel Metall und wie eine Operation, da gibt es auch Austern – und berühmte Photographen mit Bildern in Kästen von enormen Leuten ohne Schönheit. Manchmal auch mit."

Es kriecht eine Kakerlake – ist es immer dieselbe? – und ein Mief in der Stube – werden wir eine Zigarette –

„Was hast du gesehen?"

„Ich habe gesehen – ein Mann mit einem Plakat um den Hals: ‚Ich nehme jede Arbeit' – und ‚jede' dreimal rot unterstrichen – und ein böser Mund, der zog sich nach unten mehr und mehr – es gab eine Frau ihm zehn Pfennig, die waren gelb, und er rollte sie auf das Pflaster, das Schein hat durch Reklame von Kinos und Lokalen. Und das Plakat war weiß mit schwarz drauf. Und viele Zeitungen und sehr bunt und das Tempo rosa-lila und Nachtausgabe mit rotem Strich und ein gelber Querschnitt – ich sehe das Kempinsky mit edlem Holz und Taxis davor mit weißen Karos und Chauffeure mit eingeknicktem Kopf, weil sie ja immer warten. Und von innen Spiegel und was von Klub. Und Menschen eilen. Und Vorgärten von Kaffees, die sind ein Winter und drinnen Musik. Und auch mal Bars und ein großes Licht hoch über der Erde von Kupferberg Sekt – und einer mit Streichhölzern und auf der Erde mit schwarzen Beinen – quer übers Pflaster und Schachteln von Streichhölzern, die sind blau mit weiß und kleiner roter Rand –"[171]

In elliptischer Syntax werden hier singulär wahrgenommene, vorwiegend visuelle Impressionen wiedergegeben. Neben der expliziten Thematisierung des Sehens, welches Doris gewissermaßen für den Blinden übernimmt, wird implizit auf den *Modus* des Sehens, nämlich Doris' Sichtweise, hingedeutet. Sie nimmt unterschiedliche Perspektiven ein und verändert die räumliche Distanz zu den beschriebenen Gegenständen und Personen.

---

170 Keun: *Das kunstseidene Mädchen*, S. 6.
171 Ebd., S. 65.

Die Deutlichkeit, mit der sie Perspektiven und Distanzen markiert, verweist im Zuge dessen implizit auf filmische Einstellungsperspektiven und -größen. Dabei werden einzelne Einheiten klar durch die Verwendung der Konjunktion ‚und', Interpunktionen oder aber Gedankenstriche voneinander abgesetzt. Die Erzählerin folgt folglich dem Anspruch eines filmischen Erzählens ebenso wie sie ihren Traum zu verwirklichen versucht, ein ‚Glanz' zu werden. Dies wiederum spricht für die Zuordnung des Textes zum Typus der inhaltlichen und formalen Explizitheit.

Die bei Keun verwandte Montageform kann als deskriptive Spielart gedeutet werden. In anderen Texten treten hingegen deutlich narrative Montageformen zutage. Neben der prägnanten Visualität fällt in Hasenclevers *Die Hochzeitsnacht* ebenso die Aufteilung zweier Handlungsstränge ins Auge, die auf der syntagmatischen Achse der Erzählung in alternierender Form verknüpft sind. Auf der einen Seite befindet sich Karl, der an das Bett gebunden zu Hause ausharrt, während Clarissa auf der anderen Seite die eigentliche Aktion vollzieht. Das Prinzip der Simultanmontage findet sich aber nicht nur als durchgängiges Verfahren dieses Textes, sondern ist in zahlreichen Beiträgen des *Kinobuchs* nachweisbar. Wie auch in Hasenclevers Text liegt in Pinthus' Erzählung die kontrastierende Montage zweier Handlungsstränge vor:

> Das anmutige Fräulein Dr. Ing. Erna Eisen und der Dichter Peter Pabst spielen in weißer Kleidung eifrig und geübt Tennis. Ein in rote Livree gehüllter Negerboy sucht mit grotesken Sprüngen die Bälle auf. Bisweilen fliegt ihm ein Ball gegen die Nase oder den Bauch, und er überschlägt sich in einem turbulenten Salto mortale. Um sich zu erholen, setzen sich Dr. Ing. Erna und der Dichter auf eine Bank vor blühendem Gebüsch, und Peter zieht eine Tüte mit Konfekt hervor, während Erna Zigaretten anbietet. [...]
>
> Ein anderer sozialer Lebenskreis steigt hervor. In einer armseligen Vorstadtwohnung verzehrt der durch seinen Beruf nervös gewordene und stets erregte Lokomotivführer Nikolaus Stuckert seine Mahlzeit aus einem großen Napf. [...] Die Frau umarmt ihn; und halb beglückt, halb traurig geht er durch die kümmerlichen Vorstadtgassen zum Bahnhof.[172]

Im weiteren Verlauf des ersten Teils dieser Geschichte wird wiederholt zwischen beiden Handlungssträngen gewechselt, bis sie schließlich in der bereits oben zitierten Zugfahrt zusammenlaufen. Es liegt demnach ein klassischer Fall einer mit kontrastierenden Elementen durchsetzten Parallelmontage vor.

Ebenso wie im *Kinobuch* lassen sich verschiedene Formen der Montage in Döblins Großstadtroman *Berlin Alexanderplatz* ausfindig machen. Der Roman gilt als idealtypisches Beispiel für filmisches Erzählen und ist zu-

---

172 Pinthus: *Die verrückte Lokomotive*, S. 77f.

gleich ein prominenter Fall des verdeckten Typus: Formen der Visualität, das Verfahren der Montage und musikalische Elemente lassen sich gleichermaßen feststellen, ohne dass sie explizit auf den Film referieren. Die Montage lässt sich dabei in diverse Unterformen auffächern. Die häufigste Form ist die Integration von Fremdmaterial in den Text.[173] So werden Passagen aus physikalischen oder medizinischen Abhandlungen kommentarlos in den Text eingefügt.[174] Ebenso finden sich Verse aus Johannes Brahms' Lied *Schnitter Tod*[175] und Verweise auf andere musikalische Werke, die leitmotivisch den gesamten Text durchlaufen.[176] Als literarische Spielart des *jump cut* ist eine Passage zu lesen, in der einzelne Handlungsszenen durch markierte Ellipsen (die kurze Zeitphasen ausklammern) voneinander getrennt sind.[177] An einer anderen Stelle liegt ein Analogon zum Zwischenschnitt vor, das sich durch das wörtliche Zitat einer bereits vorausgegangen Textpassage auszeichnet.[178] Obwohl eine großangelegte Parallelmontage nicht zur Anwendung gelangt, ist doch eine Passage zumindest mittels Verfahren der Simultanmontage konzipiert,[179] eine andere als alternierende Montage ohne zeitlichen Zusammenhang.[180] Besonders wirkungsvoll ist schließlich die Markierung eines Ereignisses durch die Montage, nämlich die Ermordung der Figur Emilie Parsunke (genannt Mieze).

> „Haste Dir nich mausig zu tun mit dem Franz, du, wenn du ooch seine Hure bist." „Ich geh jetzt los." „Was heißt hier losgehen, bist wohl übergefahren, du weeßt wohl nich, mit wem du sprichst, so kannste mit dein Fatzke reden." „Ick – weeß nich, wat ick soll." „In die Kute gehen und gut sein."
>
> Wenn man ein Kälbchen schlachten will, bindet man ihm einen Strick um den Hals, geht mit ihm an die Bank. Dann hebt man das Kälbchen hoch, legt es auf die Bank und bindet es fest.
>
> Sie marschieren zur Kute. Er sagt: „Leg dir hin." „Ick?" „Wenn du schreist! Mädel, ick hab dir gern, ick wär sonst nicht hergekommen, ich sag dir: wenn du ooch seine Hure bist, biste doch keine Gräfin. Mach mit mir kein Klamauk, du. Weeßte, det is noch keenem gut bekommen. Da kannste ja mal bei dein Lude an-

---

173 Verschiedene Beispiele dieser Art finden sich in Döblin, Alfred: *Berlin Alexanderplatz*, München 2001, S. 34f., 189–192, 268, 352, 445. Vgl. dazu u. a. auch Sander, Gabriele: ,*Tatsachenphantasie*'. *Alfred Döblins ,Berlin Alexanderplatz. Die Geschichte vom Franz Biberkopf*', Marbachermagazin 119 (2007).
174 Vgl. ebd., S. 34f. u. 99f.
175 Aus: Brahms, Johannes: *Vierzehn deutsche Volkslieder* (1864).
176 Vgl. Döblin: *Berlin Alexanderplatz*, S. 184f., 227, 228, 241, 270, 352, 371, 383, 445, 452.
177 Vgl. ebd., S. 341.
178 Vgl. ebd., S. 353 u. 357.
179 Vgl. ebd., S. 234.
180 Vgl. ebd., S. 330–337.

kloppen. Der kann dir wat erzählen. Wenn er sich nich scheniert, der. Aber von mir kannstet ja ooch hören. [...]"
Er kniet von oben über den Rücken, seine Hände sind um ihren Hals, die Daumen im Nacken, ihr Körper zieht sich zusammen. Seine Zeit, geboren werden und sterben, geboren werden und sterben. Jegliches.
[...]
Gewalt, Gewalt, ist ein Schnitter, vom höchsten Gott hat er die Gewalt. Laß mir los. Sie wirft sich noch, sie zappelt, sie schlägt hinten aus. Das Kind werden wir schon schaukeln, da können Hunde kommen und können fressen, was von ihr übrig ist.
Ihr Körper zusammen zusammen zieht sich ihr Körper, Miezes Körpers. Mörder sagt sie, das soll sie erleben, das hat er dir wohl aufgetragen, dein süßer Franz.
Darauf schlägt man mit der Holzkeule dem Tier in den Nacken und öffnet mit dem Messer an beiden Halsseiten die Schlagadern. Das Blut fängt man in Metallbecken auf.
Es ist acht Uhr, der Wald ist mäßig dunkel. Die Bäume schaukeln, schwanken. War eine schwere Arbeit. Sagt die noch wat? Die japst nicht mehr, das Luder. Das hat man davon, wenn man mit son Aas ein Ausflug macht.
[...]
Es ist stockfinster. Ihr Gesicht ist erschlagen, ihre Zähne erschlagen, ihre Augen erschlagen, ihr Mund, ihre Lippen, ihre Zunge, ihr Hals, ihr Leib, ihre Beine, ihr Schoß, ich bin deine, du sollst mir trösten, Polizeirevier Stettinger Bahn, Aischinger, mir wird schlecht, komm doch, wir sind gleich zu Hause, ich bin deine. [...]"[181]

Aus erzähltheoretischer Sicht ist dieser Ausschnitt aufgrund seiner perspektivischen und stimmlichen Mehrschichtigkeit interessant. Fokussiert wird abgesehen davon das Aufeinandertreffen zweier unterschiedlicher thematischer Zusammenhänge, die durch das dominant gesetzte Sem ‚Tötung' miteinander verbunden werden: Die Schlachtung des Kalbs – ein Motiv, das bereits in einem früheren Teil des Romans vorbereitet worden ist[182] – wird zwei weitere Male in den Handlungsverlauf montiert. Symbolisch tritt das Kalb an die Stelle der Figur (Mieze), seine Tötung wird zum Bild der Übermacht des Mannes gegenüber der Frau. Zugleich stellt diese Gestaltung eine Analogie zu Eisensteins STACHKA her – dort besteht die symbolische Montage in der Alternation zwischen der Schlachtung eines Stiers und des Niederschießens einer Arbeiterschaft.

Die Simultanmontage kann als prominentestes Verfahren filmischen Erzählens in der Literatur gelten. Wegweisend ist in diesem Zusammenhang Dos Passos' Roman *Manhattan transfer*, dessen Grundprinzip später

---

181 Ebd., S. 351ff.
182 Vgl. ebd., S. 136–143 u. S. 224.

ebenfalls Eingang in Dos Passos' *USA*-Trilogie findet – dort im Gegensatz zu *Manhattan transfer* allerdings mit formaler Explizitheit. Die Ausformung der Simultanmontage in *Manhattan transfer* besteht in der syntagmatischen Verzahnung von nahezu achtzehn Handlungssträngen. Die Heterogenität der Figuration, die unterschiedlichen Entwicklungen und gegenseitigen Verwicklungen der Figuren veranschaulichen die Disparität der modernen Klassengesellschaft, das unterschiedliche Leben bei Tag oder Nacht, die Unterschiede zwischen Arm und Reich und die Komplexität der Großstadt New York. Auch hier ließen sich Visualität – oftmals mittels *camera eye*-Technik generiert –, Montage und Auditivität herausarbeiten. Exemplarisch sei mit Blick auf die Montage jedoch folgender Ausschnitt angeführt: Der Einwanderer Bud Korpenning verfällt nach längerer Suche nach Arbeit in Verzweiflung und stürzt sich von einer Brücke.

> When he got to the tangle of girders of the elevated railroads of the Brooklyn side, he turned back along the southern driveway. Dont matter where I go, cant go nowhere now. An edge of the blue night had started to glow behind him the way iron starts to glow in a forge. Beyond black chimneys and lines of roofs faint rosy contours of the downtown buildings were brightening. All the darkness was growing pearly, warming. They're all of em detectives chasin me, all of em, men in derbies, bums on the bowery, old women in kitchens, barkeeps, streetcar conductors, bulls, hookers, sailors, longshoremen, stiffs in employment agencies ...
>
> [...]
>
> Bud sitting on the rail of the bridge. The sun has rising behind Brooklyn. The windows of Manhattan have caught fire. He jerks himself forward, slips, dangles by a hand with the sun in his eyes. The yell strangles in his throat as he drops.
>
> Captain McAvoy of the tugboat Prudence stood in the pilothouse with one hand on the wheel. In the other he held a piece of biscuit he had just dipped in a cup of coffee that stood on the shelf beside the binnacle. [...] He was about to push to put the piece of coffeesoaked biscuit into his mouth when something black dropped and hit the water with a thudding splash a few yards off the bow. At the same moment a man leaning out of the engineroom door shouted, „A guy juss jumped offn de bridge."
>
> „God damn it to hell", said Captain McAvoy dropping his piece of biscuit and spinning the wheel. The strong ebbtide whisked the boat round like a straw. Three bells jangled in the engineroom. A negro ran forward to the bow with a boathook.
>
> „Give a hand there Red", shouted Captain McAvoy.
>
> After a tussle they landed a long black limp thing in the deck. One bell. Two bells, Captain McAvoy frowning and haggard spun the tug's nose into the current again.
>
> „Any life in him Red?", he asked hoarsly. The negro's face was green, his teeth were chattering.
>
> „Naw sir", said the radhaired man slowly. „His neck' broke clear off."

Captain McAvoy sucked a good half of his mustache into his mouth. „God damn it to hell", he groaned. „A pretty thing to happen on a man's wedding day."[183]

Auf der makrostrukturellen Textebene garantiert die raumzeitliche Kontinuität die Verbindung zwischen beiden Handlungssträngen. Neben der ausgefeilten, meist mit Hilfe von Farbadjektiven evozierten Visualität wird die Simultaneität der beiden Handlungen in diesem kurzen Ausschnitt deutlich markiert: Der Handlungsfortgang des einen Protagonisten wird in der konsequenten zeitlichen Fortführung von einem anderen Protagonisten wahrgenommen. Darüber hinaus sind beide Abschnitte ebenfalls durch das Motiv der Hochzeit beziehungsweise den Hochzeitstag als etwas ‚Schönes' – das wiederum einen Kontrast zum Unglück des Suizidanten darstellt – miteinander verbunden. Dabei spielen ebenfalls der Amerikanische Traum und der Name des Schleppdampfers (‚Prudence') eine Rolle. Das Verfahren der *last minute rescue* wird *ad absurdum* geführt: Für Bud kommen der ‚rettende' Kapitän wie auch die ‚Zuversicht' gleichermaßen zu spät.

6.6. Kollision von Wirklichkeitskonzepten

Neben der Weiterführung präfilmischer Techniken und der Ausdifferenzierung von Montageverfahren ist ebenfalls die Kollision zwischen ‚illusionärer Filmwirklichkeit' und ‚authentischer Wirklichkeit' prägend für die moderne filmische Erzählliteratur. Das Verhältnis zwischen beiden Realitätssphären zeigt sich in unterschiedlichen Varianten. Erstens ist der Film als fester Bestandteil des gesellschaftlichen Lebens anzusehen und durch den Einbezug der zeitgenössischen Lebenswirklichkeit vieler Zeitromane somit als Thema präsent. Zweitens ist aber, wie manche Texte – insbesondere die der Zwanziger Jahre – vorführen, die von den Figuren erlebte Realität schwer oder überhaupt nicht vereinbar mit der vom Film dargestellten Wirklichkeit. In vielen Angestelltenromanen herrscht eine Atmosphäre wirtschaftlicher Misere vor, die der durch den Film propagierten ‚Aufstiegsmentalität' entgegensteht. Drittens treten Formen der Vermengung von Wirklichkeitskonzepten – eines realistisch geprägten und eines filmisch-illusionären Konzeptes – zutage, die allein auf der Ebene der Diegese problematisiert werden oder aber als narrative Strategien auf der Ebene des Erzählens fungieren.

Allein die Thematisierung des Films als Teil des gesellschaftlichen Lebens im Rahmen eines realistischen Erzählens ist kein Garant für filmi-

---

183 Dos Passos, John: *Manhattan transfer*, Boston 1953, S. 124ff.

sches Erzählen. In Keuns *Das kunstseidene Mädchen* und Arnold Bronnens *Film und Leben Barbara La Marr* übt der Film als Wirtschaftssystem einen katalytischen Effekt auf die Figurenhandlungen aus und manifestiert sich in filmischen Erzählformen. Für die Aspekte des Films als identifikatorische Plattform zur Reflexion eigener Erfahrungen und Wünsche wie auch als Instrument für ideologische Absichten liegen der vorliegenden Untersuchung jedoch keine einschlägigen Texte filmischen Erzählens vor. Jedoch bedeutet dies nicht zwangsläufig, dass nicht auch hieraus Formen filmischen Erzählens hervortreten können: Ihr Kernpunkt sollte in der Kollision zwischen Figurenvorstellungen, -wünschen und -hoffnungen einerseits und Repräsentationen des Films andererseits liegen,[184] die sich in der diametralen Abweichung der erlebten Realität von vorgeführten realistischen ‚Möglichkeitsspielräumen' äußert.

Eine Radikalisierung der Kollision von ‚kinematografischer Wirklichkeit' und erzählter Wirklichkeit führen Arnold Höllriegels[185] Romane vor Augen. Während es in den im *Kinobuch* enthaltenen Erzählungen aufgrund selbstreflexiver Kommentare der narrativen Instanzen vermehrt zu Brüchen der dargestellten Realitätsgefüge kommt, kann in *Die Films der Prinzessin Fantoche* ein gegenteiliger Fall beobachtet werden, eine Unterscheidung, die im Übrigen die Grenze zwischen dem Typus der expliziten filmischen Welt (Höllriegel) und dem Typus der expliziten filmischen Form (Hasenclever) markiert: Bei Hasenclever findet sich am Schluss des Textes folgende Erzähleräußerung: „Damit ist die Geschichte zu Ende; wem aber dieser einfache Schluß nicht gefällt, dem soll es übernommen sein, einen andern zu wählen: etwa so […]"[186]. Es folgt ein Alternativvorschlag, dem dann allerdings entgegen gehalten wird: „Ich bin dafür, man bleibt bei der

---

[184] Der Film als Plattform zur Reflexion eigener Erfahrungen und Vorstellungen wird in Hans Falladas *Kleiner Mann – Was nun?* und Franz C. Weiskopfs *Die Versuchung* behandelt. Beide Texte gehören ihrer Beschaffenheit nach nicht dem Korpus der filmischen Erzählliteratur an, sie problematisieren aber dennoch die Kollision zwischen der fiktionsinternen Wirklichkeit und einer Filmwirklichkeit: Im einen Fall zerbricht die Identifikation mit einem Filmhelden durch das desillusionierende Zusammentreffen zwischen Protagonist und Schauspieler (*Kleiner Mann – Was nun?*). Im anderen wirkt das künstliche *happy ending* einer Filmgeschichte nicht stimulierend, sondern demotivierend auf die Hauptfigur (*Die Versuchung*). Die Behandlung des Films, der in ideologischer Absicht instrumentalisiert wird, führt Leon Feuchtwangers *Erfolg* vor. All diese Aspekte sind in der modernen Erzählliteratur anzutreffen und tragen dazu bei, die erzählte Welt der realen Lebenswirklichkeit anzunähern; sie sind gleichsam als medienkritische Diskurse aufzufassen, mittels derer Autoren den Film als Mittel der Blendung enttarnen möchten und ihre Literatur ihm gegenüber zu behaupten versuchen.
[185] Der Name Arnold Höllriegel ist das Pseudonym des Autors Richard A. Berman.
[186] Hasenclever: *Hochzeitsnacht*, S. 44.

Kiste [zur Rettung Clarissas], weil es das Einfachste und Beste ist"[187]. Nicht die Frage nach dem ‚besten' Schluss ist hier entscheidend, sondern vielmehr die Tatsache, dass durch die selbstreflexive Haltung der Erzählinstanz die Narration als eine ‚Konstruktion' entlarvt wird. Eine solche Abgrenzung der narrativen Instanz von ihrem filmischen Erzählkonstrukt wird in Höllriegels Filmroman gewissermaßen umgekehrt und eine Vermengung von Realität und Filmillusion vorgenommen. Bedeutsam erscheint dahingehend bereits das erste Kapitel „Die Geburtstagsüberraschung des Bankiers Ippoliti". Die Überraschung besteht darin, dass sich Ippoliti als wohlhabender Mann überlegt, bei seiner Geburtstagsfeier einen eigens für diesen Anlass angefertigten Film vorzuführen. Dieser soll – und hierin besteht die Besonderheit seiner Idee – einen vorgetäuschten Überfall zeigen, in dessen Verlauf er selbst geknebelt und ausgeraubt wird. Er engagiert die Genueser Filmfabrik OCI, die Schauspielerin Prinzessin Fantoche stellt sich bei ihm ein, um die Rahmenbedingungen abzusprechen und den Film zu drehen. Jedoch verläuft der Filmdreh anders als geplant, denn wie sich herausstellt, entpuppen sich Prinzessin Fantoche und ihre Helfer als ‚wirkliche Einbrecher'. Auf diese Weise wird aus dem *fingierten* Verbrechen ein *reales*. Besonders deutlich wird die entstehende Verwirrung an Ippoliti selbst, der zunächst nicht zwischen Spiel und Wirklichkeit zu unterscheiden weiß. Gleichwohl stellt sich am Ende des Romans heraus, dass eben dies ein PR-Gag der Filmproduktionsfirma OCI gewesen ist, deren Chef Ippoliti ist – folglich wird der vermeintlich reale Überfall abermals als fingierter gekennzeichnet. Die Grenzen der Realitätsebenen aufzuheben und Merkmale der jeweiligen Ebenen zu vermengen, ist ein tragendes Element des gesamten Textes. Im weiteren Verlauf der Handlung kommen weitere Filme der Prinzessin Fantoche zustande, in denen sie sich stets mit der unmittelbaren Gegenwart und ihrer Verfolgung durch die Polizei beschäftigt und diese bis zuletzt zu übervorteilen versteht. Verbunden wird das grundlegende Merkmal der ‚Realitätenvermengung' mit Elementen des damaligen Genrekinos. Aufgrund der Kombination spezifischer Eigenschaften des Kriminal-, Abenteuer- und Liebesromans wird Höllriegel dahingehend die „Verbindung [von] Momenten des Bewegten, des Populären, des Unterhaltenden und auch des Sensationellen"[188] zugeschrieben. Daneben kommen Verweise auf das ‚Kino der Attraktionen' in den häufig integrierten Verfolgungsjagden zum Tragen.

---

187 Ebd.
188 Grisko, Michael: „Simulationen, Sensationen, Serialitäten. Richard A. Berman alias Arnold Höllriegel entdeckt den Film für die Literatur und begründet ein neues Genre". In: Arnold Höllriegel: *Die Films der Prinzessin Fantoche*, Berlin 2003, S. 138–157; hier S. 144.

6.6. Kollision von Wirklichkeitskonzepten

Nicht nur, dass Höllriegel dem Mobilitätsfetischismus der Jahrhundertwende seinen Tribut zollte und sich mit der Wahl des Schnellboots, des Flugzeugs und des schnellen Automobils als zeitgenössischer Modernist entpuppte, bediente er damit auch gleichzeitig die geheimen Wünsche des Zuschauers an eine abwechslungsreiche Story.[189]

Das angesprochene Konzept einer durch die Anbindung an filmisch-erzählte Welten erzeugten ‚neuen Story' war bereits Thema der systematischen Auseinandersetzung (4.2.3.) und soll hier nicht weiter von Interesse sein. Die Kollision von Wirklichkeiten aber, die mit der Opposition von Literatur und Film verbunden wird, findet sich ebenso in *Du sollst dir kein Bildnis machen* desselben Autors, wobei der Übergang der einen in die andere Wirklichkeitssphäre an der Veränderung einer Figur illustriert wird. Hier ist es das Ehepaar Paul und Claire Pauer – er ein mäßig erfolgreicher Schriftsteller, sie eine arbeitslose Schauspielerin –, die, angelockt durch das wirtschaftlich lukrative Filmgeschäft, nach Hollywood gehen. Beide erhalten eine Anstellung bei derselben namhaften Filmfirma. Aus Pauls Sicht wird infolgedessen dargestellt, wie sich Claire verändert und sie das Filmsystem sukzessiv vereinnahmt. Verbunden ist die Hingabe an den Film mit einer Selbstaufgabe, die insbesondere durch äußerliche Veränderungen indiziert wird.

>Eine halbe Sekunde lang hat er sie für eine andere Dame gehalten. Sie *ist* eine andere Frau. Verändert. Nicht mehr die Claire, die er immer gekannt hat ––.
>
>Das, was er an ihr so geliebt hat –– Ihre braunroten Haare! Die mystische Flamme um Claires Haupt!
>
>*Sie hat sich die Haare grell gelb färben lassen!*[190]

Claire erklärt daraufhin Paul „mit aufgetragener Fachweisheit: ‚Ja, mein Lieber, im Film ––. Damit man im Film so aussieht, wie man wirklich ist, darf man im Leben nicht mehr so aussehen ––.'"[191] Die weiteren Etappen von Claires ‚filmischer Assimilation' führen Paul zu der Erkenntnis, dass sie zu einer „Photographiepuppe"[192], zu einem Bild gerät und sie „aufhört zu sein [und] nur noch aussieht". In einer Schlüsselszene erscheint sie in Folge dessen als ein Spiegelbild ihres Selbst. Man beachte in der zitierten Passage auch die Gestaltung der mobilisierten perzeptiven Perspektive und die daraus hervorgehende Visualisierung.

>Paul Pauer, geräuschlos in die offene Türe tretend, findet seine Frau, wie sie in den großen Spiegel hineinlächelt. Sie ist schön in diesem prunkvollen, grüngolde-

---

189 Ebd., S. 153.
190 Höllriegel, Arnold: *Du sollst Dir kein Bildnis machen. Ein Roman aus Hollywood*, München 1929, S. 178 (Hervorhebungen im Text, S. B.).
191 Ebd., S. 179.
192 Dies und das folgende Zitat: Ebd., S. 183.

nen Kleid. Zum erstenmal findet er sie wieder schön, mit den umgefärbten Haaren. Nur -- sie ist anders. Paul Pauer kommt näher, leise, leise. [...] Er sieht Claire gegenüber dieses lächelnde Spiegelbild und diesen Blick von ihr, der zum Spiegelbild geht und vom Spiegelbild zu ihr zurück, und er erschrickt, in seine Seele hinein. Das ist nicht der Blick einer Frau, die sich schön findet und sich liebt und geliebt werden will von dem, für den sie sich schön findet. [...] Diese Frau fragt nicht ihr Bild: bin ich schön? Sie fragt: ist es schön, mein Bild? Das Bild, das Bild, das verfluchte, flache, glatte, kalte Spiegelbild, das man nicht küssen kann, das man nicht lieben kann, das man nicht haben kann![193]

Neben der mehr als nur angedeuteten destruktiven Kraft Hollywoods, die die Menschen systematisch vereinnahmt, wird vor allem auch der Umgang mit Geschichten kritisch beleuchtet und damit gleichsam selbstironisch auf die Funktion ‚filmischer' Literatur verwiesen.

„Aber," sagt jetzt der Präsident der Mirador Pictures Corporation, und nicht der entzückende junge Weltmann Lewis Livett, „aber, die Interessen des investierten Kapitals sind auch zu bedenken. Wovon lebt unsere Filmindustrie? Von ihrem Nimbus. Was immer wir tun, ich weiß genau, wie nötig Reformen sind, das darf nicht zerstört werden, der Nimbus nicht, der glanzvolle Lichtnebel rings um Hollywood, die Illusion der Menschenmillionen. Nehmen Sie Ihre Stoffe, woher sie wollen, aber zeigen sie *das* nicht, im Film nicht, *das* nicht zu deutlich: wie es in Hollywood zugeht; wie das gemacht wird, daß nicht der angebetete Filmstar selber ins Wasser springt, sondern ein eigens gemieteter Doppelgänger, und daß die Märchenpaläste nur leere Fassaden sind, Gerüste aus photographischem Anschein und Pappe; das darf man mal *sagen*, aber nicht zeigen, der großen Menge der Kinobesucher nicht. – Deswegen, sehen Sie, Doktor Pauer, wird Ihr ganz ausgezeichneter Hobo-Film niemals ausgeführt werden, bestimmt nicht in Hollywood. Nicht, solange ich selber es hindern kann. Tut mir leid, Doktor Pauer. Ich weiß, ich kann es nicht verhindern, daß sie das *schreiben*. Das ist nicht dasselbe, irgendwie. Schreiben Sie ihren Hobo nur als Roman. Ich danke Ihnen im voraus. Der Roman, ich weiß, daß er gut wird, nutzt nur dem Nimbus, den ich bewahren will. Nur im Movie-Theater selbst darf nichts gezeigt werden, was dem Publikum vielleicht die Lust am Film im allgemeinen stört."[194]

Mit Blick auf die genannten Formen der Wirklichkeitskollisionen sind letztlich zwei Realisierungsmöglichkeiten abzuleiten, die beide aufgrund eines realistischen Schreibens im Kontext der Moderne zustande kommen, den Film als gesellschaftlich etablierte Instanz aufgreifen und vornehmlich die Inhaltsebene eines Textes betreffen. Die erste besteht in einer Art *thematischen Kollision*: Die Figuren setzen sich mit den vom Film präsentierten Inhalten auseinander, identifizieren sich mit Filmfiguren und erfahren den Widerspruch zwischen diesen und dem eigenen Dasein. Vordergründig wird hierbei der Film auf der Ebene des Erzählens als

---

193 Ebd., S. 223f.
194 Ebd., S. 313 (Hervorhebungen im Text, S. B.).

realistische Kunst in Frage gestellt, tatsächlich handelt es sich aber ebenso um eine ästhetische Auseinandersetzung mit dem Verhältnis zwischen Literatur und Film. Die zweite Möglichkeit liegt in der literarischen Transformation filmischer Wirklichkeitskonzepte und soll als *narratoriale Kollision* bezeichnet werden. Filmische Transforme – separate Elemente der Transformation – können Einfluss auf die Gestaltung von Figuren, Räumen und sonstigen Objekten der erzählten Welt haben. Durch sie wird jedoch vor allem die erzählte Geschichte im Sinn einer ‚filmischen Story' rekonzeptualisiert, d. h. die Auswahl, Konkretisierung und Linearisierung von Geschehensmomenten im Akt des Erzählens beeinflusst (wobei dieser nicht explizit als filmischer Erzählakt benannt werden muss). Insbesondere diese zweite Realisierungsmöglichkeit, die erzählte Welt und die in ihr stattfindenden Abläufe zu modifizieren, stellt einen wichtigen Sachverhalt der modernen Form filmischen Erzählens dar, der neben der Akquirierung filmischer Erzähltechniken maßgebend für die weitere Entwicklung des Phänomens ist.

6.7. Auditivität: Zur Funktionalisierung von Geräuschen, Klängen und Musik

Im Rahmen der Großstadtliteratur hat die Akzentuierung des Akustischen ebenso wie der Umgang mit Visualität und Bewegung erheblich an Bedeutung zugenommen.[195] Bei der Darstellung des ‚Tons' in der Literatur ist von zwei Verwendungsweisen zu sprechen, wobei die eine die Evokation von Welt durch die besondere Gewichtung der diegetischen Akustik, die andere die darüber hinausweisende narrative Funktionalisierung von Geräuschen, Klängen und Musik betrifft.

> As they crossed Fifth Avenue Phil caught sight of a girl in a taxicab. From under the black brim of a little hat with a red cockade in it two gray eyes flash green black into his. He swallowed his breath. The traffic roars dwindled into distance. She shant take her eyes away. Two steps and open the door and sit beside her, beside her slenderness perched like a bird on the seat. Driver drive beat hell. Her lips are pouting towards him, her eyes flutter grey caught birds. „Hay look out …" A pouncing iron rumble crashes down on him from behind. Fifth Avenue spins in red blue purple spirals. O Kerist. „That's all right, let me be. I'll get up myself in a minute." „Move along there. Get back there." Braying voices, blue pillars of policemen. His back, his legs are all warm gummy with blood. Fifth Av-

---

[195] Volker Klotz behandelt bei der Beschreibung des Alexanderplatzes in Döblins *Berlin Alexanderplatz* auch die Akustik der Großstadt. Vgl. ders.: *Die erzählte Stadt*, München 1969, S. 390.

> enue throbs with loudening pain. A little bell jinglejangling nearer. As they lift him into the ambulance Fifth Avenue shrieks to throttling agony and bursts. He cranes his neck to see her, weakly, like a terrapin on its back; didn't my eyes snap steel traps on her? He finds himself whimpering. She might have stayed to see if I was killed. The jinglejangling bell dwindles fainter, fainter into the night.
>
> The burglaralarm across the street had rung on steadily. Jimmy's sleep had been strung on it in hard knobs like beads on a string. Knocking woke him.[196]

Hervorstechend in dieser Passage aus *Manhattan transfer* ist die Darstellung der figuralen Perspektive (4.3.2.). Mit Blick auf die Auditivität des Ausschnitts ist bemerkenswert, dass das Sirensignal des sich nähernden Krankenwagens onomatopoetisch realisiert ist ('jinglejangle'). Folglich wird nicht in erster Linie das (fiktive) Faktum eines Geräuschs, sondern das Geräusch selbst zu vermitteln versucht. Daneben findet sich hier die 'Abblende' der Szene mit Hilfe der figuralen Wahrnehmung. Hervorgehoben wird die literarische, perspektivisch-motivierte Abblende schließlich durch den Einsatz einer Alarmsirene im darauffolgenden Abschnitt. Beides, der finale Satz im ersten und der Initialsatz im zweiten Abschnitt – einer akustischen Epanalepse gleich –, sind der Erzählerrede zuzuordnen. In beiden Fällen dient die Auditivität – die im Text evozierte Akustik – als strategisches Mittel filmischen Erzählens.

Besondere Beachtung verdient im vorliegenden Zusammenhang der Umgang mit diegetischer Musik. Angelehnt an den Film besteht eine strategische Leistung filmischer Literatur darin, Musik von der medialen Präsentationsebene (des Films) auf die Ebene des Geschehens beziehungsweise der Geschichte zu übertragen und sie auf dieselbe Weise zu funktionalisieren, ebenso wie es der Film im Rahmen seiner fortschreitenden Narrativisierung unternimmt. Neben diegetischen musikalischen Klängen können von der narrativen Instanz ebenfalls andere auditive Mittel eingesetzt werden, die nicht der erzählten Welt entspringen. Auf der literarischen Präsentationsebene wird dadurch die mediale Vermittlungsebene als solche markiert, folglich nicht nur die erzählte Welt dargestellt, sondern darüber hinaus besondere Vermittlungsformen akzentuiert. Zwei Beispiele: Im fünften Kapitel des zweiten Teils von *Manhattan transfer* werden einige der Figuren am Schauplatz eines Restaurants zusammengeführt. Zunächst führt eine Figur, Congo Jake, ein französisches Chanson als Einsatz diegetischer Musik ein, das bei einer Begegnung zwischen ihm und Jimmy Herf erneut aufgegriffen wird:

---

196 Dos Passos: *Manhattan transfer*, S. 170f.

„Anyway let's dance."

> J'ai fait trois fois le tour du monde
> Dans mes voyages,

hummed Congo Jake as the big shining shaker quivered between his hairy hands.[197]

Zu betonen ist hier die Verbindung von Tanz und gesungenem Lied – beides unterstreicht die Musikalität dieser Szene. Im darauffolgenden Abschnitt verlagert sich die Musik zwar in Jimmy Herfs Wahrnehmungssphäre, als begleitende Musik bleibt sie aber dennoch präsent.

> There was a long rolling thunderclap. It began to rain hard. Jimmy rammed his hat down on his head and yanked his coatcollar up. He wanted to run along yelling sonsobitches at the top of his lungs. Lightening flicked along the staring rows of dead windows. The rain seethed along the pavements, against storewindows, on brownstone steps. [...] He walked on through Brooklyn. Obsession of all the beds in all the pigeonhole bedrooms, tangled sleepers twisted and strangled like the roots of potbound plants. Obsession of feet creaking on stairs of lodginghouses, hands fumbling at doorknobs. Obsession of pounding temples and solitary bodies rigid on their beds
>
> > J'ai fait trois fois le tour du monde
> > Vive le sang, vive le sang ...
>
> Moi monsieur je suis anarchiste .... *And three times round went out gallant ship, and three times round went* ... goddam it between that and money ... *and she sank to the bottom of the sea* ... we're in a treadmill for fair.
>
> > J'ai fait trois fois le tour du monde
> > Dans mes voy ... ages.

Declaration of war ... rumble of drums ... beefeaters march in red after the flashing baton of a drummajor in a hat like a longhaired muff, silver knob spins flashing grump, grump, grump ... in the face of revolution mondiale. Commencement of hostilities in a long parade through the empty rainlashed streets. Extra, extra, extra. Santa Claus shoots daughter he has tried to attack. Slays Self With Shotgun ... put the gun under his chin and pulled the trigger with his big toe. The stars look down on Fredericktown. Workers of the world, unite. Vive le sang, vive le sang.

---

[197] Ebd., S. 225.

> „Golly, I'm wet", Jimmy Herf said aloud. As far as he could see the street
> stretched empty in the rain between ranks of dead windows studded here and
> there with voilet knobs of arclights. Desperately he walked on.[198]

Für Formen des Einsatzes diegetischer wie auch nichtdiegetischer Musik im deutschsprachigen Kontext stellt *Berlin Alexanderplatz* ein anschauliches Beispiel dar. Im gesamten Text ‚erklingt' fortlaufend Musik, von Protagonisten gesungen oder aber durch die narrative Instanz in Form von Zitaten aus Liedern, Schlagern, Operettenstücken usw. in den Erzählakt eingebracht. Mit Blick auf die Wiedergabe von Figurengesängen ist zunächst die phonetische Imitation hervorzuheben, so in dem von Friedrich Silcher vertonten Uhland-Gedicht *Der gute Kamerad*:

> „Ich hatt einen Kameraden, einen bessern gibt es nicht. Die Trommel schlug
> zum *Streiheite*, er ging an meiner *Seiheite* in gleichem Schritt und Tritt. In gleichem
> Schritt und Tritt. [...] Eine Kugel kam geflogen, gilt sie mir, oder gilt sie dir; sie
> hat ihn *weggerihissen*, er liegt zu meinen *Fühüßen*, als wärs ein Stück von mir. Als
> wärs ein Stück von mir."[199]

Auffällig in *Berlin Alexanderplatz* sind die häufigen Zitate aus Soldaten- und Kriegsliedern, etwa aus Max Schneckenburgers Lied *Die Wacht am Rhein*, das von Franz Biberkopf zu Beginn gesungen wird.[200] Entgegengehalten wird diesem ‚kriegerischen' Gestus ein melancholisch-romantischer wie er in Brahms *Schnitter Tod* zum Vorschein tritt. Für beides gilt: „Die leitmotivische Wiederholung einzelner Liedzeilen bis in den Schlussteil des Romans legt eine thematische Spur, an der entlang sich Biberkopfs politische und private Biografie bewegt."[201]. Allgemeiner formuliert wird – hier wie auch in *Manhattan transfer* – Musik mit Blick auf die Figurenentwicklung funktionalisiert, und zwar durch musikalische Leitmotive, die strukturelle wie auch semantische Funktionen erfüllen. Strukturell durchwandert das Leitmotiv den gesamten Text und tritt an exponierten Stellen zutage, semantisch gesehen werden mit seiner Hilfe Stimmungen erzeugt oder bestehende Stimmungen unterstützt beziehungsweise untermalt und das Innenleben von Figuren externalisiert. Eine solche illustrierende Funktion wird auch weiteren musikalischen Einschüben zugewiesen. Ernst Moritz Arndts *Lied vom Feldmarschall* liefert ein Trompetenmotiv, das der Darstellung von Freude dient:

> Er krabbelte hoch, lachte und drehte sich vor Glück, vor Wonne, vor Seligkeit.
> Was blasen die Trompeten, Husaren heraus, halleluja! Franz Biberkopf ist wieder

---

198 Ebd., S. 235f.
199 Döblin: *Berlin Alexanderplatz*, S. 91 (Hervorhebungen S. B.).
200 Vgl. ebd., S. 18.
201 Sander: ‚*Tatsachenphantasie*', S. 54.

6.7. Auditivität

da! Franz ist entlassen! Franz Biberkopf ist frei! Die Hosen hatte er hochgezogen, humpelte von einem Bein aufs andere.[202]

Eine weitere Funktion lässt sich im folgenden Abschnitt anhand eines schwach expliziten Musikzitats nachvollziehen:

> Sie trägt schon frei nach Schiller den Dolch im Gewande. Es ist zwar nur ein Küchenmesser, aber dem Reinhold will sie eins für seine Gemeinheiten geben, wohin ist egal. Da steht sie nun bei dem vor der Haustür und er quatscht freundlich, zwei rote Rosen, ein kalter Kuss.[203]

Während die Anspielung auf Friedrich Schillers *Die Bürgschaft* eindeutig vorliegt, handelt es sich bei dem schwieriger zu ermittelnden musikalischen Bezug um die Zeile eines berühmten Schlagers der Zeit[204], mit dem „bereits der Austausch einer Vokabel [genügt], um der Süßlichkeit des Prätextes gleichsam einen säuerlichen Beigeschmack zu geben"[205]: das Attribut ‚zarter' wird durch ‚kalter' ersetzt; der Effekt dieser Passage besteht folglich im Spiel zwischen musikalischer Kontrapunktion und Illustration.

---

202 Döblin: *Berlin Alexanderplatz*, S. 40.
203 Ebd., S. 220.
204 Kollo, Walter/Robitschek, Kurt: *Zwei rote Rosen, ein zarter Kuß* (1926).
205 Sander: *‚Tatsachenphantasie'*, S. 56.

7. Fallstudien

Das präfilmische Zeitalter der beiden letzten Drittel des 19. Jahrhunderts und die Frühe Moderne können als wesentliche Etappen gelten, in denen sich das filmische Erzählen in der Literatur etablieren konnte. Maßgebend dafür sind keine Autorenzirkel oder generationsübergreifende ‚Schulen', insgesamt ist von keiner linearen Entwicklung auszugehen, die sich bis heute nachvollziehen lässt. Angesichts dessen ist es naturgemäß schwierig, einen historischen Blickwinkel einzunehmen, unmöglich ist es gar, eine allumfassende Geschichte des filmischen Erzählens zu verfassen. Wie aber ließe sich ein historischer Anspruch dennoch umsetzen? Welche Voraussetzungen müssten dafür gelten? Ausgegangen wird zunächst von der Existenz eines Phänomens, welches hier als filmisches Erzählen bezeichnet wird und das auf unterschiedliche Weise in der Erzählliteratur zutage tritt. Gebunden worden ist seine Existenz an die Geschichte der Kunstform Film und dessen Wechselbeziehung zur Prosa. Wird allerdings die Existenz einer Hauptentwicklungslinie negiert, so schließt dies nicht aus, dass durchaus Verbindungen zwischen einzelnen Texten und Interaktionen innerhalb der literarischen Intelligenz bestehen können. Solche historischen ‚Marginalverbindungen' können Kontakte zwischen Autoren oder Bezugnahmen eines Autors auf einen anderen sein, sie können aber ebenso strukturelle Analogien zwischen verschiedenen Texten darstellen. Sofern also das Unternehmen eines historischen Ausblicks angegangen werden soll, sind diese Voraussetzungen stets im Auge zu behalten.

Ein Blick auf die bisherige Forschungslage legt zwei grundlegende Tendenzen offen: Erstens stechen Periodisierungsversuche filmischen Erzählens innerhalb von Nationalliteraturen ins Auge, wie dies etwa Christian von Tschilschke für die französische und Irina O. Rajewsky für die italienische Literatur vorführen. Zweitens ist der sehr viel stärkere forschungsgeschichtliche Strang zu nennen, der Studien zu einzelnen Autoren umfasst, beispielsweise von Ekkehard Kaemmerling, Arno Rüßegger[1], Michaela Kopp-Marx[2], Gautam Kundu[3] und anderen mehr. Die folgende

---

1   Rüßegger, Arno: „‚Unglaublich, was?'. Zum filmischen Schreiben Helmut Zenkers". In: *Österreich in Geschichte und Literatur* 50/5–6 (2006), S. 335–343.
2   Kopp-Marx, Michaela: „‚Ich wollte immer schon in einem Schwarzweißfilm wohnen'. Das filmische Prinzip im Werk von Patrick Roth". In: Volker Wehdeking (Hg.): *Medienkonstellationen. Literatur und Film im Kontext von Moderne und Postmoderne*, Marburg 2008, S. 207–239.
3   Kundu, Gautam: *Fitzgerald and the influence of film. The language of cinema in the novels*, Jefferson 2008.

Auseinandersetzung mit vier deutschsprachigen Autoren des 20. Jahrhunderts dient dem Vorhaben, überblickartig die historische Diversifikation des Phänomens zu veranschaulichen, und die Operationalisierbarkeit des vorgestellten Analysemodells am Einzelfall vorzuführen. Die Darstellung repräsentiert ausdrücklich nicht die Geschichte des Filmischen in der deutschen Literatur des 20. Jahrhunderts, vielmehr wird die Gewichtung auf Verbindungslinien zwischen Autoren vorgenommen. Ausgegangen wird dabei zunächst von der Person des Autors, seinem Verhalten im Gesellschaftssystem und seinem Verhältnis zum Film. Ein Aufriss der poetologischen Position soll verdeutlichen, wie der jeweilige Autor die Schnittstelle zwischen Leben und Werk wahrnimmt und wie dadurch möglicherweise kontextuelle Bedingungen Einfluss auf die Textproduktion nehmen. Die Texte selbst bilden denjenigen Teil der Untersuchung, der mittels des analytischen Mikromodells strukturell erfasst wird.

7.1. Friedo Lampe und der Magische Realismus: Filmisches Erzählen des verdeckten Typus als literarische Überlebensstrategie in den 1930er und 40er Jahren

> Was hat bei dieser Brutalität alles Zartere, Menschliche noch für eine Bedeutung? Das Bild dieser brennenden Straßen werde ich nie vergessen. Am Bahnhof Westend lag mitten auf dem Pflaster im Flammenschein ein abgestürzter amerikanischer Flieger, ohne Kopf, das Blut auf das Pflaster gespritzt – wie sinnlos. Da liegt er nun nachts tot in Berlin, ist durch die Luft aus Amerika gekommen, aus irgendeiner kleinen Stadt, weiß selber nicht, warum er das getan hat, die Einsamkeit, die Verlassenheit, furchtbar. Das Ganze so symbolisch. Man sieht die Welt aufbrennen. Die Menschen haben selbst das Feuer heraufbeschworen, um sich zu verbrennen und zu vernichten. Sie haben Recht und Freiheit nicht mehr schätzen gewußt, nun müssen sie es durch diese bitteren Erfahrungen wieder lernen ...[4]

So heißt es in einem Brief Friedo Lampes vom 10. Dezember 1943. Als Autor agiert Lampe gänzlich unpolitisch, und doch wird ihm bewusst gewesen sein, dass eine Auseinandersetzung mit den extremen politischen Verhältnissen der 1930er und 40er Jahre in Deutschland unausweichlich ist. Dadurch aber, dass ihm ein Einsatz als Soldat erspart bleibt, entsteht ein seltsam distanziertes Verhältnis zu den Kriegsauswirkungen, wie es im zitierten Brief an Johannes Pfeiffer zum Ausdruck kommt. Im Gegensatz

---

4 Brief an J. Pfeiffer vom 10.12.1943 (in: Lampe, Friedo: „Briefe", zusammengest. v. J. Pfeiffer. In: *Neue Deutsche Hefte* 3 (1956/57), S. 108–122, S. 117).

zu Autoren der sogenannten äußeren und inneren Emigration, die das ‚Politische' mehr oder minder offensiv problematisieren, verarbeitet Lampe zeitgenössische Missstände literarisch auf andere Weise. In seinen Texten lässt sich insgesamt eine deutliche Introversion ausmachen,[5] die wiederum durch die Tendenz geprägt ist, einen realistischen Impetus subversiv auszuhöhlen und so einer auf ihrer Oberfläche realistisch gestalteten Welt tiefenstrukturelle psychologische, metaphysische und existenzialistische Züge unterzumengen. Eine latente Poetik der diesem Ansatz zugrundeliegenden filmischen Erzählstrategie liefert Lampe in seiner (wahrscheinlich) 1944 entstandenen Erzählung *Laterna Magica*. Darin wird nicht nur der Film als ein Medium des rauschhaften Traums thematisiert, sondern gleichsam filmische Techniken und Verfahren gegenüber den zuvor erschienenen Romanen *Am Rande der Nacht* und *Septembergewitter* formal ausgearbeitet präsentiert.

Seinen Arbeitskollegen gegenüber, mit denen er gemeinsam an einem Film mit dem bezeichnenden Titel ‚Der letzte Walzer' arbeitet, plädiert der Protagonist Albert als Verfechter eines neuartigen Filmkonzeptes dafür, Filme als „Symphonien in Bildern"[6] zu begreifen – vergleichbar mit Träumen und Phantasien –, mit der Kraft zur Überwindung von Raum und Zeit. Ein solches Konzept illustriert dann tatsächlich der im titelgebenden Kino ‚Laterna Magica' präsentierte Film ‚Die Vermählung der Welten', dessen Vorführung sich im Nachhinein als traum- und rauschhafte Grenzüberschreitung Alberts herausstellt. Dieser Film ist dreiteilig strukturiert und thematisiert den ‚Raum', die ‚Zeit' und die ‚Weltflucht'. Bedeutsam ist dabei aber vor allem die Art seiner Wiedergabe. Die filmische Medialität (innerhalb der erzählten Welt) wird durch die Erzeugung von Bild und Ton auf die Ebene der literarischen Erzählung appliziert: „All diese *Bilder* [schweben] in schnellem Zuge, in weichen Überblendungen, im Klingen der *Musik* [...] an den Zuschauern vorbei"[7]. Verknüpft sind die drei Teile außerdem durch einen Chor, der die Themen ‚Raum' und ‚Zeit' aufgreift und verbal-musikalisch vertieft. Zur literarischen Wiedergabe des vorgeführten Films wendet Lampe somit Verfahren an, die es ermöglichen, Filmschnitte, Einstellungsgrößen und Musik in den literarischen Text zu überführen. Mittels expliziter Markierung des Bezugs (auf einen fiktiven Film) werden so literarische Techniken filmischen Erzäh-

---

5   Zum Verhalten Lampes und anderer Autoren vgl. Schäfer, Hans Dieter: *Das gespaltene Bewusstsein. Über deutsche Kultur und Lebenswirklichkeit 1933–1945*, 2. Aufl., München/Wien 1982, S. 114–162.
6   Lampe, Friedo: „Laterna Magica". In: ders.: *Das Gesamtwerk*, Reinbek bei Hamburg 1986, S. 293–306, hier S. 294.
7   Lampe: *Laterna Magica*, S. 299 (Hervorhebung S. B.).

lens etabliert und vornehmlich an die narratologischen Kategorien ‚Zeit' und ‚Raum' gebunden. Überblenden zwischen unterschiedlichen Zeiträumen und Szenerien werden durch Gedankenstriche, Schnitte durch Kommata (beziehungsweise Konjunktionen) dargestellt, wobei sie, wie das unten folgende Beispiel zeigt, nicht eindeutig als Schnitt oder Überblende zu klassifizieren sind. Es geht hingegen primär um die summarische Reihung größerer und kleinerer semantisch-syntaktischer Einheiten, die einem konsequenten Ordnungsprinzip gehorcht. Die Entsprechung der Einstellungsgrößen (Totalen, Halbtotalen, Detailaufnahmen) liegt in Form von deskriptiven Anteilen der narratorialen Rede und in Form des ‚panoramatischen' und ‚geschärften' Blicks vor.

> Die Jazzkapelle verwehte, der Samtvorhang schloß sich langsam hinter ihnen, auf der Leinwand erschienen feurige Kreise und Sterne und drehende Räder wie bei einem Feuerwerk, und die Kreise und schwingenden Linien und Figuren umtanzten einander, schmolzen zusammen und entfalteten sich in flammenden Blüten im Takt einer glockenklaren Sphärenmusik, die aus der Leinwand tönte, und dann dämmerten auf einmal Bilder auf aus den Flammenornamenten – Bilder vom Meer, von steilen Gebirgen, von Wäldern, wogenden Kornfeldern und fernen Städten, von Südsee und Nordkap – auf Tahiti badeten die braunen, schlanken Gestalten, blumengeschmückt, am Strand – die Lappen zogen mit ihren Renntierherden durch die weiten Schneefelder – Kamele schaukelten mit ihren Beduinenreitern den Palmenwipfeln einer Oase zu – Deutschland am Rhein kelterten die Winzer auf den Rebhügeln den Wein – holländische Jungen liefen Schlittschuh auf dem Zuidersee – in Spanien in einer Schenke wirbelte die Tänzerin castagnettenklappernd die Tarantella – die Toreros zogen mit Marschmusik in die Stierkampf-Arena – ein Dampfer stampfte durchs Rote Meer, und die Passagiere lagen erschöpft auf dem Verdeck in Liegestühlen und schmorten in der Sonnenglut – ein reicher Chinese von Peking wurde in der Sänfte zum Teehaus getragen, und die Geisha empfing ihn im Schein der Papierlaterne auf den Treppenstufen mit tiefer Verbeugung – die Glocken von St. Peter läuteten, die Orgel dröhnte und die Menge drängte sich durch die Portale – auf dem Montmartre flanierten die Pariser in der weichen Abenddämmerung – auf dem Kurfürstendamm saßen die Menschen an den Tischen vor den Restaurants im Licht der elektrischen Lampen, und im Wannseebad lagen sie dichtgedrängt zu Tausenden am Strand und sonnten sich, und auf dem See glitten die Segelboote und Jachten hin – in Tokio feierten sie das Blütenfest, und aus dem Schneegipfel des Fujiyama stieg leichter Rauch in den klaren Frühlingshimmel.[8]

Lampe thematisiert nicht nur einen Film, sondern führt zugleich den Übergang vom literarischen zum filmischen Erzählen vor (*Typus der inhaltlichen und formalen Explizitheit*). Letzteres beginnt mit der Wiedergabe der Filmform im literarischen Text. Neben der Strukturierung des Erzählten, kommen weitere Merkmale des Films zum Einsatz: Die Bewegung der

---

8   Ebd., S. 298f.

Erzählinstanz im Raum wird durch ihre Geschwindigkeit und ihre Beschreibung der perzeptiven Perspektivik markiert: „Schnell schrumpfte die Erde zusammen, wurde kleiner und kleiner, war nur noch eine Apfelsine, ein Fleck, ein Punkt, zerlöste sich in Nichts −"[9]. Die Musik ist auf die einzelnen Passagen abgestimmt und wird als bildillustrative Musik aus dem Off oder dem On eingesetzt, d. h. sie wird entweder von der narrativen Instanz hinzugefügt oder aber von einer der Figuren erzeugt.

> Feierliche Trompeten-Musik: Cäsar zog im Triumph in Rom ein, hoch auf dem Siegeswagen, in langem Zuge hinter ihm die gefangenen Gallier − tragische Klänge, eine klagende Syrer-Flöte: Cleopatra winkt der Sklavin, die ihr einen Korb reicht, eine Schlange windet sich heraus, sie hält sie an die Brust und stirbt an ihrem Biß − ein gläsernes Menuett: die Hofgesellschaft spielt im Park von Versailles Blindekuh, Marmorfaune grinsen aus den Taxushecken, Ludwig XIV. sitzt auf der Terrasse und trinkt Schokolade − Attila fegt mit seinen Hunnenhorden durch die Länder und steckt Dörfer und Burgen in Brand − der Suezkanal wird eingeweiht, Festansprachen, Militärmusik, Böllerschüsse, Prunkaufführung von Verdis ‚Aida' [...] − Nero steckt Rom in Brand und steht auf dem Dach seines Palastes und greift in die Lyra und singt mit fetter Tenorstimme über das Flammenmeer weg vom Untergang Trojas −[10]

Der Text führt folglich zweierlei vor Augen: Einmal wird der Versuch unternommen, das Medium Film neu zu charakterisieren, d. h. ihm einen eindeutig ästhetischen, nicht aber zwangsläufig narrativen Status zuzuschreiben. Er gilt hier insbesondere als Medium mit spezifischem Zugang zu Raum und Zeit. Zum anderen wird jenes Filmkonzept formal auf den literarischen Text zu übertragen versucht: Einerseits dadurch, dass Albert die Schwelle der realen Welt überschreitet und eine Welt des Traums und des Rauschs betritt, andererseits durch die Anwendung literarischer Techniken zur Darstellung des Filmischen im Erzähltext selbst. Genau genommen liefert aber Lampe seine (implizite) Poetik des Filmischen mit *Laterna Magica* erst nach, denn bereits früher entstandene Erzählungen und insbesondere seine Romane weisen solche Erzählverfahren auf und verbinden Techniken des Großstadtromans mit einer Ästhetik des ‚Doppelbödigen'[11], deren Kombination in unterschiedlichen Formen − der Thematisierung des Traums, der Illusion, der Antike und der Musik − das Grundelement in Lampes Texten bildet.

Hervorzuheben sind die Romane *Am Rande der Nacht* und *Septembergewitter* deshalb, da sie als illustrative Beispiele des verdeckten Typus filmischen Erzählens in der Literatur gelten können. Zu finden sind in beiden

---

9   Ebd., S. 302.
10   Ebd., S. 300.
11   Vgl. Kichner, Doris: *Doppelbödige Wirklichkeit. Magischer Realismus und nicht-faschistische Literatur*, Tübingen 1993.

Texten implizite Systemreferenzen in narrativen Realisierungsformen. Auf den ersten Blick sticht zunächst der flächendeckende Gebrauch von *short cuts* ins Auge. Im Rahmen dessen kann von einer Applikation der vermittelnden Funktionen des Films durch den Einsatz einer nichtdiegetischen Erzählinstanz ausgegangen werden, die die Gesamthandlung in mehrere Handlungsstränge aufteilt und in entsprechenden Textabschnitten präsentiert. Nicht eine einzige, sondern eine Vielzahl von Figuren wird dadurch zu Helden, wobei die erzählstrategische Anlehnung an deren Wahrnehmungssphäre die Romane als multiperspektivische Texte auszeichnet. Über weite Strecken tritt die Erzählinstanz zudem hinter das Geschehen zurück und vermittelt es im dramatischen Modus, tritt sie aber hervor, können ihre Reflexionen sodann als poetologische Einwürfe gedeutet werden. In *Am Rande der Nacht* reflektiert die narrative Instanz das Gleichmaß des Zeitverlaufes und referiert implizit auf die Medialität des Films, nämlich auf seine mediale Zeitlichkeit, die im Gegensatz zur literarischen Zeitlichkeit festgelegt ist.[12] Darüber hinaus finden sich in diesem Text wie auch in *Septembergewitter* applizierte Techniken der filmischen Montage, der Kamera und der Filmmusik. Zunächst repräsentieren die einzelnen Textabschnitte separate Handlungen oder Handlungscluster (bestehend aus einer Kombination mehrerer Handlungsstränge). Getrennt sind sie durch Leerzeilen, die für die Erzählung unterschiedliche Funktionen einnehmen können. Am häufigsten kommt dabei der Schnitt zur Anwendung, der den Wechsel zwischen zwei Handlungssträngen markiert. Daneben sind figurenmotivierte Formen der literarischen Ab- und Überblende zu beobachten: „‚Still, mein Kind', sagte der Großvater, ‚wird schon vergehen. Vergeht ja alles.'/In Tränenschleiern und Mondendunst verschwamm für Dora der Friedhof, die Welt."[13] Behandelt wurde bereits im systematischen Teil die formal-rhythmische Steigerung der Schnittfrequenz in der Handlungsklimax in *Septembergewitter* (4.3.4.), verwiesen sei ebenfalls auf das mittels *camera eye*-Technik zur Anwendung gebrachte Schuss-Gegenschuss-Verfahren[14]. Gibt eine Erzählinstanz ein Geschehen wieder, so verfährt sie als stummer Beobachter und nutzt einer „Erzählkamera"[15] gleich mobile Perspektiven. Angesichts der Fragmentarisierung des diegetischen Raums fungiert schließlich die Musik als ein auf der Ebene der Geschichte verbindendes Element, das die Zusammengehörigkeit der Figuren signalisiert. Daneben gelangt sie am deutlichsten im Sinn der

---

12 Vgl. Lampe: *Am Rande der Nacht*, S. 41.
13 Lampe: *Septembergewitter*, S. 92.
14 Ein deutliches Beispiel findet sich in Lampe: *Am Rande der Nacht*, S. 48.
15 Vgl. Dierking, Jürgen: „Die Augen voll Traum und Schlaf. Zum Werk des melancholischen Idyllikers Friedo Lampe". In: Lampe: *Das Gesamtwerk*, S. 353–368; hier S. 358.

filmischen *mood*-Technik zur Anwendung und evoziert Stimmung in erster Linie über die Wahrnehmung und Interpretation der Figuren:

> Und Herr Berg spielte weiter, er spielte den ganzen Abend. Das machte er sonst so, und er machte es auch heute. Klar und stetig, in ruhigen Intervallen schwebten die kühlen, silberglänzenden Töne über die Gärten und vermischten sich mit der Abendluft, zerrannen in ihr. Aber wer hörte diese Töne, wer vernahm sie innen, wer war fähig, diese strenge Botschaft, diese Klage zu begreifen? Der Sterbende vernahm sie nicht, konnte sie nicht mehr vernehmen, er war schon in einen allzu tiefen Schlaf versunken, sonst wäre er vielleicht derjenige gewesen, der diese Töne am besten verstanden hätte – und die anderen Leute vernahmen sie noch weniger. Aber die kleine Luise, die im Nachthemd am offenen Fenster lehnte, die verstand diese Klänge, sie fand sie sehr schön und ganz selbstverständlich. Sie lehnte ihren Kopf in die Hand und träumte in den Garten hinunter. Die Töne zogen eine ruhige, stetige Bahn [...].
>
> Herr Hennicke unterbrach sein Lesen und sann einen Augenblick vor sich hin: „Heute um halb zwölf fährt die Adelaide", sagte er leise. Die Söhne nickten, und Herr Hennicke blickte der davonfahrenden Adelaide für eine Weile nach. Leicht und zart umwehten ihn die Töne von Herrn Bergs Flöte, sie wurden ihm zu silbernen Wasserspuren. [...]
>
> Auch der Zollinspektor lauschte, er fand diese Klänge sehr schön, er liebte Musik. Trotzdem sagte er nur: „Der Mann hat einen Flötenfimmel. Dem ist das Spielen zu Kopf gestiegen. [...]"
>
> [...]
>
> Das Flötenspiel brach plötzlich ab, mitten in einer immer mehr emporsteigenden Tonfolge.
>
> „Nun hört er auf, und so mitten drin, der dumme Kerl", sagte der Zollinspektor traurig. „Und es klang doch gerade so schön."[16]

Die Musik vereinigt Spannungsfelder, die zwischen Leben und Tod, Schein und Sein, Nähe und Ferne sowie Traum und Wachen entstehen, als Stimmungsevokator überdeckt sie die Handlungen der einzelnen Protagonisten. Die musikalische Wirkungsästhetik und das Credo einer Multiperspektivität kulminieren zusammengenommen beispielsweise in zwei gesungenen Arien in *Am Rande der Nacht*. *Letzte Rose, Du blühst so einsam* aus Friedrich von Flotows *Martha* (1847) wird gleichsam als Trauergesang und Liebeslied gedeutet: Trude Olfers klagt auf dem Balkon eines Sanatoriums über das eigene Dasein, während zu denselben Klängen Schwester Lucie und Dr. Junghans im Garten als Liebespaar zueinanderfinden. Gleiches lässt sich an der Arie *Titania ist herabgestiegen* aus Thomas Ambrois' *Mignon* (1866) zeigen.[17] Neben der literarischen Verarbeitung der *mood*-Technik lassen sich ebenfalls ein illustrativer und ein kontrapunktischer Musikein-

---

16 Lampe, Friedo: *Am Rande der Nacht*, hg. v. J. Graf, Göttingen 1999, S. 28–35.
17 Vgl. ders.: *Septembergewitter*, hg. v. J. Dierking, Göttingen 2001, S. 77.

satz ausmachen: Illustrativ kommt Musik in Form des *Liedes des Escamillo* aus George Bizets Oper *Carmen* (1875) zu einem Ringkampf, kontrapunktisch als buntes Potpourri aus dem *Fidelen Bauern* (Leo Fall, 1907) zur Verhaftung eines Mörders in *Septembergewitter* zum Tragen. Darüber hinaus wird sie an einer Stelle im diskursiven Rahmen genutzt, indem metaphorische Ersetzungen von Wetterphänomenen auftreten[18], und zusätzlich als gestalterisches Mittel am erwähnten ereignishaften Höhepunkt in *Septembergewitter*.

Als Vertreter des Magischen Realismus in Deutschland, einer unpolitischen, nicht-faschistischen literarischen Strömung der 1930er Jahre nimmt Friedo Lampe eine Sonderstellung ein. Zwar ist er aufgrund struktureller wie auch kontextueller Gesichtspunkte dem Magischen Realismus zuzuordnen,[19] es gelingt ihm aber durch die Anwendung des filmischen Erzählens, eine ganz eigene „poetische Ordnung"[20] herzustellen. Auf den ersten Blick sind die verhandelten Themen und Probleme seiner Werke alltäglicher, beinahe trivialer Natur, allerdings verbirgt sich unter der Oberfläche des Banalen etwas Tiefgründiges, das wiederum auf die erlebte Wirklichkeit rückwirkt. Angedeutet worden ist diese Tendenz bei der Behandlung der eingesetzten Musik: Die einzelnen Figuren bewegen sich auf psychologischer Ebene in oppositionellen Feldern. So hadert der Zollinspektor in *Am Rande der Nacht* mit seinem nach außen hin „steifen und gravitätischen"[21] Schein, aus dem er unbewusst auszubrechen wünscht. Die kleine Luise schwankt fortwährend zwischen Träumen und Wachen, indem sie Erlebtes träumt und Geträumtes erlebt. In *Septembergewitter* ist es vor allem der Drachen „Lach-Wein-Gesicht", der den Sachverhalt dieser Oppositionen nahebringt. Die Verschränkung von Dichotomien weist auf den Umstand hin, auf den auch Michael Scheffel abhebt: „Die Sehnsucht nach Harmonie und dauerhafter Ordnung hat in ihnen [den Werken] ebenso Ausdruck gefunden wie die zeitgenössische Lebenswirklichkeit des Chaos

---

18 „Schwül war es gewesen und dumpf und still in der Stadt, und traurig war das Leben geflossen, aber nun rauschte das Gewitter, und es war ein Lachen und Schreien und Jubeln ausgebrochen in den Lüften und ein *Pauken und Beckenschlagen.*" Ebd., S. 70 (Hervorhebungen S. B.).

19 Grundlegend für die Bestimmung des Begriffs ‚Magischer Realismus' (im deutschsprachigen Kontext) ist Scheffel, Michael: *Magischer Realismus. Die Geschichte eines Begriffes und ein Versuch seiner Bestimmung*, Tübingen 1990. Einen stärkeren Fokus auf die Poetik Friedo Lampes legt Kirchner: *Doppelbödige Wirklichkeit*.

20 Vgl. dazu Scheffel, Michael: „Die poetische Ordnung einer heillosen Welt. Magischer Realismus und das ‚gespaltene Bewußtsein' der dreißiger und vierziger Jahre". In: Matías Martínez (Hg.): *Formaler Mythos. Beiträge zu einer Theorie ästhetischer Formen*, Paderborn [u. a.] 1996, S. 163–180; hier S. 174.

21 Vgl. Lampe: *Am Rande der Nacht*, S. 21, 32, 119, 134, 137f., 139, 145, 150.

und der Zerstörung."²² Wie der Drachen gleichsam Freude und Trauer zum Ausdruck bringt und sich ein Magenleiden (der Großmutter Hollmann in *Septembergewitter*) wie ein „gespenstisches Drohen"²³ ankündigt, wie Herr Bergs und Herr Metzlers Musiken „nicht eigentlich froh [und] nicht eigentlich traurig, und doch immer ein wenig klagend"²⁴ zu charakterisieren sind, so stellt sich letztlich auch die Atmosphäre der erzählten Welten als „still"²⁵, verträumt²⁶ und „auch traurig"²⁷ dar. Lampe nutzt Techniken filmischen Erzählens dazu, dies zur Geltung zu bringen. Die Funktion der angewandten Montage kann dahingehend auf der Basis von Joachim Paechs Terminologie veranschaulicht werden: die durch das Aufsplitten des diegetischen Raums erzeugte Wiedergabe einer ausschnitthaften und diskontinuierlichen Wahrnehmung der Lebenswirklichkeit (Mimesis) vollbringt beides, die Dekonstruktion eines kontinuierlichen Handlungsverlaufes sowie die Konstruktion einer Verflechtung mehrerer Handlungen. Verarbeitet wird somit in gänzlich unpolitischer Anlehnung an das nationalsozialistische Deutschland eine scheinbar idyllische Welt, deren Zukunft ungewiss ist und deren Fundament sowohl inhaltlich als auch formal zu zerbrechen droht.

7.2. Wolfgang Koeppen und die deutsche Identität: Die *short cuts*-Technik als Suche nach einem neuen Erzählen in den 1950er Jahren

Wolfgang Koeppen stellt mit Blick auf sein Werk, insbesondere das der 1950er Jahre, ausdrücklich einen Zusammenhang zu Friedo Lampe her.²⁸ Dabei scheint für ihn besonders das Filmische in der Literatur seines „Wahlverwandten"²⁹ eine ausschlaggebende Rolle zu spielen, ohne dass er dieses mit Blick auf Lampe explizit benennt. Allerdings lässt sich Koep-

---

22 Scheffel: *Magischer Realismus*, S. 527.
23 Lampe: *Septembergewitter*, S. 113.
24 Ders.: *Am Rande der Nacht*, S. 105.
25 Ebd., S. 15 und *Septembergewitter*, S. 15 u. 122.
26 Vgl. Lampe: *Am Rande der Nacht*, S. 77.
27 Ders.: *Septembergewitter*, S. 110.
28 „Es ist kein umfangreiches, aber ein wichtiges, vollendetes, nobles, noch unausgeschöpftes Œuvre, voll von Lesefreuden, ein Lehrbuch für junge Schriftsteller, und ich glaube, es zählt zum Bleibenden der deutschen Literatur." (Koeppen, Wolfgang: *Gesammelte Werke in sechs Bänden*, hg. v. M. Reich-Ranicki in Zusammenarbeit mit D. v. Briel und H.-U. Treichel, Frankfurt a. M. 1990, Bd. 6, S. 320).
29 Marx, Friedhelm: „Magischer Realismus. Wolfgang Koeppen und Friedo Lampe". In: *Treibhaus* 2 (2006), S. 52–61; hier S. 53.

7.2. Wolfgang Koeppen und die deutsche Identität

pens *Trilogie des Scheiterns* ähnlich wie Lampes Texte als „Summe von Vorgängen, von Simultanereignissen, von Personen-, Natur-, Tier- und Dingbeobachtungen"[30] begreifen. Im Gegensatz zu Lampe treten jedoch die weitergeführten Verfahren und Motive mit Blick auf die desolate Situation der Literatur im Nachkriegsdeutschland in politischer Hinsicht zugespitzt in Erscheinung[31] und dienen der Suche nach einem neuen deutschen Roman. Darüber hinaus ist bei Koeppen der Einfluss des Films evident: Die bis in die 1920er Jahre reichenden Arbeiten für den Film[32] weisen bereits auf einen „Veröffentlichungspluralismus"[33] hin wie er auch bei Peter Weiss, Alexander Kluge und Peter Handke vorzufinden sein wird. Diese Hinwendung zum Film hat ein signifikantes Wechselverhältnis zwischen beiden Kunstformen zur Folge, welches sich bei Koeppen gleichsam in Filmen[34] und Romanen niederschlägt.[35]

Für den Einfluss des Films auf das literarische Schaffen reicht die Entwicklungslinie bis zu den frühen Filmkritiken und Atelierreportagen zurück, in denen „sich eine klare Strategie des Schreibens erkennen [lässt], ein konsequentes Erschließen des filmischen Mediums und seiner Wirkungen."[36] Auf diesem Wege verbindet sich das Schreiben über den Film mit dem filmischen Schreiben und der Produktion literarischer Texte.[37] Ein konkretes Beispiel eines solchen Niederschlags findet sich in einer Reportage über die Verfilmung von Mozarts Singspiel *Bastian und Bastienne* (1768):

30　Koeppen: *Gesammelte Werke in sechs Bänden*, Bd. 6, S. 319.
31　Vgl. Marx: *Magischer Realismus*, S. 59.
32　Döring, Jörg: „... *ich stellte mich unter, ich machte mich klein...'. Wolfgang Koeppen 1933–1948*, Frankfurt a. M. 2001. In der Fortführung vgl. auch Prümm, Karl: „‚Ich weiß, man kann mit den Mitteln des Films dichten.' Kinematographisches Schreiben bei Wolfgang Koeppen". In: Walter Erhart (Hg.): *Wolfgang Koeppen & Alfred Döblin. Topographien der literarischen Moderne*, München 2005, S. 68–85 u. Ebner, Anja: „‚Nie bin ich, wäre ich auf den Ätna gegangen'. Zur Entstehungsgeschichte des Films ‚Ich bin gern in Venedig warum' und zweier Erzählfragmente von Wolfgang Koeppen". In: Günter Häntzschel [u. a.] (Hg.): *‚Ich wurde eine Romanfigur'. Wolfgang Koeppen. 1906–1996*, Frankfurt a. M. 2006, S. 247–258.
33　Moeller: *Die Rolle des Films in der Gegenwartdichtung*, S. 67f.
34　Zum Einfluss des literarischen Schaffens und des Schreibens auf den Film ICH BIN GERN IN VENEDIG WARUM (Felix Radax/Wolfgang Koeppen, I 1980) vgl. Ebner: *Zur Entstehungsgeschichte*.
35　Vgl. Erhart, Walter: „‚Es fallen einem Bilder ein' – Wolfgang Koeppens letzte Filme". In: Dieter Heimböckel/Uwe Werlein (Hg.): *Der Bildhunger der Literatur. Festschrift für Gunter E. Grimm*, Würzburg 2005, S. 313–327; insbes. S. 315. Vgl. auch Buchholz, Hartmut: *Eine eigene Wahrheit. Über Wolfgang Koeppens Romantrilogie ‚Tauben im Gras', ‚Treibhaus' und ‚Der Tod in Rom'*, Frankfurt a. M. [u. a.] 1982, S. 79.
36　Prümm: *Kinematographisches Schreiben*, S. 74.
37　Ebd., S. 77.

> Der Text betreibt die Desillusionierung mit den spezifischen Mittel des Films. Er imitiert in einer Film-im-Film-Struktur [...] eine zurückfahrende Kamera, die zunächst identisch ist mit der ersten Kamera, um dann jedoch den Bildkader kontinuierlich zu erweitern und als eine Metakamera die Künstlichkeit des Arrangements, die Durchdringung der verschiedensten Ebenen zu enthüllen. Vom sorgfältig komponierten und begrenzen [sic!] Filmbild, einer Freiluftaufführung [...] gehen Blick und Bewegung der Kamera aus (,Ein echter Watteau, wenn man nur den einen Ausschnitt sieht'). Die Kamera gleitet kontinuierlich zurück, erfaßt zunächst die dabeistehenden Zuschauer (,auch verkleidete Damen und Herren, doch im Kostüm von 1933'), dann die ,leise summenden Apparate der Filmaufnahme, die Männer vom Stabe der Regie und Kamera', um schließlich an einem Tisch zu enden, auf dem die Friseure die ,glänzend beleuchteten Perücken' aufgereiht haben. In einer letzten abschweifenden Bewegung schwenkt die Kamera am Ende auf den ,Herrn' des Schlosses, ,der in einem weißen Rolls Royce durch den Park zu seinen Treibhäusern fährt', produziert damit selbst wiederum ein filmträchtiges Schlussbild.[38]

Tatsächlich ist die Zusammenführung von Lampes Erzähltechnik und der Darstellung des medialen Wechselverhältnisses zwischen Film und literarischer Sprache als Maßnahme zur Bewältigung der Krise des frühen bundesrepublikanischen Romans,[39] das filmische Erzählen dementsprechend als Erprobungsmittel adäquater Verfahrensweisen im Umgang mit der zeitgenössischen Lebenswirklichkeit aufzufassen.

Mit Blick auf das filmische Erzählen funktionieren die im Zentrum stehenden Romane *Tauben im Gras, Das Treibhaus* und *Der Tod im Rom* auf unterschiedliche Weise. Während *Tauben im Gras* und *Der Tod im Rom* eine ähnliche Struktur aufweisen und die Multiperspektivität des Erzählens exemplifizieren – wobei Letzterer darüber hinaus einen besonderen Umgang mit Formen und Funktionen der Musik aufzeigt –, wird das Geschehen in *Das Treibhaus* von nur einer Hauptfigur dominiert. Letzterer Text weist mittels expliziter und impliziter Systemreferenz übertragene, filmisch-narrative Strukturen auf, die sich von der Figur und ihrer Wahrnehmung aus auf den Diskurs verlagern. Diese Strategie wird bereits zu Beginn durch den Rückgriff auf ein Verfahren des Großstadtromans eingeführt: die Wiedergabe der perzeptiven Figurenperspektive im Zustand der Bewegung (schweifender Blick). Gleichsam erfolgt der explizite Filmbezug durch die seltsam anmutende Selbsteinschätzung der Hauptfigur Keetenheuve als „Held eines Films"[40]. Tatsächlich ist jedoch das folgende

---

38 Ebd., S. 75.
39 Vgl. Erhart: ,*Es fallen einem Bilder ein*', S. 316. Vgl. ebenso Hielscher, Martin: *Zitierte Moderne. Poetische Erfahrung und Reflexion in Wolfgang Koeppens Nachkriegsromanen und in ,Jugend'*, Heidelberg 1988, S. 18 u. Komar, Kathleen L.: *Pattern and chaos. Multilinear novels by Dos Passos, Döblin, Faulkner and Koeppen*, Columbia, South Carolina 1983, S. 74.
40 Ebd., S. 9; vgl. auch S. 151.

7.2. Wolfgang Koeppen und die deutsche Identität

Perspektivierungsverfahren ungleich interessanter als die anfängliche Referenz auf den Großstadtroman vermuten ließ. In einer Szene sinniert Keetenheuve über seine verstorbene Frau Elke, die ihrerseits als ‚memorierte' Figur eine gemäß einer *flashback*-Sequenz in einzelnen visuellen Momenten repräsentierten Erinnerungssequenz einleitet:

> Und hinter dem bewachten Bezirk tauchten auf Wildpfaden, schüchtern hinter dem Gestrüpp, noch voll Angst vor den Soldaten, noch mißtrauend den Negern, Gespenster auf, abgezehrte Leiber, gebrochene Skelette, Hungeraugen und Leidensstirnen, sie kamen aus Höhlen, wo sie sich versteckt hatten, sie brachen aus den Lagern des Todes aus, sie schweiften umher, soweit sie die abgemagerten, die geschlagenen Füße trugen, der Käfig war offen, es waren die Verfolgten, die Eingesperrten, die Gehetzten der Regierung, die Elke eine schöne Kindheit beschert hatten, Spiele auf dem Statthaltergut des Vaters, Falter schwirren über den Blumen auf der Terrasse, eine Gefangene deckt den Frühstückstisch, Gefangene harken den Rasen, das Pferd wird zum Morgenritt vorgeführt, Vaters blankgewichste hochschäftige Stiefel blitzen, ein Gefangener bürstete sie, das Sattelzeug knarrt, das wohlgenährte, das schön gestriegelte Pferd schnauft und scharrt mit den Hufen – Elke wußte nicht, wie sie weitergewandert war; mal mit dem und mal mit dem Troß.[41]

Die Überführung der figurenmotivierten filmischen Wahrnehmung auf den Vermittlungsakt der Erzählinstanz tritt nur an wenigen Stellen zutage, so beispielsweise am Ende des ersten Kapitels, in dem, losgelöst von der Figur, die wesentlichen thematischen Stichpunkte montiert und zusammengefasst werden[42] oder aber in der stakkatoartigen Abfolge verschiedener Ereignisse und Beobachtungen an einer anderen Stelle des Romans.[43] Daneben ist zumindest einmal die Integration von Musik als funktionales Mittel zur Geschehensuntermalung zu beobachten.[44] Insgesamt ist der Text tendenziell dem *verdeckten Typus* zuzuordnen, die wenigen expliziten Verweise halten indessen der Globalitätsprämisse nicht stand.

In den beiden anderen Romanen der Trilogie dominiert die Technik der Montage,[45] welche primär als Simultanmontage[46] in Erscheinung tritt.

---

41 Ebd., S. 13.
42 Vgl. ebd., S. 39.
43 Ebd., S. 112.
44 „Ein Narr gymnastizierte. Er hüpfte, man hörte es, ein schwerer Körper, nacktleibig, klatschfüßig über die Dielen. Es war Sedesaum, der Froschmensch. Aus einem zweiten Lautsprecher piepste ein Kinderchor: ‚Lasset uns singen, tanzen und springen.' Die Stimmen der Kinder klangen gedrillt, sie schienen gelangweilt zu sein, der Gesang war dumm." (Ebd., S. 137). Vgl. auch ebd., S. 124ff.
45 Ausführlich zum Mittel der Montage in Wolfgang Koeppens Werk Buchholz: *Eine eigene Wahrheit*, S. 70–87.
46 Vgl. Buchholz: *Eine eigene Wahrheit*, S. 83 u. Hielscher: *Zitierte Moderne*, S. 10. Andere Schnitttechniken liegen in Form des Schuss-Gegenschuss-Prinzips (Koeppen: *Tauben im Gras*, Frankfurt a. M. 1980, S. 88, 164f. u. ders.: *Der Tod in Rom*, S. 162, 179f.)

Der Unterschied zwischen beiden Romanen besteht darin, dass *Tauben im Gras* dem *offenen Typus* angehört, während *Der Tod in Rom* ein Roman des *verdeckten Typus* ist. Die Zuordnung zum *Typus der inhaltlichen und formalen Explizitheit* ergibt sich bei *Tauben im Gras* durch Systemreferenzen, die auf Thematisierungen[47] und einer expliziten formal-narrativen Gestaltung basieren. Die beiden Romanen inhärente Montage- und *short cuts*-Technik erzeugt eine Multiperspektivität[48] simultan verlaufender Geschehnisse[49], aufgrund derer ein zentraler Held der Geschichte und ein fester Handlungsort[50] aufgegeben werden. Analog zu früheren Großstadtromanen Döblins und Dos Passos' fungiert die Montage hier also als Mittel der Wiedergabe einer bestimmten Wirklichkeitserfahrung.[51] Ähnlich wie Dos Passos die Montage verwendet, um eine Vielzahl verschiedener Handlungen zu verbinden, gebraucht sie auch Koeppen in *Tauben im Gras* und in *Der Tod in Rom* als eine Art „formales Arrangement"[52]: „Auszugehen ist zunächst von einer vergleichsweise einfachen Verbindungstechnik, indem zahlreiche Abschnitte [...] miteinander verhakt werden."[53] Eingebettet sind die einzelnen Handlungsstränge in einen übergreifenden zeitlichen Zusammenhang, in dem „das zeitliche Kontinuum innerhalb eines einzelnen dieser Handlungsstränge ausnahmslos bewahrt"[54] bleibt. Die Montagetechnik erlaubt aber nicht nur eine summarische Reihung der Einzelhandlungen zum Ausdruck ihrer Simultaneität. Wie bei Lampe nutzt sie die Erzählinstanz ebenso zur Rhythmisierung des Geschehens[55] sowie zur Kontrastierung[56] oder „Arretierung"[57] der Einzelhandlungen. Die scheinbare Unmittelbarkeit[58] – welche Koeppen abgeleitet von der ‚vermittelten

---

47 Vgl. Koeppen: *Tauben im Gras*, S. 12, 16, 21, 39, 52, 84, 118f., 149, 179, 186f., 188f.
48 Vgl. Hielscher: *Zitierte Moderne*, S. 55.
49 Vgl. Brink-Friederici, Christl: *Wolfgang Koeppen. Die Stadt als Pandämonium*, Frankfurt a. M. [u. a.] 1990, S. 43.
50 In *Tauben im Gras* spielt die Handlung in München, in *Der Tod in Rom* ist Rom der Handlungsort. Die Großräume werden allerdings durch die Vielzahl der Handlungsstränge fragmentiert und in kleinere Teilräume aufgefächert. Auf diese Weise entsteht der Eindruck einer „Ortsfülle" (Klotz: *Drama*, S. 120f. Vgl. auch Brink-Friederici: *Wolfgang Koeppen*, S. 54).
51 Vgl. Brink-Friederici: *Wolfgang Koeppen*, S. 41.
52 Buchholz: *Eine eigene Wahrheit*, S. 79.
53 Ebd., S. 78f.
54 Ebd., S. 79.
55 Vgl. Koeppen: *Der Tod in Rom*, Frankfurt a. M. 1975, S. 116–120.
56 Vgl. Koeppen: *Tauben im Gras*, S. 35.
57 Buchholz: *Eine eigene Wahrheit*, S. 80.
58 Im Zusammenhang mit der These einer unmittelbaren Wiedergabe der Geschehnisse wäre – vergleichbar mit Lampe – eingehender auf die Rolle der Erzählinstanz einzugehen, insbesondere in jenen Textpassagen, in denen deutliche Erzählerkommentare und psychologische Figurenportraits zu finden sind (vgl. Buchholz: *Eine eigene Wahrheit*, S. 72f.). Buch-

7.2. Wolfgang Koeppen und die deutsche Identität

Unmittelbarkeit' des Films rekonstruiert – resultiert dabei aus dem Einsatz eines literarischen „Kameraauges"[59], welches die narrative Instanz substituiert und entsprechend neutral-objektiv (d. h. ‚kalt') berichtet (anstatt zu ‚erzählen').[60] Erzielt wird damit der Effekt eines Dokumentarismus.[61] Vergleichbar mit Döblin wird Musik in unterschiedlichen funktionalen Zusammenhängen und verschiedenen Formen eingesetzt.[62] Doch wie hängen Wirklichkeitsentwurf, filmisches Erzählen und Krisenhaftigkeit des jungen bundesrepublikanischen Romans konkret zusammen?

Auf mikrostruktureller Ebene liegen zwei Verfahren der Abschnittunterteilung vor. Zum einen zeichnet die Besonderheit von Koeppens Spielart filmischen Erzählens die literarische Überblendung aus. Prätentiöser als bei Lampe wird hier mittels syntaktisch-lexikalischer oder semantischer Analogie gearbeitet.[63] Im zitierten Beispiel repräsentiert die Wortwiederholung (‚Gleich') als Erzählstrategie die Verbindung der beiden Figuren Washington und Carla auf der Ebene des Erzählten:

> Washington mußte reich sein. Er mußte wenigstens vorübergehend reich sein; hier und heute müßte er reich sein. Dem Reichtum würde Carla vertrauen. Sie würde dem Geld eher vertrauen als seinen Worten. Carla wollte nicht sein Kind zur Welt bringen. […] Er mußte zum Central Exchange fahren. Er mußte Carla ein Geschenk kaufen. Er mußte telefonieren. Er brauchte Geld. Gleich –
>
> Gleich aus der Linie sechs in die elf. Sie würde Dr. Frahm noch treffen. Es war gut, wenn sie ein wenig nach der Sprechstunde kam. Frahm hatte dann Zeit. Sie

---

holz zufolge ist die Erzählinstanz „in hohem Maße im Text präsent" (S. 72), jedoch verdeutlichen die erlebte Rede, der innere Monolog wie auch der „innere Dialog" (S. 77), dass sie nicht der „durchgängige[n] Kontinuität des Erzählerstandpunkts", sondern vielmehr einer „Multiperspektivik verpflichtet ist" (S. 75), die einen direkten Zugang zu den Figuren und damit eine für den Roman konstitutive (Schein-)Unmittelbarkeit gewährleistet.

59 Dieses spricht Koeppen selbst in der Behandlung der Erzählinstanz an: „Was wäre gewonnen, wenn man das Ich, den Erzähler wegließe und nur die Welt, die er, der nicht in Erscheinung tritt, beobachtet, zeigen würde? Das wäre ungefähr das von Robbe-Grillet in seinem Roman ‚La Jalousie' angewandte Prinzip. Aber Robbe-Grillet hat die Methode zu Tode gehetzt und ist gescheitert. Der Roman war ohne Leben. Dennoch ließe sich in der Art des Kameraauges manches so schön kalt berichten, überbelichten, durch die Lupe vergrößern, den Lauf anhalten, beschleunigen, die Bilder montieren, und der unsichtbare, aber ja doch wirkende Erzähler bliebe als Unperson von vornherein geheimnisvoll. Aber wie könnte man Empfindungen beschreiben, die er hat, die in ihm entstehen und leben, die ihn antreiben, wie beispielsweise die Wollust der Bewegung und des Frostes." (Koeppen, Wolfgang: „Vom Tisch". In: *Text u. Kritik* 34 (1972), S. 1–13; hier S. 9).

60 Das Konzept des Kameraauges taucht ebenfalls in *Das Treibhaus* auf. Hier wird während des Kinobesuchs Keetenheuves vom Kameraauge als maßgeblicher Instanz der Geschehensauswahl gesprochen (vgl. Koeppen: *Das Treibhaus*, S. 112f.).

61 Vgl. Brink-Friederici: *Wolfgang Koeppen*, S. 54 u. Hielscher: *Zitierte Moderne*, S. 48.

62 Vgl. Brink-Friederici: *Wolfgang Koeppen*, S. 64f. u. 152–158 sowie Buchholz: *Eine eigene Wahrheit*, S. 80 u. 84.

63 Vgl. Buchholz: *Eine eigene Wahrheit*, S. 70.

mußte es loswerden. Gleich. Washington war ein guter Kerl. Wie hatte sie sich gefürchtet! Der erste Tag in der Kaserne der Schwarzen.[64]

In *Der Tod in Rom* stechen demgegenüber Aposiopesen oder Ellipsen an den Abschnittsenden ins Auge, die als literarische Schnitte zwischen den einzelnen Szenen die Gleichzeitigkeit des erzählten Geschehens markieren.[65]

> Der Küchenjunge im Hof pfiff sich nun eins, wieder war es ein Negerlied, grell und frech und höhnisch, und das Lachen aus der Halle polterte fett, gemütlich und manchmal gackernd treppauf und ganglang. Der Oberbürgermeister
>
> Friedrich Wilhelm Pfaffrath saß mit Anna, seiner Frau, und Dietrich, seinem jüngeren Sohn im Gesellschaftsraum der von Deutschen bevorzugten Herberge, und schon hatten sie Anschluß an andere Italienreisende gefunden, Landsleute gleicher Schicht und gleicher Ansichten [...][66]

Auch Musik übernimmt eine wichtige Aufgabe. Mit Siegfried tritt in *Der Tod in Rom* ein Komponist auf, an dessen Gedanken und Reflexionen die Umbruchsituation der Musik (analog zur politischen und sozialen Situation in Deutschland) verdeutlicht wird; das Thema Musik gerät so in metonymischer Verwendung zur Darstellung einer künstlerischen Krise. Auch in *Tauben im Gras* findet sich diegetische Musik (Gospel-Songs eines tragbaren Radios), die leitmotivisch eingesetzt zur Charakterisierung der Figur Odysseus beiträgt.[67] Bemerkenswert sind schließlich auf der Ebene des Erzählens die durch Musik ausgelösten Perspektivenwechsel während eines Konzerts in *Der Tod in Rom*,[68] eine Strategie, die ebenfalls bei Lampe anzutreffen ist.[69]

Das filmische Erzählen bei Koeppen ist folglich eine narrative Strategie mit doppelter Funktion. Es dient zum einen einem literarischen Neuanfang nach dem ästhetischen Koma des zweiten Weltkrieges. Gleichwohl Koeppen nicht zum Kreis der *Gruppe 47* um Hans Werner Richter zu zählen ist, schlägt er doch einen ähnlichen Weg ein, nämlich den einer Neufindung des ästhetischen Aufbaus und funktionalen Gehalts von Literatur.[70] Das filmische Erzählen fungiert in diesem Kontext als ästhetisches Verfahren zur Präsentation von Wirklichkeit. Koeppen greift hierzu auf die vom Realismus überbrachten und durch den Großstadtroman ausge-

---

64 Koeppen: *Tauben im Gras*, S. 44. Weitere Anwendungen dieser Art finden sich auf S. 22, 42f., 111, 114, 177, 188, 206, 207; außerdem mittels semantischer Analogie realisierte Überleitungen auf S. 129, 143, 149, 164.
65 Vgl. Koeppen: *Der Tod in Rom*, S. 30, 62, 79, 84, 115, 127.
66 Ebd., S. 30.
67 Vgl. etwa Koeppen: *Tauben im Gras*, S. 25, 26ff., 30, 55, 118f., 143ff., 153ff.
68 Vgl. ebd., S. 144–147.
69 Vgl. etwa Lampes Erzählung *Die spanische Suite*.
70 Vgl. Richter, Hans-Werner: „Literatur im Interregnum". In: *Der Ruf* 15 (1947), S. 10f.

bauten Techniken zurück und bindet diese an den Film an. Die Dominanz der Montage[71] als auffälligste filmische Technik spiegelt dabei die „Sinnlosigkeit des Seins"[72] wieder. Der fragmentarische Charakter insbesondere von *Tauben im Gras* und *Der Tod in Rom* kann als formales Zeichen des Werteverfalls[73] gedeutet werden. Daneben ergänzen der Dokumentarismus des narratorialen ‚Kameraauges' und die Perspektivierung durch Musik das Konzept einer ‚vermittelten Unmittelbarkeit', die gleichsam als erzähltechnischer Ausdruck eines historischen Gesellschaftszustands gedeutet werden kann, nämlich die Überlagerung von gesellschaftlicher Fremdheit und völliger Vertrautheit: die 1950er Jahre als Zeit des Selbstverlusts und der Selbstfindungsphase. Die *Trilogie des Scheiterns* wird auf diese Weise zum literarischen Schauplatz des Nachkriegsdeutschland und zum Instrument der Suche nach einer ‚neuen' gemeindeutschen Identität.

7.3. Peter Weiss und der neue Realismus: Filmisches Erzählen und die perzeptive Perspektive zur Darstellung einer neuen Wahrnehmung in den 1950er Jahren

Ähnlich wie Wolfgang Koeppen agiert auch Peter Weiss mit explizitem Filmbezug. Als „multimediale[r]"[74] Künstler beschäftigt sich Weiss mit der Malerei, dem Film und der Literatur. In den unterschiedlichen Phasen seines künstlerischen Schaffens kommt es vermehrt zu medialen und ästhetischen Hybridisierungsprozessen.[75] Die sich daraus ergebende Konsequenz besteht im filmischen Schreiben, aus dem wiederum das filmische Erzählen hervorgeht. Weiss verarbeitet dadurch eine persönliche Krise, die er stellvertretend für eine gesamtdeutsche Krise nach dem Zweiten Weltkrieg auffasst. Ebenso wie im Fall Koeppen ist auch bei Weiss als

---

71 Vgl. Prümm: *Kinematographisches Schreiben*, S. 81.
72 Brink-Friederici: *Wolfgang Koeppen*, S. 43.
73 Martin Hielscher spricht in diesem Zusammenhang von einem „Destruktionseffekt" (Hielscher: *Zitierte Moderne*, S. 20).
74 Schönefeld, Andreas: „Die filmische Produktion des multimedialen Künstlers Peter Weiss im Zusammenhang seiner künstlerisch-politischen Entwicklung in den späten 40er und 50er Jahren". In: Rudolf Wolff (Hg.): *Peter Weiss. Werk und Wirkung*, Bonn 1987, S. 114–128; hier S. 119.
75 Weiss selbst notiert dazu 1961: „Vor mir zahlreiche Möglichkeiten. Nicht nur des Schreibens, sondern auch des Films, der Bildnerei. Die Medien gehen ineinander über. Für mich waren die Ausdrucksmittel nie an eine einzige Kategorie gebunden." (Weiss, Peter: *Notizbücher 1960–1971*, Frankfurt a. M. 1981, Bd. 1, S. 75).

Film- und Literaturproduzenten eine Vermengung der Künste allein von dieser Vorprägung aus nachvollziehbar. Das filmische Erzählen stellt ein Resultat des kontextuellen Zusammenhangs dar und ist als Strategie zur Überwindung einer sprachlichen und erzählerischen Problemlage zur „Suche nach neuen Ausdrucksformen"[76] zu beschreiben. Allerdings zieht Weiss andere Schlussfolgerungen für seine Ausformungen des Filmischen in der Literatur als zuvor Koeppen. Für den vorliegenden Zusammenhang sind drei Sachverhalte zu umreißen: das als traumatisch beschriebene Moment eines Filmerlebnisses im Jahr 1945, Weiss' Beschäftigung mit dem Film und schließlich die Spielart des filmischen Erzählens in seinen Romanen *Das Duell* und *Der Schatten des Körpers des Kutschers*.

Aufgrund seiner jüdischen Wurzeln und der wachsenden Gefahr in Deutschland emigriert Weiss 1934 nach England und später, 1939, in die Tschechoslowakei, um von dort aus nach Schweden überzusiedeln. In Schweden ist er Zeit seines Lebens tätig und veröffentlicht den Großteil seiner Texte in schwedischer Sprache. „Die Jahre der Emigration während des Faschismus und des zweiten Weltkriegs, die Situation des [...] Überlebenden bestimmten entscheidend [seine] künstlerische Produktion."[77] Umso bestimmender ist die erfahrene ‚Kollision' zwischen der eigenen erlebten Situation während des Krieges und derjenigen derer, welche in deutschen Konzentrationslagern ermordet worden sind. Bedeutsam hinsichtlich dieser Kollision ist die Tatsache, dass sie sich als „Seherlebnis"[78] in einem Kino einstellt. Bereits seit seiner Kindheit interessiert sich Weiss für die Unterhaltungsform Film.[79] Im Jahr 1945 schockiert ihn eine Dokumentation über Konzentrationslager: Er spürt die Endgültigkeit[80] und die „Macht dieser Bilder"[81], die im Nachhinein als wesentlicher Aspekt für seine Hinwendung zum Filmischen gewertet werden können. Durch die traumatische Erfahrung gelangt Weiss aber auch zu der Erkenntnis, das eigene Schicksal in Verbindung zur gesellschaftlichen Gesamtsituation bringen zu müssen: „Grundlage dieser traumatischen Erschütterung ist der Verlust jeglicher moralischer und weltanschaulicher Sicherheit, die Folge dieser Zerrüttung ist der Verlust von Vertrauen."[82]

---

76 Schönefeld: *Die filmische Produktion*, S. 118.
77 Ebd., S. 115.
78 Birkmeyer, Jens: „Scheiterndes Sehen. Filmisches Erzählen in ‚Meine Ortschaft' von Peter Weiss". In: *Peter-Weiss-Jahrbuch* 17 (2008), S. 67–99; hier S. 67.
79 Vgl. Mazenauer, Beate: „Staunen und Erschrecken. Peter Weiss' filmische Ästhetik". In: *Peter-Weiss-Jahrbuch* 5 (1996), S. 75–94; hier S. 76f.
80 Vgl. ebd., S. 75.
81 Birkmeyer: *Scheiterndes Sehen*, S. 76.
82 Ebd.

7.3. Peter Weiss und der neue Realismus

Dass es das ‚Bild' ist, welches infolgedessen in ästhetischer Hinsicht attraktiv zu werden scheint, beweist Weiss' Beschäftigung mit dem Film, aus der zum einen eine Reihe Dokumentar- und Experimentalfilme[83] und zum anderen eine Filmästhetik[84] hervorgehen. Für beides gilt: Weiss wählt einen Weg zwischen realistischen Programmatiken des 19. Jahrhunderts und russisch-formalistischen Konzeptionen der 1920er Jahre.

> Weiss' Stilmittel basierten dabei weniger auf der Wirklichkeitsillusion im einzelnen Bild [...] als auf der Ausdruckskraft, mit der er zunächst Ton-Bild-Elemente auswählte und dann zielbewußt zu sinntragenden Sequenzen zusammenfügte.[85]

Sein Ziel besteht darin, eine „wahrnehmungspsychologische Herausforderung mit Katharsis-Effekt"[86] zu schaffen. Dem zugrunde liegt eine narrative Strategie, die sich die Wahrnehmung des Rezipienten zunutze macht[87] und den Komplex Wahrnehmung expressiv zum Ausdruck bringt. Die Expressivität des filmischen Kunstwerks erreicht Weiss durch den Einsatz realistischer Prinzipien, der Suche also nach einem tiefer liegenden Sinn, einer Wahrheit in der Darstellung von Wirklichkeit. Diesem Anspruch leistet unter anderem sein filmmusikalisches Konzept Folge, welches er in einem Rundfunkvortrag am 4. August 1952 – also im unmittelbaren Entstehungskontext der hier zu besprechenden Romane – skizziert:

> Womit sich die konkrete Musik beschäftigt ist ein wesentlicher Bestandteil im Film. Die akustischen Phänomene, die unser Leben umgeben, zeigen, wenn sie als musikalische Substanz verwendet werden, einen Reichtum an Rhythmen und Klangfarben. Sie üben eine starke, Atmosphäre schaffende und anreizende Wirkung aus. Ich denke an alle Arten von Maschinengeräuschen, an Bootssirenen, an Verkehrsgeräusche in der Stadt, an schallende Schritte, an ferne schwer erkennbare Stimmen, an den konturlosen Krach, der durch die Wände eines Wohnhauses dringt. Ein Film, der auf die gewöhnliche begleitende Musik verzichtet und statt dessen den rein authentischen Laut benutzt, ist viel überzeugende [sic!], er arbeitet viel mehr mit den spezifischen Mitteln des Films. Hier liegt auch eine der primären Aufgaben des Films, nämlich uns die Geräusche des alltäglichen Lebens nahe kommen zu lassen, wo wir sozusagen in einem großen Kessel ertrinken oder, wo unsere Organe abgestumpft sind, um sie zu spüren.[88]

Weiss verbindet die künstlerische Darstellung von Wirklichkeit mit auf Schockeffekte angelegten Filmkonzepten, insbesondere das von Eisenstein. Geformt wird hieraus eine Art neuer Realismus, der durch „absurde

---

83 Vgl. Ek, Sverker: „‚Eine Sprache suchen'. Peter Weiss als Filmemacher". In: Gunilla Palmstierna-Weiss/Jürgen Schutte (Hg.): *Peter Weiss. Leben und Werk*, Frankfurt a. M. 1991, 138–154 u. Schönefeld: *Die filmische Produktion*.
84 Vgl. Weiss, Peter: *Avantgarde Film*, übers. v. B. Mazenauer, Frankfurt a. M. 1995.
85 Ek: *Peter Weiss*, S. 142.
86 Mazenauer: *Staunen und Erschrecken*, S. 83.
87 Vgl. auch Ek: *Peter Weiss*, S. 144.
88 Zitiert nach Schönefeld: *Die filmische Produktion*, S. 132.

Wirklichkeitsillusionen"[89] oder „das Einbrechen triebhafter Gewalt und zerstörerischer Grausamkeit in die oberflächlich heile und geordnete Welt"[90] geprägt ist. Die Oberfläche dieser geordneten Realität wird surrealistisch[91] unterwandert und droht zu zerbrechen. Für seine Literatur folgt aus Weiss' persönlicher Einsamkeit innerhalb des gesellschaftlichen Kollektivs – des Uneins-Seins zwischen „Assimilation an Schweden einerseits und Reimigrationswünschen andererseits"[92] – eine Krise der Sprache und mit ihr eine Krise des Erzählens.[93] Denn wenn es „keine Worte mehr"[94] gibt, so führt eine Reformation der Sprache und des Erzählens über die Ästhetik des Films und über das von ihr abgeleitete filmische Erzählen.[95] Doch neben der einfachen Transformation der filmischen Strukturalität unterstreicht Weiss prinzipiell die Autonomie des filmischen Erzählens in der Literatur als Form *literarischen* Erzählens.[96] Sein Erzählen exemplifziert demnach besonders die Darstellbarkeit und die Brüchigkeit der menschlichen Wahrnehmung wie auch die dadurch bedingte Haltlosigkeit des Wahrgenommenen, und zwar durch Anwendung literarischer Mittel, die filmisch erscheinen. Dieses Erzählen kann als

> die Simulation filmischer Performanz im Medium literarischer Perspektivierung mit den Mitteln einer narrativ codierten Wahrnehmungspraxis verstanden werden, die ihrerseits den optischen Sehvorgang medial so simuliert, dass das imaginäre Generieren von Erinnerungsbildern mit dem tatsächlichen Sehvorgang verschmilzt und einen filmanalogen Effekt erzielt. Allerdings vermag das literarische Erzählen keine unmittelbar perzeptuelle optische Position zu generieren. Das ‚filmische Sehen' unterläuft in Weiss' Text [i. e. *Meine Ortschaft*] Genregrenzen (Essay, Bericht) und bringt ein filmanaloges Narrativ hervor, das nicht Film ist, sondern den symbiotischen Film (den Mix aus memory und Augenblick) erzählt, ohne jedoch vom Filmen zu berichten, d. h. den filmischen Code zu thematisieren.[97]

---

89 Ek: *Peter Weiss*, S. 152.
90 Hieckisch-Picard, Sepp: „‚...in den Vorräumen eines Gesamtkunstwerks'. Anmerkungen zum Zusammenhang zwischen schriftstellerischem, filmischem und bildkünstlerischen Werk bei Peter Weiss". In: *Kürbiskern* 2 (1985), S. 116–127; hier S. 121.
91 Vgl. Schönefeld: *Die filmische Produktion*, S. 121.
92 Ebd., S. 115 u. 116f.
93 Vgl. Weiss, Peter: *Fluchtpunkt*, Frankfurt a. M. 1965, S. 135f.
94 Ebd., S. 135.
95 Vgl. Hieckisch-Picard: *Anmerkungen*, S. 121f.
96 „Das filmische Erzählen kann daher kein Film werden, weil die Codierungen der Erinnerungsbilder die neue Choreographie des Sehens und der Blickwechsel konterkarieren. Erzählt wird kein Plot, keine Historie, sondern ein optisch choreographierter Beobachtungsvorgang [...]." (Birkmeyer: *Scheiterndes Sehen*, S. 91).
97 Birkmeyer: *Scheiterndes Sehen*, S. 80.

7.3. Peter Weiss und der neue Realismus

Das Duell ist laut Weiss ein „Resultat der Isoliertheit"[98] zur Zeit der Emigrationsjahre, *Der Schatten des Körpers des Kutschers* [99], so Weiss in derselben Vorbemerkung zur deutschen Ausgabe von *Das Duell*, ist vor allem in den Kontext der „Herstellung von Bildern und Filmen" eingebettet. Beide Romane stehen unter den gegebenen Voraussetzungen in einem engen Zusammenhang: zum einen, was die von ihnen vorgeführte Erzähltechnik anbelangt, zum anderen im Umgang mit den angerissenen Charakteristika des neuen Realismus.

Der zuerst erschienene Text *Das Duell* ist in erster Linie ein psychologischer Roman, der in seiner dargestellten Gegenständlichkeit in der realistischen Tradition zu verorten ist. In ihm kommen nicht die bei Koeppen zu beobachtenden Techniken des Großstadtromans zum Zuge, sondern vor allem Aspekte der visuellen und akustischen Perzeption. Die Präsentationsebene des Textes erscheint durch eingefügte Bildcollagen ausgeweitet, die wiederum in direktem, losem oder frei-assoziativem Zusammenhang zum Geschehen stehen. Daneben herrscht eine mittels Montage erzeugte Multiperspektivität des Erzählens, so dass Perzeptionsaspekte nicht die einer einzelnen, sondern die mehrerer Figuren betreffen. Stellenweise tritt eine parataktisch dargestellte Szenenlokalisierung hervor, welche die Innenwelt der jeweilig im Mittelpunkt des Geschehens stehenden Figur zu repräsentieren scheint.[100] So liefert bereits der Anfang der Erzählung entsprechende Hinweise auf die vorliegende Situation – eine ungewollte Schwangerschaft, der Wunsch nach Abtreibung und der innere Konflikt einer Figur:

> Der gefrorene Park. Lea in einem Schneemantel, glitzernd in einer Woge aus weißen Blüten, die von den kahlen schwarzen Bäumen herabschneiten. Strahlenkränze zwischen den Zweigen und den vereinzelten Laternen, Eisblumen streckten sich aus dem Teich und tasteten nach ihren eilenden Füßen. Und die Schwäne, die ausgespannten, schlagenden Flügel, die Schwäne, mit klatschenden breiten Gummifüßen, emporgestreckten Hälsen und aufgesperrten Schnäbeln aus dem Eisloch steigend. [...] Am Wegrand ein toter junger Schwan, ihr Fuß stieß an die steifen Federn, rückwärts, gleitend rutschend, erstieg sie den Hügel, die Schwäne waren bei dem toten Vogel zurückgeblieben, Kristallsträucher sprühten Perlen über sie, es war als fiele sie, als fiele sie aufwärts, in ihrem Mantel aus warmem wolligem Schnee.
>
> Die Schatten spielten auf den schwarzen Fensterscheiben des großen Gebäudes über ihr. Im Zimmer hoch oben, zu dem sie auf dem Weg war, lebten die Strahlen der Eisprismen, malten flimmernde Bilder auf die vielwinkligen Wände, gaben

---

98 Dies und das folgende Zitat aus Weiss, Peter: „Vorbemerkung". In: ders.: *Das Duell*, Frankfurt a. M. 1972, S. 7.
99 *Der Schatten des Körpers des Kutschers* ist 1952 entstanden und 1960 veröffentlicht worden.
100 Hiekisch-Picard: *Anmerkungen*, S. 122.

den undeutbaren maschinenähnlichen Gegenständen eine wassergleich funkelnde Struktur, durchleuchteten und marmorierten die dicken Röhren und die Vertiefungen in den Mauern, der Decke.

Während sie rückwärts zum Tor ging, ein niedriges Kupfertor, von harten Stößen zerbeult, während sie sah, wie die Schwäne verschwanden [...], beschäftigte sich der Bewohner des Zimmers mit Lichtuntersuchungen, bewegte sich mit einer blanken Porzellanscheibe durch das Dunkel und studierte das Wesen der einfallenden Strahlen, von der reflektierenden Platte las er eine Schrift aus Lichtzeichen ab, auf einem Röntgenschirm gewann er Einblick in einen Organismus aus Luft und Wasser, mit feingesponnenen Nervenfäden und Adern.[101]

Die „Eisblumen" wie auch die „undeutbaren maschinenähnlichen Gegenstände" erfüllen jeweils zwei Aufgaben. Sie bezeichnen zum einen Objekte der Diegese, zum anderen fungieren sie als Bedeutungsträger der Stimmung beziehungsweise werden zu Charakterisierungskennzeichen: Während die schneebedeckte Natur einerseits als Symbol für Schönheit und (lediglich) ‚temporäre' Leblosigkeit gedeutet werden kann, so ist andererseits ihre Kälte sowie der tote Schwan ein Zeichen für Leas Vorhaben, ihr Kind abtreiben zu lassen. Einen analogen symbolischen Charakter weist die maschinell-morbide Umgebung in Bezug auf die von der Figur Gregor durchgeführten Abtreibungen auf.

Bezieht man neben der semantischen Tiefenstruktur des Textes ebenfalls die ‚filmschnittartige' Präsentation der Erzählung in die Überlegungen ein, so kann mit Blick auf den Titel des Romans festgehalten werden, dass sich das Duell tatsächlich in eine facettenreiche Vielzahl von ‚Duellen' oder Konfliktsituationen auffächern lässt. Es kann als ‚Konflikt einer Figur' gedeutet werden, beispielsweise im Fall Lea, die die vorzeitige Beendigung ihrer Schwangerschaft und das Ende ihrer Beziehung zu ihrem Mann als Neuanfang eines zukünftigen Lebens gemeinsam mit ihrem Kind Gerd nutzen will, zu dem sie allerdings keine soziale oder emotionale Bindung zeigt. Darüber hinaus wird der ‚Konflikt zwischen (vornehmlich zwei) Figuren' in Varianten der impliziten und expliziten Auseinandersetzung vorgeführt – einmal im gewalttätigen Zusammentreffen von Gregor und Jannas Vater,[102] ein anderes Mal im psychologischen ‚Kampf'

---

101 Weiss: *Das Duell*, S. 9f.
102 Vgl. Weiss: *Das Duell*, S. 16–23.

zwischen Lea und ihrem Mann.[103] Signifikant ist in diesem Zusammenhang die unter Rückgriff auf eine imaginäre Visualität angezeigte katalysatorische Wirkung des sozialen Austauschs auf die Psyche des Einzelnen: „Er [Gregor] lebte versunken in seiner Aufnahmefähigkeit, es war nicht sie, die er sah, er lebte in seinen eigenen Bildern, die sie heraufbeschworen hatte."[104] Schließlich wird – wie im Kapitel zum ‚medialen Raum' bereits veranschaulicht (4.3.3) – der Konflikt zwischen den Figuren ebenfalls auf der Präsentationsebene ausgetragen: Im eingefrorenen Bild aus zwei mit einem Hund kämpfenden Männern ist ein einzelner Held, eine Identifikationsfigur, nicht mehr greifbar. Darüber hinaus werden die Innenwelten der Protagonisten variabel perspektiviert, so dass mehrere Projektionsflächen zur Identifikation offengelegt werden.

> Aber als er ging, blieb nur Leere zurück, sie wollte ihn zurückrufen, sie wollte mit ihm ringen, ihn erniedrigen, ihre Übermacht auskosten. Aber schon stand jeder allein in seiner Nacht. Jetzt wußten sie nichts mehr voneinander.[105]

Angesprochen wird die Ambivalenz des ‚Miteinander' und der eigenen Isolation und im Zuge dessen beinahe programmatisch auf das Prinzip des neuen Realismus hingewiesen: „Es gibt eine Ebene des Lebens, die ist abgeschlossen im Licht der Wirklichkeit, darunter aber gibt es keine Grenzen."[106] Folglich wird der Duktus einer Psychologisierung des Geschehens in *Das Duell* deutlich von literarisch-filmischen Strukturierungsverfahren getragen, die implizit markiert sind und den Text dem *verdeckten Typus* zuweisen.

Während in *Das Duell* Mittel filmischen Erzählens eingesetzt werden, um die Psychologisierung des Geschehens zu vermitteln, spielt Weiss in seinem nächsten Roman einen anderen Fall durch: die Ent-Psychologisierung des Erzählers und der Figuren. Es entsteht der Eindruck, als stünde der Mensch emotionslos und ausschließlich objektiv-nüchtern registrierend in der Welt und nähme die in ihr befindlichen Dinge unhinterfragt hin:

---

103 „Aber je tiefer er sank, desto höher stieg sie, während er nach ihr rief, warf sie ihm das Vergangene vor, das von Anfang an totgeborene Vergangene, zeigte ihm immer wieder, wie er gewesen war, malte ihm seine alte monströse Welt in ätzenden Farben hin. Warum bist du denn hiergeblieben, warum hast du nicht hier bei mir gelebt? Nur weil du mich haßtest, weil du dich an mir rächen wolltest? Sieh mich! Hast du mich jemals gesehen? Ich krieche hervor aus der alten Welt, die zerborsten ist!/Aber ihre Augen kannten ihn nicht. Diese großen reinen Steine, gefüllt vom Licht fremder Regionen. Bösartigkeit, Neid beschmutzte seine Erniedrigung, er wollte ihre Flügel schneiden, sie in seinen Morast ziehn, sie zerstören, sie aufgelöst, hilflos sehn, wollte sie zertreten." (Weiss: *Das Duell*, S. 124).
104 Ebd., S. 97.
105 Ebd., S. 127 (Hervorhebung S. B.).
106 Ebd.

Ausdruck der Vermittlung von Film und Wort ist auch der […] Roman *Der Schatten des Körpers des Kutschers*, in dem der Erzähler die Situation aufnimmt und genauso wiedergibt, wie das Auge einer Filmkamera und das Mikrophon aufnehmen würden.[107]

Vergleichbar mit Robbe-Grillets *La jalousie* – ein Text, der fünf Jahre später, 1957, erscheint und die literarische Strömung des französischen Nouveau Roman initiiert –, wird hier die menschliche Wahrnehmung zum eigentlichen Gegenstand des Erzählens und lässt hingegen das Erzählen einer ‚ereignishaften' Geschichte in den Hintergrund treten. Ein solcher ereignishafter Verlauf des Erzählten ist in *Das Duell* zwar auf den ersten Blick nicht ersichtlich, dennoch aber unleugbar vorhanden. In *Der Schatten des Körpers des Kutschers* tritt nun der Akt einer Fixierung von visueller und auditiver Perzeption umso deutlicher hervor. Zwei Relationen sind eminent: das Verhältnis zwischen Autor und Erzählinstanz und das Verhältnis der Erzählinstanz zu der durch sie vermittelten Welt. Dass der Rezipient die imaginierte Verschriftlichung von Erlebnissen der diegetischen Erzählinstanz liest, wird nicht nur an entsprechenden Äußerungen wiederholt deutlich gemacht,[108] sondern ebenso daran, dass vermehrt Interpunktionen fehlen und andere schriftsprachliche Normabweichungen auftreten.[109] Weiss markiert damit den Text als *Erzähler*-Text. Tatsächlich setzt er aber damit nicht nur Autor und Erzählinstanz voneinander ab, sondern liefert zudem ein Beispiel für die Exemplifizierung der ‚vermittelten Unmittelbarkeit' des Films, welche sich wiederum im Verhältnis zwischen Erzählinstanz und Welt zeigt. Mit der Thematisierung der visuellen und akustischen Perzeption hängt augenscheinlich eine Gewichtung der Deskription von Räumen, Figuren und Gegenständen zusammen. Die Erfassung der Welt durch die Erzählinstanz wird mit Hilfe von literarisch transformierten, bildstrukturierenden Filmverfahren vorgenommen, so die Darstellung von Kameratechniken und Einstellungsgrößen, Bild- und Tonmontagen, Schnitte und Blenden, Bildcadragen[110], Bildtrübungen[111] usw. – ohne diese allerdings explizit zu benennen. Vielmehr wird von der narrativen

---

107 Schönefeld: *Die filmische Produktion*, S. 119 (Hervorhebung im Text, S. B.).
108 Vgl. Weiss: *Der Schatten des Körpers des Kutschers*, S. 17f., 47f., 56, 87, 96.
109 Fehlende Interpunktionen ziehen sich durch den gesamten Text; weitere Fehler sind dagegen selten (vgl. ebd., S. 56).
110 Diese Technik wird auf das bereits im 19. Jahrhundert (z. B. in E.T.A. Hoffmanns *Des Vetters Eckfenster*) erprobte Verfahren des den Blick rahmenden Fenster zurückgeführt: „[…] die Knie der Mutter, die, auf Grund des blickbegrenzenden Rahmens des Fensters die einzigen sichtbaren Teile ihres Körpers sind, […]" (Weiss: *Der Schatten des Körpers*, S. 49).
111 Der Erzähler erreicht solche als ‚Trübung' des visuellen Effektes zu deutenden Techniken durch das Einstreuen von Salz in die Augen (vgl. Weiss: *Der Schatten des Körpers*, S. 18.).

Instanz an mehreren Stellen darauf hingewiesen, dass zwischen der Erfassung der Dinge und ihrer Vermittlung im Erzählprozess eine mehr oder minder große zeitliche Distanz liegt. Folglich unternimmt Weiss die Parallelführung einer Unmittelbarkeit der perzeptorisch motivierten Beschreibung und einer nachträglich strukturierenden Mittelbarkeit des Erfassten durch den Erzähler und überführt somit die filmische Unmittelbarkeit – die nur eine scheinbare ist – in die Erzählliteratur.

Die defizitäre Psychologisierung der Figuren und die Ereignislosigkeit des Erzählten werden vom Text selbst in Frage gestellt und auf diese Weise ein Brückenschlag zu *Das Duell* unternommen. In die triste Aneinanderreihung einzelner Beschreibungsvorgänge gliedern sich im Verlauf der Erzählung verschiedene ereignishafte Vorgänge ein.[112] Besonders tritt dabei die Beobachtung der koitalen Vereinigung zwischen dem Kutscher und der Haushälterin am Ende hervor. Die als Schattenspiel vermittelte Szene ist gleichsam als Klimax des Visuellen schlechthin zu begreifen – denn der beschriebene dreidimensionale Raum wandelt sich zu einer zweidimensionalen Schattenwand, die Figuren zu Schattenwesen – und durch den Einbruch von Emotionalität in das Wahrnehmungsbewusstsein des Figurenerzählers als Schlüsselmoment der Erzählung zu deuten.

> Die Schatten wurden, wie ich berechnete, von der Lichtquelle der in der Mitte der Küche befindlichen herabziehbaren Lampe geworfen, und in Anbetracht der Lage der Schatten mußte die Lampe, wahrscheinlich zur Erhellung des Fußbodens, den die Haushälterin zu putzen gedachte, ungefähr bis zur Brusthöhe herabgezogen worden sein; so sah ich deutlich über dem Schatten des Fensterbrettes den Schatten der Kaffeekanne hervorragen, und seitwärts [...] beugte sich der Schatten der Haushälterin mit vorgestrecktem Arm über den Tisch und ergriff den Schatten der Kaffeekanne. Nun legte sich der Schatten des Kutschers, niedrig aus der Tiefe der Küche hervortretend, und über den Schatten der Tischkante, der in gleicher Höhe mit dem Schatten des Fensterbrettes lag, hinauswachsend, neben den Schatten der Haushälterin; der Schatten seiner Arme streckte sich in den Schatten des Arms der Haushälterin, auch der Schatten des anderen Arms der Haushälterin schob sich in den zu einem Klumpen anschwellenden Schatten der Arme, worauf sich die Schattenmasse des Körpers der Haushälterin der Schattenmasse des Kutschers näherte und mit ihr zusammenschmolz.[113]

Es folgt die Beschreibung des schattenhaften Geschlechtsaktes, nach der der Figurenerzähler mit einer lapidaren Äußerung endet, die als Grund für die eintretende Schlaflosigkeit angeführt wird:

---

112 Auf S. 77 wird auch von „Ereignissen" gesprochen. Es handelt sich dabei um eine Folge von Geschehensmomenten, die sich dem Einsperren der Haushälterin und „der Mutter" in die Garderobe anschließen und deren Dramatik („Wirrwarr von gleichzeitigen Bewegungen", ebd., S. 84) schließlich in einem einzigen Satz zum Ausdruck gelangt, der sich über knapp drei Seiten erstreckt (zur gesamten Szene vgl. ebd., S. 77–87).
113 Weiss: *Der Schatten des Körpers*, S. 97.

> Kurze Zeit nachdem sie vom Tisch aufgestanden waren hörte ich wie die Küchentür geöffnet wurde, und dann sah ich den Kutscher und die Haushälterin die Küchentreppe hinab über den Hof auf den Wagen zu gehen. Der Wagen war in der Dunkelheit nicht zu erkennen, nur den Geräuschen nach konnte ich darauf schließen, daß der Kutscher den Wagen und das Pferd zur Rückfahrt rüstete, und bald begannen auch die Deichsel, das Zaumzeug und die Räder zu knarren, und die Schritte des Pferdes stampften auf dem Weg und entfernten sich immer mehr, wie auch das Knarren und Quietschen und Klappern des Wagens, bis es ganz in der nächtlichen Stille verging. Auch dieses, daß das Pferd, nach dem langen Weg den es den größten Teil des Tages mit der Last von Kohlen zurückgelegt hatte, noch in der auf diesen Tag folgenden Nacht den gleichen Weg noch einmal bewältigen sollte, gab mir zu denken, so daß ich in dieser, drei Tage und bald vier Nächte hinter mir liegenden Nacht, nicht zum Schlafen kam[114]

Der Bruch zeigt sich in der Schlaflosigkeit des Erzählers, der das beobachtete Ereignis nicht in den Gesamtzusammenhang einzuordnen weiß. Wie zuvor die ‚Rettung' der beiden in die Garderobe eingeschlossenen Frauen, so ist hier ebenfalls ein Ansatz von Humanität in einer ansonsten als kalt beschriebenen Welt vorzufinden. Letztlich gilt aber zu beachten, dass das verwirrende Ereignis zwar erst am Ende der Erzählung auftritt, es genau genommen aber als Movens des Erzählens gewertet werden muss, da es eben den Zeitpunkt der ‚Geschichte' markiert, an dem die Schlaflosigkeit des Erzählers einsetzt und er seine Niederschrift beginnt. Das filmische Erzählen wird also auf den ersten Blick als Darstellungsform für die objektive Erfassung und Vermittlung der Dinge eingesetzt, wobei erzähltechnisch gesehen das filmspezifische Merkmal der vermittelten Unmittelbarkeit zur Geltung kommt. Funktionalisiert wird es aber im Rahmen von *Der Schatten des Körpers des Kutschers* zur Darstellung der psychischen Hilflosigkeit des Figurenerzählers gegenüber dem Einbruch von Emotionalität und Menschlichkeit in eine kalte Welt.

7.4. Alexander Kluge als Autorenfilmer: Filmisches Erzählen als stratifikatorisches Erzählen und die Interrelation von Film und Literatur in den 1970er Jahren

Bei Koeppen und Weiss deutet sich bereits an, dass Autoren eine neue Position einzunehmen beginnen und im Verlauf der zweiten Hälfte des 20. Jahrhunderts ein Künstlertypus zur Geltung kommt, der mehrere Kunstrichtungen zugleich bedient. Einem solchen Typus ist auch Alexander Kluge zuzurechnen. Mit ihm kann jedoch eine Radikalisierung des

---

114 Ebd., S. 100.

Konzeptes vom Filmischen und Literarischen gegenüber den vorangegangenen Auffassungen beobachtet werden: Während sich Weiss in den verschiedenen Phasen seines Schaffens einmal mehr der Malerei, dann dem Film und schließlich primär der Literatur zuwendet, besteht für Kluge von Beginn an nicht nur ein produktives Nebeneinander, sondern zudem keine klare Grenzziehung zwischen den einzelnen Kunstformen – und dies sowohl konzeptionell-poetologisch als auch praktisch innerhalb des Schaffensprozesses von Filmen und literarischen Texten.

Bis 1960 verfolgt Kluge eine augenscheinlich gradlinige Karriere als Jurist; von diesem Zeitpunkt an beginnt er, sich künstlerisch zu betätigen. Sein Durchbruch als Filmemacher gelingt ihm 1966 mit ABSCHIED VON GESTERN, sein Werk besteht heute „aus 14 abendfüllenden Filmen in 20 Jahren (zwischen 1966 und 1985) und ca. 30 weiteren kürzeren Dokumentar- und Spielfilmen"[115], die sich nur „künstlich" von weiteren audiovisuellen Formaten der Fernsehproduktion abgrenzen lassen. 1962 ist Kluge einer der Initiatoren des *Oberhausener Manifestes*, in dem die Forderungen der ‚Jungfilmer' nach Gründung einer deutschen Filmakademie zur Förderung des künstlerischen Nachwuchses und Errichtung einer zentralen deutschen Cinemathek mit Spielstätten in allen großen deutschen Städten proklamiert wird. Anfang der 60er Jahre nimmt Kluge als Schriftsteller an Treffen der *Gruppe 47* teil. 1965 ist er einer der Mitgründer des Kuratoriums *Junger Deutscher Film*, in dessen Folge der Neue Deutsche Film hervorgeht. Heute zählt Kluge zu den elaboriertesten Filmemachern Deutschlands.

Für Kluge sind Film und Literatur bei aller medialen Differenz[116] untrennbar miteinander verbunden beziehungsweise ‚transmedial verzahnt'[117]. Literarischer Film und filmische Literatur sind lediglich als ästhetische ‚Schwerpunktsetzungen' zu verstehen. Die Gemeinsamkeit sieht Kluge im Erzählen, das er als „Wurzel von Film und Büchern"[118] bezeichnet. Obwohl an dieser Stelle einer eingehenden Beschäftigung mit der ‚ontologischen Frage' – der Frage, was Film und was Literatur überhaupt seien – aus dem Weg gegangen werden darf,[119] so gilt doch in Klu-

---

115 Vgl. Kluges Homepage im Internet (http://www.kluge-alexander.de/filmemacher.html [1.11.12]).
116 Vgl. Eder, Klaus/Kluge, Alexander: *Ulmer Dramaturgien. Reibungsverluste*, München/Wien 1980, S. 38 u. Kluge, Alexander: *Bestandsaufnahme. Utopie Film. Zwanzig Jahre neuer deutscher Film*, 2. Aufl., Frankfurt a. M., 1983, S. 436. Vgl. auch Sombroek, Andreas: *Eine Poetik des Dazwischen. Zur Intermedialität und Intertextualität bei Alexander Kluge*, Bielefeld 2005, S. 129.
117 Vgl. Sombroek: *Eine Poetik des Dazwischen*, S. 129.
118 Kluge: *Bestandsaufnahme*, S. 436. Vgl. auch Reitz, Edgar/Kluge, Alexander/Reinke, Wilfried: „Wort und Film". In: *Sprache im technischen Zeitalter* 13 (1965), S. 1015–1030; hier S. 1018f.
119 Vgl. dazu ausführlich Sombroek: *Eine Poetik des Dazwischen*, S. 263.

ges Verständnis, dass das „sog. Filmische, gleich ob im Dokumentarfilm oder im Spielfilm, [...] mit ‚dem Realen und Konkreten, der wirklichen Voraussetzung'"[120] beginnt. Der Zugriff wiederum erfolgt mittels „analytische[r] Methode, die keine Sache des Kopfbewußtseins, sondern die Grundform der sinnlichen Erfahrung ist."[121] Die Kombination beider Ansprüche – eines Dokumentarismus einerseits und einer wahrnehmungsbasierten Methode andererseits – verbindet Kluge im Ziel der *Radikalen Fiktion*[122]. Diese dient nicht nur als Anbindung an die Tradition des Realismus und einer Autonomisierung der eigenen Terminologie gegenüber anderen realistischen Konzepten, sie trifft weiterhin seine Auffassung über eine zeitgenössische Erzählung im Kern. Gegenüber der Literatur biete der Film bereits aufgrund seiner medialen Veranlagung eine ideale Plattform für das Erzählen.[123] Für das Literarische bezeichnend sei wiederum, dass es sich vornehmlich durch die Grundlage der Sprache konstituiere. Sprache versteht Kluge als Werkzeug des ‚Greifens' und ‚Begreifens',[124] sie fungiere neben dem Dokumentationsgehalt des filmischen Bildes als das Mittel *par excellence* einer realistischen Methode. Filmische Erzählung und literarische Erzählung basieren in der Theorie Kluges folglich auf einer Vereinigung und einem „Changieren"[125] von Fakt und Fiktion.

> Radikale, authentische Beobachtung bringt ein Resultat, das für den Durchschnittsrealismus absolut fremd, ‚ungesehen', erscheint. Radikale Fiktion, die z. B. in der alltäglichen Erscheinung nicht miteinander (oder nur in kleiner Münze) konfrontierte Widersprüche zusammenfaßt, erscheint vom gesunden Menschenverstand her als übertrieben. Das liegt daran, daß die Perspektiven des mittleren Realismus eine logische Ballung bilden, eine Schein-Wirklichkeit, an die sich Ge-

---

120 Kluge, Alexander: *Gelegenheitsarbeit einer Sklavin. Zur realistischen Methode*, Frankfurt a. M. 1975, S. 207.
121 Ebd.
122 „Radikale Fiktion und radikal authentische Beobachtung: das ist das Rohmaterial. Montage, Verarbeitung in Zusammenhänge, die Übersetzung der Zuschauerinteressen, die Umformung der Produktionsweise des Mediums, dies sind weitere Anwendungen der analytisch-sinnlichen Methode. Sie schließt gesellschaftliche Erfahrung auf [...]. Konstruktionsarbeit, so wie man Eisenbahnen, Brücken baut, Städte gründet, aber überhaupt nicht viereckig oder gradlinig." (ebd., S. 208).
123 „The very heterogeneity of cinematic codes, the tension between the perceptual, analytic capability of the camera and the conceptualizing function of montage, the interaction of objective and subjective modes, of visual and auditory, musical and verbal elements may succeed in creating alternative modes of figuration which open out on fields traditionally inaccessible to literary culture." (Hansen, Miriam: „Alexander Kluge. Crossings between film, literature, critical theory". In: Sigrid Bauschinger (Hg.): *Film und Literatur. Literarische Texte und der neue deutsche Film*, München 1984, S. 169–196; hier S. 179).
124 Vgl. Stepina, Clemens K.: „Der Schriftsteller und Filmemacher Alexander Kluge. Eine Hommage zum 75. Geburtstag". In: *Germanic notes and reviews* 39 (2008), S. 47–52; hier S. 48.
125 Lewandowski, Rainer: *Alexander Kluge. Autorenbücher*, München 1980, S. 23.

wöhnungen kristallisieren. Diese Gewöhnungen sind programmgleich mit der schulmäßig erlernten Arbeit des Bewußtseinsapparats, dem offiziellen, domestizierten Bewußtsein, das an der gesellschaftlichen Entwicklung teilhatte. Unterhalb dieser Schwelle des beherrschenden Bewußtseins existiert jedoch eine vom Herrschaftssystem unterdrückte lebendige Arbeit: subdominantes Bewußtsein.[126]

Während also Weiss mit seinem neuen Realismus die Wirklichkeitsebenen des ‚Äußeren' und des ‚Inneren' einander bewusst gegenüberstellt, wird die ‚innere Ebene' bei Kluge – bei ihm „subdominantes Bewußtsein" genannt – ‚radikal' nach außen gekehrt; der „rote Faden"[127] geht dabei verloren, ein konventionelles Erzählen wird über Bord geworfen.

Das Filmische in der Literatur formiert Kluge zufolge die Radikale Fiktion in der Kunstform der Literatur. Diese setzt sich zusammen aus der Grundlage des Erzählens, einem sogenannten ‚dokumentarischen' Stil wie auch aus Fiktionssignalen, die den Text als nicht-faktualen Text kennzeichnen. Das Erzählen bildet zunächst die Basis für Dokumentar- und Spielfilm wie auch für die Literatur. Es wird transmedial und transgenerisch verstanden, anthropologisch erklärt und als ‚Prozess' charakterisiert.[128] Der Erzählbegriff wird aber über seinen gattungs- und medienübergreifenden Charakter hinaus als integratives Element ausgelegt. Er steht für einen Terminus, der Fakt und Fiktion zusammenführt:[129] Sowohl reiner Dokumentarismus wie auch reine Fiktion sind laut Kluge unvollkommen. Darüber hinaus verbinde sich mit dem Erzählen die Wiedergabe einer Geschichte (und der bundesdeutschen Geschichte) in Form vieler *Einzel*geschichten.[130] So erläutert Kluge im Vorwort der *Patriotin*:

> Genau dies ist nach meiner Vorstellung Erzählkino, nämlich Geschichten zu erzählen, und was ist die Geschichte eines Landes anderes, als die weiteste Erzählfläche überhaupt? Nicht eine Geschichte, sondern viele Geschichten.[131]

Er setzt damit Filmästhetik in Verbindung mit politischem Denken und politisch motivierter Historiografie. Diese Maßnahme hat wiederum Ein-

---

126 Kluge: *Gelegenheitsarbeit einer Sklavin*, S. 209.
127 Vgl. Kluge, Alexander: *Die Patriotin*, 2. Aufl., Frankfurt a. M. 1980, S. 41 u. Heißenbüttel, Helmut: „Der Text ist die Wahrheit. Zur Methode des Schriftstellers Alexander Kluge". In: *Text u. Kritik* 85/86 (1985), S. 2–8.
128 „Man muß erst auf die gemeinsame Wurzel von Film und Büchern zurückgehen: das ist das Erzählen. Menschen erzählen etwas. Das tun sie episch, dramatisch oder in nicht-einteilbaren besonderen Formen, je nach Umständen. Dies ist der Prozess." (Kluge: *Bestandsaufnahme*, S. 436).
129 Kluge: *Die Patriotin*, S. 41.
130 Zur „literarischen Darstellung von Geschichte" bei Alexander Kluge vgl. Bosse, Ulrike: *Alexander Kluge. Formen literarischer Darstellung von Geschichte*, Frankfurt a. M. [u. a.] 1989; hier S. 2.
131 Ebd., S. 40.

fluss auf den Aufbau der Erzählung, die streng „anti-akademisch"[132] gestaltet ist. Das Hilfsmittel stellt laut Kluge die Montage dar, welche als ein „transmediales Bindeglied"[133] fungiere und mittels Zusammenführung unterschiedlicher Textsorten zum Stil des Dokumentarischen beitrage.

> Das geschieht sicherlich einmal durch die Montage von realem Dokument und Protokoll mit fiktivem Dokument und Protokoll, durch Kombination von Berichten, von Zitaten aus anderen literarischen und theoretischen Texten, von fiktiven Zitaten, von richtigen Detailinformationen, von falschen, von Gutachten, Bewerbungsunterlagen, Geburtsdaten, Ausbildungsgängen, Lebensläufen, von Briefen, von Geschichten und Versen, von Auszügen aus wissenschaftlichen Arbeiten, die seine Figuren gerade schreiben, von Stellungnahmen verschiedener Interessenvertreter, von physikalischen Formeln und Berechnungen, von Tagebuchauszügen, von Fußnoten, von Monologen, von Interviews, von Dialogen, die entweder in wörtlicher Rede oder als Resümee in knappster indirekter Rede eingesetzt werden, von Redebericht, Beschreibung, Zustandsbericht. Später, 1973, in ‚Lernprozesse mit tödlichem Ausgang' fügt Kluge ein weiteres Ausdruckselement hinzu: das Bild, als Skizze, Stadtplan, Landkarte, Familienfoto, Grafik, Notenblatt, das durch Augenschein u. a. auch Authentizität fingieren soll.[134]

Rainer Lewandowski spricht zwei Ebenen der Erzählung an: die Medialität des Textes, die durch den Einbezug von Bildern – im Fall der *Patriotin* sogar von Filmstreifen – erweitert und durch nicht-literarisches Textmaterial angereichert wird, und die Einflussnahme der Präsentationsebene auf die Strukturierung der Geschichte (auf der Ebene der Erzählung). In *Lernprozesse mit tödlichem Ausgang* findet eine Reihe von textparallelen Bildeinschüben oder aber geschehensdarstellende Malereien und Fotos sowie berichterstattende Bilder Eingang in die mediale Vermittlung. Auf der Ebene der Erzählung sind weiterhin drei unterschiedliche Subtexte zu unterscheiden. Der Haupttext besteht aus der Rede der Erzählinstanz und der Figurenrede, deren Aufteilung an diejenige im Drama oder im Drehbuch erinnert. Zugeordnet wird die Rede der Figuren mittels Markierung durch Namen. Die Erzählerrede zeichnet sich demgegenüber dadurch aus, dass kein Figurenname vorangestellt wird. Zugleich übernimmt jedoch die Erzählinstanz eine Zwischenposition zwischen der ‚Gegenwärtigkeit' der direkten Figurenrede und der ‚Zukünftigkeit' noch folgender Ereignisse, von denen sie zu berichten weiß. An einigen exponierten Stellen weist der Text der Erzählinstanz fett gedruckte Hervorhebungen auf. Diese lassen sich als Überschrift einzelner Textabschnitte lesen und werden für Orts- und Zeitangaben am Textbeginn genutzt. Eine dritte Zeitachse neben der

---

132 Ebd., S. 42.
133 Sombroek: *Eine Poetik des Dazwischen*, S. 127.
134 Lewandowski: *Alexander Kluge*, S. 20.

vergangenen Gegenwärtigkeit der Figurenrede (zu verschiedenen Zeitpunkten von Mitte der 1940er bis zur Wende des 22. Jahrhunderts) und ‚zurückblickender' resümierend-berichtender Erzählerrede zieht schließlich der Fußnotentext durch die Ansammlung von Erzählungen, welcher die Kommentare von Figuren im fiktiven Jahr 2103 enthält. Allein die Erfassung der unterschiedlichen Zeitschichten und der Machart des montierten Zusammenwirkens der Reden verweist demnach bereits auf die literarische Transformation der vermittelten Unmittelbarkeit des Films und damit auf die spezifische Form filmischen Erzählens bei Kluge.

Ein nächster Bestandteil der Radikalen Fiktion – der dokumentarische Stil – lässt sich aus drei Elementen ableiten. Geht man grundlegend davon aus, dass mit ‚Dokumentarismus' die Erzeugung von Faktizität im nicht-dokumentarischen, fiktionalen Werk gemeint ist, so besteht eine erste diesbezügliche Strategie in der Integration von Bildern, Zeichnungen, Gemälden, Filmbildern und Fotos in den literarischen Text. Das Foto und das Filmbild bilden aufgrund ihrer spezifischen Medialität faktisch einen Moment der Realität ab. Im Zusammenhang mit der Thematik des Textes wird auf diese Weise ein Nachrichtenstil entwickelt, der – wie im Medium der Zeitung – Bild und Text miteinander verzahnt. Die Thematik wiederum kann als zweites Indiz des dokumentarischen Stils angesehen werden. In *Lernprozesse mit tödlichem Ausgang* wie auch in *Die Patriotin* scheint der Anspruch von Referenzialität des erzählten Geschehens auf die reale Welt, ein Gestus faktualer Rede also, intendiert zu sein. Unterstrichen wird dies drittens durch den „Berichterstatterstil"[135] oder epischen Bericht. Gemeint ist der vorherrschend dramatische Modus des Erzählens, wodurch sich „die Sache selbst berichtet"[136]. Damit geht eine Erzählstrategie einher, bei der die Erzählinstanz als (scheinbar) objektivneutral selegierende Instanz auftritt, Geschehenes wiedergibt und sich als kommentierender und beschreibender Erzähler zurückzieht. Dies unternimmt sie in beiden dieser Studie zugrundeliegenden Texten, indem Figurenreden direkt und ohne narratoriale Interventionen wiedergegeben werden. Auch der Dokumentarismus bei Kluge steht in einem direkten Beziehungszusammenhang zum Filmischen Erzählen in der Literatur[137] und referiert auf die literarische Transformation der filmischen ‚vermittelten Unmittelbarkeit'. Auf den ersten Blick erscheint dies in Form filmischer Übertragungen von Kamerahandlungen, Einstellungsgrößen, Tonband-

---

[135] Lämmert: *Bauformen des Erzählens*, S. 87. Vgl. auch Lewandowski: *Alexander Kluge*, S. 20f.
[136] Lewandowski: *Alexander Kluge*, S. 17.
[137] Vgl. Baumgart, Reinhard: *Aussichten des Romans. Oder: Hat die Literatur Zukunft? Frankfurter Vorlesungen*, München 1970.

schnitten usw. Tatsächlich wird aber die Sprache so eingesetzt, dass die fiktive „Wirklichkeit konkret und unmittelbar"[138] erscheint.

Kluge hebt auf die Darstellung einer „fiktive[n] Authentizität"[139] ab; infolgedessen ist in seinen Texten ebenfalls nach Fiktionssignalen zu suchen. Gegenüber der „Rücknahme des Erzählers"[140], der als „Arrangeur"[141] und „Beobachter"[142] agiert, steht die „Ausstellung des Erzählvorgangs"[143]. Zwar verweilt die Erzählinstanz selbst im Hintergrund des Geschehens, jedoch ist ihr Erzählvorgang durch die angewandte Montage (welche die Ebene der Präsentation und die Ebene der Erzählung betrifft) deutlich markiert. Weitere Merkmale neben Montage und dramatischem Modus sind das „Komprimieren von Zeit"[144] und der Umgang mit Musik. „Sprünge, Brüche und Lücken im Erzählfluß"[145] fallen deshalb ins Auge, da sie in Kombination mit der Anwendung des dramatischen Modus stehen: Lediglich einzelne Geschehensmomente werden ausgewählt und wie im Drehbuch in separaten Szenen aneinandergereiht. Ebenso ist die Musik im Film und in der Literatur als ein Element der Fiktionalisierung aufzufassen. Den Mangel der Literatur hinsichtlich der Musik erwähnt Kluge in einer Rede,[146] er nutzt sie in seiner Literatur dennoch als Mittel der Geschehensuntermalung, der Stimmungserzeugung oder gar der Kontrapunktion. Dies verdeutlichen ebenfalls *Die Patriotin* und *Lernprozesse mit tödlichem Ausgang*, in denen insbesondere Anfang und Ende von Musikpartituren gerahmt werden. In *Lernprozesse mit tödlichem Ausgang* kommt, einem initialen Musikeinsatz in Credits von Filmen gleich, Musik zu Beginn des ersten Kapitels zur Geltung. Eine Partitur bestehend aus zwei Notensystemen (Gesangstimme und Klavier) und Text wird in den Haupttext integriert. Entnommen ist der musikalische Ausschnitt einem Lied Franz Schuberts.[147] Am Ende desselben Textes findet sich ein weiteres Musikstück, das einem musikalischen Abspann gleicht. Wie schon die Bildintegration wird hier die mediale Darstellungsebene des Textes erweitert.

Die Überschneidung von Film und Literatur bei Kluge scheint also offensichtlich. Allerdings stellt sich eine detaillierte Analyse kompliziert dar

---

138 Ebd., S. 51.
139 Lewandowski: *Alexander Kluge*, S. 20.
140 Ebd., S. 17.
141 Ebd., S. 19.
142 Ebd., S. 21.
143 Ebd., S. 17.
144 Ebd., S. 22.
145 Ebd.
146 Kluge, Alexander: „Schriften an der Wand". In: *Die Woche* 50 (9.12.1993), S. 43.
147 Vgl. Schubert, Franz: „Wie Ulfru fischt", Op. 21/3, D. 525 (1817); veröffentlicht 1823. (im Internet unter: http://www.naxos.com/sungtext/PDF/8.554738.pdf; [27.4.2010]).

und würde den hier angelegten Rahmen bei weitem sprengen.[148] Angesichts der vorgestellten Typologie ist festzuhalten, dass die Texte Kluges beide Typen filmischen Erzählens realisieren. Während der primär durch die explizite paratextuelle Markierung versehene Text *Die Patriotin* als *offener Typus* filmischen Erzählens zu kennzeichnen ist, arbeitet *Lernprozesse mit tödlichem Ausgang* ausschließlich mit verdeckten Systemreferenzen (*verdeckter Typus*). Beiden Texten gemein ist ihre Auflösung konventioneller literarischer Erzählformen, vor allem in der Verwendung einer einzigen Erzählinstanz. Wie zu sehen ist, findet eine dahingehende Auflösung insofern statt, als aus der singulären Instanz eine Vielzahl von Vermittlungsebenen eingeführt wird, die zusammengenommen stratifikatorisches Erzählen konstituieren. Letztlich prononciert Kluge durch seine Formulierung einer Radikalen Fiktion über diese zunächst allein aus narratologischer Sicht bemerkenswerte Vermittlungsstrategie hinaus den engen Zusammenhang zwischen historischen Kontexten und dem filmischen Erzählen in der Literatur.

---

148 Dies belegen nicht zuletzt großangelegte Auseinandersetzungen mit dem Thema bei Sombreok: *Eine Poetik des Dazwischen* sowie bei Steinaecker, Thomas von: *Literarische Foto-Texte. Zur Funktion der Fotografien in den Texten Rolf Dieter Brinkmanns, Alexander Kluges und W.G. Sebalds*, Bielefeld 2007.

8. Schluss

Die Tragweite, die eine Beschäftigung mit dem filmischen Erzählen als Form literarischen Erzählens für die Literaturgeschichtsschreibung und die systematische Literaturwissenschaft einnimmt, ergibt sich aus der historischen Variabilität literarischen Erzählens insgesamt, insbesondere aber aus dem im Erzählen des 19. und beginnenden 20. Jahrhunderts spürbaren Strukturwandel und der Spezifik des Phänomens hinsichtlich seines trans- und intermedialen Status. Es deutet erstens zeichenhaft auf erhebliche Wandel im Wahrnehmungssystem des Realismus und der Frühen Moderne hin und formiert zweitens einen mehrschichtigen Verarbeitungsprozess medienhistorischer Entwicklungen im Literatursystem, der wiederum in enger Verbindung mit dem Film steht. Aufgrund literarischer, vor allem im Zeichen des ‚Sehens' und der ‚Bewegung' stehender Transformationen neuer wahrnehmungsstrukturierenden Dispositive seit der Mitte des 19. Jahrhunderts entwickelt die Erzählliteratur ein (‚quasi'-)visuelles Erzählen, das rückblickend das Erzählen im Film antizipiert. Berücksichtigt man in diesem Zusammenhang die weitere Entwicklung des (metaphorisch verstandenen) ‚Filmischen' in der Literatur, so lässt sich mit Blick auf das filmische Erzählen von einem medienübergreifenden und medienspezifisch ausgeprägten – einem transmedialen – Phänomen sprechen. Dabei kann selbstverständlich die Stellung des Films zur Literatur und sein Einfluss auf die literarische Produktion nicht übergangen werden. Die Interrelation zwischen beiden Kunstformen resultiert nicht allein aus der literarischen Antizipation des Erzählens im Film, sondern ebenso aus gegenseitigen intermedialen Referenzen. So wie der Film in seiner Etablierung als Kunstform verschiedentlich auf literarische Mittel zurückgreift, transformiert die Literatur medienspezifische Gestaltungsprinzipien und Verfahrensweisen des Films zum Ausbau des eigenen narrativen Formenreichtums, und zwar vornehmlich durch die Übertragung der filmischen Präsentationsebene auf die literarische Ebene der Erzählung. Dies ist letztlich als Grund dafür zu werten, warum das ‚Filmische' in der Erzählliteratur vor allem auch Gegenstand der Narratologie sein sollte.

Angesichts der bisherigen Forschung und ihrer Ergebnisse war es für eine Fortführung erforderlich, eine Kombination aus historischem und systematischem Zugang vorzunehmen. Hinsichtlich der historischen Her-

8. Schluss

angehensweise erschien es weiterhin sinnvoll, diejenigen Formen auszuklammern, die die Forschung zum *pré-cinéma* geltend machen, und den Fokus auf die kontextbedingte Kulmination filmantizipierender Verfahren und Technologien im 19. Jahrhundert auszurichten. Im Rahmen der Systematik ist vor allem entscheidend gewesen, dem aktuell vorherrschenden Hang zur Intermedialitätstheorie kritisch entgegenzutreten, den Ansatz eines narratologischen Beschreibungsmodells zu validieren und im Zuge dessen die entscheidende Differenzierung zwischen ‚filmischem Schreiben' und ‚filmischem Erzählen' zu akzentuieren. Das wesentliche Ziel der vorliegenden Untersuchung bestand in seiner historischen und systematischen Erfassung. Zunächst wurde im Grundlagenteil (Kap. 2) ein zweigliedriges Analysemodell generiert, das methodisch einer kontextualen Narratologie folgt. Ausgangspunkt bildete die Annahme, dass das filmische Erzählen aus der Wandelbarkeit des Erzählens hervorgetreten, und dieser Wandel – gewissermaßen materialisiert – anhand von filmischen Strukturen in der Literatur vor Erfindung des Films ablesbar ist. Den Analyseapparat formierten ein Mikro- und ein Makromodell, welche den Zugriff auf Narrationen bestimmten. Die Komponente des Mikromodells leitete sich vom klassisch-narratologischen Konzept Wolf Schmids, die des Makromodells vom systemtheoretischen Gesellschaftsmodell der ‚Münchner Forschungsgruppe Sozialgeschichte 1770–1900' ab. Auf Basis dieser kontextualen Erzähltheorie wird über diese Einzelstudie hinausgehend der Anspruch verfolgt, eine Narration *strukturell* und *kontextuell* beschreiben zu können.

Das medienontologische und narrative Potential des Phänomens verlangte zunächst nach einer Systematisierung (Kap. 3 und 4). Als elementarer Leitfaden galt die These, dass das filmische Erzählen zwar medienübergreifend realisiert werden kann, es aber im Film seine adäquate mediale Umgebung vorfindet. Der Spielfilm weist, wie alle narrativen Medien, eine Darstellungs- und eine Vermittlungsebene auf, film*mediale* Ebenen also, mittels derer er narrative Inhalte gestaltet. Beide stellen Funktionsmengen dar, wobei die Darstellungsebene alle Elemente der Diegese und die Vermittlungsebene alle Elemente der Exegesis wiedergibt. Das filmische Erzählen in der Literatur transformiert neben filmischen Inhalten diesen filmmedialen Präsentationsakt. Die komplementäre Grundlage aus Intermedialitätstheorie und Narratologie ermöglichte es, diese Transformation zu erfassen und eine Typologie literarischer Formen filmischen Erzählens abzuleiten, welche sich aus zwei Haupttypen zusammensetzt: Das primäre Unterscheidungskriterium liegt im Modus der Markierung des ‚Filmischen'. Der offene Typus tritt mit stark-explizitem Bezug auf und unterteilt sich in drei Unterarten (Typus der expliziten filmischen Welt/Typus der expliziten filmischen Form/Typus der inhaltlichen und formalen Explizitheit). Der verdeckte Typus stellt sich in seiner Erscheinung komplexer dar und ist an der Ausgestaltung der narratologischen Kategorien im literarischen Text abzulesen. Die schwach-expliziten und impliziten Referenzformen müssen aber, wie auch beim offenen Typus, grundsätzlich textkonstitutiv sein. Eine Systematisierung manifestierte sich hier schließlich in Form von Tendenzen, die sich an Gesichtspunkten wie dem szenischen Erzählen, der präsenten nichtdiegetischen Erzählinstanz, der *camera eye*-Technik und der mobilen perzeptiven Perspektive sowie dem *short cuts*-Roman konkretisieren ließen.

Nicht die Formulierung einer umfassenden Geschichte des Phänomens, sondern vielmehr die Ergründung seiner Entstehung und historischen Diversifikation war das Anliegen der historischen Kapitel (Kap. 5 und 6). Als unumgänglich erwies sich dabei die Auseinandersetzung mit den literaturgeschichtlichen Epochen des Realismus und der Frühen Moderne. Befasst man sich mit dem präfilmischen Zeitalter und den kontextuellen Auslösern filmischen Erzählens, so dringt man bis in die Wahrnehmungsgeschichte des 19. Jahrhunderts vor und muss sich fragen, inwiefern Wahrnehmung und Erzählen korrelieren, und welche Auswirkungen Veränderungen des einen auf das andere hervorrufen beziehungsweise inwiefern konkrete dispositive Wahrnehmungskonstellationen zu bestimmten Wertemustern literarischen Erzählens überleiten. Wesentlich ist der Umstand, dass der Mensch nicht erst im modernen Zeitalter eine Affinität zur visuellen Darstellung aufweist, sondern bereits die ersten Erzeugnisse menschlicher Informationsverarbeitung aus dem paläolithischen Zeitalter piktografischer Natur sind. Maßgebend ist aber auch die elementare Konstitution der Erzählung durch die natürliche Sprache. Diese Korrelation von Erzählen und Sprache leitet zu dem Schluss, vom Erzählen als einer anthropologischen Universalie und Konstante auszugehen. Die Besonderheit des hier behandelten Zeitraums besteht indessen in der sich herauskristallisierenden Konnektion zwischen Visualität und verbalem Erzählen ausgelöst durch eine ‚Revolution' der visuellen Perzeption, die auch die literarische Intelligenz und ihr Schreiben nicht unberührt lässt. An erster Stelle sind in diesem Zusammenhang die bildtechnologischen Reproduktionsverfahren zu nennen, doch ebenso die Fortbewegungstechnologie, die Urbanisierung und der ökonomische Wandel sind ausschlaggebend dafür, dass sich die Wahrnehmungsstruktur grundlegend verändert. Aus literaturwissenschaftlicher Perspektive konnte dahingehend ein Entstehungszusammenhang zwischen den Programmen des Poetischen Realismus und dem filmischen Erzählen als Form literarischen Erzählens aufgrund der Beschäftigung der Realisten mit Wahrnehmung und Begriffen des ‚Erfassens' und des ‚Darstellens' konstatiert werden. Das filmische Erzählen zeigte sich hier durch einen besonderen Umgang mit den Aspekten ‚Visualität', ‚Bewegung' und ‚Akustik'. Der literarischen Intelligenz war es in der Epoche des Realismus demnach gelungen, das verbale Erzählen mit einer audiovisuellen Darstellung zu verschmelzen. Diese Verschmelzung zog jedoch ihrerseits einen Skeptizismus in Bezug auf die Darstellbarkeit von Wirklichkeit *qua* Sprache nach sich. Die Frühe Moderne als Zeit der Umbrüche ist keineswegs als plötzlich eintretendes Großereignis, sondern als ein im 19. Jahrhundert und in der realistischen Ästhetik verwurzelter Prozess zu werten. Die Sprachkrise als einer der vielen Wandlungsprozesse stieß das Wechselverhältnis zwischen dem neuen Medium Film und der Literatur an, das zum einen die filmische Narrativisierung zur Folge hatte und zum anderen die Voraussetzungen des filmischen Erzählens in der Literatur neu auslotete. Festzuhalten blieb an dieser Stelle: Die einhergehende Kino-Debatte ist vor allem als ästhetische Kontroverse zu interpretieren, die Film und Literatur nur oberflächlich besehen gegenüberstellt. Ihr eigentliches Verdienst liegt in der hervorgerufenen medienästhetischen Interaktion, die abermals vor Augen führt, dass Mediengeschichte integrativ verläuft: Der Film avanciert vom trivialen Sensationsmedium zu einer neuen narrativen Kunstform, während die Erzählliteratur sukzessiv mediale Eigenschaften des Films in den eigenen Erzählprozess überträgt. Im Rahmen der weit verzweigten und an jeweilige poetologische Konzepte gebundene Weiterentwicklungen der Grundeigenschaften ‚Visualität', ‚Bewegung' und ‚Akustik' geht ein Formenreichtum hervor, der veranschaulicht, wie vielschichtig die Bandbreite der Möglichkeiten dieses Erzählens ist und wie populär es offenbar bis heute zu sein scheint.

Möchte man die Untersuchungsergebnisse auf einen Punkt bringen, so lässt sich resümieren, dass beim filmischen Erzählen nicht von *einer* Erzählform, sondern von einem ganzen Feld innovativer narrativer Gestaltungsformen ausgegangen werden muss. Die als offen ausgewiesene Typologie illustriert den deutlichen Wesenszug der Erzählliteratur – je nach Art der Bezugnahme auf den Film, Bau der fiktiven Welt und Anspruch der narrativen Gestaltung – unterschiedliche Varianten auszubilden. Die Reduktion auf nur eine filmische Erzählform käme einem Fehlschluss auf mehreren Ebenen gleich: Der Erzählliteratur geht es – so legen die Untersuchungsergebnisse offen – nicht in erster Linie um die Installation eines imitatorischen Verhältnisses zum Film, sondern um die narrative Transformation filmischer Mittel als primäre Träger sekundärer Bedeutungen. Insbesondere die vorliegenden Fallstudien (Kap. 7) verdeutlichen, dass das Filmische keiner eindimensionalen Applikation gleichkommt, sondern vielmehr filmische Verfahren zu literarischen Verfahren umwandelt und zum Ausdruck außerliterarischer Belange werden.

Zudem sollte klar geworden sein, dass eine reduktionistische Sicht auf den Untersuchungsgegenstand allein aus einem medienontologischen Grund nicht tragfähig erscheint: Die Erzählliteratur und die Literatur insgesamt kann filmische oder kinematografische Verfahren schlichtweg nicht direkt applizieren. Intermedialitätstheorien sprechen dahingehend von einem *intermedial gap*. Diese mediendifferenzierende Lücke, so sollte gezeigt werden, schließen die hier verhandelten literarischen Texte durch die Ausbildung distinkt narrativer Verfahren. Die Annahme einer Diversifikation literarisch-filmischer Verfahrensweisen muss derweil zur Einsicht führen, dass eine singuläre Studie dem gesamten Formenspektrum nicht gerecht werden kann. Blendet man also die Medienspezifik des Films und alle damit zusammenhängenden Probleme aus und konzentriert den Blick auf das filmische Erzählen im Literatursystem, so lassen sich abschließend die folgenden Untersuchungsbereiche besonders hervorheben, deren genauere Betrachtung der künftigen Forschung angetragen wird – neben der grundsätzlichen Aufforderung zur Ergänzung und Ausdifferenzierung der Typologie durch weitere Textanalysen:

Auditivität als filmische Form in literarischen Erzähltexten und Fragen nach der schriftsprachlichen Generierung einer akustischen Dimension der erzählten Welt, einer tonmalerischen Gestaltung der ‚Stimme' und der funktionalen Integration musikalischer Transforme konnten lediglich angeschnitten werden. Als eine Menge fremdmedialer Elemente sollte sich der Bereich der Auditivität ähnlich zur Erzählliteratur verhalten wie der der Visualität – angedeutet worden ist dies etwa im Merkmal der Konkretheit –, in einigen anderen Punkten wird er sich jedoch grundlegend von ihr unterscheiden. Diesen Unterschieden und weiteren Spezifika ist noch auf den Grund zu gehen. Die nicht-präsente diegetische Erzählinstanz erscheint als idealtypisches Beispiel für die Anwendung der *camera eye*-Technik. In Robbe-Grillets *La jalousie* dient die narrative Vermittlung nicht dem selbstreflexiven Zweck einer Gegenüberstellung von literarischen und filmischen Verfahrensweisen, sondern der Konzentration auf das gestörte Verhältnis des Subjekts zur Welt. Inwiefern äußert sich diese Erzählform in weiteren Texten? Ist der Einsatz einer absenten diegetischen Erzählinstanz notwendigerweise auf die Subjekt-Welt-Problematik zu abstrahieren oder existieren auch davon losgelöste Themenfelder? Mit Alexander Kluges und Peters Weiss' Romanen sind im Rahmen der vorliegenden Studie lediglich wenige prägnante Beispiele für stratifikatorisches Erzählen als Form filmischen Erzählens in der Literatur genannt worden. Das Aufsplittern einer narrativen ‚Stimme' und die Schichtung des literarischen Erzählens auf mehrere (mediale) Ebenen scheint indessen kein singulär auftretendes Phänomen zu sein, sondern eines, das augenscheinlich prägend für die Literatur der Postmoderne ist. Eingehender sollte infolgedessen nochmals der Zusammenhang zwischen stratifikatorischem Erzählen und aktuellen Formen des Filmischen in der Literatur untersucht werden – wobei eine Ausweitung des Blickfeldes auf weitere Erzählmedien, wie beispielsweise den Comic, sicherlich lohnenswert wäre. Genrebezüge können vielfältig sein, da das Filmsystem inzwischen eine reiche Genrevielfalt mit jeweiligen Charakteristika ausgebildet hat und das Spiel mit Genremustern insbesondere in den letzten Jahrzehnten zu einem äußerst beliebten Verfahren filmischen Erzählens arriviert ist. Zu überprüfen wäre, in welcher Form Referenzen auf Genres fruchtbar gemacht werden und welche jeweilige Funktion sie einnehmen. Kritisch zu prüfen ist aber grundlegend, inwieweit eine Unterscheidung zwischen literarischen und filmischen Genres einerseits überhaupt sinnvoll ist, andererseits jedoch ebenso, welche Möglichkeiten sie einräumt: Durch welche prinzipiellen Parameter zeichnet sich ein filmisches Genre genau aus und auf welche Weise werden diese in literarischen Texten reproduziert? Wie Genrebezüge im Allgemeinen bedarf die Figur als fiktives Wesen des Films in der Literatur im Besonderen weiterer Auseinandersetzung hinsichtlich ihrer Eigenschaft als Handlungsträger und als Träger semantischer Merkmale. Dies erscheint deshalb notwendig, da mit ihr ein wesentliches Element filmischen Erzählens in der Literatur vorliegt: von ihr aus erschließt sich die Perspektive und gegebenenfalls die Erzählinstanz, die Handlung und Handlungskonflikte mit Blick auf filmische Prinzipien.

Daneben eröffnet eine Geschichte des filmischen Erzählens eine Sicht darauf, wie der Mensch künstlerisch auf seine Umwelt reagiert, wie er Veränderungen verarbeitet, welche Konsequenzen er für die Erfassung von Welt zieht und wie er dies narrativ operationalisiert. Man kann so weit gehen, zu behaupten, dass das filmische Erzählen als Symptom einer prozessualen Krise angesehen werden kann – einer intellektuellen Krise –, die sich seit Mitte des 19. Jahrhunderts abzuzeichnen beginnt, in der Moderne ihren Höhepunkt erlebt und deren Auswirkungen bis heute spürbar sind, gleichwohl im heutigen ‚digitalen Zeitalter' sicherlich andere Problemstellungen vorherrschen. Die damalige Krise des kulturellen Denksystems entsteht vor einem medien- und gesellschaftsgeschichtlichen Hintergrund und wirkt sich auf das gesellschaftliche Leben und schließlich auf künstlerische Systeme aus. Der Nexus eines solchen ‚Zwischenzustands' stellt die Wahrnehmungsveränderung dar. An Wahrnehmungsaspekte geknüpft unterliegt ebenfalls das (fiktionale) Erzählen einem folgenschweren Modifikationsprozess: Wie kann Welt erfasst, wie kann sie reproduziert oder fiktional generiert werden, wenn sie sich selbst – und zwar rapide – beschleunigt, Gesellschaft expandiert und sich die Wahrnehmung von Zeit und Raum wandelt, der Blick auf Welt durch visuelle Bildmedien stets changiert, ja, der ‚Blick' selbst aufgrund wissenschaftlicher Forschung in Frage gestellt wird?

Die Symptomatik filmischen Erzählens liefert Hinweise darauf, wie die literarische Intelligenz auf diese Krise reagiert und sie verarbeitet. Dahingehend dient es zwar als hilfreiches Instrument zur Beleuchtung literaturgeschichtlicher Ereignisse, stellt aber sicherlich nur einen Aspekt historischer Wendepunkte unter vielen dar. Die aufgeworfenen Fragen mögen auf weitere Verwicklungen der Literatur und des Erzählens in Prozesse der Wahrnehmungsgeschichte hinweisen, denen hier nicht nachgegangen werden konnte. Schließlich obliegt der künftigen literaturwissenschaftlichen Forschung hinsichtlich der verhandelten Problematik die weitere Ausdifferenzierung des narratologischen Beschreibungsinventars und zwar insbesondere mit Blick auf die historische Text–Kontext-Relation und die gleichsam punktgenauere und globalere Sicht auf die Erzählliteratur im Verhältnis zu neuen Medien. Die Untersuchung des Einflusses mediengeschichtlicher Vernetzungen auf das Erzählen steckt zwar erfreulicherweise nicht mehr in den Kinderschuhen, die ihr auferlegten Aufgaben erscheinen jedoch noch lange nicht gelöst.

9. Quellenverzeichnis

9.1. Literarische Texte und andere Quellen

Bahr, Hermann: „Die Moderne". In: Gotthart Wunberg (Hg.): *Die Wiener Moderne. Literatur, Kunst, Musik zwischen 1890 und 1910*, Stuttgart: Reclam 1981, S. 189ff.

Baum, Vicki: *Menschen im Hotel*, Köln: Kiepenheuer & Witsch 2010.

Berg, Sibylle: *Ein paar Leute suchen das Glück und lachen sich tot*, Stuttgart: Reclam 2008.

Bronnen, Arnolt: *Film und Leben Barbara La Marr*, Berlin: Henschelverlag 1957.

Caroll, Lewis: *Alice in Wonderland*, hg. v. Donald J. Gray, 2. Aufl., New York/London: Norton 1992.

Dickens, Charles: *The adventures of Oliver Twist*, Oxford [u. a.]: Oxford Univ. Press 1989.

—: *Great expectations*, Oxford [u. a.]: Oxford Univ. Press 1989.

—: *Oliver Twist*, übers. v. G. Meyrink, Frankfurt a. M.: Fischer 2008.

Döblin, Alfred: *Berlin Alexanderplatz*, München: dtv 2001.

—: *Aufsätze zur Literatur*, Olten [u. a.]: Walter 1963.

—: „An die Romanautoren und ihre Kritiker. Berliner Programm". In: ders.: *Aufsätze zur Literatur*, S. 15–19.

—: „Bemerkungen zum Roman". In: ders.: *Aufsätze zur Literatur*, S. 19–23.

Dos Passos, John: *Manhattan transfer*, 9. Aufl., Boston: Houghton Mifflin 1953.

—: *42nd parallel. First in the trilogy U.S.A.*, Ontario: New American Library 1969.

Echenoz, Jean: *Cherokee*, Paris: Minuit 1983.

—: *Die großen Blondinen*, übers. v. H. Schmidt-Henkel, Berlin: Berlin Verl. 2002.

Eckermann, Johann Peter: *Gespräche mit Goethe in den letzten Jahren seines Lebens*, hg. v. F. Bergemann, Leipzig: Insel-Verl. 1968.

Ende, Michael: *Die unendliche Geschichte*, 2. Aufl., München: Piper 2009.

Fitzgerald, F. Scott: *Die Liebe des letzten Tycoon. Ein Western*, übers. v. R. Orth-Guttmann, Zürich: Diogenes 2007.

Flaubert, Gustave: *Madame Bovary*, Paris: Fasquelle 1917.

—: *Madame Bovary. Sitten der Provinz*, übers. v. R. Schickele und I. Riesen, Zürich: Diogenes 1979.
Fontane, Theodor: „Effi Briest". In: ders.: *Sämtliche Werke*, Bd. 7, München: Nymphenburger Verlagshandl. 1959, S. 171–427.
—: „Unsere lyrische und epische Poesie seit 1848" (1853). In: ders.: *Literarische Essays und Studien*, München: Nymphenburger Verl.-Handlung 1963, S. 7–33.
—: *Briefe an Georg Friedländer*, hg. v. K. Schreinert, Heidelberg: Quelle u. Meyer 1954.
—: „Brief an Emilie Fontane vom 24.6.1881". In: ders.: *Briefe*, Bd. 1, hg. v. K. Schreinert u. Ch. Jolles, Berlin: Propyläen-Verl. 1968, S. 154f.
Friedell, Egon: „Prolog vor dem Film". In: Kaes: Kino-Debatte, S. 42–47.
—: „Apologie des Kinos". In: Güttinger: *Kein Tag ohne Kino*, S. 115ff.
Goethe, Johann Wolfgang: *Farbenlehre*, hg. v. G. Ott u. H. O. Proskauer, 3. Aufl., Stuttgart: Verl. Freies Geistesleben 1979.
Goll, Yvan: „Das Kinodram". In: Kaes: *Kino-Debatte*, S. 136–139.
Gotthelf, Jeremias: „Die schwarze Spinne". In: *Kleinere Erzählungen*, Bd. 1, Erlenbach-Zürich/Stuttgart: Eugen Rentsch Verlag 1962, S. 25–113.
Gutzkow, Karl: „Vorwort". In: ders.: *Werke*, Bd. 5: *Die Ritter vom Geiste*, hg. v. R. Gensel, Berlin [u. a.]: Deutsches Verlagshaus Bong 1974, S. 39–52.
Handke, Peter: *Die Angst des Tormanns beim Elfmeter*, Frankfurt a. M.: Suhrkamp 1970.
—: *Chronik der laufenden Ereignisse*, Frankfurt a. M.: Suhrkamp 1971.
—: *Die Hornissen*, Frankfurt a. M.: Suhrkamp 1977.
—: *Die linkshändige Frau*, Frankfurt a. M.: Suhrkamp 1981.
Hardy, Thomas: *A pair of blue eyes*, London: Macmillan 1975.
Hasenclever, Walter: „Die Hochzeitsnacht. Ein Film in drei Akten". In: Pinthus: *Das Kinobuch*, S. 35–44.
—: „Der Kintopp als Erzieher". In: Kaes: *Kino-Debatte*, S. 47–49.
Hauptmann, Gerhart: „Über das Kino". In: Kaes: *Kino-Debatte*, S. 159f.
Hegemann, Helene: *Axolotl Roadkill*, 3. Aufl., Berlin: Ullstein 2010.
Hoffmann, E.T.A.: „Des Vetters Eckfenster". In: ders.: *Poetische Werke*, Bd. 12: *Letzte Erzählungen*, Berlin/New York: de Gruyter 1993, S. 169–200.
Hofmann, Ulrich: *The end*, Berlin: Aufbau 2008.
Hofmannsthal, Hugo von: „Der Brief des Lord Chandos". In: ders.: *Gesammelte Werke II: Erzählungen/Gespräche und Briefe*, Berlin: Fischer 1924, S. 175–188. Ausgabe
Höllriegel, Arnold: „Galeotto". In: Pinthus: *Das Kinobuch*, S. 127–131.
—: *Die Films der Prinzessin Fantoche*, Berlin: Aviva 2003.

—: *Du sollst dir kein Bildnis machen. Ein Roman aus Hollywood*, München: Drei Masken 1929.
Keun, Irmgard: *Das kunstseidene Mädchen*, München: dtv 1989.
Kluge, Alexander: *Die Patriotin*, 2. Aufl., Frankfurt a. M.: Suhrkamp 1980.
—: *Lernprozesse mit tödlichem Ausgang*, Frankfurt a. M.: Suhrkamp 1974.
—: *Gelegenheitsarbeit einer Sklavin. Zur realistischen Methode*, Frankfurt a. M.: Suhrkamp 1975.
—: *Bestandsaufnahme. Utopie Film. Zwanzig Jahre neuer deutscher Film*, 2. Aufl., Frankfurt a. M.: Suhrkamp 1983.
—: „Schriften an der Wand". In: *Die Woche* 50 (9.12.1993).
Koeppen, Wolfgang: „Vom Tisch". In: *Text u. Kritik* 34 (1972), S. 1–13.
—: *Der Tod in Rom*, Frankfurt a. M.: Suhrkamp 1975.
—: *Tauben im Gras*, Frankfurt a. M.: Suhrkamp 1980.
—: *Das Treibhaus*, München: Süddeutsche Zeitung/Bibliothek 2004.
—: *Gesammelte Werke in sechs Bänden*, hg. v. M. Reich-Ranicki in Zusammenarbeit mit D. v. Briel und H.-U. Treichel, Frankfurt a. M.: Suhrkamp 1990.
Kracht, Christian: *Ich werde hier sein im Sonnenschein und im Schatten*, München: dtv 2010.
Lampe, Friedo: „Briefe", zusammengest. v. J. Pfeiffer. In: *Neue Deutsche Hefte* 3 (1956/57), S. 108–122.
—: *Das Gesamtwerk*, Reinbek bei Hamburg: Rowohlt 1986.
—: *Am Rande der Nacht*, hg. v. J. Graf, Göttingen: Wallstein 1999.
—: *Septembergewitter*, hg. v. J. Dierking, Göttingen: Wallstein 2001.
—: „Laterna Magica". In: ders.: *Das Gesamtwerk*, S. 293–306.
—: „Lustgarten 23.30 Uhr abends". In: ders.: *Das Gesamtwerk*, S. 342f.
Lodge, David: *Changing places. A tale of two campuses*, London: Harmondsworth 1975.
—: *Ortswechsel*, übers. v. R. Orth-Guttmann, München: List Verl.1986.
Ludwig, Otto: „Der poetische Realismus". In: ders.: *Nachlaßschriften*, hg. v. M. Heydrich, Bd. 2: Shakespeare-Studien, Leipzig: Cnobloch 1874, S. 264ff.; zit. nach Bucher: *Realismus und Gründerzeit*, S. 102f.
—: „Subjektiver Idealismus". In: Bucher: *Realismus und Gründerzeit*, S. 103f.
—: „Der poetische Realismus". In: ders.: *Ludwigs Werke*, Vierter Teil: *Dramatische Studien*, Hg. v. A. Eloesser, Berlin [u.a.]: Bong, S. 319–322.
—: „Formen der Erzählung (Aus dem Nachlaß)". In: Bucher: *Realismus und Gründerzeit*, S. 379ff.
—: „Objektivität der dramatischen Dichtung". In: Plumpe: *Theorie des bürgerlichen Realismus*, S. 289–291.
—: *Zwischen Himmel und Erde*, Stuttgart: Reclam 2001.
Lux, Joseph August: „Über den Einfluß des Kinos auf die Literatur und den Buchhandel". In: Kaes: *Kino-Debatte*, S. 93–96.

Manzoni, Alessandro F. T.: *Die Verlobten. Eine mailändische Geschichte aus dem 17. Jahrhundert*, übers v. A. Wesselski, Frankfurt a. M./Berlin: Ullstein 1969.
McCarten, Anthony: *Death of a superhero*, Glenfield/Auckland: Alma 2005.
–: *Spinners*, Richmond: Harper Collins 2008.
Mierendorf, Carlo: „Hätte ich das Kino". In: Kaes: *Kino-Debatte*, S. 139–146.
Muybrigde, Eadweard: „Descriptive Zoopraxography or the sience of animal locomotion made popular". In: Steven Herbert (Hg.): *A history of pre-cinema*, Bd. 1, S. 112–168.
Pfemfert, Franz: „Kino als Erzieher". In: Kaes: *Kino-Debatte*, S. 59–62.
Pinthus, Kurt (Hg.): *Das Kinobuch*, Zürich: Arche 1963.
–: „Die verrückte Lokomotive oder Abenteuer einer Hochzeitsfahrt. Ein großer Film". In: ders.: *Das Kinobuch*, S. 77–86.
Raabe, Wilhelm: „Die Chronik der Sperlingsgasse". In: ders.: *Werke in zwei Bänden*, München/Zürich: Droemersche Verl.-Anst. Knaur 1961, Bd. 1, S. 7–123.
–: „Die Kinder von Finkenrode". In: ders.: *Sämtliche Werke* (= Braunschweiger Ausgabe), Bd. 2: *Erzählungen*, Göttingen: Vandenhoeck u. Ruprecht 1970, S. 7–219.
Robbe-Grillet, Alain: *Der Augenzeuge*, übers. v. E. Tophoven, München: Hanser 1957.
–: *Die Niederlage von Reichenfels*, übers. v. E. Tophoven, München: Hanser 1960.
–: *Der Augenzeuge*, übers. v. E. Tophoven, München: dtv 1962.
–: *Die blaue Villa von Hongkong*, übers. v. R. u. H. Soellner, München: Hanser 1966.
–: *Die Jalousie oder die Eifersucht*, übers. v. E. Tophoven, Stuttgart: Reclam 2002.
Schlegel, Johann Elias: *Werke*, hg. v. J. H. Schlegel, Kopenhagen/Leipzig: Mummische Buchhandlung 1764.
Schmidt, Julian: „Der neueste englische Roman und das Princip des Realismus". In: *Die Grenzboten* 15/4 (1856), S. 466–474.
–: „Schiller und der Idealismus". In: *Die Grenzboten* 17/4 (1858), S. 401–410.
–: „Neue Romane". In: *Die Grenzboten* 20/4 (1860), S. 481–492; zit. nach Bucher: *Realismus und Gründerzeit*, S. 96ff.
Simmel, Georg: „Die Großstädte und das Geistesleben". In: ders.: *Aufsätze und Abhandlungen 1901–1908*, Bd. 1, hg. v. R. Kramme, A. Rammstedt u. O. Rammstedt, Frankfurt a. M.: Suhrkamp 1995, S. 116–131.
Stendhal: *Le rouge et le noir. Chronique de 1830*, Paris: Seuil 1993.

Stifter, Adalbert: „Der Condor". In: ders.: *Werke und Briefe. Historisch-kritische Gesamtausgabe*, hg. v. A. Doppler u. W. Frühwald, Bd1,1: *Studien. Journalfassungen. Erster Band*, Stuttgart [u. a.]: Kohlhammer 1978, S. 9–31.

–: „Bergkristall". In: ders.: *Werke und Briefe. Historisch-kritische Gesamtausgabe*, Bd. 2,2, hg. v. A. Doppler u. W. Frühwald, Stuttgart [u. a.]: Kohlhammer 1982, S. 181–240.

Storm, Theodor: „Der Schimmelreiter". In: ders.: *Sämtliche Werke*, Bd. 3: *Novellen 1881–1888*, hg. v. K. E. Laage, Frankfurt a. M.: DKV 1998, S. 634–756.

–: „Im Schloß". In: ders.: *Sämtliche Werke*. Bd. 1: *Gedichte/Novellen 1848–1867*, hg. D. Lohmeier, Frankfurt a. M.: DKV 1987, S. 480–528.

–: „Immensee". *Sämtliche Werke*. Bd. 1: *Gedichte/Novellen 1848–1867*, hg. D. Lohmeier, Frankfurt a. M.: DKV 1987, S. 295–328.

Weiss, Peter: *Der Schatten des Körpers des Kutschers*, Frankfurt a. M.: Suhrkamp 1964.

–: *Das Duell*, Frankfurt a. M.: Suhrkamp 1972.

–: *Notizbücher 1960–1971*, Frankfurt a. M.: Suhrkamp 1981.

–: *Avantgarde Film*, übers. v. B. Mazenauer, Frankfurt a. M.: Suhrkamp 1995.

Wellershoff, Dieter: „Wiederherstellung der Fremdheit". In: ders.: *Literatur und Veränderung. Versuche zu einer Metakritik der Literatur*, Köln/Berlin: Kiepenhauer u. Witsch 1969, S. 82–96.

9.2. Forschungsliteratur

Albersmeier, Franz Josef: *André Malraux und der Film. Zur Rezeption des Films in Frankreich*, Bern/Frankfurt a. M.: Lang 1973.

–: „Literatur und Film. Entwurf einer praxisorientierten Textsystematik". In: Peter V. Zima (Hg.): *Literatur intermedial. Musik – Malerei – Photographie – Film*, Darmstadt: Wiss. Buchgesellschaft 1995, S. 235–268.

Altman, Rick (Hg.): *Cinema/Sound*, New Haven: Yale Univ. 1980.

– (Hg.): *Sound theory and soundpractice*, New York: Routledge 1992.

–: Film/genre, London: BFI Publishing 1999.

–: „A semantic/syntactic approach to film genre". In: Grant: *Film genre reader*, S. 26–40.

Antweiler, Christoph: „Menschliche Universalien. Ein kulturvergleichender Zugang zum Humanum". In: Eibl [u. a.]: *Im Rücken der Kulturen*, S. 67–86.

Anz, Thomas: *Literatur des Expressionismus*, Stuttgart/Weimar: Metzler 2002.

Ast, Michaela: *Geschichte der narrativen Filmmontage. Theoretische Grundlagen und ausgewählte Beispiele*, Marburg: Tectum 2002.

Aurnhammer, Achim/Beßlich, Barbara/Denk, Rudolf (Hg.): *Arthur Schnitzler und der Film*, Würzburg: Ergon 2010.

Balázs, Béla: *Schriften zum Film*, hg. v. H. H. Diederichs [u. a.], München [u. a.]: Hanser [u. a.] 1982.

–: „Das Filmszenarium, eine neue literarische Gattung". In: ders.: *Essay, Kritik 1922–1932*, Berlin: Staatliches Filmarchiv der DDR 1973, S. 178–199.

–: „Skizzen zu einer Dramaturgie des Films". In: ders: *Schriften zum Film*, Bd. 1, S. 58–136.

–: „Der sichtbare Mensch". In: ders.: *Schriften zum Film*, Bd. 1, S. 51–58.

–: „Ein Mädchen aus Sibirien". In: ders.: *Der Film. Werden und Wesen einer neuen Kunst*, 6. Aufl., Wien: Globus 1980, S. 24f.

Ballhausen, Thomas: „Die filmische Kurzschrift der Literatur. Zu Adaption, Intermedialität und Archiv". In: *Kolik* 54 (2011), S. 66–77.

Baron, Scarlett: „Flaubert, Joyce. Vision, Photography, Cinema". In: *Modern Fiction Studies* 54, 4 (2008), S. 689–714.

Baudry, Jean-Louis: „Ideologische Effekte erzeugt vom Basisapparat". In: *Eikon. Internationale Zeitschrift für Photographie und Medienkunst* 5 (1993), S. 36–43.

–: „Das Dispositiv. Metapsychologische Betrachtungen des Realitätseindrucks". In: *Psyche* 48 (1994), S. 1047–1074.

Barthes, Roland: *Le degré zéro de l'écriture*, Paris: Seuil 1953 [dt. *Am Nullpunkt der Literatur*, übers. v. H. Scheffel, Frankfurt a. M.: Suhrkamp 1982].

–: „Einführung in die strukturale Analyse von Erzählungen". In: ders.: *Das semiologische Abenteuer*, übers. v. D. Hornig, Frankfurt a. M.: Suhrkamp 1988, S. 102–143.

Baumgart, Reinhard: *Aussichten des Romans. Oder: Hat die Literatur Zukunft?. Frankfurter Vorlesungen*, München: dtv 1970.

Becker, Sabina: *Bürgerlicher Realismus. Literatur und Kultur im bürgerlichen Zeitalter 1848–1900*, Tübingen/Basel: Francke 2003.

–: *Literatur im Jahrhundert des Auges. Realismus und Fotografie im bürgerlichen Zeitalter*. München: Ed. Text u. Kritik 2010.

Behne, Adolf: „Stellung des Publikums". In: Kaes: *Kino-Debatte*, S. 160–163.

Beil, Benjamin/Kühnel, Jürgen/Neuhaus, Christian: *Studienhandbuch Filmanalyse. Ästhetik und Dramaturgie des Spielfilms*, München: Fink 2012.

Belach, Helga/Bock, Hans-Michael (Hg.): *Das Cabinet des Dr. Caligari. Drehbuch von Carl Mayer und Hans Janowitz zu Robert Wienes Film von 1919/20*, München: Ed. Text u. Kritik 1995.
Beller, Hans: *Handbuch der Filmmontage. Praxis und Prinzipien des Filmschnitts*, 3. durchgesehene Aufl., München: UVK Verl. 1993.
—: „Aspekte der Filmmontage. Eine Art Einführung". In: Ders.: *Handbuch der Filmmontage*, S. 9–32.
Benjamin, Walter: „Das Kunstwerk im Zeitalter seiner technischen Reproduzierbarkeit". In: ders.: *Das Kunstwerk im Zeitalter seiner technischen Reproduzierbarkeit und weitere Dokumente*, komment. v. D. Schöttker, Frankfurt a. M.: Suhrkamp 2007, S. 9–50.
Belton, John: „Technologie und Innovation". In: Nowell-Smith: *Geschichte des internationalen Films*, S. 235–243.
—: „Neue Technologien". In: Nowell-Smith: *Geschichte des internationalen Films*, S. 440–447.
Berger, John/Mohr, Jean: *Eine andere Art zu erzählen*, übers. v. K. Stromberg, München/Wien: Hanser 1984.
Birkmeyer, Jens: „Scheiterndes Sehen. Filmisches Erzählen in ‚Meine Ortschaft' von Peter Weiss". In: *Peter-Weiss-Jahrbuch* 17 (2008), S. 67–99.
Birr, Hannah/Reinerth, Maike Sarah/Thon, Jan-Noël (Hg.): *Probleme filmischen Erzählens*, Berlin: Lit 2009.
Black, David Alan: „Genette and film. Narrative level in fiction cinema". In: *Wide angle* 8, 3/4 (1986), S. 19–26.
Blank, Richard: *Film und Licht. Die Geschichte des Filmlichts ist die Geschichte des Films*, Berlin: Alexander-Verl. 2009.
Bleicher, Joan Kristin: „Zirkulation medialer Bilderwelten. Wechselwirkungen zwischen Fernsehen und YouTube". In: Birr/Reinerth/Thon: *Probleme filmischen Erzählens*, S. 177–200.
Bleicher, Thomas: „Filmische Literatur und literarisierter Film – Peter Handkes Erzählung ‚Die linkshändige Frau' und Sembème Ousmanes Film ‚Xala' als Paradigma neuer Kunstformen". In: *Komparatistische Hefte* 5/6, (1982), S. 119–137.
Bloch, Ernst: „Die Melodie im Kino oder immanente und transzendentale Musik". In: Schweinitz: *Prolog vor dem Film*, S. 326–334.
Blümlinger, Christa (Hg.): *Sprung im Spiegel. Filmisches Wahrnehmen zwischen Fiktion und Wirklichkeit*, Wien: Sonderzahl 1990.
Boillat, Alain: *Du bonimenteur à la voix-over. Voix-attraction et voix-narration au cinéma*, Lausanne: Éditions antipodes 2007.
Bordwell, David: *Narration in the fiction film*, London: Methuen 1985.
—/Thompson, Kristin: *Film art. An introduction*, 5. Aufl., New York: McGraw Hill 1997.

–/Thompson, Kristin: *Film art. An introduction*, 9. Aufl., New York: McGraw Hill 2009.
–: „Neo-structuralist narratology and the functions of filmic storytelling". In: Ryan: *Narrative across media*, S. 203–219.
Bosse, Ulrike: *Alexander Kluge. Formen literarischer Darstellung von Geschichte*, Frankfurt a. M. [u. a.]: Lang 1989.
Brandlmeier, Thomas: *Kameraautoren. Technik und Ästhetik*, Marburg: Schüren 2008.
Branigan, Edward: „Formal permutations of the Point-of-view Shot". In: *Screen*, 16/3 (1975), S. 54–64.
–: *Point of view in the cinema. A theory of narration and subjectivity in classical film*, Berlin [u. a.]: Mouton 1984.
–: „Point of view in the fiction film". In: *Wide angle* 8, 3/4 (1986), S. 4–52.
–: *Narrative comprehension and film*, London [u. a.] 1992.
–: „Die Point-of-View-Struktur". In: *Montage/AV* 16/1 (2007), S. 45–70.
Brecht, Bertolt: „Der Dreigroschenprozeß. Ein soziologisches Experiment". In: ders.: *Gesammelte Werke*, Bd. 18: *Schriften zur Literatur und Kunst I*, Frankfurt a. M.: Suhrkamp 1967, S. 139–209.
Brockhaus. Enzyklopädie, Bd. 26, 21., völlig neu bearbeitete Aufl., Leipzig/Mannheim: Brockhaus 2006.
Breen, Richard/Rottman, David B.: *Class stratification. A comparative perspective*, New York [u. a.]: Harvester Wheatsheaf 1995.
Brosch, Renate: *Krisen des Sehens. Henry James und die Veränderung der Wahrnehmung im 19. Jahrhundert*, Tübingen: Stauffenberg 2000.
Browne, Nick: „The spectator-in-the-text. The rhetoric of ‚Stagecoach'". In: Leo Braudy/Marshall Cohen (Hg.): *Film theory and criticism. Introductory readings*, New York: Oxford Univ. Press 1999, S. 148–163.
Brink-Friederici, Christl: *Wolfgang Koeppen. Die Stadt als Pandämonium*, Frankfurt a. M. [u. a.]: Lang 1990.
Brössel, Stephan: „Der komponierte Erzähler im Film. Möglichkeiten und Grenzen eines transmedialen Erzähler-Konzeptes am Beispiel von Formans ‚Amadeus'". In: Matthias Lorenz (Hg.): *Film im Literaturunterricht. Von der Frühgeschichte des Kinos bis zum Symmedium Computer*, Freiburg: Fillibach 2010, S. 53–77.
–: „Zeit und Film. Zeitkreise in Christopher Nolans ‚Memento'". In: Antonius Weixler/Lukas Werner (Hg.): *Zeit(en) erzählen. Ansätze – Aspekte – Analysen*, Berlin/New York: de Gruyter (im Druck).
–: „Wirklichkeitsbrüche. Theorie und Analyse mit Blick auf Texte der Frühen Moderne und Postmoderne". In: *Studia Germanica Posnaniensia* 34 (2013) (im Druck).
Brunow, Jochen: „Eine andere Art zu erzählen. Utopie vom Drehbuch als eigenständiger Schreibweise". In: ders. (Hg.): *Schreiben für den Film. Das*

Drehbuch als eine andere Art des Erzählens, München: Ed. Text u. Kritik 1989, S. 23–39.
Bucher, Max [u. a.] (Hg.): *Realismus und Gründerzeit. Manifeste und Dokumente zur deutschen Literatur 1848–1880*, Bd. 2: *Manifeste und Dokumente*, Stuttgart: Metzler 1975.
Buchholz, Hartmut: *Eine eigene Wahrheit. Über Wolfgang Koeppens Romantrilogie 'Tauben im Gras', 'Treibhaus' und 'Der Tod in Rom'*, Frankfurt a. M. [u. a.]: Lang 1982.
Buchholz, Sabine/Jahn, Manfred: „Space in narrative". In: Herman/Jahn/Ryan: *Routledge encyclopedia of narrative theory*, S. 551–555.
Bullerjahn, Claudia: *Grundlagen der Wirkung von Filmmusik*, Augsburg: Wißner 2001.
Burgoyne, Robert: „The cinematic narrator. The logic and pragmatics of impersonal narration". In: *The journal of film and video* 42/1 (1990), S. 3–16.
–/Stam, Robert/Flitterman-Lewis, Sandy: *New vocabularies in film semiotics. Structuralism, post-structuralism, and beyond*, London [u.a.]: Routledge 1992.
Casparis, Christian Paul: *Tense without time. The present tense in narration*, Bern: Francke 1974.
Cassetti, Francesco: „Antonioni and Hitchcock. Two strategies of narrative investment". In: *Substance* 51/3 (1986), S. 69–86.
Ceram, C. W.: *Eine Archäologie des Kinos*, Reinbek bei Hamburg: Rowohlt 1965.
Châteauvert, Jean: *Des mots à l'image. La voix over au cinéma*, Québec/Paris: Nuit Blanche Éditeur/Méridiens Klincksieck 1996.
Chatman, Seymour: *Story and discourse. Narrative structure in fiction and film*, Ithaca/London: Cornell Univ. Press 1978.
–: *Coming to terms. The rhetoric of narrative in fiction and film*, Ithaca, NY [u. a.]: Cornell Univ. Press 1990.
–: „What can we learn from a contextualist narratology". In: *Poetics today* 11/2 (1991), 309–28.
–: „New directions in voice-narrated cinema". In: Herman: *Narratologies*, S. 315–339.
Chopra-Gant, Mike: „'So what kind of film is it?'. Genre, publicity and critical practice". In: Garin Dowd/Lesly Stevenson/Jeremy Strong (Hg.): *Genre matters. Essays in theory and criticism*, Bristol/Portland : Intellect books 2006, S. 123–133.
Clerc, Jeanne-Marie: *Le cinéma, témoin de l'imaginaire dans le roman français contemporain. Écriture du visuel et transformations d'une culture*, Bern [u. a.]: Lang 1984.

Cohen, Keith: *Film and fiction. The dynamics of exchange*, New Haven/ London: Yale Univ. Press 1979.
Cook, David A.: *A history of narrative film*, 4. Aufl., New York/London: Norton 2004.
Crary, Jonathan: *Techniken des Betrachters. Sehen und Moderne im 19. Jahrhundert*, übers. v. A. Vonderstein, Dresden/Basel: Verl. d. Künste 1996.
–: „Nineteenth-century visual incapacities". In: James Elkins: *Visual literacy*, New York/London: Routledge 2008, S. 59–76.
Dadek, Walter: *Das Filmmedium. Zur Begründung einer Allgemeinen Filmtheorie*, München/Basel: Ernst Reinhardt Verl. 1968.
Dane, Gesa: „Filmisches und episches Erzählen. Käte Hamburgers gattungstheoretische Überlegungen zum Film". In: Johanna Bossinade/Angelika Schaser (Hg.): *Käte Hamburger. Zur Aktualität einer Klassikerin*, Göttingen: Wallstein 2003, S. 169–179.
Danto, Arthur C.: *Analytische Philosophie der Geschichte*, übers. v. J. Behrens, Frankfurt a. M.: Suhrkamp 1974.
Deines, Stefan/Jaeger, Stephan/Nünning, Ansgar (Hg.): *Historisierte Subjekte – subjektivierte Historie. Zur Verfügbarkeit und Unverfügbarkeit von Geschichte*, Berlin/New York: de Gruyter 2003.
Dennerlein, Katrin: *Narratologie des Raumes*, Berlin/New York: de Gruyter 2009.
Dethlof, Uwe: *Französischer Realismus*, Stuttgart/Weimar: Metzler 1997.
Dierking, Jürgen: „Die Augen voll Traum und Schlaf. Zum Werk des melancholischen Idyllikers Friedo Lampe". In: Lampe: *Das Gesamtwerk*, S. 353–368.
Döring, Jörg: *„... ich stellte mich unter, ich machte mich klein..."*. *Wolfgang Koeppen 1933–1948*, Frankfurt a. M.: Suhrkamp 2001.
Dörr, Marianne: *Medien, Moderne, Schreiben. Untersuchung zur Medienthematik bei Charles Ferdinand Ramuz und Blaise Cendrars*, Heidelberg: Winter 1991.
Ebner, Anja: „‚Nie bin ich, wäre ich auf den Ätna gegangen'. Zur Entstehungsgeschichte des Films ‚Ich bin gern in Venedig warum' und zweier Erzählfragmente von Wolfgang Koeppen". In: Günter Häntzschel [u.a.] (Hg.): *‚Ich wurde eine Romanfigur'. Wolfgang Koeppen. 1906–1996*, Frankfurt a. M.: Suhrkamp 2006, S. 247–258.
Eder, Jens: *Die Figur im Film. Grundlagen der Figurenanalyse*, Marburg: Schüren 2008.
Eder, Klaus/Kluge, Alexander: *Ulmer Dramaturgien. Reibungsverluste*, München/Wien: Hanser 1980.
Eggeling, Giulia: *Mediengeprägtes Erzählen. Aspekte der Medienästhetik in der französischen Prosa der achtziger und neunziger Jahre*, Stuttgart [u. a.]: Metzler 2003.

Eibl, Karl: *Animal Poeta. Bausteine der biologischen Kultur- und Literaturtheorie*, Paderborn: Mentis 2004.
Eibl Karl [u.a.] (Hg.): *Im Rücken der Kulturen*, Paderborn: Mentis 2007.
Eisenstein, Sergej M.: „Dickens, Griffith und wir". In: ders.: *Jenseits der Einstellung. Schriften zur Filmtheorie*, hg. v. F. Lenz u. H. H. Diederichs, Frankfurt a. M.: Suhrkamp 2006, S. 301–366.
Ek, Sverker: „,Eine Sprache suchen'. Peter Weiss als Filmemacher". In: Gunilla Palmstierna-Weiss/Jürgen Schutte (Hg.): *Peter Weiss. Leben und Werk*, Frankfurt a. M.: Suhrkamp 1991, S. 138–154.
Elsaesser, Thomas: *Filmgeschichte und frühes Kino. Archäologie eines Medienwandels*, München: Ed. Text u. Kritik 2002.
Elsaesser, Thomas: „Die ,Neue Filmgeschichte' und das frühe Kino". In: ders.: *Filmgeschichte und frühes Kino*, S. 20–46.
Engel, Manfred/Zymner, Rüdiger (Hg.): *Anthropologie der Literatur*, Paderborn: Mentis 2004.
Erll, Astrid/Roggendorf, Simone: „Kulturgeschichtliche Narratologie. Die Historisierung und Kontextualisierung kultureller Narrative". In: Nünning, Ansgar/Nünning Vera (Hg.): *Neue Ansätz in der Erzähltheorie*, Trier: WVT 2002, S. 73–114.
Erhart, Walter: „ ,Es fallen einem Bilder ein' – Wolfgang Koeppens letzte Filme". In: Dieter Heimböckel/Uwe Werlein (Hg.): *Der Bildhunger der Literatur. Festschrift für Gunter E. Grimm*, Würzburg: Königshausen und Neumann 2005, S. 313–327.
Everitt, David/Schechter, Harold: *Film tricks. Special effects in the movies*, New York: H. Quist 1980.
Faulstich, Werner: „Medientheorie". In: ders. (Hg.): *Grundwissen Medien*, München: Fink 1994, S. 19–25.
–: *Die bürgerliche Mediengesellschaft (1700–1830)*, Göttingen: Vandenhoeck u. Ruprecht 2002.
–: *Medienwandel im Industrie- und Massenzeitalter (1830–1900)*, Göttingen: Vandenhoeck u. Ruprecht 2004.
–: *Mediengeschichte von 1700 bis ins 3. Jahrtausend*, Göttingen: Vandenhoeck u. Ruprecht 2006.
Fell, John L.: *Film and the narrative tradition*, Norman, Oklahoma: Univ. of California Press 1974.
Fielding, Raymond: *The technique of special effects cinematography*, 4. Aufl., London/Boston: MPG books 1985.
Foucault, Michel: *Dispositive der Macht. Über Sexualität, Wissen und Wahrheit*, Berlin: Merve 1978.
Frank, Joseph: *The idea of spatial form*, New Brunswick [u. a.]: Rutgers Univ. Press 1991.

Frank, Michael C.: „Die Literaturwissenschaften und der spatial turn. Ansätze bei Jurij Lotman und Michail Bachtin". In: Hallet/Neumann: *Raum und Bewegung in der Literatur*, S. 53–80.

Friedemann, Käte: *Die Rolle des Erzählers in der Epik*, Hildesheim: Gerstenberg 1977.

Garard, Charles: *Point of view in fiction and film. Focus on John Fowles*, New York [u. a.]: Lang 1991.

Gaudreault, André: „Narration and monstration in the cinema". In: *The journal of film and video* 32/2 (1987), S. 29–36.

Genette, Gérard: *Die Erzählung*, übers. v. A. Knop, München: Fink 1998.

Gessinger, Joachim/Rahden, Wolfert V. (Hg.): *Theorien vom Ursprung der Sprache*, Berlin/New York: de Gruyter 1989.

Gibbs, John: *Mise-en-scène. Film style and interpretation*, London/New York: Wallflower Press 2002.

Giesen, Rolf: „Wer nicht sehen will, muß fühlen. Die Entwicklung der Spezialeffekte – von den Anfängen bis in die Zukunft". In: ders.: *Special Effects. King Kong, Orphée und die Reise zum Mond*, hg. v. d. Stiftung Deutsche Kinematik zur Retrospektive der 35. Intern. Filmfestspiele, Berlin: Bleicher 1985.

Gill, Richard: „The soundtrack of Madame Bovary. Flaubert's orchestration of aural imagery". In: *Literature-film quarterly* 1 (1973), S. 206–217.

Gorbman, Claudia: *Unheard melodies. Narrative film music*, London: BFI Publ. 1987.

–: „Narrative film music". In: Rick Altman: *Cinema/Sound*, S. 183–203.

–: „Filmmusik. Text und Kontexte", übers. v. W. Bayer. In: Regina Schlagnitweit/ Gottfried Schlemmer (Hg.): *Film und Musik*, Wien: Synema 2001, S. 13–27.

Göttsche, Dirk: *Die Produktivität der Sprachkrise in der modernen Prosa*, Frankfurt a. M.: Athenäum 1987.

Gräf, Dennis/Großmann, Stephanie/Klimczak, Peter/Krah, Hans/ Wagner, Marietheres: *Filmsemiotik. Eine Einführung in die Analyse audiovisueller Formate*. Marburg: Schüren 2011.

Grant, Barry Keith (Hg.): *Film genre reader*, Austin: Univ. of Texas Press 1986.

Grimm, Petra: *Filmnarratologie. Eine Einführung in die Praxis der Interpretation am Beispiel des Werbespots*, München: Diskurs-Film-Verlag 1996.

Grisko, Michael: „Simulationen, Sensationen, Serialitäten. Richard A. Berman alias Arnold Höllriegel entdeckt den Film für die Literatur und begründet ein neues Genre". In: Höllriegel: *Die Films der Prinzessin Fantoche*, S. 138–157.

Grisko, Michael: *Heinrich Mann und der Film*, München: Meidenbauer 2008.

Gronemeyer, Nicole: „Dispositiv, Apparat. Zu Theorien visueller Medien". In: *Medienwissenschaft* 1 (1998), S. 9—21.
Großklaus, Götz/Lämmert, Eberhard (Hg.): *Literatur in einer industriellen Kultur*, Stuttgart: Cotta 1989.
—: „Vorbemerkungen". In: Großklaus/Lämmert: *Literatur in einer industriellen Kultur*, S. 7—19.
Gumbrecht, Hans Ulrich: „Erzählen in der Literatur — Erzählen im Alltag". In: Konrad Ehlich (Hg.): *Erzählen im Alltag*, Frankfurt a. M.: Suhrkamp 1980, S. 403—419.
—: „Über den Ort der Narration in narrativen Gattungen". In: Eberhard Lämmert (Hg.): *Erzählforschung. Ein Symposion*, Stuttgart: Metzler 1982, S. 202—217.
Gunning, Tom: „Weaving a narrative. Style and ecomomic background in Griffith's Biographic films". In: *Quarterly review of film studies* 6/1 (1987), S. 11—25.
—: *D.W. Griffith and the origins of American narrative film*, Urbana, Ill.: Univ. of Illinois Press 1991.
—: „Kino der Attraktionen. Der frühe Film, seine Zuschauer und die Avantgarde". In: *Meteor* 4 (1996), S. 25—34.
Güttinger, Fritz (Hg.): *Kein Tag ohne Kino. Schriftsteller über den Stummfilm*, Frankfurt a. M.: Deutsches Filmmuseum Frankfurt 1984.
Hallet, Wolfgang/Neumann, Birgit (Hg.): *Raum und Bewegung in der Literatur. Die Literaturwissenschaften und der Spatial Turn*, Bielefeld: Transcript 2009.
Hamburger, Käte: *Logik der Dichtung*, 2. stark veränderte Aufl., Stuttgart: Klett 1968.
Hansen, Miriam: „Alexander Kluge. Crossings between film, literature, critical theory". In: Sigrid Bauschinger (Hg.): *Film und Literatur. Literarische Texte und der neue deutsche Film*, München: Francke 1984, S. 169—196.
Hanslick, Eduard: *Vom Musikalisch-Schönen. Ein Beitrag zur Revision der Ästhetik der Tonkunst*, Leipzig 1854 (= Darmstadt: Wiss. Buchgesellschaft 1965).
Hauser, Susanne: *Der Blick auf die Stadt. Semiotische Untersuchungen zur literarischen Wahrnehmung bis 1910*, Berlin: Reimer Verl. 1990.
Heeschen, Volker: „The narration ‚instinct'. Everyday talk and aesthetic forms of communication (in Communities of the New Guinea Mountains)". In: Hubert Knoblauch/Helga Kotthoff (Hg.): *Verbal across cultures. The aesthetics and proto-aesthetics of communication*, Tübingen: Narr 2001, S. 137—165.

Heißenbüttel, Helmut: „Der Text ist die Wahrheit. Zur Methode des Schriftstellers Alexander Kluge". In: *Text u. Kritik* 85/86 (1985), S. 2–8.

Helbig, Jörg: „Erzählerische Unzuverlässigkeit und Ambivalenz in filmischen Rückblenden. Baustein für eine Systematik unzuverlässiger Erzählweisen im Film". In: *Anglistik* 16/1 (2005), S. 67–80.

Heller, Heinz-Bernd: *Literarische Intelligenz und der Film. Zu Veränderungen der ästhetischen Theorie und Praxis unter dem Eindruck des Films 1910–1930 in Deutschland*, Tübingen: Niemeyer 1985.

–.: „Historizität als Problem der Analyse intermedialer Beziehungen. Die ‚Technifizierung der literarischen Produktion' und die ‚filmische Literatur'". In: Albrecht Schöne (Hg.): *Akten des VII. Internationalen Germanisten-Kongresses*, Bd. 10, Tübingen: Niemeyer 1986, S. 277–28.

Herbert, Stephen (Hg.): *A history of pre-cinema*, in 2 Bdn., London/New York: Routledge 2000.

Herman, David (Hg.): *Narratologies. New perspectives on narrative analysis*, Columbus, Ohio: Ohio State Univ. Press 1999.

–: *Story Logic. Problems and possibilities of narrative*, Lincoln [u.a.]: Univ. of Nebraska Press 2002.

–/Jahn, Manfred/ Ryan, Marie-Laure (Hg.): *Routledge encyclopedia of narrative theory*, London [u. a.]: Routledge 2005.

Heydebrand, Renate/Pfau, Dieter/Schönert, Jörg (Hg.): *Zur theoretischen Grundlegung einer Sozialgeschichte der Literatur. Ein struktural-funktionaler Entwurf*, hg. im Auftrag der Münchner Forschergruppe ‚Sozialgeschichte der deutschen Literatur 1770–1900', Tübingen: Niemeyer 1988.

Hickethier, Knut: *Film- und Fernsehanalyse*, 2., überarb. Aufl., Stuttgart/Weimar: Metzler 1996.

Hickethier, Knut: „Erzählen mit Bildern. Für eine Narratologie der Audiovision". In: Corinna Müller [u. a.] (Hg.): *Mediale Ordnungen. Erzählen, archivieren, beschreiben*, Marburg: Schüren 2007, S. 91–106.

Hieckisch-Picard, Sepp: „„… in den Vorräumen eines Gesamtkunstwerks'. Anmerkungen zum Zusammenhang zwischen schriftstellerischem, filmischem und bildkünstlerischem Werk bei Peter Weiss". In: *Kürbiskern* 2 (1985), S. 116–127.

Hielscher, Martin: *Zitierte Moderne. Poetische Erfahrung und Reflexion in Wolfgang Koeppens Nachkriegsromanen und in ‚Jugend'*, Heidelberg: Winter 1988.

Hoefert, Sigfrid: *Gerhart Hauptmann und der Film. Mit unveröffentlichten Filmentwürfen des Dichters*, Berlin: Schmidt 1996.

Hoffman, Gerhard: *Raum, Situation, erzählte Wirklichkeit*, Stuttgart: Metzler 1978.

Hurst, Matthias: „Mittelbarkeit, Perspektive, Subjektivität. Über das narrative Potentials des Spielfilms". In: Jörg Helbig (Hg.): *Erzählen und Erzähltheorie im 20. Jahrhundert. Festschrift für Wilhelm Füger*, Heidelberg: Winter 2001, S. 233–252.
Hutchison, David: *Film magic. The art and science of special effects*, New York: Prentice-Hall 1987.
Jay, Martin: „Scopic regimes of modernity". In: Nicholas Mirzoeff (Hg.): *Visual cultural reader*, London/NewYork: Routledge 1998, S. 66–69.
Jiránek, Jaroslav: „Über die Spezifik der Sprach- und Musiksemantik". In: Albrecht Riethmüller (Hg.): *Sprache und Musik. Perspektiven einer Beziehung*, Laaber: Laaber 1999, S. 49–65.
Jossé, Harald: *Die Entstehung des Tonfilms. Beitrag zu einer faktenorientierten Mediengeschichtsschreibung*, München: Karl Alber 1984.
Jost, François: „Narration(s). En deça et au-déla". In: *Communications* 38 (1983), S. 192–212.
– : „The look. From film to novel. An essay in comparative narratology". In: Robert Stam/Alessandra Raengo (Hg.): *A companion to literature and film*, Malden [u.a.]: Blackwell 2008, S. 71–80.
Jütte, Robert: *Geschichte der Sinne. Von der Antike zum Cyberspace*, München: Beck 2000.
Jutz, Gabriele/Schlemmer, Gottfried: „Zur Geschichtlichkeit des Blicks". In: Blümlinger: *Sprung im Spiegel*, S. 15–32.
Kaemmerling, Ekkehard: „Die Filmische Schreibweise". In: Matthias Prangel (Hg.): *Materialien zu Alfred Döblin ‚Berlin Alexanderplatz'*, Frankfurt a. M.: Suhrkamp 1975, S. 185–198.
Kaes, Anton (Hg.): *Kino-Debatte. Texte zum Verhältnis von Literatur und Film 1909–1929*, München: dtv 1978.
Karbusicky, Vladimir: *Sinn und Bedeutung in der Musik*, Darmstadt: Wiss. Buchgesell. 1990.
Kaul Susanne/Palmier, Jean-Pierre/Skrandies, Timo (Hg.): *Erzählen im Film. Unzuverlässigkeit, Audiovisualität, Musik*, Bielefeld: Transcript 2009.
Kaul, Susanne: „Bilder aus dem Off. Zu Hanekes ‚Caché'". In: dies./Palmier/Skrandies: *Erzählen im Film*, S. 57–68.
Kiener, Wilma: *Die Kunst des Erzählens. Narrativität in dokumentarischen und ethnographischen Filmen*, Konstanz: UVK Medien 1999.
Kiesel, Helmuth: *Geschichte der literarischen Moderne. Sprache, Ästhetik, Dichtung im zwanzigsten Jahrhundert*, München: Beck 2004.
Kichner, Doris: *Doppelbödige Wirklichkeit. Magischer Realismus und nichtfaschistische Literatur*, Tübingen: Stauffenberg 1993.
Kleinschmidt, Christian: *Technik und Wirtschaft im 19. und 20. Jahrhundert*, München: Oldenbourg 2007.

Klingender, Francis D.: *Die Kunst und industrielle Revolution*, übers. v. E. Schumann, Frankfurt a. M.: Syndikat 1976.

Klotz, Volker: *Die erzählte Stadt. Ein Sujet als Herausforderung des Romans von Lesage bis Döblin*, München: Hanser 1969.

Kohl, Stephan: *Realismus. Theorie und Geschichte*, München: Fink 1977.

Komar, Kathleen L.: *Pattern and chaos. Multilinear novels by Dos Passos, Döblin, Faulkner and Koeppen*, Columbia, South Carolina: Camden House 1983.

König, Gudrun M.: *Eine Kulturgeschichte des Spaziergangs. Spuren einer bürgerlichen Praktik 1780–1850*, Wien: Böhlau 1996.

Kopp-Marx, Michaela: „‚Ich wollte immer schon in einem Schwarzweißfilm wohnen'. Das filmische Prinzip im Werk von Patrick Roth". In: Volker Wehdeking (Hg.): *Medienkonstellationen. Literatur und Film im Kontext von Moderne und Postmoderne*, Marburg: Tectum 2008, S. 207–239.

Kozloff, Sarah: *Invisible storytellers. Voice-over narration in American fiction film*, Berkeley [u. a.]: Univ. of California Press 1988.

Kracauer, Siegfried: *Theorie des Films. Die Errettung der äußeren Wirklichkeit*, Frankfurt a. M.: Suhrkamp 1964.

Kraus, Wolfgang: „Narrative Psychologie". In: *Lexikon Psychologie. Hundert Grundbegriffe*, hg. v. S. Jordan u. G. Wendt, Stuttgart: Reclam 2005, S. 195–198.

Kreuzer, Anselm: *Filmmusik. Geschichte und Analyse*, 2., erw. u. überarb. Aufl., Frankfurt a. M. [u. a.]: Lang 2003.

Kristeva, Julia: „Bachtin, das Wort, der Dialog und der Roman". In: Jens Ihwe (Hg.): *Literaturwissenschaft und Linguistik. Ergebnisse und Perspektiven*. Bd. 3: *Zur linguistischen Basis der Literaturwissenschaft II*, Frankfurt a. M.: Athenäum-Fischer 1972, S. 345–375.

Kundu, Gautam: *Fitzgerald and the influence of film. The language of cinema in the novels*, Jefferson: McFarland 2008.

Kuhn, Markus: „Film narratology. Who tells? Who shows? Who focalizes?". In: Peter Hühn/Wolf Schmid/Jörg Schönert (Hg.): *Point of view, perspective, and focalization. Modeling mediation in narrative*, Berlin/New York: de Gruyter 2009, S. 259–278.

–: „Gibt es einen Ich-Kamera-Film? Überlegungen zum filmischen Erzählen mit der subjektiven Kamera und eine exemplarische Analyse von Julian Schnabels ‚Le scaphandre et le papillon'". In: Birr/Reinerth/Thon: *Probleme filmischen Erzählens*, S. 59–83.

–: *Filmnarratologie. Ein erzähltheoretisches Analysemodell*, Berlin/New York: de Gruyter 2011.

Kunow, Rüdiger: *Das Klischee. Reproduzierte Wirklichkeiten in der englischen und amerikanischen Literatur*, München: Fink 1994.

Kurtz, Rudolf: *Expressionismus und Film*, Berlin: Verl. d. Lichtbühne 1926.

La Motte-Haber, Helga de/Emons, Hans: *Filmmusik. Eine systematische Beschreibung*, München [u. a.]: Hanser 1980.
Lacey, Nick: *Narrative and genre. Key concepts in media studies*, New York: St. Martin's Press 2000.
Lamb, Seydney M.: *Outline of stratificational grammar*, Washington D.C.: Georgetown Univ. Press 1966.
Lämmert, Eberhard: „Die Herausforderungen der Künste durch die Technik". In: Großklaus/Lämmert: *Literatur in einer industriellen Kultur*, S. 23–45.
Lämmert, Eberhard: *Bauformen des Erzählens*, 9., unveränderte Auflage, Stuttgart/Weimar: Metzler 2004.
Lechtermann, Christina/Wagner, Kirsten/Wenzel, Horst (Hg.): *Möglichkeitsräume. Zur Performativität von sensorischer Wahrnehmung*, Berlin: Schmidt 2007.
Léglise, Paul: *L'Eineide. Essai d'analyse filmique du premier chant*, Paris: Les Nouvelles Editions Debresse 1958.
Lenger, Friedrich/Tenfelde, Klaus (Hg.): *Die europäische Stadt im 20. Jahrhundert. Wahrnehmung – Entwicklung – Erosion*, Köln [u. a.]: Böhlau 2006.
Lenger, Friedrich: „Einleitung". In: Lenger/Tenfelde: *Die europäische Stadt im 20. Jahrhundert*, S. 1–21.
Levinson, Jerrold: „Film music and narrative agency". In: David Bordwell/ Noël Carrol (Hg.): *Post-theory. Reconstructing film studies*, Madison: Univ. of Wisconsin Press 1996, S. 248–281.
Lewandowski, Rainer: *Alexander Kluge. Autorenbücher*, München: Beck 1980.
Lexikon der Special Effects. Von den ersten Filmtricks bis hin zur Computeranimation der Gegenwart, hg. v. Rolf Giesen, Berlin: Lexikon-Imprint-Verl. 2001.
Lissa, Zofia: *Ästhetik der Filmmusik*, Berlin: Henschelverl. 1965.
Lohmeier, Anke-Marie: *Hermeneutische Theorie des Films*, Tübingen: Niemeyer 1996.
–: „Filmbedeutung". In: Fotis Jannidis/Gerhard Langer/Matías Martínez/ Simone Winko (Hg.): *Regeln der Bedeutung. Zur Theorie der Bedeutung literarischer Texte*, Berlin/New York: de Gruyter 2003, S. 512–526.
London, Kurt: *Film music. A summary of characteristic features of its history, aesthetics, technique, and possible developments*, Univ. of Michigan: Faber & Faber 1936.
Lotman, Jurij M.: *Die Struktur literarischer Texte*, 2. Aufl., übers. v. R.-D. Keil, München: Fink 1981.
–: „Der Rahmen". In: ders.: *Die Struktur literarischer Texte*, S. 300–311.
McClean, Shilo T.: *Digital storytelling. The narrative power of visuale effects in film*, Cambridge/London: MIT Press 2007.

Magny, Claude-Edmonde: *L'age du roman américain*, Paris: Seuil 1948 [*The age of the American novel. The film aesthetic of fiction between the two wars*, übers. v. E. Hochman, New York: Ungar 1972].

Mahne, Nicole: *Transmediale Erzähltheorie. Eine Einführung*, Göttingen: Vandenhoeck u. Ruprecht 2007.

Mann, Heinrich: „Filmdichtung". In: Kaes: *Kino-Debatte*, S. 170ff.

Marks, Martin: „Musik und Stummfilm". In: Nowell-Smith: *Geschichte des internationalen Films*, S. 172–179.

–: „Der Klang der Musik". In: Nowell-Smith: Geschichte des internationalen Films, S.226–235.

Martínez, Matías/Scheffel, Michael: *Einführung in die Erzähltheorie*, 5. Aufl., München: Beck 2003.

Martini, Fritz: „Literatur und Film". In: *Reallexikon der deutschen Literaturgeschichte*, Bd. 2, hg. v. Werner Kohlschmidt/Wolfgang Mohr, Berlin: de Gruyter 1965, S. 103–111.

Marx, Friedhelm: „Magischer Realismus. Wolfgang Koeppen und Friedo Lampe". In: *Treibhaus* 2 (2006), S. 52–61.

Mazenauer, Beat: „Staunen und Erschrecken. Peter Weiss' filmische Ästhetik". In: *Peter-Weiss-Jahrbuch* 5 (1996), S. 75–94.

Meixner, Horst: „Filmische Literatur und literarisierter Film. Ein Mannheimer Projekt zur Medienästhetik". In: Helmut Kreuzer (Hg.): *Literaturwissenschaft – Medienwissenschaft*, Heidelberg: Quelle u. Meyer 1977, S. 32–43.

Melcher, Andrea: *Vom Schriftsteller zum ‚Sprachsteller'? Alfred Döblins Auseinandersetzung mit Film und Rundfunk (1909–1932)*, Frankfurt a. M. [u. a.]: Lang 1996.

Mergenthaler, Volker: *Sehen schreiben – Schreiben sehen. Literatur und visuelle Wahrnehmung im Zusammenspiel*, Tübingen: Niemeyer 2002.

Messter, Oskar: *Mein Weg mit dem Film*, Berlin: M. Hesse 1936.

Metz, Christian: „Bemerkungen zu einer Phänomenologie des Narrativen". In: ders.: *Semiologie des Films*, übers. v. R. Koch, München: Fink 1972, S. 35–50.

–: „Probleme der Denotation im Spielfilm". In: ders.: *Semiologie des Films*, übers. v. R. Koch, München: Fink 1972, S. 151–198.

Meyer, Friederike/Ort, Claus-Michael: „Konzept eines struktural-funktionalen Theoriemodells für eine Sozialgeschichte der Literatur". In: Heydebrand [u. a.]: *Zur theoretischen Grundlegung einer Sozialgeschichte der Literatur*, S. 85–171.

Mitry, Jean: „Un certain pré-cinéma". In: ders.: *Estétique et psychologie du cinéma*, Bd. 1: *Les structures*, Paris: Editions Universitaires 1963, S. 59–63.

Mittermüller, Christian: *Sprachskepsis und Poetologie. Goethes Romane ‚Die Wahlverwandtschaften' und ‚Wilhelm Meisters Wanderjahre'*, Tübingen: Niemeyer 2008.
Möbius, Hanno: *Montage und Collage. Literatur, bildende Kunst, Film, Fotografie, Musik*, Theater bis 1933, München: Fink 2000.
Moeller, Hans-Bernhard: „Die Rolle des Films in der Gegenwartsdichtung". In: *Basis. Jahrbuch für deutsche Gegenwartsliteratur* 2 (1971), S. 53–70.
Müller, Corinna: *Vom Stummfilm zum Tonfilm*, München: Fink 2003.
Müller, Eggo: „Filmische Schreibweise. Probleme eines medienwissenschaftlichen Topos". In: Karl-Dietmar Möller-Naß (Hg.): *1. Film- und Fernsehwissenschaftliches Kolloquium*, Münster: Maks Publ. 1995, S. 82–89.
Neale, Steve: *Genre and Hollywood*, London/New York: Routledge 2001.
Nelles, William: *Frameworks. Narrative levels and embedded narrative*, New York [u. a.]: Lang 1997.
Neumann, Michael: „Erzählen. Einige anthropologische Überlegungen". In: Ders. (Hg.): *Erzählte Identitäten. Ein interdisziplinäres Symposion*, München: Fink 2000, S. 280–294.
Neumann, Michael: „Die fünf Ströme des Erzählens. Zur Ökologie des Narrativen". In: Eibl [u. a.]: *Im Rücken der Kulturen*, S. 373–394.
Nies, Martin: „Short Cuts – Great Stories. Sinnvermittlung in filmischem Erzählen in der Literatur und literarischem Erzählen im Film". In: *Kodikas/Code. Ars Semeiotica* 30/1,2 (2007), S. 109–135.
Nietzsche, Friedrich: „Über Wahrheit und Lüge im außermoralischen Sinn". In: ders.: *Werke in drei Bänden*, hg. v. K. Schlechta, München/Wien: Hanser 1966, Bd. 3, S. 309–322.
Nipperdey, Thomas: *Deutsche Geschichte 1800–1866. Bürgerwelt und starker Staat*, München: Beck 1983.
Nolte, Paul: „Überlegungen zur deutschen Stadtgeschichte seit 1945". In: Lenger/Tenfelde: *Die europäische Stadt im 20. Jahrhundert*, S. 477–492.
Nonn, Christoph: *Das 19. und 20. Jahrhundert*, Paderborn [u. a.]: Schöningh 2007.
Nowell-Smith, Geoffrey (Hg.): *Geschichte des internationalen Films*, übers. v. M. Bock, Stuttgart/Weimar: Metzler 2006.
Nünning, Ansgar: „Formen und Funktionen literarischer Raumdarstellung: Grundlagen, Ansätze, narratologische Kategorien und neue Perspektiven". In: Hallet/Neumann: *Raum und Bewegung in der Literatur*, S. 33–52.
–/Nünning, Vera: „Von ‚der' Erzählperspektive zur Perspektivenstruktur narrativer Texte. Überlegungen zu Definition, Konzeptualisierung und Untersuchbarkeit von Multiperspektivität". In: dies. (Hg.): *Multiper-

spektivisches Erzählen. Zur Theorie und Geschichte der Perspektivenstruktur im Englischen Roman des 18. bis 20. Jahrhunderts, Trier: WVT 2001, S. 3–38.

–/Nünning, Vera: *Erzähltheorie transgenerisch, intermedial, interdisziplinär*, Trier: WVT 2002.

–: „Surveying contextualist and cultural narratologies. Towards an outline of approaches, concepts and potentials". In: Sandra Heinen/Roy Sommer (Hg.): *Narratology in the age of cross-disciplinary narrative research*, Berlin/New York: de Gruyter 2009, S. 48–70.

Oertel, Rudolf: *Macht und Magie des Films. Weltgeschichte einer Massensuggestion*, Wien [u. a.]: Europa 1959.

Ort, Michael-Claus: „‚Sozialgeschichte' als Herausforderung der Literaturwissenschaft. Zur Aktualität eines Projekts". In: Martin Huber/Gerhard Lauer (Hg.): *Nach der Sozialgeschichte. Konzepte für eine Literaturwissenschaft zwischen Historischer Anthropologie, Kulturgeschichte und Medientheorie*, Tübingen: Niemeyer 2000, S. 113–128.

Paech, Anne/Paech, Joachim: *Menschen im Kino. Film und Literatur erzählen*, Stuttgart/Weimar: Metzler 2000.

Paech, Joachim: „Unbewegt bewegt – Das Kino, die Eisenbahn und die Geschichte des filmischen Sehens". In: Ulfilas Meyer (Hg.): *Kino-Express. Die Eisenbahn in der Welt des Films*, München/Luzern: Bucher 1985, S. 40–49.

–: „Das Sehen von Filmen und filmisches Sehen. Anmerkungen zur Geschichte der filmischen Wahrnehmung im 20. Jahrhundert". In: Blümlinger: *Sprung im Spiegel*, S. 33–50.

–: „‚Filmisches Schreiben' im Poetischen Realismus". In: Harro Segeberg (Hg.): *Mediengeschichte des Films. Die Mobilisierung des Sehens. Zur Vor- und Frühgeschichte des Films in Literatur und Kunst*, München: Fink 1996, S. 237–260.

–: *Literatur und Film*, 2. Aufl., Stuttgart/Weimar: Metzler 1997.

–: „Überlegungen zum Dispositiv als Theorie medialer Topik". In: *Medienwissenschaft* 4, 1997, S. 400–420.

–: „Intermedialität. Mediales Differenzial und transformative Figuration". In: Jörg Helbig (Hg.): *Intermedialität. Theorie und Praxis eines interdisziplinären Forschungsgebiets*, Berlin: Schmidt 1998, S. 14–31.

Parsons, Talcott: *The social system*, Glencoe: Free Press 1964.

–: *The system of modern societies*, Englewood Cliffs: Prentice-Hall 1971.

–: *Aktor, Situation und normative Muster. Ein Essay zur Theorie sozialen Handelns*, übers. v. H. Wenzel, Frankfurt a. M.: Suhrkamp 1986.

Pauli, Hansjörg: *Filmmusik. Stummmusik*, Stuttgart: Klett/Cotta 1981.

Pearson, Roberta: „Das Kino des Übergangs". In: Nowell-Smith: *Geschichte des internationalen Films*, S. 25–42.

–: „Das frühe Kino". In: Nowell-Smith: *Geschichte des internationalen Films*, S. 13–25.
Percheron, Daniel: „Sound in cinema and its relationship to image and diegesis". In: Altman: *Cinema/Sound*, S. 16–23.
Perisic, Zoran: *Special optical effects*, London/New York: Focal Press 1980.
Peters, Jan Marie: „Theorie und Praxis der Filmmontage von Griffith bis heute". In: Beller: *Handbuch der Filmmontage*, S. 33–48
Pieper, Matthias: *Computer-Animation. Inhalt, Ästhetik und Potential einer neuen Abbildungs-Technik*, Regensburg: S. Roderer 1994.
Pier, John/García Landa, José Ángel: „Introduction". In: dies.: *Theorizing narrativity*, S. 7–18.
Pinto, Vito: *Stimmen auf der Spur. Zur technologischen Realisierung der Stimme in Theater, Hörspiel und Film*. Bielefeld: Transcript 2012.
Plumpe, Gerhard (Hg.): *Theorie des bürgerlichen Realismus. Eine Textsammlung*, Stuttgart: Reclam 1997.
Plunkett, John: „Optical recreations and Victorian literature". In: David Seed (Hg.): *Literature and the visual media*, Cambridge: Brewer 2005, S. 1–28.
Poppe, Sandra: *Visualität in Literatur und Film. Eine medienkomparatistische Untersuchung moderner Erzähltexte und ihrer Verfilmungen*, Göttingen: Vandenhoeck u. Ruprecht 2007.
–: „Wahrnehmungskrisen". In: Kaul/Palmier/Skrandies: *Erzählen im Film*, S. 69–83.
Prendergast, Roy M.: *Film music. A neglected art. A critical study of music in films*, New York/London: Norton 1977.
Prodolliet, Ernest: *Das Abenteuer Kino. Der Film im Schaffen von Hugo von Hofmannsthal, Thomas Mann und Alfred Döblin*, Freiburg (CH): Univ.-Verl. 1991.
Prümm, Karl: „,Ich weiß, man kann mit den Mitteln des Films dichten.' Kinematographisches Schreiben bei Wolfgang Koeppen". In: Walter Erhart (Hg.): *Wolfgang Koeppen & Alfred Döblin. Topographien der literarischen Moderne*, München: Ludicium 2005, S. 68–85.
Prutz, Robert E.: *Die deutsche Literatur der Gegenwart. 1848–1858*, 2. Aufl., Leipzig: E. J. Günther 1870.
Pudowkin, Wsewolod I: *Über die Film-Technik. Film-Manuskript und Film-Regie*, hg. v. P. Kandorfer, Köln: Medipress-Verl. 1979.
–: „Über die Montage". In: Franz-Josef Albersmeier (Hg.): *Texte zur Theorie des Films*, 5., durchges. u. erw. Aufl., Stuttgart: Reclam 2003, S. 74–96
Quesnoy, Pierre F.: „Littérature et cinéma". In: *Le rouge et le noir*, 9 (1928), S. 85–104.
Rajewsky, Irina O.: *Intermedialität*, Tübingen: Francke 2002.

—: *Intermediales Erzählen in der italienischen Literatur der Postmoderne. Von den ‚giovani scrittori' der 80er zum ‚pulp' der 90er Jahre*, Tübingen: Narr 2003.
—: „Von Erzählern, die (nichts) vermitteln. Überlegungen zu grundlegenden Annahmen der Dramentheorie im Kontext einer transmedialen Narratologie". In: *Zeitschrift für französische Sprache und Literatur* 117/1 (2007), S. 25–68.
Ranke, Kurt: *Die Welt der Einfachen Formen. Studien zur Motiv-, Wort- und Quellenkunde*, Berlin/New York: de Gruyter 1978.
Rassow, Peter: „Die Bevölkerungsvermehrung Europas und Deutschlands im 19. Jahrhundert". In: Richard Nürnberger (Hg.): *Festschrift für Gerhard Ritter zu seinem 60. Geburtstag*, Tübingen: Mohr 1950, S. 289–298.
Reay, Pauline: *Music in film. Soundtracks and Synergy*, London [u. a.]: Wallflower Press 2004.
Reclams Sachlexikon des Films, hg. v. T. Koebner, 2., akt. u. erw. Aufl., Stuttgart: Reclam 2007.
Reisz, Karel/Millar, Gavin: *Geschichte und Technik der Filmmontage*, übers. v. H. Wietz, München: Filmland-Presse 1988.
Reitz, Edgar/Kluge, Alexander/Reinke, Wilfried: „Wort und Film". In: *Sprache im technischen Zeitalter* 13 (1965), S. 1015–1030.
Richter, Hans-Werner: „Literatur im Interregnum". In: *Der Ruf* 15 (1947), S. 10f.
Rüßegger, Arno: „‚Unglaublich, was?'. Zum filmischen Schreiben Helmut Zenkers". In: *Österreich in Geschichte und Literatur* 50/5–6 (2006), S. 335–343.
Rusterholz, Peter: „Veränderungen in der Kunst des Erzählens. Wechselwirkungen zwischen Literatur und Film". In: Hermann Ringeling/Maja Svilar (Hg.): *Die Welt der Medien. Probleme der elektronischen Kommunikation. Referate einer Vorlesungsreihe des Collegium generale der Universität Bern*, Bern: Paul Haupt 1984, S. 85–98.
—: „Literarisch oder filmisch. Entstehung, Bedeutung und Klärung einer Begriffsverwirrung". In: Albrecht Schöne (Hg.): *Akten des VII. internationalen Germanisten-Kongresses. Kontroversen, alte und neue*, Göttingen: Niemeyer 1985, S. 293–301.
Rutenberg, Adolf: „Der deutsche Roman der Gegenwart". In: Bucher: *Realismus und Gründerzeit*, S. 243–249.
Ryan, Marie-Laure: „Media and narrative". In: Herman/Jahn/Ryan: *Routledge encyclopedia of narrative theory*, S. 288–292.
— (Hg.): *Narrative across media. The languages of storytelling*, Lincoln [u. a.]: Board of regents of the Univ. Nebraska 2004.
—: „Will new media produce new narratives?". In: dies.: *Narrative across media*, S. 337–360.

—: „On the theoretical foundations of transmedial narratology". In: Jan Christoph Meister (Hg.): *Narratology beyond literary criticism*, Berlin/NewYork: de Gruyter 2005, S. 1–24.

Salt, Barry: „The early development of film form". In: John L. Fell (Hg.): *Film before Griffith*, Berkeley [u. a.]: Univ. of California Press 1983, S. 284–298.

—: *Film style and technology. History and analysis*, 2. Aufl., London: Starword 1992.

Sander, Gabriele: *‚Tatsachenphantasie'. Alfred Döblins ‚Berlin Alexanderplatz. Die Geschichte vom Franz Biberkopf'*, Marbachermagazin 119 (2007).

Saussure, Ferdinand de: *Grundfragen der allgemeinen Sprachwissenschaft*, übers. v. P. v. Polenz, Berlin: de Gruyter 1986.

Schäfer, Hans Dieter: *Das gespaltene Bewusstsein. Über deutsche Kultur und Lebenswirklichkeit 1933–1945*, 2. Aufl., München/Wien: Wallstein 1982.

Schatz, Thomas: *Hollywood genres. Formulas making and the studio system*, New York: Temple Univ. Press 1981.

Scheffel, Michael: *Magischer Realismus. Die Geschichte eines Begriffes und ein Versuch seiner Bestimmung*, Tübingen: Stauffenberg-Verl. 1990.

—: „Die poetische Ordnung einer heillosen Welt. Magischer Realismus und das ‚gespaltene Bewußtsein' der dreißiger und vierziger Jahre". In: Matías Martínez (Hg.): *Formaler Mythos. Beiträge zu einer Theorie ästhetischer Formen*, Paderborn [u. a.]: Schöningh 1996, S. 163–180.

—: „Erzählen als anthropologische Universalie. Funktionen des Erzählens im Alltag und in der Literatur". In: Engel/Zymner: *Anthropologie der Literatur*, S. 121–138.

—: „Was heißt (Film-)Erzählen? Exemplarische Überlegungen mit einem Blick auf Schnitzlers ‚Traumnovelle' und Stanley Kubricks ‚Eyes Wide Shut'". In: Kaul/Palmier/Skrandies: *Erzählen im Film*, S. 15–31.

Scherpe, Klaus R.: „Ausdruck, Funktion, Medium. Transformationen der Großstadterzählung in der deutschen Literatur der Moderne". In: Großklaus/Lämmert: *Literatur in einer industriellen Kultur*, S. 139–161.

Schivelbusch, Wolfgang: *Geschichte der Eisenbahnreise. Zur Industrialisierung von Raum und Zeit im 19. Jahrhundert*, Frankfurt a. M. [u. a.]: Fischer 1979.

Schmelzer, Dagmar: *Intermediales Schreiben im spanischen Avantgarderoman der 20er Jahre. Azorín, Benjamín Jarnés und der Film*, Tübingen: Narr 2007.

Schmid, Wolf: „Die narrativen Ebenen Geschehen – Geschichte – Erzählung – Text der Erzählung – Präsentation der Erzählung". In: *Wiener Slawistischer Almanach* 9 (1982), S. 83–110.

—: „Der Ort der Erzählperspektive in der narrativen Konstitution". In: Jan Jost van Baak (Hg.): *Signs of friendship. To honour A. G. F. van Holk, slav-*

ist, linguist, semiotician. Liber amicorum pres. to A. G. F. van Holk on the occ. of his 60th birthday, Amsterdam: Rodopi 1984, S. 523–552.
–: *Elemente der Narratologie*, 2., verb. Aufl., Berlin/New York: de Gruyter 2008.
Schmidt, Johann N.: „Narration in Film". In: Peter Hühn [u. a.] (Hg.): *Handbook of narratology*, Berlin/New York: de Gruyter 2009, S. 212–227 (als digitale Quelle im Internet unter: http://hup.sub.uni-hamburg.de/lhn/index.php/Narration_in_Film).
Schönefeld, Andreas: „Die filmische Produktion des multimedialen Künstlers Peter Weiss im Zusammenhang seiner künstlerisch-politischen Entwicklung in den späten 40er und 50er Jahren". In: Rudolf Wolff (Hg.): *Peter Weiss. Werk und Wirkung*, Bonn: Bouvier 1987, S. 114–128.
Schönert, Jörg: „Neuere theoretische Konzepte in der Literaturgeschichtsschreibung. Positionen, Verfahren und Probleme in der Bundesrepublik und DDR". In: Thomas Cramer (Hg.): *Literatur und Sprache im historischen Prozeß. Vorträge des Deutschen Germanistentages Aachen 1982*, Bd. 1: *Literatur*, Tübingen: Niemeyer 1983, S. 91–120.
Schönhammer, Rainer: *In Bewegung. Zur Psychologie der Fortbewegung*, München: Quintessenz-Verl. 1991.
Schuster, Peter-Klaus: *Theodor Fontane. Effi Briest – Ein Leben nach christlichen Bildern*, Tübingen: Niemeyer 1978.
Swales, Martin: „Schnitzlers filmisches Erzählen". In: Aurnhammer/Beßlich/Denk: *Arthur Schnitzler und der Film*, S. 127–133.
Schweinitz, Jörg (Hg.): *Prolog vor dem Film. Nachdenken über ein neues Medium 1909–1914*, Leipzig: Reclam 1992.
Seeber, Hans Ulrich: „‚The Country swims with motion'. Poetische Eisenbahnfahrten in England". In: Großklaus/Lämmert: *Literatur in einer industriellen Kultur*, S. 407–430.
Seel, Martin: „Bewegtsein und Bewegung. Elemente einer Anthropologie des Films". In: *Neue Rundschau* 119/4 (2008), S. 129–145.
Segeberg, Harro: „Rahmen und Schnitt. Zur Mediengeschichte des Sehens seit der Aufklärung". In: *Wirkendes Wort* 2 (1993), S. 286–301.
Siebert, Ulrich E.: *Filmmusik in Theorie und Praxis. Eine Untersuchung der 20er und frühen 30er Jahre anhand des Werkes von Hans Erdmann*, Frankfurt a. M.: Peter Lang 1989.
–: „Filmmusik". In: *Die Musik in Geschichte und Gegenwart. Allgemeine Enzyklopädie der Musik begründet von F. Blume*, 2. neubearb. Ausg., hg. v. L. Finscher, Sachteil 3, Kassel [u. a.]: Bärenreiter/Metzler 1995, S. 446–474.

Smerilli, Filippo: *Moderne — Sprache — Körper. Analysen zum Verhältnis von Körpererfahrung und Sprachkritik in erzählenden Texten Robert Musils*, Göttingen: Vandenhoeck u. Ruprecht 2009.
Solbach, Andreas: „Film und Musik. Ein klassifikatorischer Versuch in narratologischer Absicht". In: *AugenBlick — Marburger Hefte zur Medienwissenschaft* 35 (2004), S. 8—22.
Sombroek, Andreas: *Eine Poetik des Dazwischen. Zur Intermedialität und Intertextualität bei Alexander Kluge*, Bielefeld: Transcript 2005.
Sommer, Roy: „‚Contextualism' revisited. A survey (and defence) of postcolonial and intercultural narratologies". In: *Journal of literary theory* 1/1 (2007), S. 61—80.
Sonnenschein, David: *Sound design. The expressive power of music, voice, and sound effects in cinema*, Saline, Michigan: Micheal Wiese Prod. 2001.
Spiegel, Alan: „Flaubert to Joyce. Evolution of a cinematographic form". In: *Novel* 6/3 (1973), S. 229—243.
—: *Fiction and the camera eye. Visual consciousness in film and the modern novel*, Charlottesville: Univ. Press of Virginia 1976.
Spielhagen, Friedrich: „Über Objektivität im Roman". In: ders.: *Vermischte Schriften*, Bd. 1, Berlin: Janke 1864, S. 174—197.
—: „Das Gebiet des Romans". In: Plumpe: *Theorie des bürgerlichen Realismus*, S. 249—256.
Stanzel, Franz K.: *Theorie des Erzählens*, 6. unveränderte Aufl., Göttingen: Vandenhoeck u. Ruprecht 1995.
Steinaecker, Thomas von: *Literarische Foto-Texte. Zur Funktion der Fotografien in den Texten Rolf Dieter Brinkmanns, Alexander Kluges und W. G. Sebalds*, Bielefeld: Transcrpit 2007.
Steinecke, Hartmut (Hg.): *Theorie und Technik des Romans im 19. Jahrhundert*, Tübingen: Niemeyer 1970.
Stepina, Clemens K.: „Der Schriftsteller und Filmemacher Alexander Kluge. Eine Hommage zum 75. Geburtstag". In: *Germanic notes and reviews* 39 (2008), S. 47—52.
Stierle, Karlheinz: „Geschehen, Geschichte, Text der Geschichte". In: Reinhart Koselleck/Wolf-Dieter Stempel (Hg.): *Geschichte, Ereignis und Erzählung*, München: Fink 1973, S. 530—535.
Strobl, Karl Hans: „Der Kinematograph". In: Güttinger: *Kein Tag ohne Kino*, S. 51—54.
Tarasati, Eero: „Music as a narrative art". In: Ryan: *Narrative across media*, S. 283—304.
Thiel, Wolfgang: *Filmmusik in Geschichte und Gegenwart*, Berlin: Henschel 1981.
Titzmann, Michael: *Realismus und Frühe Moderne. Beispielinterpretationen und Systematisierungsversuche*, München: Belleville 2009.

Todorov, Tzvetan: „Les catégories du récit litteraire". In: *Communications* 8 (1966), S. 125–151.

Toeplitz, Jerzy: *Geschichte des Films, Bd. 1: 1895–1928*, übers. v. L. Kaufmann, Berlin: Henschel 1992.

Tomaševskij, Boris: *Theorie der Literatur. Poetik*, nach dem Text der 6. Aufl. (Moskau – Leningrad 1931), hg. u. eingeleitet v. K.-D. Seemann, übers. v. U. Werner, Wiesbaden: Harrassowitz 1985.

Tornow, Ingo: *Erich Kästner und der Film. Mit den Songtexten Kästners aus ‚Die Koffer des Herrn O.F.'*, München: dtv 1998.

Tschilschke, Christian von: „‚Ceci n'est pas un film' – Die filmische Schreibweise im französischen Roman der Gegenwart". In: Jochen Roloff/Volker Mecke (Hg.): *Kino-(Ro)Mania. Intermedialität zwischen Film und Literatur*, Tübingen: Stauffenberg 1999, S. 203–221.

–: *Roman und Film. Filmisches Schreiben im französischen Roman der Postavantgarde*, Tübingen: Narr 2000.

–: „Wer Filme sieht, schreibt anders. Film und filmisches Schreiben in der französischen Literatur der Gegenwart". In: *Stint. Zeitschrift für Literatur* 31 (2002), S. 121–127.

Tudor, Andrew: „Genre". In: Grant: *Film genre reader*, S. 3–10.

Tynjanov, Jurij: „Grundlagen des Films". In: Franz-Josef Albersmeier (Hg.): *Texte zur Theorie des Films*, Stuttgart: Reclam 2003, S. 138–171.

Virmaux, Alain/Virmaux, Odette: *Le ciné roman. Un genre nouvaux*, Paris: Edilig 1983.

Vischer, Friedrich Theodor: „Ästhetik. Die Dichtkunst". In: Bucher: *Realismus und Gründerzeit*, S. 216–220.

–: „Theorie des Romans". In: Plumpe: *Theorie des bürgerlichen Realismus*, S. 240–247.

Voßkamp, Wilhelm: „Literaturgeschichte und Gesellschaftsgeschichte. Probleme einer interdisziplinären Literaturwissenschaft". In: Paul Nolte (Hg.): *Perspektiven der Gesellschaftsgeschichte*, München: Beck 2000, S. 79–89.

Weber, Dietrich: *Erzählliteratur. Schriftwerk, Kunstwerk, Erzählwerk*, Göttingen: Vandenhoeck u. Ruprecht 1998.

Weber, Markus R.: „Prosa, der schnellste Film. Neue Varianten ‚filmischen' Schreibens". In: Walter Delabar/Erhard Schütz (Hg.): *Deutschsprachige Literatur der 70er und 80er Jahre. Autoren, Tendenzen*, Gattungen, Darmstadt: Wiss. Buchgesell. 1997, S. 105–129.

Wolf, Claudia: *Arthur Schnitzler und der Film, Bedeutung, Wahrnehmung, Beziehung, Umsetzung, Erfahrung*, Karlsruhe: Universitätsverl. Karlsruhe 2006.

Wolf, Werner: „Das Problem der Narrativität in Literatur, bildender Kunst und Musik. Ein Beitrag zu einer intermedialen Erzähltheorie".

In: Nünning/Nünning: *Erzähltheorie transgenerisch, intermedial, interdisziplinär,* S. 23–104.
Wölfflin, Heinrich: *Kunstgeschichtliche Grundbegriffe. Das Problem der Stilentwicklung in der neueren Kunst,* 12. Aufl., Darmstadt: Wiss. Buchgesell. 1960.
Wollen, Peter: *Signs and meaning in the cinema,* London: Secker and Warburg 1969.
Zaddach, Gerhard: *Der literarische Film. Ein Beitrag zur Geschichte der Lichtspielkunst,* Berlin: Funk 1929.
Zglinicki, Friedrich von: *Der Weg des Films,* Hildesheim: Georg Olms Verl. 1979 (Nachdruck der Berliner Ausg. v. 1956).

9.3. Internetquellen

Animierte Version des Teppichs von Bayeux. http://www.youtube.com/watch?v=NaLPOYRonvg. (28.8.2009).
Arbeiterszene aus *Streik* (Sergej Eisenstein, UdSSR 1925). http://www.youtube.com/ watch?v=jWiDciPuSW4. (27.5.2010).
Frankenstein (J. Searle Dawley, USA 1910). http://www.youtube.com/watch?v=TcLxsOJK9bs. (14.3.2011).
Homepage Alexander Kluge. http://www.kluge-alexander.de/filmemacher.html. (1.11.12).
Romantrailer zu Ransom Riggs' *Miss Peregrine's home for peculiar children,* Philadelphia 2011. http://www.youtube.com/watch?v=wVegDhDxLeU. (25.11.2012).
Schloemann, Johan: „Raus aus dem Hamsterrad (*Süddeutsche.de,* 27. Sept. 2012)". http://www.sueddeutsche.de/kultur/speed-im-kino-raus-aus-dem-hamsterrad-1.1479975. (14.2.2014).
Schubert, Franz: „Wie Ulfru fischt", Op. 21/3, D. 525 (1817). http://www.naxos.com/sungtext/PDF/8.554738.pdf. (27.4.2010).

9.4. Filme

Filme werden alphabetisch nach ihren Originaltiteln geordnet angegeben. Die Angabe des deutschen Titels erfolgt nur dann, wenn er vom fremdsprachigen Originaltitel abweicht. Daneben werden der Regisseur/die Regisseure, Produktionsland/Produktionsländer sowie das Jahr der (internationalen) Erstveröffentlichung angefügt. Bei erstmaliger Nennung im Text erfolgt die vollständige filmographische Angabe (ggf. mit den Zusätzen „Kamera" oder „Musik"), alle weiteren Nennungen bestehen im Originaltitel.

2001: A SPACE ODYSSEY (2001 – ODYSSEE IM WELTRAUM, Stanley Kubrick, UK/USA/F 1968)
ABRE LOS OJOS (VIRTUAL NIGHTMARE – OPEN YOUR EYES, Alejandro Amenábar, E/F/I 1997)
ABSCHIED VON GESTERN (Alexander Kluge, D 1960)
THE ADVENTURES OF ROBIN HOOD (ROBIN HOOD, KÖNIG DER VAGABUNDEN, Michael Curtiz, USA 1938)
AMADEUS (Milos Forman, USA 1983)
AVATAR (James Cameron, USA 2010)
BABE-BLEU (George Méliès, F 1901)
BACK TO NATURE (David W. Griffith, USA 1910)
BERLIN. DIE SINFONIE EINER GROSSSTADT (Walter Ruttmann, D 1927)
BIRTH OF A NATION (DIE GEBURT EINER NATION, David W. Griffith, USA 1915)
DIE BLECHTROMMEL (Volker Schlöndorff, D/PL/F/YU 1979)
BOWLING FOR COLUMBINE (Michael Moore, CDN/USA/D 2002)
BRAVEHEART (Mel Gibson, USA 1995)
BRONENOSETS POTYOMKIN (PANZERKREUZER POTEMKIN, Sergej M. Eisenstein, UdSSR 1925)
BUY YOUR OWN CHERRIES (Robert W. Paul, USA 1904)
DAS CABINET DES DR. CALIGARI (Robert Wiene, D 1920)
CABIRIA (Giovanni Pastrone, I 1913/14)
CACHÉ (Michael Haneke, F/A/D/I/USA 2005)
CASABLANCA (Michael Curtiz, USA 1943)
CAUDRILLON (George Méliès, F 1899)
CHARLIE AND THE CHOCOLATE FACTORY (CHARLIE UND DIE SCHOKOLADENFABRIK, Tim Burton, USA/UK 2005)
CITIZEN KANE (Orson Welles, USA 1941)
CITY LIGHTS (LICHTER DER GROSSSTADT, Charles Chaplin, USA 1931)
DESERTIR (DESERTEUR, Wsewolod I. Pudowkin, UdSSR 1933)
ED WOOD (Tim Burton, USA 1994)
LE FABULEUX DESTIN D'AMÉLIE POULAIN (DIE FABELHAFTE WELT DER AMÉLIE, Jean-Pierre Jeunet, F/D 2001)
FEAR AND LOATHING IN LAS VEGAS (ANGST UND SCHRECKEN IN LAS VEGAS, Terry Gilliam, USA 1998)
FIGHT CLUB (David Fincher, USA/D 1999)
FRANKENSTEIN (J. Searle Dawley, USA 1910)
LE GRAND CANAL A VENISE (Louis Lumière, F 1897)
THE GREAT TRAIN ROBBERY (Edwin S. Porter, USA 1902)

HIGH NOON (ZWÖLF UHR MITTAGS, Fred Zinnemann, USA 1952)
ICH BIN GERN IN VENEDIG WARUM (Felix Radax/Wolfgang Koeppen, I 1980)
INTOLERANCE (David W. Griffith, USA 1916)
LE JARDINIER/L'ARROSEUR ARROSE (DER BEGOSSENE GÄRTNER, Louis Lumière, F 1895)
JAWS (DER WEIßE HAI, Steven Spielberg, USA 1975)
JOHN CARPENTER'S HALLOWEEN (HALLOWEEN. DIE NACHT DES GRAUENS, John Carpenter, USA 1978)
DER LETZTE MANN (Friedrich Wilhelm Murnau, D 1924)
LIFE AND WORK OF A FIREMAN (Edwin S. Porter, USA 1903)
THE LION KING (DER KÖNIG DER LÖWEN, Roger Ellers/Rob Minkoff, USA 1994)
LOLA RENNT (Tom Tykwer, D 1998)
THE LORD OF THE RINGS (DER HERR DER RINGE, Peter Jackson, NZ 2001–2003)
LOST HIGHWAY (David Lynch, USA 1997)
M – EINE STADT SUCHT EINEN MÖRDER (Fritz Lang, D 1931)
EL MAQUINISTA (THE MACHINIST, Brad Anderson, E 2004)
MEMENTO (Christopher Nolan, USA 2000)
METROPOLIS (Fritz Lang, D 1927)
MODERN TIMES (MODERNE ZEITEN, Charles Chaplin, USA 1936)
DER NAME DER ROSE (Jean-Jacques Annaud, D/F/I 1986)
NOSFERATU. EINE SYMPHONIE DES GRAUENS (Friedrich Wilhelm Murnau, D 1922)
NOVYI VAVILON (KAMPF UM PARIS/DAS NEUE BABYLON, Grigori Konzincev/Leonid Trauberg, UdSSR 1929)
OCTOPUSSY (JAMES BOND 007 – OCTOPUSSY, John Glen, UK/USA 1983)
PANIC ROOM (David Fincher, USA 2002)
REAR WINDOW (DAS FENSTER ZUM HOF, Alfred Hitchcock, USA 1954)
ROBOCOP (Paul Verhoeven, USA 1987)
THE ROCKY HORROR PICTURE SHOW (Jim Sharman, USA 1975)
지구를 지켜라! (SAVE THE GREEN PLANET!, Jang Jun-Hwan, KR 2003)
SHREK II (SHREK II – DER TOLLKÜHNE HELD KEHRT ZURÜCK, Andrew Adamson u.a., USA 2004)
SPEED – AUF DER SUCHE NACH DER VERLORENEN ZEIT (Florian Opitz, D 2012)
STACHKA (STREIK, Sergej M. Eisenstein, UdSSR 1923/24)
STARSHIP TROOPERS (Paul Verhoeven, USA 1997)
STAR WARS I–VI (George Lucas [u. a.], USA 1977–2005)
STAY (Mark Forster, USA 2005)

STEAMBOAT WILLIE (Walt Disney, USA 1928)
SOLYARIS (SORALIS, Andrej Tarkowsky, UdSSR 1972)
DER STUDENT VON PRAG (Paul Wegener, D 1913)
LE VOYAGE DANS LA LUNE (DIE REISE ZUM MOND, George Méliès, F 1902)
DAS WEISSE BAND. EINE DEUTSCHE KINDERGESCHICHTE (Michael Haneke, D/A/F/I 2009)
WALLACE & GROMIT: THE CURSE OF THE WERE-RABBIT (WALLACE & GROMIT: AUF DER JAGD NACH DEM RIESENKANINCHEN, Nick Park/Steve Box, GB 2004)
DER WIXXER (Tobi Baumann, D 2004)
A WREATH OF TIME (David W. Griffith, USA 1908)

10. Titelregister

42nd parallel 78
2001: A SPACE ODYSSEY 49, 58

Abdias 157, 158
ABRE LOS OJOS 55
ABSCHIED VON GESTERN 245
adventures of Oliver Twist, The 69, 103, 115, 153 ff., 164 f.
ADVENTURES OF ROBIN HOOD, THE 180
Aeneis 131
Alice's adventures in Wonderland 158
Am Rande der Nacht 90, 96, 97, 107, 222, 224–228
AMADEUS 66, 67
Angst des Tormanns beim Elfmeter, Die 79 f.
ATTACK ON THE CHINESE MISSION STATION 175
AVATAR 53 f.
Axolotl Roadkill 112 f.

BABE-BLEU 175
BACK TO NATURE 174
Bastian und Bastienne 229
Bergkristall 157, 158
Berlin Alexanderplatz 78, 96, 97, 106, 114, 115, 206, 218 f.
BERLIN. DIE SINFONIE EINER GROSSSTADT 79
BIRTH OF A NATION 179
BLECHTROMMEL, DIE 66
BOWLING FOR COLUMBINE 64
BRAVEHEART 62
Brief des Lord Chandos, Der 190 f.

BRONENOSETS POTYOMKIN 176, 180
Bürgschaft, Die 219
BUY YOUR OWN CHERRIES 174

CABINET DES DR. CALIGARI, DAS 185 f., 187
CABIRIA 173, 186 ff.
CACHE 57
CASABLANCA 180
CAUDRILLON 175
Changing places 78
CHARLIE AND THE CHOCOLATE FACTORY 66
Cherokee 9, 17, 74
Chronik der laufenden Ereignisse 123
Chronik der Sperlingsgasse, Die 70, 75 f., 118 f., 127, 156
CITIZEN KANE 54, 55
CITY LIGHTS 63

Dans le labyrinthe 86
Death of a superhero 17, 18, 74, 82, 109
DESERTIR 180
Du sollst dir kein Bildnis machen 71 f., 74 f., 213 f.
Duell, Das 95, 108 f., 236, 239–243

ED WOOD 66
Effi Briest 90, 98, 152, 158
Ein paar Leute suchen das Glück und lachen sich tot 115
End, The 18, 80 ff.

FABULEUX DESTIN D'AMELIE POULAIN, LE 54, 67
FEAR AND LOATHING IN LAS VEGAS 54
fidele Bauer, Der 227
FIGHT CLUB 55, 66
Film und Leben Barbara La Marr 71, 211
Films der Prinzessin Fantoche, Die 73 f., 211 ff.
FRANKENSTEIN 180

Galeotto 203
GRAND CANAL A VENISE, LE 173
grandes Blondes, Les 74
Great expectations 120
GREAT TRAIN ROBBERY, THE 175
gute Kamerad, Der 218

HIGH NOON 45, 63
Hochwald, Der 157
Hochzeitsnacht, Die 75, 76 f., 108, 202, 206, 211 f.
Hornissen, Die 86, 100, 113

ICH BIN GERN IN VENEDIG WARUM 229
Ich werde hier sein im Sonnenschein und im Schatten 86
Im Schloß 157
Immensee 91, 142
INTOLERANCE 187
Ivanhoe 69, 115

Jalousie, La 87 ff., 95, 96, 99, 233, 242, 256
JARDINIER/L'ARROSEUR ARROSE, LE 170
JAWS 63
JOHN CARPENTER'S HALLOWEEN 63 f.

Kinder von Finkenrode, Die 159 f.
Kinobuch, Das 77, 200 ff., 203, 206, 211
KISS IN THE TUNNEL, THE 175
Kondor, Der 70, 157
kunstseidene Mädchen, Das 71, 106, 204 f., 211

Laterna Magica 222 ff.
Lernprozesse mit tödlichem Ausgang 89, 93, 95, 108, 123, 248–251
LETZTE MANN, DER 173, 179
Letzte Rose, Du blühst so einsam 226
Lieutenant Gustl 191
Lied des Escamillo 227
Lied vom Feldmarschall 218
LIFE AND WORK OF A FIREMAN 175
linkshändige Frau, Die 111 f.
LION KING, THE 54
LOLA RENNT 56
LORD OF THE RINGS, THE 49
LOST HIGHWAY 55
Love of the last tycoon, The 79
Lustgarten 23.30 Uhr abends 112

M – EINE STADT SUCHT EINEN MÖRDER 44
Madame Bovary 69, 159, 160 ff., 163 f.
Maison de rendez-vous, La 86, 87
Manhattan transfer 78, 91, 92, 93, 97, 107, 115, 208 ff., 215–218
MAQUINISTA, EL 55
MEMENTO 57
Menschen im Hotel 96, 97, 103 f., 114, 115 f., 119 f., 124 ff.
METROPOLIS 58
MODERN TIMES 63

NAME DER ROSE, DER 66
NOSFERATU 44, 179
NOVYI VAVILON 180

OCTOPUSSY 58 f.
pair of blue eyes, A 120
PANIC ROOM 54
Patriotin, Die 123, 247, 248, 249 ff.
promessi sposi, I 156

REAR WINDOW 54
Ritter vom Geiste 115
ROBOCOP 45
ROCKY HORROR PICTURE SHOW, THE 66
Rouge et le noir, Le 145 f.

SAVE THE GREEN PLANET! 64
Schatten des Körpers des Kutschers, Der 86 f., 88, 93, 95, 96, 105 f., 108 f., 236, 239, 241–244
Schimmelreiter, Der 162, 166 f., 200
Schnitter Tod 207
schwarze Spinne, Die 165 f.
Septembergewitter 91, 92, 97, 115, 116 f., 162, 222, 224–228
SHREK II 66
SOLYARIS 55
SPEED – AUF DER SUCHE NACH DER VERLORENEN ZEIT 1 f.
Spinners 121 ff.
STACHKA 58, 208
STAR WARS 49, 63
STARSHIP TROOPERS 53

STAY 54
STEAMBOAT WILLIE 180
STUDENT VON PRAG, DER 179

Tauben im Gras 107, 115, 117, 230, 231, 232–235
Tod in Rom, Der 93, 115, 117 f., 232–235
Titania ist herabgestiegen 226
Treibhaus, Das 230 f., 233

unendliche Geschichte, Die 18, 90, 93
U.S.A. 78

verrückte Lokomotive oder Abenteuer einer Hochzeitsfahrt, Die 203, 206
Vetters Eckfenster, Des 242
VOYAGE DANS LA LUNE, LE 170, 184, 203
Voyeur, Le 90, 99

WAIF AND THE WIZARD, THE 175
WALLACE & GROMIT 49
WEISSE BAND, DAS 54
Wie Ulfru fischt 250
WIXXER, DER 62
WREATH OF TIME, A 174

Zwischen Himmel und Erde 158

www.ingramcontent.com/pod-product-compliance
Lightning Source LLC
Chambersburg PA
CBHW070737170426
43200CB00007B/553